Gütersloher Taschenbücher / Siebenstern 624

Sören Kierkegaard
Gesammelte Werke

Herausgegeben von
Emanuel Hirsch und Hayo Gerdes

31. Abteilung

Sören Kierkegaard

Über den Begriff der Ironie mit ständiger Rücksicht auf Sokrates

Gütersloher Verlagshaus
Gerd Mohn

Aus dem Dänischen übersetzt von Emanuel Hirsch
Unter Mitarbeit von Rose Hirsch

CIP-Kurztitelaufnahme der Deutschen Bibliothek

Kierkegaard, Søren:
Gesammelte Werke / Sören Kierkegaard. Hrsg. von
Emanuel Hirsch u. Hayo Gerdes. – Gütersloh:
Gütersloher Verlagshaus Mohn

NE: Hirsch, Emanuel [Hrsg.]; Kierkegaard, Søren:
[Sammlung ⟨dt.⟩]

Abt. 31. Über den Begriff der Ironie mit ständiger
Rücksicht auf Sokrates / [aus d. Dän. übers. von
Emanuel Hirsch. Unter Mitarb. von Rose Hirsch]. – 1984.
(Gütersloher Taschenbücher Siebenstern; 624)
Orig.-Ausg. u.d.T.: Kierkegaard, Søren:
Om begrebet ironi med stadigt hensyn til Socrates
ISBN 3-579-00624-x

NE: GT

ISBN 3-579-00624-X

Lizenzausgabe mit freundlicher Genehmigung
des Eugen Diederichs Verlages, Köln

Gesamtherstellung: Clausen & Bosse, Leck
Umschlagentwurf: Dieter Rehder, Aachen
Printed in Germany

INHALTSVERZEICHNIS

Zweiter Teil

Über den Begriff der Ironie

Geschichtliche Einleitung zur einunddreißigsten Abteilung

Kierkegaards Dissertation „Über den Begriff der Ironie (Om Begrebet Ironi) mit ständiger Rücksicht auf Sokrates" hat von der philosophischen Fakultät Kopenhagen am 16. Juli 1841 das Imprimatur erhalten und ist am 29. September 1841 in öffentlicher lateinischer Disputation verteidigt worden. Sie steht in dem ersten Abdruck der Samlede Vaerker Band XIII (1906) S. 95—393. Die Seitenzahlen dieses Abdrucks sind am Rande angegeben. Die Anmerkungen des Übersetzers geben außer den nötigen gelehrten Nachweisen diejenigen Erläuterungen und Belege, deren der Leser zum genaueren Verständnis bedarf. Eine ausführliche Darlegung des Sinns und Gehaltes der Schrift, welche den Ausgangspunkt für Kierkegaards Lebens- und Denkarbeit bildet, findet sich E. Hirsch, Kierkegaardstudien II (1933) 566—602.

Um die Entstehungsgeschichte der Dissertation zu erfassen, muß man sich klar machen, daß Kierkegaard im Frühsommer 1839 alle geistige Arbeit sonst abgebrochen und mit ganzer Leidenschaft — einem Versprechen gemäß, das er seinem August 1838 verstorbenen Vater gegeben hatte — auf die theologische Prüfung hin gearbeitet hat. Selbst die Tagebücher setzen für etwa ein Jahr ziemlich aus. Am 3. Juli 1840 hat er die theologische Prüfung erfolgreich bestanden. Vom 19. Juli bis 6. August 1840 hat er seine Jütlandreise getan, am 8. September 1840 hat er um Regine Olsen geworben. Schon am 2. Juni 1841 liegt die Dissertation abgeschlossen vor, und Kierkegaard richtet jenes Dispensgesuch an den König, welches damals bei Dissertationen in der Muttersprache noch nötig war. In eben den elf Monaten aber, in denen er die Dissertation vollendete, spielt seine Verlobungsgeschichte. Als er die Dissertation an die Fakultät einreichte, war er sich über den inwendigen, von ihm als göttlich empfundenen Einspruch gegen eine Ehe mit Regine schon klar, wenn ihm auch die härtesten und schwersten Kämpfe mit der Braut noch bevorstanden. In den gleichen elf Monaten ist er ferner Mitglied des Kgl. Pastoralseminars geworden und hat neben andern Arbeiten, die ihm dies brachte, am 12. Januar 1841 seine erste Predigt gehalten. Nun beruht die Dissertation aber auf umfassenden Studien. Kierkegaard hat etwa zwei Fünftel von Platos Schriften, einen erheblichen Teil davon auch auf Griechisch, dazu (gleichfalls auf Griechisch) die Memorabilien des Xenophon und die Wolken des Aristophanes gelesen, außerdem aber die gesamte damalige deutsche wissenschaftliche Literatur über Plato und Sokrates. Weiter bekundet die Dissertation ein umfassendes Studium Hegels. Die Philosophie der Geschichte, die Ästhetik, die Geschichte der Philosophie, die Grundlinien zur Philosophie des Rechts sind ihm von vorn bis hinten bekannt. Die Wissenschaft der Logik ist wenigstens in erheblichen Partien durchstudiert worden. Auch weniger leicht zu findende Dinge wie Hegels Anzeige von Solgers Nachgelassenen Schriften sind Kierkegaard nicht entgangen. Dazu tritt die Kenntnis von Friedrich Schlegels Lucinde, Tiecks Dramen, Novellen und Gedichten, Solgers Nachgelassenen Schriften und Solgers Ästhetik. Hinzu kommt, daß die Dissertation ein zwanzig Bogen starkes Buch geworden ist und mindestens in ihrer zweiten Hälfte einfach glanzvolle schriftstellerische Partien besitzt. Mag man nun Kierkegaards stets unerhört großen Fleiß und seine unbegreifliche geistige Behendigkeit auch noch so hoch einschätzen, dies alles hat in auch sonst von Arbeit erfüllten und von leidenschaftlichen Seelenkämpfen zerrissenen elf Monaten nicht Raum. Es ergibt sich der zwingende Schluß, daß Kierkegaard, als er Juli 1840 aus der über ein Jahr währenden „großen Parenthese" der theologischen Prüfung wieder ins freie geistige Planen und Schaffen tauchen durfte und seine Arbeit an der Promotionsschrift begann, in irgend einem Umfang auf frühere Studien und Niederschriften zurückgreifen konnte. Der von ihm selbst geprägte Ausdruck „Parenthese" legt ohnehin die Vorstellung nahe, daß er eine Frühsommer 1839 bei Beginn der ernsthaften Examenspaukerei abgebrochene Arbeit wieder aufgenommen hat.

Es gibt nun drei Tatsachen, welche diesen Schluß bestätigen. Erstens, als am 13. März 1838 Kierkegaards einziger Lehrer, den er „seines Erwachens mächtige Posaune" genannt hat, Professor P. M. Møller starb, ließ er Kierkegaard noch vom letzten Lager her mahnen, seine Studien nicht zu umständlich anzulegen. Das kann sich nur auf Kierkegaards Arbeiten an einer mit Møller besprochenen Promotionsschrift beziehen, zumal bekannt ist, daß Møller eigentlich sich Kierkegaard als Nachfolger in der Professur gewünscht hätte. Kierkegaard ist laut dem Zeugnis der Tagebücher (Papirer II A 209) durch Møllers zu frühen Tod eine Weile wie gelähmt gewesen. Es war dies eine der Bekehrung vom Mai 1838 vorausgehende krisenhaft schwere Erschütterung. Zweitens, die Aufmerksamkeit auf die Begriffe der Ironie und des Humors ist bei Kierkegaard 1837 entstanden im Zusammenhang mit der Lektüre Hamanns und unter Anregung durch die Schrift des Hegelianers J. E. Erdmann über Glaube und Wissen (Berlin 1837), vgl. dazu E. Hirsch, Kierkegaardstudien II (1933) 530 ff. Der Plan, dem selbstgefälligen, mit einem oberflächlichen Hegelianismus sich brüstenden Zeitgeist gegenüber mit Hilfe der Aufdeckung der ewigen Giltigkeit der Ironie die subjektive Persönlichkeit in ihre Rechte einzusetzen, fügt sich trefflich mit allen erhaltenen Zeugnissen der Jahre 1837/38 zusammen. Drittens, den Ausgangspunkt für die Erörterung über die Persönlichkeit des Sokrates nimmt die Dissertation bei einer im Jahre 1837 erschienenen Abhandlung von Ferd. Christ. Baur über „Das Christliche des Platonismus oder Sokrates und Christus". Außerdem zeigen die ersten Bogen der Dissertation den starken Einfluß des Stils und der Ideen Carl Daubs. Ohne Zweifel steht der Kierkegaard dieser ersten Bogen dem Kierkegaard, welcher 1838 die Schrift gegen Andersen geschrieben hat, innerlich außerordentlich nahe. Dies alles führt auf die Vorstellung, daß Kierkegaard den Plan zu seiner Dissertation 1837 gefaßt hat, und daß ihre Anfangspartien 1838 niedergeschrieben sind.

Dem entspricht es nun, daß durch den Begriff der Ironie in zwiefacher Hinsicht ein Bruch geht. Einmal, die Auseinandersetzung mit Hegel selbst bricht etwa mit dem Beginn des zweiten Kapitels des ersten Teils überraschend in den Gedankengang Kierkegaards ein. Wäre die Schrift 1840/41 in einem einzigen Anlauf entstanden, so müßte die Frage nach dem Recht des Sokratesverständnisses Hegels den Ausgangspunkt bilden und nicht wie jetzt als etwas nachträglich Hinzugekommenes sich darstellen. Man hat im zweiten und dritten Kapitel des ersten Teils das unmittelbare Gefühl, daß plötzlich Hegel selber wie ein Gewaltiger über Kierkegaard herfällt, ihn mit seiner Sokratesdeutung im Zusammenhange seiner ganzen großen Geschichtsphilosophie zu erdrücken droht und ihn zur mühseligen Selbstbehauptung, zur mühseligen Verteidigung des eigenen anderen Sokratesverständnisses nötigt. Nun steht fest, daß Kierkegaard erst im Winter 1838/39, also kurz vor dem Beginn der großen Parenthese, Hegel selbst gelesen hat, und zwar zuerst die Geschichte der Philosophie; vgl. E. Hirsch, Kierkegaardstudien II 565 Anm. 6. Man könnte sich leicht vorstellen, daß eben diese Hegellektüre, welche ihm die Aufgabe, Sokrates als Ironiker darzustellen, so erschwerte, ihn am schnellen Abschluß der Dissertation noch vor der großen Parenthese gehindert hat. Sodann nach der schriftstellerischen Art und Kunst ist die Schrift von seltsamer Gegensätzlichkeit durchwaltet. Im ersten Drittel überwiegen die schwerfälligen und verschnörkelten Satzbildungen, die Erörterung ist umständlich und knifflich und die gelegentlich aufblitzenden spöttisch-geistreichen Wendungen nehmen sich fremd aus in der von Pedanterie bestimmten Gedankenführung. Je mehr aber es über das erste Drittel hinausgeht, um so zierlicher, graziöser und scherzender wird die Sprache; die Gedankenführung gewinnt große und weite Linien, der Ausdruck steigert sich gelegentlich zu eindrucksstarker Gewalt. Kurzum, am Anfang haben wir es mit einem noch unentwickelten Schriftsteller zu tun, im letzten Drittel aber ist der ganze echte Kierkegaard schon an den Tag geboren.

Die Grenze, an welcher der Bruch verläuft, läßt sich mit ziemlicher Genauigkeit angeben. Bis S. V. XIII 184 haben wir sicher ein um die Wende 1838/39 schon vorhandenes Manuskript anzusetzen, was natürlich nicht ausschließt, daß es durch Anmerkungen — so z. B. in der Xenophondarstellung — ergänzt oder berichtigt und auch sonst zurechtgeschliffen worden ist. Von dem S. V. XIII 237 beginnenden Schlußstück des ersten Kapitels an ist alles sicherlich erst 1840/41 niedergeschrieben. Das dazwischenstehende Stück trägt in seiner heutigen Gestalt überwiegend die Art der späteren Teile. Doch sind Stücke darin eingearbeitet, die wahrscheinlich der älteren Schicht angehören, — so z. B. innerhalb der Aristophanesdarstellung der ziemlich schülerhafte Abschnitt, welcher den Inhalt der Wolken angibt und sich innerhalb der geistreichen, von Hegel bestimmten Gesamtauffassung des Aristophanes sehr seltsam ausnimmt. Danach würde also die philologische Grundlegung des Sokratesverständnisses von Kierkegaard schon längst erarbeitet und festgelegt gewesen sein, als er im Spätsommer oder Frühherbst 1840 die Arbeit wieder aufnahm. Auch so bleibt die Leistung, die er dann in der kurzen Frist bis zum Einreichen der fertigen Arbeit vollbrachte, ungeheuerlich groß. Die gesamte Auseinandersetzung mit Hegel und der Romantik, einschließlich der dazu gehörenden philosophischen Studien, sowie die Niederschrift von nahezu zwei Dritteln der Arbeit gehört der Zeit 1840/41 an. Daß vor allem der zweite Teil des Ganzen, die allgemeine Auseinandersetzung über den Begriff der Ironie, in allergrößter Eile, sozusagen mit fliegender Feder niedergeschrieben ist, wird jeder mit Kierkegaard Vertraute ohne weiteres der Darlegung anmerken. In den ersten Monaten des Jahres 1841, also zu der Zeit, da die Verzweiflung an dem Unglück seiner persönlichen Geschichte ihn zermarterte, hat sich zum ersten Male ein über seiner ganzen Schriftstellerei hängendes Gesetz bekundet, demzufolge persönliche Erregung und Zerrissenheit sich auf eine fast unbegreifliche Weise in leidenschaftlich gespannte Schaffenskraft umsetzt.

Für das Verständnis des sachlichen Inhalts der Dissertation ist die Beobachtung ihrer schriftstellerischen Zweischichtigkeit von geringem Belang, da ein wesentlicher Unterschied des Standpunktes zwischen dem Kierkegaard von 1838/39 und dem Kierkegaard der Verlobungszeit 1840/41 nicht besteht. Im Ganzen muß der Leser sich hüten, aus der großen Ehrfurcht, mit welcher Kierkegaard über Hegels geistige Leistung spricht, und aus der weitgehenden Abhängigkeit von Hegels Ästhetik und Hegels Geschichte der Philosophie allzu weitreichende Schlüsse zu ziehn. Kierkegaard ist auch damals nicht Hegelianer gewesen. Er steht philosophisch auf dem Standpunkt des spekulativen Theismus, wie ihn etwa Carl Daub und Imm. Herm. Fichte repräsentieren, nur daß er das absolute Wunder der Christusoffenbarung und der Bekehrung und Wiedergeburt mit entschlossener Schärfe gegen alle Nivellierungen wahrt. Das Ja zum Dreitakt der spekulativen Dialektik bedeutet eine lediglich formale Verwandtschaft mit Hegel, da Kierkegaard diese Spekulation allein innerhalb der absoluten Grenzpunkte übt, welche das Ja zu Freiheit und Persönlichkeit und zum Wunder der Gnade unweigerlich setzt. Zahlreiche Zwischenbemerkungen und dann entscheidend der Schlußvorbehalt gegen eine die Subjektivität und Persönlichkeit verschlingende philosophische Wissenschaft bringen diese Grenzziehung immer wieder dem Leser in Erinnerung. Dabei ist der Kampf mit einer für Kierkegaard lebenslänglich bezeichnend gebliebenen Entschlossenheit in den Bereich des Humanen selbst hineingetragen. Dies eben ist die Bedeutung des Sokrates, welche von Hegel und erst recht vom Hegelianismus nicht klar erkannt worden ist, daß er mit der absoluten unendlichen Negativität der Ironie eine Beruhigung und Erstarrung des Humanen in substantieller Sittlichkeit und erst recht in objektiver Wissenschaft verhindert, daß er im Humanen die mit Tod versehrende Krise aufdeckt, in der allein Freiheit und Persönlichkeit vor einem Untergang im allgemeinen geschichtlichen Dasein bewahrt werden können. Die tiefe Not des Humanen aber ist es, daß diese Ironie, wenn sie losgelassen wird und das Letzte des Menschen zu werden beginnt, das Verhältnis zu Leben und Wirklichkeit zerstört. Darum wird es für Kierkegaard nötig, das Ja zum Ironiker Sokrates durch ein Nein zur dämonisierten Ironie der radikalen Romantik zu ergänzen. Ironie muß beherrscht werden, wenn sie dem Humanen ihren Dienst tun soll. Fragt man nun aber, wie denn nun die Ironie beherrscht werden könne, ohne daß sie ihre dem Humanen unentbehrliche Vollmacht wider alles Freiheit und Persönlichkeit einebnende Denken verliert, so steht man an der Grenze, bis zu der Kierkegaard damals sein Denken vorangetrieben hat. Er deutet freilich auf das Christliche hin, welches mit seiner humoristischen Skepsis die Negativität vollendet und mit seinem Christuswunder eine zugleich personhafte wie positive Lebensgestaltung gewährt. Er hat aber noch nicht begriffen, daß hier in ihm sich eine Bewegung entzünden muß, welche die letzten Gemeinsamkeiten mit Hegel im Verständnis des Humanen zerbricht und die romantische Ironie zugleich tiefer in ihrem Recht versteht und tiefer in ihrer Verkehrtheit überwindet. Damit ist deutlich, mit welcher ehernen Folgerichtigkeit Kierkegaard vom Standpunkt der Dissertation hinübergetrieben wird zu dem von Entweder/Oder II. Die Dissertation über den Begriff der Ironie führt uns bis unmittelbar vor die Schwelle von Kierkegaards eigener Deutung des Humanen und des Christlichen in ihrem Widereinander und Zueinander.

Es sind noch einige Bemerkungen nötig über die Gestalt, in welcher hier Kierkegaards Dissertation dem Leser geboten wird. Neben der Übersetzungsarbeit mußte zugleich die Aufgabe gelöst werden, eine vor vier Menschenaltern erschienene gelehrte Arbeit ohne Verletzung der Treue in ihrem technischen Apparat zu verjüngen und sie auch dem des Griechischen und Lateinischen nicht mächtigen Leser zugänglich zu machen. So sind denn allen griechischen und lateinischen Zitaten und Fachausdrücken Verdeutschungen vorangestellt worden. Der Leser muß sich klar machen, daß Kierkegaard überall da, wo zugleich eine deutsche Fassung und eine ihr in Klammern beigefügte fremdsprachliche Fassung sich findet, allein die fremdsprachliche Fassung bietet. Für Xenophon ist die Übersetzung von Otto Kiefer (1906), für Plato die von Schleiermacher, für Aristophanes die von Friedr. Aug. Wolf (1811) zugrunde gelegt worden. Die andern fremdsprachlichen Stücke werden in eigener Verdeutschung geboten. Da, wo Kierkegaard statt des griechischen Textes eine sehr freie und willkürliche dänische Platoübertragung seiner Zeit bietet, ist ebenfalls Schleiermachers Übertragung eingesetzt worden. Wo Kierkegaard Plato nicht mit den üblichen Zitierzahlen, sondern nach heute kaum zugänglichen alten griechischen Ausgaben zitiert, ist das Zitat technisch auf die in jeder beliebigen Ausgabe nachschlagbare Zitierzahl umgestellt worden. Den Hegelzitaten ist stets Band und Seitenzahl der heute am leichtesten zugänglichen Jubiläumsausgabe beigefügt. Wo genaue Nachweisungen von Kierkegaard überhaupt nicht gegeben werden, sind diese nicht im Text, sondern in den Anmerkungen des Übersetzers mitgeteilt worden. Bei allen diesen technischen Erneuerungen ist darauf Bedacht genommen, von der Buntheit und Willkür, mit welcher Kierkegaard das Technische handhabt, eine Vorstellung zu geben und gleichwohl dem deutschen Leser die bestimmteste nur mögliche Auskunft zu gewähren. Die in Anführungsstrichen stehenden Zitate aus deutschen Schriften werden auch von Kierkegaard in deutscher Sprache mitgeteilt. Wo er über deutsche Autoren auf Dänisch referiert, hat die Übersetzung bei der Wahl der Ausdrücke sich von dem zu

Rate gezogenen deutschen Original leiten lassen. Die im ersten Drittel der Schrift sich findenden Satzungeheuer Kierkegaards sind genau so behandelt worden wie die in der Schrift von 1838 gegen Andersen; vgl. dazu die geschichtliche Einleitung zur 30. Abteilung dieser deutschen Kierkegaardausgabe.

Die Anmerkungen des Übersetzers gehen hier über das sonst innegehaltene Maß etwas hinaus und versuchen es, auch dem nichtgelehrten Leser ein genaues Verständnis dieser für ihn schwierigsten Schrift Kierkegaards zu erschließen.

ÜBER DEN BEGRIFF DER IRONIE

mit ständiger Rücksicht auf Sokrates

von

S. A. Kierkegaard

ἀλλὰ δὴ ὧδ' ἔχει· ἄν τέ τις εἰς κολυμβήθραν σμικρὰν ἐμπέσῃ ἄν τε εἰς τὸ μέγιστον πέλαγος μέσον, ὅμως γε νεῖ οὐδὲν ἧττον. Πάνυ μὲν οὖν. Οὐκοῦν καὶ ἡμῖν νευστέον καὶ πειρατέον σώζεσθαι ἐκ τοῦ λόγου, ἤτοι δελφῖνά τιν' ἐλπίζοντας ἡμᾶς ἀπολαβεῖν ἂν ἤ τινα ἄλλην ἄπορον σωτηρίαν.

De republica L. 5 § 453 D

Kopenhagen
1841

Dän. Titel (S. V. XIII 95): Om Begrebet Ironi med stadigt Hensyn til Socrates. Af S. A. Kierkegaard. Griechisches Motto. Kjøbenhavn, Angabe von Verlag und Druckerei, 1841[1]

Thesen[2] XIII 97

der dänischen Dissertation über den Begriff der Ironie beigegeben, welche zur Erlangung des Grades eines Magister artium der Universität Kopenhagen am 29. September 1841 zehn Uhr in öffentlicher Disputation zu verteidigen suchen wird

Sören Aaby Kierkegaard
cand. theol.

I. Die Ähnlichkeit zwischen Christus und Sokrates ist vor allem XIII 99
in ihrer Unähnlichkeit gegeben.

II. Der Sokrates des Xenophon verharrt dabei, das Nützliche einzuprägen, verläßt niemals den Bereich der Erfahrung, erreicht niemals die Idee.

III. Wer einen Vergleich zwischen Xenophon und Plato anstellt, wird finden, daß der eine den Sokrates allzu sehr herabgedrückt, der andre ihn allzu sehr erhoben, keiner von beiden aber ihn gefunden hat.

IV. Die von Plato gebrauchte Frageform entspricht dem Negativen der Hegelischen Philosophie.

V. Die von Plato dargebotene Apologie des Sokrates ist entweder unecht oder von Anfang bis zu Ende im ironischen Sinne auszulegen.

VI. Nicht allein, daß Sokrates sich der Ironie bedient hat: er ist vielmehr der Ironie dermaßen hingegeben gewesen, daß er selber ihr Opfer ward.

VII. Aristophanes ist bei der Schilderung des Sokrates der Wahrheit am nächsten gekommen.

VIII. Die Ironie als die unendliche und absolute Negativität XIII 100
ist die leichteste und unscheinbarste Bezeichnung der Subjektivität.

IX. Sokrates hat alle seine Zeitgenossen aus der Substantialität gleich nackten Schiffbrüchigen verscheucht, hat die Wirklichkeit umgestürzt, die Idealität von ferne geschaut, sie berührt, aber nicht ergriffen.

X. Sokrates hat als Erster die Ironie eingeführt.

XI. Die Ironie bei den Neueren ist wesentlich auf das Ethische zurückzuführen.

XII. Hegel hat bei der Beschreibung der Ironie nur die neuere, nicht so sehr die alte im Auge.

XIII. Die Ironie ist nicht so sehr selber der Empfindung bar, der zarteren Regungen des Gemüts ermangelnd, sie muß vielmehr aufgefaßt werden als Verdruß darüber, daß auch ein anderer im Genusse dessen ist, darnach es sie selber verlangt hat.

XIV. Nicht durch Frömmigkeit des Gemüts bewogen, sondern verführt durch Mißgunst des Geistes deshalb, weil er nicht imstande war, das Negative zu denken und denkend zu bewältigen, hat Solger seinen Akosmismus vollbracht.

XV. Ebenso wie die Philosophie mit dem Zweifel, ebenso beginnt ein Leben, das menschenwürdig genannt werden kann, mit der Ironie.

ERSTER TEIL

Der Standpunkt des Sokrates verstanden als Ironie

Einleitung

Gibt es etwas, um dessentwillen man das neuere philosophische XIII 105
Bestreben in seinem großartigen Auftreten rühmen muß, so ist dies sicherlich die geniale Kraft, mit der es die Erscheinung ergreift und festhält. Wenn es dieser nun, sofern sie als solche doch stets feminini generis ist, wohl ansteht, sich vermöge ihrer weiblichen Natur dem Stärkeren hinzugeben, so darf man anderseits auch von dem philosophischen Ritter mit Billigkeit die gesittete Ehrerbietung, die tiefe Schwärmerei verlangen, statt deren man gelegentlich nur allzu sehr Sporenklirren und gebieterische Stimme vernimmt. Der Betrachter muß ein Erotiker sein, kein Zug, kein Moment darf ihm gleichgiltig bleiben; auf der andern Seite aber soll er doch auch sein Übergewicht empfinden, dies jedoch nur dazu brauchen, der Erscheinung zu ihrer vollkommenen Offenbarung zu helfen. Wiewohl der Betrachter deshalb nun den Begriff mitbringt, kommt es doch darauf an, daß die Erscheinung nicht gekränkt werde, und daß der Begriff gesehen werde als aus der Erscheinung entstehend.

Bevor ich daher zur Erörterung des Begriffs der *Ironie* übergehe, wird es notwendig sein, mir eine verläßliche und authentische Erfassung des geschichtlich-wirklichen, erscheinenden Daseins von *Sokrates* zu verschaffen bezüglich der Frage, wie dies Dasein sich etwa verhalten möge zu der *verklärten* Auffassung, welche Sokrates durch eine begeisterte oder mißgünstige Mitwelt zuteil geworden ist: dies wird deshalb unumgänglich notwendig sein, weil der Begriff der Ironie mit Sokrates seinen Einzug in die Welt hält. Die Begriffe haben nämlich ebenso wie die Individuen ihre Geschichte und vermögen es ebenso wenig wie
diese der Gewalt der Zeit zu widerstehen, aber bei alledem und mit XIII 106
alledem behalten sie gleichwohl eine Art Heimweh nach ihrer Geburtsstätte. Ebenso wenig nun wie einerseits die Philosophie gleichgiltig sein kann gegen diese spätere Geschichte des Begriffs, ebenso wenig kann sie bei seiner ersten, wenn auch noch so in-

haltsreichen und interessanten Geschichte als solcher stehen bleiben. Die Philosophie heischt allezeit ein Mehr, heischt das Ewige, das Wahre, dem gegenüber doch sogar das gediegenste Dasein als solches der glückliche Augenblick ist. Sie verhält sich überhaupt zur Geschichte wie ein Beichtvater zu seinem Beichtkinde und muß daher ebenso wie dieser das feinfühlige spürsame Gehör haben für des Beichtenden Heimlichkeiten, ist alsdann aber auch imstande, nachdem sie die ganze Reihe der Bekenntnisse abgehört hat, letztere vor den Beichtenden hintreten zu lassen als ein Anderes. Das beichtende Individuum ist nämlich allerdings imstande, die Schickungen seines Lebens nicht bloß annalistisch herzusagen, sondern auch auf unterhaltsame Art zu erzählen, vermag jedoch nicht, sein Leben zu durchschauen; ganz ebenso nun vermag auch die Geschichte allerdings mit lautem Pathos das inhaltsreiche Leben des Menschengeschlechts kund werden zu lassen, muß es jedoch der Älteren* (der Philosophie) überlassen, dies Leben zu erklären und darf alsdann die freudige Überraschung genießen, welche im ersten Augenblick das von der Philosophie zustande gebrachte *Gegenstück* beinahe nicht anerkennen möchte, allmählich jedoch in diese Auffassung der Philosophie sich dermaßen einlebt, daß sie zuguterletzt diese für das eigentlich Wahre ansehen wird, das Andere für den bloßen Schein.

Diese zwei Momente somit sind es, denen allen beiden ihr Recht widerfahren muß, und welche die eigentliche *Abrechnung* zwischen Geschichte und Philosophie ausmachen, so daß
XIII 107 *einerseits* der Erscheinung ihr Recht** widerfährt und die Philosophie sie nicht mit ihrer Überlegenheit ängstigt und knickt,

* Vielleicht wird der oder jener es mir übelnehmen, daß ich die Philosophie die Ältere nenne; ich nehme jedoch an, daß das Ewige älter ist als das Zeitliche, und wenn auch auf mannigfache Weise die Philosophie später als die Geschichte kommt, so tut sie doch auch im gleichen Nu einen so gewaltigen Schritt, daß sie die Grenze des Zeitlichen überschreitet, sich selbst als das ewige Prius erfaßt — indem sie sich fort und fort immer tiefer auf sich selbst besinnt — immer weiter in der Zeit zurückgehend sich in die Ewigkeit hinein *erinnert*, sich nicht erinnert, indem sie sich hineinträumt, sondern indem sie immer wacher wird, sich nicht erinnert wie an ein Vergangenes, sondern sich des Vergangenen erinnert als eines Gegenwärtigen[3].

** In dieser Hinsicht verhält sich die Philosophie zur Geschichte — nach ihrer Wahrheit, gleich wie in der christlichen Anschauung das ewige Leben zum zeitlichen sich verhält, — und nach ihrer Unwahrheit gleich wie in der

und daß anderseits die Philosophie sich nicht vom Zauber des Einzelnen betören, sich nicht von der Übergewalt des Einzelnen ablenken läßt. Ebenso kommt es nun beim Begriff der Ironie darauf an, daß die Philosophie sich nicht versehe an einer einzelnen Seite von dessen erscheinendem Dasein, ebensowenig denn an dessen Erscheinungsbild, sondern in und mit dem Erscheinenden die Wahrheit des Begriffs ersehe.

Nun weiß es jedermann, daß die Überlieferung an das Dasein des Sokrates den Begriff der Ironie geknüpft hat; daraus folgt jedoch keineswegs, daß jedermann weiß, was Ironie ist. Fernerhin gilt: gesetzt, daß jemand durch intime Bekanntschaft mit Leben und Lebensumständen des Sokrates sich eine Vorstellung von seiner Eigentümlichkeit erworben hätte, so hätte er deswegen nicht schon einen vollständigen Begriff von dem, was Ironie ist. Wir sagen dies keineswegs, weil wir etwa gegen das geschichtliche Dasein das Mißtrauen hegten, daß sogar das Werden mit einem Abfall von der Idee identisch sei, sintemal das Werden weit eher gerade die Entfaltung der Idee ist. Solch Mißtrauen bleibe, wie gesagt, uns ferne; auf der andern Seite jedoch kann man denn auch nicht annehmen, daß ein einzelnes Moment des Daseins als solches das der Idee schlechthin Angemessene wäre. Man hat von der Natur mit Recht bemerkt, daß sie nicht imstande sei, den Begriff festzuhalten[5], teils deshalb, weil jede einzelne Erscheinung bloß ein Moment enthält, und teils deshalb, weil die ganze Summe des Naturdaseins doch stets ein unvollkommenes Medium ist, welches nicht Befriedigung sondern Verlangen erzeugt; ebenso darf man denn von der Geschichte mit Recht ein Gleiches sagen, sofern jede einzelne Tatsache zwar entwickelnd ist, aber doch bloß Moment ist, und sofern die ganze Summe geschichtlichen Daseins doch noch nicht das schlechthin angemessene Medium der Idee darstellt; dies Medium ist nämlich die Zeitlichkeit und Gestücktheit der Idee (ebenso wie die Natur die Räumlichkeit der Idee ist), welche nach

---

griechischen und überhaupt in der antiken Anschauung das ewige Leben zum zeitlichen sich verhält. Nach der antiken Auffassung nämlich war es der Anfang des ewigen Lebens, daß man aus der Lethe trank, um das Vergangene zu vergessen; nach der christlichen ist es begleitet von einem durch Mark und Bein dringenden Bewußtsein sogar eines jeden unnützen Wortes, das gesprochen worden[4]. XIII 107

dem vom Bewußtsein ausgehenden Gegenstoß verlangt, der nach rückwärts schaut, wobei Gesicht zu und wider Gesicht sich kehrt.

Dies möge nun genug sein betreffs der Schwierigkeit, welche bei jeder philosophischen Auffassung der Geschichte entsteht, und betreffs der Vorsicht, welche somit dabei zu üben ist. Die besonderen Umstände können indes neue Schwierigkeiten bieten, und dies ist bei gegenwärtiger Untersuchung vorzüglich der Fall. Dasjenige nämlich, dem Sokrates so hohen Wert beimaß, das Stillestehn und sich Besinnen, d. h. Schweigen, ist Ausdruck seines ganzen Lebens nach der Beziehung, die es zur Weltgeschichte hat. Er
XIII 108 hat nichts hinterlassen, darnach eine spätere Zeit ihn beurteilen könnte; ja sogar, wenn ich mir vorstellte, daß ich gleichzeitig mit ihm lebte, wäre er gleichwohl jederzeit schwer zu verstehen. Er gehörte nämlich zu denjenigen Menschen, bei denen man nicht bei dem Äußeren als solchem stehenbleiben kann. Das Äußere deutete ständig auf ein Anderes und Entgegengesetztes hin. Mit ihm war es nicht so wie mit einem seine Anschauungen vortragenden Philosophen, bei welchem eben dieser sein Vortrag die Gegenwart der Idee ist; vielmehr bedeutete das, was Sokrates sagte, etwas anderes. Das Äußere war überhaupt nicht in harmonischer Einheit mit dem Inneren[6], sondern eher der Gegensatz dazu, und allein unter diesem Brechungswinkel ist er zu verstehen. Im Hinblick auf Sokrates ist somit in einem ganz andern Sinne als bei den meisten andern Menschen von Verstehen die Rede. Bereits hierin ist die Notwendigkeit begründet, daß Sokrates einzig vermittelst einer Kombinationsrechnung verstanden werden kann. Da nun aber zwischen ihm und uns Jahrtausende liegen, und sogar seine eigene Zeit ihn nicht in seiner Unmittelbarkeit zu erfassen vermochte, so sieht man leicht, daß es für uns zwiefach schwierig wird, sein Dasein zu rekonstruieren, da wir uns mühen müssen vermittelst einer neuen Kombinationsrechnung das bereits im voraus verwickelte Verständnis[7] unserseits zu verstehen. Sagen wir nun, daß die Ironie das Substantielle in seinem Dasein ausmachte (dies ist freilich ein Widerspruch[8], soll es aber auch sein), und setzen wir des weiteren voraus, daß Ironie ein negativer Begriff ist, so sieht man leicht, wie schwer es wird, das Bild von ihm festzuhalten, ja daß es unmöglich zu sein scheint oder doch zumindest ebenso mühselig wie der Versuch, einen Kobold abzubilden mit der Kappe, die ihn unsichtbar macht.

Erstes Kapitel XIII 109

Die Ermöglichung des Verständnisses

Wir gehen nunmehr über zu einer Übersicht der Auffassungen des Sokrates, welche von seiner nächsten Mit- und Umwelt hervorgebracht worden sind. Drei Schriftsteller haben wir in dieser Beziehung zu beachten: Xenophon, Plato und Aristophanes. Und wenn F. Ch. Baur* meint, daß neben Plato Xenophon am meisten zu beachten sei, so vermag ich diese Anschauung nicht ganz zu teilen. Xenophon ist gerade bei der Unmittelbarkeit des Sokrates stehengeblieben und hat ihn daher sicherlich vielfältig mißverstanden**; dahingegen haben Plato und XIII 110
Aristophanes durch das spröde Äußerliche hindurch sich den Weg gebahnt zu einem Verständnis der Unendlichkeit, welche mit den vielfältigen Begebenheiten seines Lebens in keinem Verhältnis steht (inkommensurabel ist). Daher kann man von Sokrates sagen: gleich wie er sein Leben lang ständig zwischen Karikatur und Ideal dahingegangen sei, ebenso wandle er auch noch nach seinem Tode zwischen diesen beiden. Was nun das Verhältnis von Xenophon und Plato betrifft, so sagt Baur ganz richtig S. 123 (Abdruck

---

* Das Christliche des Platonismus oder Sokrates und Christus, von F. Ch. Baur, Tübingen 1837[9].

** Ich will ein Beispiel anführen: die Stelle Mem. III 14,2 über den, welcher Aufschnitt ohne Brot aß. Eins von beiden muß nun hier der Fall sein: entweder ist dies eine jener unendlich tiefen ironischen Bemerkungen, welche mit gründlichem Ernst die gleichgiltigsten Dinge umfassen und eben dadurch tiefsten Spott über alles ausdrücken; oder es ist Schwätzerei, einer von den schwachen Augenblicken des Sokrates, in denen eine ironische Nemesis ihn in die Bestimmung der unendlichen Trivialität niedersinken ließ (darüber später mehr). Keines von beiden jedoch ist bei Xenophon der Fall, bei ihm endet es damit, daß der betreffende junge Mann zwar nicht so weit in Melancholie verfiel, daß er auf das Essen von Aufschnitt gänzlich verzichtete, τὸ μὲν ὄψον οὐκ ἐπαύσατο ἐσθίων (4), wohl aber in dem Maße moralisch gebessert wurde, daß er Brot zum Aufschnitt aß (ἄρτον δὲ προσέλαβε).

1876 S. 346 f): „Zwischen diesen beiden tritt uns aber sogleich eine Differenz entgegen, die in mancher Hinsicht mit dem bekannten Verhältnis verglichen werden kann, welches zwischen den synoptischen Evangelien und dem des Johannes stattfindet. Wie die synoptischen Evangelien zunächst mehr nur die äußere, mit der jüdischen Messiasidee zusammenhängende Seite der Erscheinung Christi darstellen, das johanneische aber vor allem seine höhere Natur und das unmittelbar Göttliche in ihm ins Auge faßt, so hat auch der platonische Sokrates eine weit höhere ideellere Bedeutung als der xenophontische, mit welchem wir uns im Grunde immer nur auf dem Boden der Verhältnisse des unmittelbaren praktischen Lebens befinden." Diese Bemerkung von Baur ist nun nicht bloß schlagend, sondern auch zutreffend, wenn man nur nicht vergißt: die Auffassung Xenophons von Sokrates unterscheidet sich von den synoptischen Evangelien allenthalben dadurch, daß letztere lediglich das unmittelbare treue Bild von Christi unmittelbarem Dasein (welches, wohlzumerken, nicht etwas andres bedeutete*, als es war) wiedergegeben haben, und, soweit Matthäus

* Christus spricht selbst[10]: „Ich bin der Weg und die Wahrheit und das Leben" (ἐγω εἰμι ἡ ὁδὸς καὶ ἡ ἀλήθεια καὶ ἡ ζωή), und was das Begreifen der Apostel anlangt, so war es *handgreiflich* – nicht ein fein ersonnenes Kunstwerk. „Das wir gehöret haben, das wir gesehen haben mit unsern Augen, das wir beschauet haben und unsre Hände betastet haben" (Ὃ ἀκηκόαμεν, ὃ ἑωράκαμεν τοῖς ὀφθαλμοῖς ἡμῶν, ὃ ἐθεασάμεθα καὶ αἱ χεῖρες ἡμῶν ἐψηλάφησαν 1. Joh. 1,1). Daher sagt Christus auch[11], Könige und Fürsten hätten darnach begehrt, *ihn zu sehen*, Sokrates hingegen ist, wie bereits oben bemerkt, für seine Mit- und Umwelt unsichtbar gewesen. Sokrates war unsichtbar und allein vermittelst des Hörens sichtbar („sprich, daß ich dich sehen möge" loquere ut videam te[12]). Das Dasein des Sokrates war überhaupt apparent (scheingebend), nicht transparent (durchscheinend). So viel im Hinblick auf Christi Dasein. Was seinen Vortrag anlangt, so durfte man ihn stets beim Worte nehmen, seine Worte waren Geist und Leben[13], Sokrates konnte nach seinen Worten lediglich mißverstanden werden und war allein durch eine Negativität hindurch belebend. – Überhaupt
XIII 111 würde ich, wenn nicht schon ein solcher Wunsch außerhalb der Grenzen dieser Abhandlung läge, wünschen, daß es mir innerhalb des Bereiches dieser Untersuchung verstattet wäre, auf das Verhältnis von Sokrates und Christus einzugehn, über das Baur in der angeführten Schrift so viel recht Bemerkenswertes gesagt hat, wiewohl bei mir doch ständig ein bescheidener kleiner asthmatischer Zweifel übrig bleibt, daß die Ähnlichkeit in der Unähnlichkeit bestehe, und daß allein deshalb, weil ein Gegensatz da ist, eine Analogie vorhanden sei.

einen apologetischen Gesichtspunkt zu haben scheint, es sich XIII 111
darum handelte, die Übereinstimmung von Christi Leben mit der Messias-Idee zu rechtfertigen, wohingegen Xenophon es mit einem Mann zu tun hat, dessen unmittelbares Dasein etwas andres, als es im ersten Augenblick scheint, bedeutet, und, soweit er eine Verteidigung für ihn führt, dies lediglich tut in Gestalt einer Denkschrift für eine vernünftelnde (räsonierende) hochverehrliche Mitwelt. Anderseits ist Baurs Bemerkung über das Verhältnis von Plato und Johannes ebenfalls richtig, wenn man sich nur gegenwärtig hält: Johannes hat in Christus alles das gefunden und unmittelbar geschaut, was er, indem er sich selbst gerade Schweigen auferlegt, in seiner ganzen Objektivität darstellt, weil sein Auge für das unmittelbar Göttliche in Christus aufgetan war, wohingegen Plato vermittelst einer dichterischen Tätigkeit seinen Sokrates erschafft, weil Sokrates in seinem unmittelbaren Dasein eben bloß *negativ* gewesen ist.

Zuerst denn eine Darstellung eines jeden von ihnen für sich.

Xenophon

Wir müssen vorläufig daran erinnern, daß *Xenophon* eine *Absicht* verfolgte (und bereits dies ist ein Mangel oder ein verdrießlicher Überfluß*), die Absicht nämlich, darzutun, welch eine himmelschreiende Ungerechtigkeit es von den Athenern gewesen, Sokrates zum Tode zu verurteilen. Dies ist Xenophon nun auch in absonderlichem Maße gelungen, so daß man weit eher glauben möchte, es sei Xenophons Absicht gewesen darzutun, daß es von den Athenern eine Torheit oder ein Irrtum gewesen sei, Sokrates zu verurteilen; denn Xenophon verteidigt Sokrates auf eine Art, durch die er nicht bloß unschuldig wird, sondern schlechterdings ungefährlich, und man fällt also in die tiefste Verwunderung darüber, welch ein Dämon die Athener dermaßen verblendet hat, daß sie in ihm mehr haben sehen können als in XIII 112

* Xenophon hat sowohl gegen Sokrates wie auch gegen die Wahrheit überhaupt so starkes Mißtrauen gehegt, daß er es nicht gewagt hat, Sokrates nach eignem Sinn gewähren zu lassen, und daher fortwährend bereit ist, einzuschärfen, wie unbillig, wie ungerecht es von den Athenern gewesen, wie ganz anders ihm die Sache erschienen ist.

einem beliebigen andern gutmütigen, geschwätzigen und schnurrigen Kauz, der weder Schaden noch Nutzen stiftet, keinem einzigen Menschen im Wege steht, und es mit aller Welt so herzlich gut meint, wenn sie nur auf sein schlafmützziges Geschwätz hören will. Und welche praestabilierte Harmonie der Verrücktheit, welche höhere Einheit des Wahnsinns gehört doch dazu, daß Plato und die Athener sich darin vereinigen, einen derartigen ehrsamen Spießbürger dem Tod und der Unsterblichkeit zuzuführen? Dies wäre doch eine Ironie über die Welt ganz ohne Gleichen. In einem Disput geschieht es unterweilen, daß gerade in dem Augenblick, da der Streitpunkt, indem er auf eine gewisse Spitze gebracht wird, interessant zu werden beginnt, ein dienstbeflissener Mittelsmann sich allergütigst der Aufgabe unterzieht, behufs der Versöhnung der streitenden Gewalten, die ganze Sache auf eine Trivialität zurückzuführen; ungefähr ebenso wie hier den Streitenden muß Plato und den Athenern zumute geworden sein bei Xenophons irenischer Denkschrift. Indem er alles Gefährliche an Sokrates fortschnitt, hat Xenophon ihn wirklich in letztem Betracht schlechthin ad absurdum geführt, vermutlich zur Vergeltung dafür, daß Sokrates dies so oft mit andern getan.

Daß man vermittelst der Darstellung Xenophons eine klare Vorstellung von der Persönlichkeit des Sokrates empfange, wird nun noch schwieriger gemacht durch den völligen Mangel an Situation. Der Boden, auf welchem die einzelne Unterredung sich bewegt, ist ebenso oberflächlich und wenig sichtbar wie eine gerade Linie, ist mit seiner Eintönigkeit dem einfarbigen Grunde gleich, welchen Kinder und Nürnberger im Allgemeinen für ihre Malereien anlegen. Und doch wäre dieser Boden von großer Wichtigkeit im Hinblick auf die Persönlichkeit des Sokrates; diese muß sich gerade haben erahnen lassen, sofern sie in der bunten Mannigfaltigkeit des üppigen athenischen Lebens geheimnisvoll gegenwärtig war und doch mystisch über ihr schwebte, muß sich gerade haben erklären lassen vermittelst einer Duplizität des Daseins, die ungefähr der des fliegenden Fisches in ihrem Verhältnis zu Fischen und Vögeln gleicht. Und dies Hervorheben der Situation wäre gerade wichtig, um zu zeigen, daß das für Sokrates Entscheidende nicht ein fester Punkt, sondern ein „Überall und nirgends“ (ubique et nusquam) gewesen ist; um die Sensibili-

tät des Sokrates hervorzuheben, welche bei der feinsten und schwächsten Berührung sofort die Gegenwart der Idee spürte, sofort die in allem vorhandene correspondierende Elektrizität empfand; um die echte sokratische Methode zu veranschaulichen, welche keine Erscheinung zu unbedeutend fand, um nicht von ihr aus sich hochzuarbeiten in die eigentliche Sphäre des Denkens. Diese sokratische Möglichkeit des durchaus beliebigen Ausgangspunktes nach ihrer Verwirklichung im Leben (sie wäre allerdings meistenteils von der Menge nicht bemerkt worden, denn für die meisten bleibt es allemal ein Rätsel, wie sie auf den oder den XIII 113
Gegenstand gekommen sind, weil ihre Untersuchungen meistenteils in einem stagnierenden* Sumpf enden und anfangen), — dies verläßliche sokratische Fernrohr, dem kein Gegenstand so kompakt war, daß Sokrates nicht unverzüglich die darin liegende Idee**

* Für Sokrates gab es kein in diesem Sinne stehendes Gewässer; hinsichtlich seiner Anschauung von der Erkenntnis gilt das Gleiche, das wir im Evangelium vom Wasser im Teiche Bethesda lesen[14], daß es nur dann heilkräftig war, wenn es sich *bewegte*.

** Wenn ich Sokrates hier so verstehe, daß das Verhältnis der Idee zur Erscheinung nach seiner Anschauung ein positives sei, und daher in den Augen des aufmerksamen Lesers im Hinblick auf die Art, wie ich die sokratische Betrachtung dieses Verhältnisses weiter unten verstehe, mich eines Selbstwiderspruches schuldig machen sollte, so muß ich mir wohl einige wenige Bemerkungen gestatten. Fürs erste hat dies seinen Grund in der Polemik des Sokrates wider die Sophisten; diese vermochten sich schlechterdings nicht mit der Wirklichkeit zu vertragen, ihre Spekulation wurde zuletzt so hochfliegend, ihre Beredsamkeit so überspannt, daß sie zuguterletzt vor lauter Ideen überhaupt nichts mehr sagen konnten. Im Gegensatz dazu verweilte nun Sokrates ständig bei den niedersten Lebensverhältnissen, bei Essen und Trinken, bei Schustern, Pflügern, bei Hirten und Packeseln, und indem er die Sophisten in diesen Bereich niederzwang, nötigte er sie, das Verschrobene an ihnen selbst anzuerkennen. Zum andern jedoch war ihm das Dasein selber stets nur Bild, nicht Moment der Idee, und dies erweist seine Idee als abstrakt; noch mehr bestätigt wird dies dadurch, daß er hinsichtlich des Verhältnisses der Erscheinung zur Idee keine qualitativen Bestimmungen besaß; alles paßte gleich gut, weil alles Bild und nichts als Bild war (ebenso muß man es ja auch für ein Zeichen, daß man die Idee nur in ihrer Abstraktion besitzt, halten, wenn man findet, Gott sei ebenso kenntlich gegenwärtig in einem Strohhalm wie in der Weltgeschichte, denn dies läuft doch im wesentlichen darauf hinaus, daß er nirgends wirklich gegenwärtig ist); und endlich war die Idee, welche Sokrates hatte, stets die dialektische, die logische Idee; hierüber unten mehr.

geschaut hätte (und zwar nicht herumtastend, sondern mit unmittelbarer Sicherheit) und doch zugleich in sich selber den erprobten Blick für die scheinbaren Verkürzungen des Fernrohrs besessen hätte, so daß er nicht mittels einer Erschleichung den Gegenstand an sich heranzog, sondern allein die gleichmäßige endliche Aussicht sich bewahrte, während diese für den Zuhörer und Zuschauer unmerklich Schritt für Schritt emportauchte, — diese sokratische Dürftigkeit, die einen so schneidenden Gegensatz zu dem inhaltsleeren Gelärme und nicht sättigenden Schwelgen der Sophisten bildete, — dies alles miteinander hätte Xenophon (so hätte man wünschen mögen) uns gewahren lassen sollen. Und welch ein Leben wäre dadurch doch in die Darstellung gekommen, wenn man so
XIII 114 mitten unter dem emsigen Schaffen der Handwerker, unter dem Brüllen der Packesel den göttlichen Einschuß gewahrt hätte, mit dem Sokrates das Dasein durchwirkte, wenn man mitten unter dem lärmenden Getöse des Markts den göttlichen Grundakkord vernommen hätte, welcher das Dasein durchtönte, sofern jedes einzelne Ding für Sokrates ein bildliches und nicht unglückliches Zeichen der Idee war: o, welch ein interessanter Widerstreit zwischen den alleralltäglichsten Ausdrucksformen des irdischen Lebens und Sokrates, die doch, wie es schien, beide das Gleiche sagten. Diese Bedeutung der Situation fehlt darum auch nicht bei Plato, nur ist sie rein dichterisch und erweist dergestalt eben ihre eigene Berechtigung und den Mangel bei Xenophon.

Fehlt aber Xenophon auf der einen Seite das Auge für die Situation, so *fehlt* ihm auf der andern Seite das *Ohr für die Erwiderung* (Replik). Nicht etwa, als ob die Fragen, die Sokrates tut, und die Antworten, die er gibt, unrichtig wären; umgekehrt, sie sind allzu richtig, allzu zählebig, allzu langweilig*. Bei Sokrates ist nun die Erwiderung nicht die unmittelbare Einheit mit dem Gesagten gewesen, sie war kein Hinströmen, son-

* Gesetzt darum, Xenophons Auffassung des Sokrates wäre richtig, so hätte man, glaub ich, in dem überfeinerten, nach Neuem lüsternen[15] Athen Sokrates weit eher deshalb um die Ecke bringen wollen, weil er die Leute langweilte, als weil sie ihn gefürchtet hätten; und man wird mir doch sicherlich zugeben, daß der Umstand, daß Sokrates die Leute langweilte, ein ebenso rechtmäßiger Grund, ihn umzubringen, gewesen wäre, als den Athenern die Gerechtigkeit des Aristides[16] ein rechtmäßiger Grund war, ihn des Landes zu verweisen.

dern ein stetiges Zurückströmen; und was man bei Xenophon vermißt, ist das Ohr für das aus der Unendlichkeit zurückklingende Echo der Erwiderung, welches in der Persönlichkeit widerhallt (denn sonst ist die Erwiderung die Fortpflanzung des Gedankens durch den nach vorne gehenden Schall). Je mehr Sokrates nun das Dasein unterminiert hatte, um so tiefer und unvermeidlicher mußte jede einzelne Äußerung gravitieren auf die ironische Totalität zu, die da als geistiger Zustand bis ins Unendliche abgründlich, unsichtbar, unteilbar war. Von dieser Heimlichkeit hat Xenophon schlechterdings nichts geahnt. Man gestatte mir, das was ich meine an einem Bilde zu veranschaulichen. Es gibt einen Kupferstich, welcher Napoleons Grab darstellt. Zwei hohe Bäume überschatten es. Mehr ist auf dem Stich nicht zu sehen, und der unmittelbare Beobachter sieht sonst nichts. Zwischen den beiden Bäumen ist ein leerer Raum; indem das Auge den diesen Raum umreißenden Konturen folgt, tritt aus diesem Nichts plötzlich Napoleon selbst hervor, und nun ist es unmöglich, ihn wieder entschwinden zu lassen. Das Auge, das ihn einmal gesehen, sieht ihn nun mit einer fast beängstigenden Unentrinnlichkeit jederzeit.
Ebenso auch mit den Erwiderungen des Sokrates. Man hört seine XIII 115
Reden, ebenso wie man die Bäume sieht, seine Worte bedeuten das, was ihr Laut besagt, ebenso wie die Bäume Bäume sind, auch nicht eine einzige Silbe gibt die Andeutung einer anderen Auslegung, ebenso wie auch nicht ein einziger Strich Napoleon andeutet, und gleichwohl ist in diesem leeren Raum, diesem Nichts, das Wichtigste verborgen. Wir finden in der Natur Beispiele von Orten, die so absonderlich eingerichtet sind, daß die am nächsten Stehenden den Redenden nicht hören können, sondern allein die, welche an einem bestimmten Punkte stehn, der oft weiten Abstand hat; ganz ebenso ist es auch mit den Erwiderungen des Sokrates, wenn wir uns nur erinnern, daß hören hier verstehen heißt und nicht hören also mißverstehen. Das sind die beiden Hauptmängel, die ich vorläufig bei Xenophon hervorheben möchte; Situation und Erwiderung sind jedoch der Komplex, welcher das Ganglien- und Cerebralsystem der Persönlichkeit ausmacht.

Wir gehen zu der *Sammlung von Betrachtungen* über, welche bei Xenophon dem Sokrates beigelegt sind. Diese Betrachtungen sind nun im allgemeinen so zwergstämmig und verkrüppelt, daß es nicht schwer, wohl aber für das Auge ermüdend ist, die ganze Masse zu überblicken. Selten nur erhebt sich die Betrachtung zu einem poetischen oder philosophischen Gedanken, und der schönen Sprache zum Trotz ist die Darlegung ganz in dem gleichen Geschmack gehalten wie die Gründlichkeiten unsres „Volksblattes“[17] oder die verzückten Salbadereien* eines naturbewundernden Seminaristen.

---

* Nur selten hört man mitten in dieser verkümmerten Prosa eine Bemerkung, der noch ein Rest ihres himmlischen Ursprungs anhaftet, wenn auch allemal mit einem störenden Zusatz. Als Beispiel will ich Xenophons wegen Mem. I 1,8 anführen. Er spricht von den Dingen, welche die menschliche Einsicht selber vollbringen kann, und fügt dann bei: „aber die höchsten Fragen in diesen Dingen, sprach er, hätten die Götter sich selbst vorbehalten ... denn wer seinen Acker auch noch so gut bestellt habe, könne doch nicht wissen, wer ihn einst ernte usw“. (τὰ δὲ μέγιστα τῶν ἐν τούτοις ἔφη τοὺς θεοὺς ἑαυτοῖς καταλείπεσθαι ... οὔτε γάρ τοι τῷ καλῶς ἀγρὸν φυτευσαμένῳ δῆλον ὅστις καρπώσεται κτλ.) Sokratisch ist hierin nun das angedeutete Gegensatzverhältnis zwischen der emsigen Tätigkeit der Menschen und dem, was dadurch ausgerichtet wird sogar innerhalb der Grenzen, welche das Gebiet der menschlichen Tätigkeit bezeichnen; sokratisch ist es, zuerst das Gebiet zu schildern, welches dem menschlichen Wissen unzugänglich ist (§ 6: „hinsichtlich alles dessen aber, dessen Verlauf unberechenbar war, verwies er sie an das Orakel, um zu erkunden, ob sie es tun sollten“; περὶ δὲ τῶν ἀδήλων ὅπως ἀποβήσοιτο μαντευσομένους ἔπεμπεν, εἰ ποιητέα), darauf denn anzudeuten, was die Menschen doch selber auszu-
XIII 116 richten vermögen, und dann, wenn der Sinn nun bei dieser Sicherheit vor Anker gegangen ist, ihn plötzlich aufzuschrecken mit dem Nachweis, daß die Menschen doch auch hier wiederum nichts vermögen, indem er so gleichsam das Eis auftaut, in dem sie eingefroren und, als ob es festes Land wäre, zur Ruhe gekommen waren, und sie abermals vor dem Strom hintreiben läßt. Nur dürften wir der Ironie nicht entbehren; denn eben sie entwindet ihnen doch das Letzte; bei Xenophon aber fehlt sie; denn diese Betrachtung wird eingeleitet mit den Worten: „aber die höchsten Fragen“ (τὰ δὲ μέγιστα); sokratisch hätte dies natürlich gelautet: „die kleine Schwierigkeit, die übrig bleibt usw.“. Auf der andern Seite dürften wir auch nicht der Möglichkeit der Disposition und der Drohung entbehren in Beziehung auf eine dogmatische Anschauung, die Sokrates eigen gewesen sein muß. Zur Begründung der Bemerkung, daß die Götter sich gerade in den endlichen Dingen das Höchste vorbehalten haben, weist Sokrates darauf hin, daß niemand sein künftiges Geschick kenne, und daß mithin diese Unwissenheit eine Klippe sei, an der jedes einsichtige sich Sichern scheitern kann. Man hätte eher erwarten sollen, daß Sokrates, eben indem er scheinbar die Menschen zu Selbsttätigen macht, hervorgehoben hätte, sie seien noch nicht einmal der Gottheit Mitarbeiter[18], ihre emsige Tätigkeit sei ein Nichts oder ein bloßes Empfangen, so daß sie sogar dann, wenn sie mit Hebe-

Indem wir nunmehr zu den von Xenophon aufbewahrten sokratischen Betrachtungen übergehen, wollen wir, obwohl sie oft nur ein Haufe aufgegeriffener Kinder zu sein scheinen, der möglichen Familienähnlichkeit nachzugehen versuchen. XIII 116

---

bäumen statt mit Handkraft grüben und klaftertiefe Furchen pflügten, in der Erde keine Fruchtbarkeit finden könnten, wo die Gottheit es nicht wolle. Denn die Unwissenheit über das endliche Geschick, welche Sokrates bei Xenophon als des Menschengeschlechts gemeinsames Los hervorhebt, ist den Menschen wohl nie unbekannt gewesen; dahingegen bedurfte das völlige Unvermögen, das auf dem Gebiet des Handelns die eigentliche Entsprechung zur völligen Unwissenheit im Erkennen ist, stets der Einschärfungen eines Sokrates. — Nun könnte man freilich gegen mich einwenden, an der besprochenen Stelle sei eben die Rede vom Erfolg, von der im geheimen Rat der Götter verborgenen Möglichkeit, und die Entgegensetzung stelle das, was schlechthin nicht Gegenstand einer Berechnung sein kann, demjenigen gegenüber, was für den ersten Augenschein mit aller Sicherheit sich berechnen läßt. Aber daß es dabei auf jeden Fall an der Ironie fehlt, wird sicherlich jeder zugeben, ebenso denn auch, daß die Erörterung, wenn sie der obigen Andeutung gemäß ausgeführt würde, einen weit mehr sokratischen Einblick in Natur und Wesen des Menschen gäbe, sofern Sokrates alsdann den Menschen nicht mit dem Zufall, sondern mit der Notwendigkeit in Widerstreit brächte. Es wäre freilich möglich, daß Hagel des Landmanns Saat niederwalzte; eine weit tiefere Negation jedoch ist es, daß allen menschlichen Bemühungen zum Trotz dem Boden keine Keimkraft innewohnte, wenn die Gottheit es nicht wollte. Das eine ist ein Erfassen der Möglichkeit als Möglichkeit, das andre ein Versuch,
sogar die Wirklichkeit sich als eine hypothetische Möglichkeit erweisen zu XIII 117
lassen. — Wir wollen ein andres Beispiel nehmen, in welchem Sokrates sogar in der Darstellung Xenophons sich der Ironie zu nähern scheint, Mem. I 2, die bekannte Unterredung mit Kritias und Charikles. Doch bewegt Sokrates sich hier mehr auf dem Gebiet der Sophistik (§ 36: „So darf ich also, sprach er, falls ich es weiß, auch keine Antwort geben, wenn mich ein junger Mann z. B. fragt: wo wohnt Charikles, oder wo hält sich Kritias auf?"; μηδ' ἀποκρίνωμαι οὖν, ἔφη, ἄν τίς με ἐρωτᾷ νέος, ἐὰν εἰδῶ, οἷον, ποῦ οἰκεῖ Χαρικλῆς ἢ ποῦ ἐστι Κριτίας), und ist mithin nur insoweit ironisch, als etwa die Sophistik dem nahekommen kann, bleibt aber qualitativ verschieden von der Ironie. Hierüber unten mehr. Und, wie sonderbar, Charikles ist wirklich witziger als Sokrates, zum mindesten überbietet diesen bei weitem die bekannte Antwort[19]: „nimm dich in acht, daß nicht auch du einmal die Rinder verminderst!" (φυλάττου, ὅπως μὴ καὶ σὺ ἐλάττους τὰς βοῦς ποιήσῃς).—Ich habe diese beiden Beispiele etwas weitläuftiger erörtert, um zu zeigen: sogar da, wo es bei Xenophon am nächsten an ein Verständnis des Sokrates streift, bekommt man doch seine Front nach zwei Seiten hin durchaus nicht zu fassen, sondern lediglich ein Etwas, das weder Fleisch ist noch Fisch.

XIII 117 Wir hoffen, die Leser werden uns Recht geben in der Bemerkung, daß die empirische Betrachtung ein Vieleck, die Anschauung ein Kreis ist, und daß zwischen beiden in alle Ewigkeit ein qualitativer Unterschied bleibt. Bei Xenophon schweift nun die hin- und herfahrende Betrachtung stets im Vieleck, täuscht des öfteren wohl sich selbst, sofern sie, wo sie eine weite Fläche vor sich hat, die wahre Unendlichkeit[20] zu haben vermeint; daher fällt sie — gleich einem Insekt, welches an einem Vieleck entlang kriecht — herunter, weil das, was wie eine Unendlichkeit sich ausnahm, bloß ein Winkel war.

Bei Xenophon ist *das Nützliche* einer der Ausgangspunkte für den Unterricht des Sokrates. Das Nützliche aber ist eben das Vieleck, das in einer Relation steht zu der inneren Unendlichkeit des Guten, welche von sich selbst ausgeht und zu sich selbst zurückkehrt, gegen keines ihrer eignen Momente gleichgiltig ist, sondern in ihnen allen sich bewegt, und zwar so, daß sie sowohl in ihnen allen als auch in einem jeden von ihnen besonders ein Ganzes ist. Das Nützliche hat nun eine unendliche Dialektik und zugleich eine unendlich schlechte Dialektik. Das Nützliche ist nämlich des Guten äußerliche Dialektik, dessen Negation, welche losgerissen als solche ein bloßes Reich der Schatten wird, in welchem nichts Bestand hat, sondern alles form- und gestaltlos sich verdichtet und verflüchtigt, je nach den unsteten und *oberflächlichsten* Blicken des Betrachters, und in welchem jedes Einzeldasein lediglich das Dasein eines unendlich teilbaren Bruchs in einer endlosen Kalkulation ist. (Das Nützliche vermittelt[21] alles mit sich, sogar das Unnütze; denn ebenso wenig wie etwas
XIII 118 *unbedingt* nützlich ist, kann etwas *unbedingt* unnütz sein, sintemal der unbedingte Nutzen bloß ein flüchtiges Moment in des Lebens unstetem Wechsel ist.) Diese allgemeine Anschauung des Nützlichen findet sich entwickelt in der Unterredung mit Aristipp, Mem. III 8. Während bei Plato eben Sokrates die Sache stets herausholt aus der zufälligen Konkretion, in der seine Umgebung sie erblickt, und sie zum Abstrakten hinüberleitet, ist bei Xenophon gerade Sokrates der Mann, welcher die sicherlich schwachen Versuche Aristipps, sich der Idee zu nähern, zunichte macht. Ich habe es nicht nötig, diese Unterredung näher zu zergliedern, denn die erste Stellung des Sokrates zeigt zugleich den

geübten Fechter und das Gesetz für die ganze Untersuchung. Auf Aristipps Frage, ob er etwas Gutes kenne, antwortet er § 3: „Willst du wissen, sagte er, ob ich etwas Gutes gegen das Fieber kenne?“ (ἆρά γε, ἔφη, ἐρωτᾷς με, εἴ τι οἶδα πυρετοῦ ἀγαθόν;), womit ja sofort der zergliedernde Gedankengang (das diskursive Raisonnement) sich andeutet. Diesen Weg geht nun die ganze Unterredung weiter mit einer Unerschütterlichkeit, welche auch das scheinbare Paradox nicht vermeidet § 6: „So ist wohl auch, sprach er, ein Mistkorb etwas Schönes? In der Tat, sprach er, und umgekehrt ein goldner Schild häßlich, wenn jener zweckmäßig, dieser unzweckmäßig gearbeitet ist“ (ἆρ᾽ οὖν, ἔφη, καὶ κόφινος κοπροφόρος καλόν ἐστι; Νὴ Δί᾽, ἔφη, καὶ χρυσῆ γε ἀσπὶς αἰσχρόν, ἐὰν πρὸς τὰ ἑαυτῶν ἔργα ὁ μὲν καλῶς πεποιημένος ᾖ, ἡ δὲ κακῶς.). Ich habe freilich diese Unterredung bloß als ein Beispiel angeführt, und muß mich insofern wesentlich an den Gesamteindruck halten, welcher der Nerv des Beispiels ist; gleichwohl muß ich doch, da ich es zugleich als ein Beispiel statt aller andern (instar omnium) angeführt habe, an eine Schwierigkeit erinnern, welche die Art, in der Xenophon diese Unterredung einleitet, betrifft. Er gibt uns nämlich zu verstehen, daß von Aristipp eine verfängliche Frage gestellt worden sei, welche Sokrates in Verlegenheit bringen sollte durch die unendliche Dialektik, die in dem Guten liegt, sobald es als das Nützliche verstanden wird. Er deutet an, Sokrates habe diese List durchschaut. Es ließe sich mithin denken, daß Xenophon die ganze Unterredung als ein Beispiel für die Fechtkunst (Gymnastik) des Sokrates aufbewahrt hat. Es könnte scheinen, als ob in dem ganzen Verhalten des Sokrates am Ende sogar eine Ironie geschlummert hätte, als ob er, indem er mit scheinbarer Gutgläubigkeit in die von Aristipp gestellte Falle ging, dessen schlauen Plan gerade zunichte machte und Aristipp in die Lage brachte, seinerseits wider seinen Willen das geltend zu machen, was seiner Berechnung nach Sokrates hätte hervorheben sollen. Indes wird gewiß jeder, welcher Xenophon kennt, dies höchst unwahrscheinlich finden, und zur ferneren Beruhigung hat Xenophon denn auch einen ganz anderen Grund für das Verhalten des Sokrates angegeben. nämlich den, daß „er seiner Umgebung nützen wollte“. XIII
Woraus man denn deutlich ersieht, daß es nach Xenophons Auf- 119
fassung der blanke Ernst des Sokrates ist, dergestalt die begei-

sternde Unendlichkeit des Erforschens zurückzurufen zu der „schlechten Unendlichkeit“ der Niederungen der Empirie.

Das Angemessene (*Kommensurable*) schlechthin ist nun[22] der eigentliche Tummelplatz des Sokrates, und seine Tätigkeit ist großenteils die, das ganze Denken und Handeln des Menschen mit einer unübersteiglichen Mauer zu umschließen, welche jeglichen Tauschhandel mit der Ideenwelt verhindert. Auch das Studium der Wissenschaften darf diesen Gesundheitskordon nicht überschreiten, Mem. IV 7. An Geometrie* sollte man so viel lernen, daß es einem dazu hilft, ein Auge darauf werfen zu können, daß einem die Äcker richtig zugemessen werden; von weitergehendem Studium der Astronomie wird abgeraten, und er warnt vor den Spekulationen des Anaxagoras — kurz gesagt, jede Wissenschaft wird reduziert ‚zum Gebrauch für Jedermann‘[24].

Das *Gleiche* wiederholt sich auf *allen Gebieten*. Seine Naturbetrachtungen sind durchaus Fabrikarbeit, die endliche Teleologie in einer Vielfältigkeit von Mustern. — Seine Auffassung der Freundschaft kann man der Schwärmerei nicht bezichtigen. Er meint allerdings, kein Pferd** und kein Esel habe so viel Wert wie ein Freund; doch daraus folgt natürlich durchaus nicht, daß mehrere Pferde und mehrere Esel nicht ebenso viel Wert wie *ein* Freund hätten. Und dies ist der gleiche Sokrates, von welchem Plato[26], um seine ganze innere Unendlichkeit in Beziehung auf Freunde zu kennzeichnen, einen so sinnlich-geistigen Ausdruck
XIII 120 braucht wie „nicht unphilosophisch die Knaben lieben“ (παιδεραστεῖν μετὰ φιλοσοφίας), und Sokrates selbst sagt im Symposion[27], daß er sich lediglich auf „Liebessachen“ (ἐρωτικά) verstehe. Und

* Man vergleiche hiermit das Gewicht, welches Sokrates im siebenten Buch von Platos Staat der Geometrie und ihrer Bedeutung, den Gedanken vom Werdenden fort zum Seienden zu leiten, beilegt; „denn wenn die Geometrie uns nötigt, das Sein anzuschauen, so nützt sie, wenn aber das Werden, so nützt sie nicht.“ Vgl. Plato in Asts Ausgabe, 4. Band S. 404. (Gleich Politeia, 7. Buch, 526 e[23]). Aber „Werden“ (γένεσις) ist offenbar die empirische Mannigfaltigkeit, und in dem unmittelbar Folgenden spricht Sokrates ganz ebenso von der Astronomie und meint, durch diese Wissenschaften werde ein Sinn der Seele gereinigt, geweckt, der mehr wert sei denn tausend Augen, und deshalb tadelt er sowohl Astronomen wie Musiker, weil sie bei der empirischen Bewegungslehre und der empirischen Harmonielehre stehen bleiben.

** Mem. II 4, I 3,14.[25]

wenn wir dann in Mem. III 11 Sokrates mit der zweideutigen Dame Theodota sich unterreden hören, und er dort mit den Liebesmitteln prahlt[28], in deren Besitz er ist, um junge Männer anzulocken, so ekeln wir uns vor ihm wie vor einer alten Koketten, die sich noch für fähig hält zu verführen, ja, wir ekeln uns sogar noch mehr, weil wir nicht einsehn können, wie Sokrates dazu irgend imstande gewesen wäre. — Auch in Beziehung auf des Lebens vielfältige Genüsse finden wir die gleiche endliche Nüchternheit, wohingegen Plato in so großartiger Weise Sokrates eine Art göttlicher Gesundheit beilegt, welche ihm Unmäßigkeit unmöglich macht und ihn doch des vollsten Maßes des Genusses nicht beraubt, sondern es ihm gerade gewährt*. Wenn Alkibiades im Symposion andeutet, er habe Sokrates niemals berauscht gesehen, so wird damit zugleich angedeutet, daß es für Sokrates unmöglich war, es je zu werden, und so sehen wir ihn denn auch im Symposion alle andern unter den Tisch trinken[30]: Xenophon hätte das natürlich daraus erklärt, daß Sokrates niemals das hinreichende Maß (quantum satis) einer in der Erfahrung erprobten Regel überschritten habe. Es ist mithin nicht jene mit dem Ausdruck σωφροσύνη (Besonnenheit) bezeichnete schöne harmonische Einheit von Naturbestimmung und Freiheit, welche bei Xenophon uns an Sokrates geschildert wird, sondern eine unschöne Verbindung von Zynismus und Spießbürgerlichkeit. — So ist denn des Sokrates Verständnis des Todes ebenso dürftig, ebenso engherzig geraten. Dies zeigt sich bei Xenophon Mem. IV 8, 8, allwo Sokrates das Erfreuliche seines jetzt bevorstehenden Todes darin erblickt, daß er von den Schwächen und Beschwerden des Alters frei sein wird. In Xenophons Apologie finden sich freilich einzelne Züge, die poetischer sind, z. B. § 3, allwo Sokrates andeutet, er habe sich sein ganzes Leben hindurch auf seine Verteidigung vorbereitet;
dazu muß allerdings bemerkt werden, daß er, sofern er erklärt, er XIII 121
wolle sich nicht verteidigen, auch hier von Xenophon nicht in übernatürlicher Größe geschaut wird (etwa z. B. in dem Sinne des

* Plato, Symposion 220a (Schleiermacher[29]): „Und auch wenn hoch gelebt wurde, verstand er allein zu genießen, auch sonst, zumal aber im Trinken, wiewohl er es immer nicht wollte; wenn er einmal dazu gezwungen wurde, übertraf er alle, und, was das Wunderbarste ist, niemals hat irgend jemand den Sokrates trunken gesehen."

göttlichen Schweigens Christi[31] seinen Anklägern gegenüber), sondern bloß als einer, der sich leiten läßt von der — dem Sokrates vielleicht unerklärlichen — Fürsorge seines Dämons für seinen Nachruhm. Und wenn wir von Xenophon (Mem. I 2, 24) erfahren, Alkibiades sei ein sehr sittsamer Mensch gewesen, solange er im Umgang mit Sokrates lebte, später aber sei er ausschweifend geworden, so wundert es uns wohl mehr, daß er so lange in der Gesellschaft des Sokrates verblieben ist, als daß er später ausschweifend ward; denn in einem derartigen geistigen Krähwinkel[32], in der Zwangserziehung durch eine derartig einzwängende Mittelmäßigkeit, mußte er ja ziemlich gierig auf Genuß werden. Wir haben somit im Verständnis des Sokrates durch Xenophon den parodierenden Schlagschatten, welcher der Idee in ihrem vielfältigen Hervortreten entspricht. Statt des Guten haben wir das Nützliche, statt des Schönen das Brauchbare, statt des Wahren das Bestehende, statt des Sympathetischen das Lukrative, statt harmonischer Einheit Nüchternheit.

Was nun endlich die Ironie* betrifft, so finden wir von ihr durchaus keine Spur bei seinem Sokrates. Statt ihrer tritt Sophistik auf. Sophistik aber ist gerade der ewige Zweikampf der Erkenntnis mit der Erscheinung im Dienste des Egoismus, ein Zweikampf, der eben nie zu einem entscheidenden Siege führen kann, weil die Erscheinung ebenso schnell wie sie fällt, sich wieder erhebt; und da nur diejenige Erkenntnis, welche als rettender Engel die Erscheinung dem Tode entreißt und sie aus dem Tode ins Leben** übersetzt, zu siegen vermag, so sieht die Sophistik am Ende sich erdrückt von den unendlichen Heerscharen der Erscheinung. Die Klangfigur aber, welche diesem monströsen Vieleck entspricht,

* Das bei Xenophon vorkommende Ironische ist daher auch nicht das selig in sich selber ruhende Schweben der Ironie, sondern ein Erziehungsmittel, und daher bald ermunternd denen gegenüber, von denen Sokrates wirklich etwas erwartet (Mem. III 5,24), bald lediglich züchtigend (Mem. III 6).

** Darum gehört zu aller Erkenntnis Mut, und allein der, welcher den Mut hat, das Leben zu opfern, rettet das Leben; jedem andern ergeht es wie Orpheus, welcher zur Unterwelt niedersteigen wollte, um seine Gattin heraufzuholen; die Götter jedoch zeigten ihm nur ein Schattenbild von ihr, weil sie ihn für einen verzärtelten Citherspieler ansahen, der nicht den Mut gehabt hatte, aus Liebe sein Leben zu opfern[33].

die stille innere Unendlichkeit des Lebens, welche diesem in alle Ewigkeit nicht aufhörenden Lärmen und Toben entspricht, ist entweder das System oder die Ironie als die „unendliche absolute Negativität“[34], natürlich mit dem Unterschiede, daß das System unendlich beredt, die Ironie unendlich schweigsam ist. Und so sehen XIII 122
wir denn auch hier, daß Xenophon durchaus folgerichtig zu dem Gegenbilde des platonischen Verständnisses gelangt ist. Von Sophismen findet sich nun eine beträchtliche Menge in den Memorabilien*; teils jedoch fehlt es ihnen an der Pointe (z. B. die kurzen Sätze in Mem. III 13), teils fehlt es ihnen an der ironischen unendlichen Spannkraft, an der geheimen Falltür**, durch welche man plötzlich abstürzt, nicht wie der Schulmeister in Joh. Ludw. Heibergs „Elfen“ tausend Klafter tief, sondern in das unendliche Nichts der Ironie. Auf der andern Seite sind die Sophismen des Sokrates hier ebenso wenig Annäherungen an die Anschauung. Als Beispiel will ich die Unterredung mit Hippias Mem. IV 4 anführen. Hier zeigt es sich auch, inwiefern Sokrates die Frage lediglich bis zu einem gewissen Punkte durchführt, ohne daß sie sich selber in einer Anschauung die Antwort gibt. Nachdem nämlich das Gerechte als mit dem Gesetzmäßigen eines und dasselbe bestimmt ist, und dann der Zweifel an dem Gesetzmäßigen (im Hinblick darauf, daß die Gesetze sich ändern, vgl. § 14) Ruhe finden zu sollen scheint in der Betrachtung des zu allen Zeiten von allen erkannten Gesetzmäßigen (des Gottesgesetzes), bleibt Sokrates dennoch bei einzelnen Beispielen stehen, in denen die eigentüm-

* Mem. IV 2, ein ganzes Gewebe von Sophismen, vor allem § 22.

** Eine rühmliche Ausnahme ist Mem. IV 4,6: „Also, sprach er, immer noch dieselben Reden, Sokrates, die ich schon vor Jahren von dir gehört habe? Jawohl, sagte Sokrates, und was noch viel schlimmer ist, Hippias, nicht nur dieselben Behauptungen stelle ich auf, sondern auch immer über dieselben Dinge; du freilich mit deiner vielseitigen Bildung sagst über denselben Gegenstand niemals dasselbe.“ (ἔτι γὰρ σύ, ἔφη, ὦ Σώκρατες, ἐκεῖνα τὰ αὐτὰ λέγεις ἃ ἐγὼ πάλαι ποτέ σου ἤκουσα; καὶ ὁ Σωκράτης. Ὃ δέ γε τούτου δεινότερον, ἔφη, ὦ Ἱππία, οὐ μόνον ἀεὶ τὰ αὐτὰ λέγω, ἀλλὰ καὶ περὶ τῶν αὐτῶν· σὺ δ'ἴσως διὰ τὸ πολυμαθὴς εἶναι περὶ τῶν αὐτῶν οὐδέποτε τὰ αὐτὰ λέγεις). Bekanntlich findet sich die gleiche Bemerkung seitens des Polos und die gleiche Antwort von Sokrates in Platos Gorgias[35], und man kann nicht leugnen, daß die von Xenophon hinzugesetzte Bemerkung „mit deiner vielseitigen Bildung“ (διὰ τὸ πολυμαθὴς εἶναι) die Ironie zwar nicht tiefer macht, wohl aber spielerischer.

liche Folgerichtigkeit der Sünde augenfällig ist. So bleibt denn auch in dem § 24 angeführten Beispiel der Undankbarkeit — wodurch der Gedanke auf die praestabilierte Harmonie hätte gelenkt werden sollen, von welcher das Dasein durchdrungen ist — die Betrachtung bei dem Äußerlichen stehen, daß der Undankbare der Freunde entbehrt usw., und schwingt sich nicht empor in die vollkommnere Ordnung der Dinge, in welcher keine Veränderung ist, noch Wechsel des Lichts und der Finsternis[36], in welcher die Vergeltung zu treffen weiß, ohne von irgend einer Endlichkeit aufge-
XIII 123 halten zu werden; denn solange wir rein bei der äußerlichen Beobachtung stehen bleiben, ließe es sich doch denken, daß z. B. der Undankbare nicht eingeholt würde von der hinkenden Gerechtigkeit.

Ich bin nunmehr am Ende mit meiner Analyse des Sokrates, so wie dieser in Xenophons Guckkasten geht und steht, und ich möchte zum Schluß nur noch die Leser bitten, sofern sie sich gelangweilt haben sollten, die Schuld daran doch nicht allein auf mich zu schieben.

Plato

Die Leser werden im Vorhergehenden sicherlich manch eines verstohlenen Seitenblicks auf die Welt gewahr geworden sein, welche nunmehr Gegenstand unsrer Untersuchung sein soll. Wir streiten das nicht ab; aber der Grund dafür liegt zum Teil im Auge, welches bei längerem Starren auf eine bestimmte Farbe unwillkürlich die Komplementärfarbe erzeugt; teils in meiner eigenen vielleicht ein bißchen jugendlichen Vorliebe für Plato; teils auch in Xenophon selber, der ein jämmerlicher Kerl gewesen sein müßte, wenn in seiner Darstellung nicht die Lücken gewesen wären, in die Plato als Ausfüllung paßt, so daß man in Xenophon auf Abstand (eminus) und gleichsam durch einen Zaun (et quasi per transennas) Plato erblickt. Und wahrlich, die Sehnsucht nach Plato ist schon in meiner Seele gewesen, aber sie ist bei der Lektüre des Xenophon sicherlich nicht kleiner geworden. Mein Beurteiler. Ich erbitte mir von Dir nur einen Absatz, nur einen einzigen unschuldigen Zwischensatz, um meinem Dank Luft zu machen, meinem Dank für die Erquickung, die ich bei der Lektüre von Plato gefunden. Denn wo sollte man Erholung finden, wenn nicht in der

unendlichen Ruhe, mit welcher in der Stille der Nacht die Idee lautlos, sanft und weihevoll und doch so machtvoll sich entfaltet im Rhythmus des Dialogs, als wäre in der Welt überhaupt nichts andres da, allwo jeder Schritt langsam, feierlich bedacht und wiederholt wird, weil die Ideen selber gleichsam wissen, daß Zeit und Spielraum ist für sie alle; und wann hätte man in der Welt wohl des Verweilens bedurft, wenn nicht in unsrer Zeit, da die Ideen mit des Wahnsinns Hast einander hetzen, da sie ihre Gegenwart tief in der Seele lediglich bekunden durch eine Blase auf des Meeres Oberfläche, da die Ideen niemals sich entfalten, sondern in ihren zarten Schossen sich aufzehren, das Haupt nur flüchtig ins Dasein stekken, dann aber alsogleich hinsterben vor Kummer, dem Kinde XIII 124
gleich, von welchem Abraham a Sancta Clara erzählt, daß es im gleichen Augenblick, da es geboren ward, aus Angst vor der Welt wieder umkehrte in seiner Mutter Leib.

Einleitende Betrachtungen

Ein System hat scheinbar eine Möglichkeit, jedes seiner Momente zu einem Ausgangspunkte werden zu lassen, diese Möglichkeit wird jedoch nie zur Wirklichkeit, weil jedes Moment wesentlich nach innen zu (ad intra) sich bestimmt, von dem eigenen Gewissen des Systems festgehalten und getragen wird*, und so hat nun in Wirklichkeit jede Anschauung, vor allem eine religiöse Anschauung, einen bestimmten äußerlichen Ausgangspunkt, ein Positives, welches sich in Beziehung auf das Partikulare als die höhere Kausalität, in Beziehung auf das Abgeleitete als ‚das Ursprüngliche'[38] erweist. Das Individuum strebt nämlich fortwährend vom Referat und durchs Referat zurück zu der anschauenden Ruhe, die allein von Persönlichkeit gewährt wird, zu der vertrauenden Hingebung, welche die geheimnisvolle Wechselbeziehung von Persönlichkeit und Sympathie ist. Daß nun eine solche ursprüngliche Persönlichkeit, ein solcher unabhängiger Stand (status absolutus[39]) der Persönlichkeit dem abhängigen Stande (status constructus[39])

* Innerhalb des Systems hat daher jedes einzelne Moment eine andre Bedeutung als außerhalb des Systems; dieses hat sozusagen „das eine offen auf der Zunge, das andre verborgen in der Brust“ (aliud in lingua promptum, aliud pectore clausum[37]).

des ganzen Geschlechts gegenüber nur *einmal* gegeben ist und gegeben sein kann, daran brauche ich wohl bloß zu erinnern. Man darf jedoch nicht übersehen, daß die Entsprechung hierzu, der wiederholte Anlauf der Geschichte zu diesem unendlichen Sprung, ebenfalls seine Wahrheit hat. Eine solche Persönlichkeit, ein solcher unmittelbarer Besitzer des Göttlichen *wurde nun von Plato in Sokrates gefunden.* Wirkung und Verhältnis einer solchen unmittelbaren Persönlichkeit dem Geschlecht gegenüber vollzieht sich nun teils in einer Mitteilung von Leben und Geist (so, wenn Christus die Jünger anhaucht und spricht: nehmet hin den heiligen Geist[40]), teils in einem Freimachen der gebundnen Kräfte des Individuums (so, wenn Christus zu dem Gichtbrüchigen spricht: stehe auf und wandle[41]), oder richtiger, es voll-
XIII 125 zieht sich in beidem zugleich. Die Entsprechung hierzu kann mithin zwiefach sein: *entweder* sie kann positiv, d. h. befruchtend sein, *oder* sie kann negativ, d. h. dem gelähmten, dem in sich verflüchtigten Individuum zur ursprünglichen Spannkraft helfend sein, mit bloßer Umhegung und Beobachtung das so gestärkte Individuum sich auf sich selbst besinnen lassen*. Bei beiden Entsprechungen aber wird das Verhältnis zu einer solchen Persönlichkeit für die empfangende (secundäre) Persönlichkeit nicht bloß ein antreibendes sondern ein datierendes[42], ein dem Individuum selber unerklärlicher Springquell ewigen Lebens. Wir dürfen sagen: entweder es ist das Wort, das da das Individuum erschafft, oder das Schweigen, das es gebiert und nährt. Der Grund, weshalb ich diese beiden Entsprechungen angeführt habe, wird in diesem Augenblick dem Leser vielleicht noch nicht einsichtig sein, ich hoffe aber, daß es später geschehen wird. Daß Plato in Sokrates

* Man wird mir gewiß darin Recht geben: auch dies Verhältnis der Persönlichkeit ist ein Verhältnis der Liebe, ja, es erinnert recht eigentlich an jene besondere Art der Liebe, welche bei Plato allenthalben Sokrates beigelegt wird, an die „Knabenliebe", natürlich im Hinblick auf das Erwachen der ersten Jugend aus dem Schlummer der Kindheit und die Besinnung auf sich selbst, und so gibt es einen nicht eben unglücklichen Wink betreffs der Vorliebe, mit welcher Sokrates die kleinen Schwachheiten seiner Schüler erfaßte und sich so recht an ihnen behagte. Darum heißt es im Symposion 181 d (Schleiermacher): „Denn sie lieben nicht Kinder, sondern solche, die schon anfangen, Vernunft zu zeigen. Dies trifft aber nahe zusammen mit dem ersten Bartwuchs."

die Einheit dieser beiden Momente erblickt hat, oder richtiger, daß Plato in Sokrates die Einheit von ihnen veranschaulicht hat, kann man nicht leugnen; jedermann weiß, daß ein andres Verständnis[43] in dem Umstande, daß des Sokrates Mutter Phaenareta Hebamme war, eine gleichnishafte Kennzeichnung für die erlösende Tätigkeit des Sokrates gefunden und damit die zweite Seite der Analogie hervorgehoben hat.

Indes, welches *Verhältnis* besteht zwischen dem *platonischen* und dem *wirklichen* Sokrates? Diese Frage läßt sich nicht abweisen. Sokrates durchströmt das fruchtbare Gebiet der gesamten platonischen Philosophie, er ist in Plato allgegenwärtig. In welchem Maße hat nun wohl nicht nur der dankbare Schüler geglaubt, sondern auch der mit jugendlicher Schwärmerei liebende Jüngling gewünscht, in des Sokrates Schuld zu stehn, weil nichts ihm lieb war, was nicht von Sokrates kam? Oder, in welchem Maße war er mindestens Miteigentümer und Mitwissender in diesen Liebesheimlichkeiten der Erkenntnis, sofern es ein Sichaussprechen vor einem Gleichgestimmten gibt, das nicht durch des andern Grenzen eingeschnürt wird, sondern sich ausweitet, und im Verstehen des andern eine übernatürliche Größe gewinnt, weil der Gedanke sich selbst erst versteht, sich selbst erst liebt, wenn er in
des andern Wesen aufgenommen ist, so daß es also für dermaßen XIII 126
harmonierende Wesen nicht bloß gleichgiltig, sondern unmöglich wird zu entscheiden, was ein jeder im Besonderen zu eigen hat, sintemal der eine ständig nichts besitzt, sondern alles nur in dem andern besitzt? Dies alles will ich hier nicht untersuchen. Gleich wie daher Sokrates die Menschen so schön an das Göttliche bindet durch den Nachweis, daß alles Erkennen Erinnerung ist[44], ebenso fühlt Plato sich mit Sokrates in der Einheit des Geistes unauflöslich verschmolzen, so daß ihm alles Wissen Mitwissen mit Sokrates ist. Es ist wohl einleuchtend, daß nach dem Tode des Sokrates dies Bedürfnis, seine eignen Bekenntnisse aus dem Munde des Sokrates zu vernehmen, in Plato noch tiefer geworden sein muß, daß Sokrates für ihn verklärt aus dem Grabe erstehen mußte zu einem noch innigeren Zusammenleben, daß nunmehr die Verwechslung von Mein und Dein noch größer werden mußte, dieweil es für Plato — wie sehr er sich auch demütigte, wie klein er auch sich selber fühlte, um zum Bilde des Sokrates etwas hinzuzusetzen —

unmöglich war, das poetische Bild nun doch nicht mit der historischen Wirklichkeit zu verwechseln. — Ich glaube, es ist nach dieser allgemeinen Betrachtung hier der rechte Ort, daran zu erinnern, daß man bereits im Altertum aufmerksam geworden ist auf die Frage, wie sich der geschichtliche und der poetische Sokrates nach Platos Darstellung zueinander verhalten, und daß die Einteilung der Dialoge, die schon bei Diogenes Laërtius[45] sich findet, in dramatische und erzählende (δραματικοί und διηγηματικοί) eine Art von Antwort darauf enthält. Die erzählenden Dialoge sollten somit diejenigen sein, welche mit dem geschichtlichen Verständnis des Sokrates am nächsten sich berühren. Zu ihnen gehören nun Symposion und Phädon, und sogar ihre äußere Form erinnert an ihre Bedeutung in dieser Hinsicht, wie Baur a. a. O. S. 122 Anm. (Neudruck 1876 S. 346 Anm.) richtig bemerkt: „Eben deswegen scheinen die Dialogen der andern Art, die diegematischen, bei welchen der eigentliche Dialog nur in einer Erzählung gegeben wird, wie Plato im Gastmahle alles dem Apollodor in den Mund legt, im Phädon den Phädon dem Echekrates und einigen andern, was Sokrates an seinem letzten Tage zu seinen Freunden gesprochen, und was sich mit ihm zugetragen, erzählen läßt, durch ihre Form von selbst zu verstehen zu geben, daß sie einen mehr historischen Charakter an sich tragen."

Ich vermag nun nicht zu entscheiden, ob dies Geschichtliche in der Form sich nur auf den szenischen Apparat bezieht, und der Gegensatz zu den dramatischen Dialogen darin liegt, daß in diesen
XIII 127 letzteren das Dramatische (was Baur ‚die äußere Handlung'[46] nennt) Platos freie Erdichtung ist, oder ob der Unterschied darin liegt, daß in den erzählenden Dialogen es sich wesentlich um des Sokrates eigne Gedanken handelt, in den dramatischen aber der Inhalt aus den von Plato in Sokrates hineingedachten Gedanken besteht; dahingegen muß ich die richtige Beobachtung von Baur (a. a. O.) wiederum nicht bloß unterschreiben, sondern abschreiben: „Wenn nun aber auch Plato, mit Rücksicht auf diesen historischen Grund, diesen Dialogen gerade diese Form gab, so kann doch hieraus auf den historischen Charakter des Ganzen nicht geschlossen werden." — Und so nähern wir uns denn nun dem wichtigen Problem, *was* an der platonischen Philosophie Sokrates gehört und *was* daran Plato gehört, eine Frage, die wir nicht ab-

weisen können, wie schmerzlich es auch ist, die zu scheiden, die so innig vereinigt sind. Hier muß ich es beklagen, daß Baur mich im Stiche läßt; denn nachdem er gezeigt hat, wie unvermeidlich Plato teils sich dem Volksbewußtsein angeschlossen hat (darin erblickt er die Bedeutung des Mythischen), teils der Persönlichkeit des Sokrates als dem positiven Ausgangspunkte, endet die ganze Untersuchung mit dem Satz, die eigentliche Bedeutung des Sokrates liege in der Methode*. Indes da bei Plato die Methode noch nicht in ihrem absolut notwendigen Verhältnis zur Idee gesehen wird, so bietet sich unvermeidlich die Frage dar: in welchem Verhältnis stand Sokrates zur Methode Platos?

Es wird somit wichtig sein, ein wenig von der Methode bei Plato zu sprechen. Daß bei Plato der Dialog nicht rein zufällig die vorherrschende Form geworden ist, sondern daß er einen tieferen Grund hat, das empfindet gewiß jeder. Ich kann mich hier nicht auf eine Untersuchung darüber einlassen, in welchem Verhältnis eine Dichotomie (Zweigliederung), so wie sie bei Plato sich findet, und eine Trichotomie (Dreigliederung), so wie die neuere, im strengeren Sinne spekulative Entwicklung sie heischt, zueinander stehen. (Ein wenig werde ich darauf zu sprechen kommen, wo ich das Verhältnis zwischen dem dialektischen und dem mythischen Element, was eine Zweigliederung ist, in Platos früheren Dialogen erörtere.) Auch kann ich, sofern ich etwa die Notwendigkeit einer Dichotomie für das Griechentum dartäte und damit deren relative Giltigkeit anerkennte, auch noch die Zeit finden, zugleich deren Verhältnis zur absoluten Methode darzulegen. Denn freilich ist der von Sokrates hochgezüchtete Dialog ein Versuch, den Gedanken selber in seiner ganzen Objektivität in Erscheinung treten zu lassen, doch
fehlt es natürlich an der Einheit von allmählich fortschreitendem XIII 128
Verstehen und Intuition, einer Einheit, die allein durch den dialektischen Dreisatz (Trilogie) möglich wird[48]. Die Methode besteht eigentlich darin, die mancherlei Verwicklungen des Lebens zu vereinfachen, indem man sie zurückführt auf eine fort und fort abstrakter werdende Abbreviatur; und da Sokrates die meisten seiner Untersuchungen nicht im Zentrum, sondern in der Peripherie beginnt,

* Da es zu weitläuftig wäre, Baur zu zitieren, möchte ich den Leser auf den Abschnitt verweisen, welcher S. 90 beginnt, und ihn bitten, daß er S. 90 und 91 und dann S. 98 lese (Neudruck 1876 S. 314f; 322f[47]).

in der bunten Mannigfaltigkeit des unendlich in sich verschlungenen Lebens, so gehört sicherlich ein hohes Maß von Kunst dazu, nicht bloß sich selbst, sondern auch das Abstrakte herauszulösen aus den Verwicklungen nicht allein des Lebens sondern auch der Sophisten. Diese von uns hier beschriebene Kunst ist natürlich die sattsam bekannte sokratische Fragekunst*, oder (um an die Notwendigkeit des Dialogs für die platonische Philosophie zu erinnern) die Kunst der Unterredung. Aus diesem Grunde hält Sokrates[50] es den Sophisten so oft mit tiefer Ironie vor, sie verstünden freilich zu reden, aber nicht sich zu unterreden. Was er nämlich damit tadelt, daß er das Wort „reden" in Gegensatz zu „sich unterreden" bringt, ist das Selbstische der Beredsamkeit, welches das, was man das abstrakt Schöne nennen müßte, begehrt, „die inhaltsleeren Verse und wohlklingenden Tändeleien" (versus rerum inopes nugaeque canorae[51]), welches im Ausdruck selber, abgelöst von jeder Beziehung auf eine Idee, den Gegenstand frommer Verehrung findet. Durch die Unterredung dagegen wird der Redende genötigt, den Gegenstand festzuhalten**, will natürlich
XIII 129 heißen, wofern die Unterredung nicht verwechselt wird mit einem

* Den Gegensatz dazu bildet die vermeintliche Kunst der Sophisten, antworten zu können; diese sind darum so sehr darauf aus, von jemand gefragt zu werden, auf daß alle ihre Weisheit richtig losbrausen könne, „daß sie alle Segel setzen und mit vollem Winde, das Land ganz aus dem Gesicht verlierend, in die hohe See der Wahrheit entfliehen können"[49]. Als Beispiel hierfür mag der Anfang des Gorgias dienen, allwo Gorgias und vor allem Polos an Verspannung leiden gleich Kühen, die nicht zur rechten Zeit gemolken worden sind.

** Plato, Symposion 201 c (Schleiermacher): „Ich, habe er (Agathon) gesagt, o Sokrates, weiß dir wenigstens nicht zu widersprechen, sondern es soll so sein, wie du sagst. – Freilich wohl der Wahrheit, habe er (Sokrates) gesagt, o geliebter Agathon, vermagst du nicht zu widersprechen. Denn dem Sokrates, das ist gar nichts Schweres." Vgl. Plato, Protagoras 331c (Schleiermacher): ... „Doch was liegt daran, sprach er (Protagoras)? Wenn du willst, soll uns auch die Gerechtigkeit fromm und auch die Frömmigkeit gerecht sein. – Das ja nicht! sagte ich (Sokrates). Ich begehre gar nicht, daß ein solches ‹Wenn du willst› und ‹Wie du meinst› untersucht werde, sondern Ich und Du. Das ‹Ich› und ‹Du› sage ich aber in der
XIII 129 Meinung, der Satz selber werde am besten geprüft werden, wenn man dieses ‹Wenn› ganz herausläßt." Plato, Protagoras 334c (Schleiermacher): „Als er (Protagoras) dies gesagt, erhoben die Anwesenden ein Geräusch von Beifallsbezeugungen, wie schön er spräche. Ich (Sokrates) aber sagte, o Protagoras, ich bin ein sehr vergeßlicher Mensch, und wenn jemand so

exzentrischen Duett, bei welchem jeder seine Partie singt, ohne auf den andern Rücksicht zu nehmen und der Schein einer Unter- XIII 130 redung nur noch insofern entsteht, als sie nicht gleichzeitig reden. Daß die Unterredung so einen Mittelpunkt hat, findet nun seinen

---

lange spricht, vergesse ich ganz, wovon eigentlich die Rede ist. So wie nun, wenn ich etwas taub wäre, du glauben würdest, wenn du anders mit mir reden wolltest, lauter sprechen zu müssen als mit andern: so auch jetzt, da du mit einem Vergeßlichen zu tun hast, beschneide mir die Antworten und mache sie etwas kürzer, wenn ich dir anders folgen soll." Plato, Gorgias 454bc (Schleiermacher): „Sokrates: ... Wundere dich aber nur nicht, wenn ich dich auch bald wieder einmal um so etwas frage, was deutlich zu sein scheint, und ich frage doch erst danach. Denn wie gesagt, um in der Ordnung die Rede zu Ende zu bringen, frage ich dergleichen, nicht deinetwegen, sondern damit wir uns nicht gewöhnen, halbverstehend einander das Gesagte vorwegzunehmen, sondern du deinen Satz ganz nach deiner Ansicht durchführen mögest, wie du selbst willst." — Daher denn diese Hartnäckigkeit im Festhalten des Gegenstandes, die sich durch nichts stören läßt, vgl. Plato, Gorgias 473d (Schleiermacher): „Sokrates: Nun schreckst du mich wieder, wackerer Polos, und widerlegst mich nicht; vorher riefst du Zeugen auf" ... Weiter unten 473e (Schleiermacher): „Sokrates: Was soll dieses, Polos? Du lachst? Ist auch dies wieder eine Beweisart, wenn jemand etwas sagt, es zu belachen und nicht zu widerlegen? —" Daher wird keine Rücksicht darauf genommen, ob die gleiche Meinung von mehreren geteilt wird oder nicht, sondern allein gefragt, wessen Meinung die richtige sei. Polos beruft sich darauf, daß die Anwesenden mit ihm einig sind und fordert Sokrates auf, diese zu befragen. Sokrates antwortet (473e): „O Polos, ich bin kein Staatsmann. Ja, im Vorjahr, als es mich traf, im Rat zu sitzen, und der Stamm den Vorsitz hatte und ich die Stimmen einsammeln sollte, bereitete ich mir Gelächter und verstand gar nicht, die Stimmen zu sammeln. Also mute mir auch jetzt nicht zu, Stimmen zu sammeln von den Anwesenden ...; nämlich ich verstehe für das, was ich sage, nur einen Zeugen aufzustellen, den, mit dem ich jedesmal rede, die andern alle laß ich gehn." — (Im Gegensatz zu diesem sokratischen Ernst, welcher sich so wachsam und aufmerksam an seinen Gegenstand heftet wie ein Gefangenenwärter an seinen Gefangenen, sehen wir ihn in einem einzelnen Falle mehr das leichte sich Scheiden und Begegnen der Zwiesprache und das darin liegende Erotische suchen. So wirft Phädros es ihm vor im Symposion 194d (Schleier- XIII 130 macher): „Lieber Agathon, wenn du dem Sokrates Antwort gibst, so wird er sich gar nichts daraus machen, wie es hier sonst noch weitergeht, wenn er nur einen hat, mit dem er Gespräch führen kann, zumal einen Schönen." — Die Zwiesprache Liebender ist nun im allgemeinen der reine Gegensatz zum eigentlichen Reden über eine Sache, und so erbaulich sie für die Liebenden ist, so wenig unterhaltend ist sie für den Dritten.) Im Phädrus § 237bc gibt Sokrates daher den eulenspiegelhaften Rat: „In allen Dingen, mein Kind, gibt es nur einen Anfang für die, welche richtig ratschlagen wollen:

bestimmteren Ausdruck auch darin, daß sie begriffen wird unter der Form von Frage und Antwort. Daher müssen wir uns etwas näher erklären über das, was fragen heißt.

Durch *fragen* wird *teils* das *Verhältnis* des Individuums *zum Gegenstande*, *teils* das *Verhältnis* des Individuums *zu einem andern Individuum* bezeichnet. — *Im ersten Falle* wird darauf gezielt, die Erscheinung aus jedem endlichen Verhältnis zum Subjekt zu lösen. Indem ich frage, weiß ich nichts und verhalte mich zu meinem Gegenstande rein rezeptiv. In diesem Sinne hat das sokratische Fragen eine freilich entfernte, jedoch unzweideutige Entsprechung zum Negativen bei *Hegel*, nur daß das Negative nach Hegel ein notwendiges Moment des Gedankens selber, eine nach innen (ad intra) gehende Bestimmung ist, bei Plato dagegen zur Anschauung gebracht und aus dem Gegenstand heraus in das fragende Individuum verlegt wird. Bei Hegel hat der Gedanke es nicht nötig, von außen her befragt zu werden; denn er gibt sich selber in sich selbst Frage und Antwort; bei Plato antwortet er nur, soweit er gefragt wird, der Umstand aber, ob er gefragt wird oder nicht, ist ein Zufälliges, und die Art und Weise, in der er gefragt wird, ist nicht minder ein Zufälliges. Obwohl daher die Frageform den Gedanken aus aller rein subjektiven Bestimmung lösen sollte, unterliegt sie in andrer Beziehung doch ganz und gar dem Subjektiven, solange der Fragende lediglich in einem zufälligen Verhältnis zu dem, das er herausfragt, gesehen wird. Sieht man hingegen das Fragen zu seinem Gegenstande in einem notwendigen Verhältnis stehen, so wird Fragen eines und dasselbe wie antworten. Bereits Lessing[52] hat recht witzig einen Unterschied gemacht zwischen der Antwort
XIII 131 auf eine Frage und der Beantwortung einer Frage; eine ähnliche Unterscheidung liegt nun dem von uns aufgestellten Unterschiede zwischen Fragen und Herausfragen zugrunde; das wahre Verhältnis wird also das zwischen herausfragen und beantworten sein*.

sie müssen wissen, worüber sie Rat pflegen, oder werden notwendig das Ganze verfehlen" (περὶ παντός ὦ παῖ, μία ἀρχὴ τοῖς μέλλουσι καλῶς βουλεύεσθαι· εἰδέναι δεῖ περὶ οὗ ἄν ᾖ ἡ βουλή, ἢ παντὸς ἁμαρτάνειν ἀνάγκη), etwa ebenso wie Eulenspiegel den Schneidern den wichtigen Rat gab, einen Knoten in den Faden zu schlagen, um nicht des ersten Stichs verlustig zu gehn.

* Die Identität der beiden drückt sich sehr schön in dem deutschen Worte „aushorchen" aus.

Freilich bleibt stets noch etwas Subjektives übrig; erinnert man sich jedoch, daß der Grund, weshalb das Individuum so oder so fragt, nicht in seiner Willkür*, sondern im Gegenstande liegt, in dem notwendigen Verhältnis, das beide miteinander verbindet, so wird auch dies Subjektive schwinden. — Im zweiten Falle ist der Gegenstand eine Zwischenrechnung zwischen dem Fragenden und dem Antwortenden, und die Gedankenentwicklung vollzieht sich in diesem Hin und Her (mit wechselndem Fuße, alterno pede), in diesem Hinken auf beiden Seiten[53]. Dies ist natürlich wieder eine Art dialektischer Bewegung, ist jedoch wegen des Fehlens des Moments der Einheit, sofern ja in jeder Antwort die Möglichkeit zu einer neuen Frage liegt, nicht die wahre dialektische Entwicklung[54]. Diese Bedeutung des Fragens und Antwortens ist eines und dasselbe mit der Bedeutung des Dialogs, der gleichsam ein Sinnbild der Auffassung ist, welche das Griechentum vom Verhältnis zwischen Gott und Mensch hat; da gibt es zwar ein Wechselverhältnis, aber kein Einheitsmoment (so wenig das unmittelbare wie das höhere[55]), und eigentlich fehlt es auch an dem wahren Moment der Zweiheit, sofern das Verhältnis sich in bloßer Wechselseitigkeit erschöpft: gleich dem pronomen reciprocum hat es keinen Nominativ, sondern bloß die Obliquienfälle, und allein den Dual und Plural. — Ist nun das hier Dargelegte richtig, so sieht man, daß die Absicht, in der gefragt wird, zwiefach sein kann. Entweder kann man nämlich in der Absicht fragen, eine Antwort zu erhalten, welche die begehrte Fülle enthält, so daß die Antwort um so tiefer und bedeutungsvoller wird, je mehr man fragt; oder man kann fragen, nicht um der Antwort willen, sondern um durch die Frage den scheinbaren Inhalt auszusaugen und alsdann eine Leere zurückzulassen. Das erste Verfahren setzt natürlich voraus, daß eine Fülle vorhanden ist, das zweite, daß eine Leere vorhanden ist; das erste Verfahren ist das spekulative, das zweite das ironische. In dem zweiten Verfahren hat sich nun in Sonderheit Sokrates betätigt. Wenn die Sophisten in einer schönen Tour mit ihrer eigenen Beredsamkeit** sich vernebelt hat- XIII 132

* Ebenso steht eine Wünschelrute in geheimnisvoller Beziehung zu dem im Boden verborgenen Wasser, und schlägt nur dort aus, wo Wasser ist.

** Vgl. Plato, Gorgias 461 d e (Schleiermacher): „Sokrates: ... Die langen Reden, o Polos, wenn du die nur zurückhältst, deren du dich auch

ten, so war es Sokrates eine Freude, auf die höflichste und bescheidenste Art von der Welt einen kleinen Zugwind zu machen*, der in Kürze alle diese poetischen Dünste vertrieb. Diese beiden Verfahren haben sicherlich, vor allem für eine Beobachtung, die allein auf das Moment sich richtet, große Ähnlichkeit miteinander; ja, diese Ähnlichkeit wird dadurch noch größer, daß das Fragen des Sokrates wesentlich gegen das erkennende Subjekt gerichtet war, es auf den Beweis anlegte, daß sie in allerletztem Betracht schlechthin nichts wußten. Jede Philosophie, die mit einer Voraussetzung anhebt, endet natürlich bei der gleichen Voraussetzung, und wie die Philosophie des Sokrates mit der Voraussetzung, er wisse nichts, anhob, ebenso endigte sie damit, daß die
XIII 133 Menschen überhaupt nichts wüßten; die platonische Philosophie hob mit der unmittelbaren Einheit von Denken und Sein an, und verblieb darin. Die Richtung, die sich im Idealismus geltend machte als eine Reflexion über die Reflexion, eben sie machte sich auch geltend im Fragen des Sokrates. Das Fragen, d. h. das ab-

---

zuvor schon bedienen wolltest. Polos: Wie doch? Es soll mir nicht erlaubt sein zu reden, wieviel ich will? Sokrates: Das wäre freilich hart für dich, Bester, wenn du nach Athen gekommen bist, wo in ganz Hellas die größte Freiheit im Reden herrscht, und du allein solltest ihrer eben hier entbehren."

* Plato, Protagoras 329 b (Schleiermacher): „(Sokrates) ... Jetzt also, Protagoras, fehlt mir noch ein weniges, um alles zu haben, wenn du mir dieses beantworten möchtest ..." Aber auf dies „dieses" kommt gerade alles an. – Oder um ein andres Beispiel zu nehmen, vgl. Plato, Apologie des Sokrates 17a: „Was wohl euch, ihr Athener, meine Ankläger angetan haben, weiß ich nicht: ich meines Teils aber hätte ja selbst beinahe über sie meiner selbst vergessen; so überredend haben sie gesprochen" (Ὅ τι μὲν ὑμεῖς ὦ ἄνδρες Ἀθηναῖοι, πεπόνθατε ὑπὸ τῶν ἐμῶν κατηγόρων, οὐκ οἶδα· ἐγὼ δ'οὖν καὶ αὐτὸς ὑπ'αὐτῶν ὀλίγου ἐμαυτοῦ ἐπελαθόμην· οὕτω πιθανῶς ἔλεγον). Sogar im Symposion 198 b (Schleiermacher) heißt es wider Agathon: „Und wie doch, du Glücklicher, habe Sokrates gesagt, sollte ich nicht ratlos sein, und jeder andere, welcher reden sollte, nachdem eine so schöne und reich verzierte Rede gesprochen worden? Und wenn auch das übrige wohl nicht alles ebenso bewundernswert gewesen ist; aber die Schönheit der Wörter und Redensarten am Ende, welcher Hörer ist nicht über diese erstaunt?", und dann weiter ebenda 198 d: „Ich dachte nämlich in meiner Einfalt, man müsse die Wahrheit sagen in jedem Stück von dem zu Preisenden ... Das war aber, was es scheint, gar nicht die rechte Weise, etwas zu loben, sondern darin besteht sie, daß man der Sache nur so Vieles und Schönes beilege als möglich, möge es sich nun so verhalten oder nicht." Vgl. Protagoras 339 e (Schleiermacher).

strakte Verhältnis zwischen dem Subjektiven und dem Objektiven, war ihm *letztlich die Hauptsache*. Durch genauere Zergliederung einer Äußerung des Sokrates in Platos Apologie will ich das von mir Gemeinte zu erhellen suchen. Überhaupt ist die gesamte Apologie vortrefflich geeignet, von dieser ironischen Wirkungsweise* des Sokrates einen klaren Begriff zu verschaffen. Anläßlich des ersten Anklagepunktes des Melitus nämlich, Sokrates sei ein Gotteslästerer, bespricht Sokrates selbst die bekannte Aussage des Delphischen Orakels, daß er der Weiseste sei. Er erzählt, wie dieser Ausspruch ihn für einen Augenblick ratlos gemacht habe, wie er sich, um die Wahrheit des Orakelspruches zu prüfen, an einen der angesehensten Weisen gewandt habe. Dieser Weise war ein Staatsmann[57], doch Sokrates entdeckte bald, daß er unwissend war. Darauf wandte er sich an einen Dichter, entdeckte aber, als er von ihm eine ausführlichere Erklärung von dessen eignen Gedichten verlangte, daß er darüber ebenfalls nicht Bescheid wußte. (Bei diesem Anlaß deutet er auch an, daß das Gedicht für eine göttliche Eingebung anzusehen sei, von welcher der Dichter ebenso wenig verstehe wie Propheten und Wahrsager von dem Schönen, das sie verkünden.) Endlich ging er zu den bildenden Künstlern, und diese wußten freilich einiges, indes da sie dabei doch von der Einbildung befangen waren, daß sie auch noch andre Dinge verstünden, fielen sie unter die gleiche Bestimmung wie die andern. Kurz gesagt, Sokrates legt dar, wie er das ganze Reich des Geistigen umschifft und gefunden habe, daß das Ganze von einem Ozean illusorischen Wissens umschlossen sei. Wir sehen, wie gründlich er seine Aufgabe erfaßt hat, wie er mit jeder geistigen Macht den Versuch angestellt hat, und dies findet XIII 134

* Sicherlich ist die gesamte Apologie in ihrer Ganzheit eine ironische Konzeption: die große Menge von Anklagen reduziert sich auf ein Nichts, freilich nicht in dem gewöhnlichen Sinne, wohl aber auf ein Nichts, das von Sokrates als seines Lebens ganzer Inhalt ausgegeben wird, der seinerseits wieder die Ironie ist, ebenso denn sein Vorschlag, man möge ihm im Prytaneum Lebensunterhalt gewähren oder ihm eine Geldstrafe auferlegen, und vor allem der Umstand, daß die Apologie überhaupt keine Verteidigung enthält, sondern daß er teils seine Ankläger zum Besten hat, teils einen gemütlichen Schwatz mit seinen Richtern macht. Hierzu stimmt auch die bekannte Anekdote[56], daß er von *Lysias* eine Verteidigungsrede erhielt und durchlas, jedoch erklärte, er sehe keinen Anlaß, von ihr Gebrauch zu machen, obwohl es ganz gewiß eine ausgezeichnete Rede sei.

Sokrates selber dadurch bestätigt, daß seine drei Ankläger die drei großen Mächte vertreten, deren Nichtigkeit bei ihrem Hervortreten in der Persönlichkeit er enthüllt hatte. Melitus nämlich klagte namens der Dichter an, Anytus namens der bildenden Künstler und der Staatsmänner, Lykon namens der Redner. Ja, Sokrates versteht es als seine göttliche Berufung, seine Sendung, bei Landsleuten und Fremden umherzugehn, um, falls er betreffs jemandes hört, er sei weise und es ihn nicht so bedünkt, alsdann der Gottheit behilflich zu sein und zu zeigen, daß der Betreffende das nicht sei*. Und um dieser Aufgabe willen hat er keine Zeit** gehabt,
XIII 135 etwas von Bedeutung auszurichten, weder in öffentlichen, noch in privaten Angelegenheiten, sondern um dieses Gottesdien-

* In dieser seiner widerlegenden Tätigkeit erfaßt er alle, besonders seine Landsleute: „So werde ich mit Jungen und Alten, wie ich sie eben treffe, verfahren, und mit Fremden und Bürgern, um so viel mehr aber mit euch Bürgern, als ihr mir näher verwandt seid. Denn so, wißt nur, befiehlt es der Gott“ (ταῦτα καὶ νεωτέρῳ καὶ πρεσβυτέρῳ, ὅτῳ ἂν ἐντυγχάρω, ποιήσω, καὶ ξένῳ καὶ ἀστῷ, μᾶλλον δὲ τοῖς ἀστοῖς, ὅσῳ μου ἐγγυτέρω ἐστὲ γένει· ταῦτα γὰρ κελεύει ὁ θεός, εὖ ἴστε. Apologie § 30a). Er erzählt, viele hätten seine Gesellschaft gesucht, weil es nicht unerfreulich ist, Leute, die sich einbilden, etwas zu wissen, dessen überführt zu sehen, daß sie nichts wissen: „Mir aber ist dieses, wie ich behaupte, von dem Gotte auferlegt zu tun, durch Orakel und Träume und auf jede Weise, wie nur je göttliche Schikkung einem Menschen etwas auferlegt hat zu tun“ (ἐμοὶ δὲ τοῦτο, ὡς ἐγώ φημι προστέτακται ὑπὸ τοῦ θεοῦ πράττειν καὶ ἐκ μαντείων καὶ ἐξ ἐνυπνίων καὶ παντὶ τρόπῳ, ὥπερ τίς ποτε καὶ ἄλλη θεία μοῖρα ἀνθρώπῳ καὶ ὁτιοῦν προσέταξε πράττειν. Apologie § 33c).

** Ich möchte die Leser bitten, im Gegensatz hierzu sich der Darstellung Xenophons zu erinnern, bei dem Sokrates so viel damit zu schaffen hat, seine Schüler zu guten Staatsbürgern zu erziehen. In Platos Apologie hebt Sokrates daher auch hervor, welche Bedeutung es hat, Privatmann zu sein, und dies stimmt völlig überein mit dem übrigen negativen Verhältnis, das Sokrates zum Leben hat; denn Privatmann in Griechenland sein bedeutete etwas ganz andres, als wenn man heutzutage als Particulier lebt, denn bei den Griechen sah jedes einzelne Individuum sein Leben von dem des Staats in weit tieferem Sinne umschlossen und getragen als in unsrer Zeit. Daher kommt es auch, daß Kallikles (im Gorgias) Sokrates tadelt, weil er sich beharrlich mit Philosophie abgebe; Kallikles meint nämlich, Philosophieren sei ebenso wie Stammeln etwas, das man nur Kindern verzeihen kann, und ein Älterer, der nicht aufhört zu philosophieren, verdiene deshalb Strafe, vgl. Gorgias 485 d e (Schleiermacher): „Denn wie ich eben sagte, es findet sich bei solchem Menschen gewiß, wie schöne Gaben er auch von Natur besitze, daß er unmännlich geworden ist, das Innere der

s t e s willen ist er an allen Ecken und Enden in Armut. Doch ich kehre zurück zu der besprochenen Stelle der Apologie. Sokrates tut das Erfreuliche dar, das darin liegt, nach dem Tode in Verbindung mit den großen Männern zu kommen, die vor ihm gelebt und sein Schicksal geteilt haben und fügt dann hinzu: „Ja, was das Größte ist, die dort eben so ausfragend und ausforschend zu leben, wer unter ihnen weise ist und wer es zwar glaubt, es aber nicht ist" (καὶ δὴ καὶ τὸ μέγιστον, τοὺς ἐκεῖ ἐξετάζοντα καὶ ἐρευνῶντα, ὥσπερ τοὺς ἐνταῦθα διάγειν, τίς αὐτῶν σοφός ἐστι καὶ τίς οἴεται μέν, ἔστι δ᾽οὔ. Apologie § 41 b). Hier stehen wir bei einem entscheidenden Punkte. Unleugbar fällt Sokrates hier nahezu ins Lächerliche mit diesem Eifer des Ausspionierens, der ihm noch nicht einmal nach dem Tode Ruhe gönnt. Und wer könnte wohl seinerseits sich des Lächelns erwehren, wenn er sich der Unterwelt ernste Gestalten vorstellt, und dann mitten unter ihnen den Sokrates, welcher unermüdlich damit beschäftigt ist, sie auszufragen und ihnen zu zeigen, daß sie nichts wissen. Es könnte freilich scheinen, als ob Sokrates selbst gemeint, einige von jenen seien weise; denn er sagt, er wolle prüfen, wer von ihnen weise ist, und wer es zwar glaubt, es aber nicht ist; man muß sich jedoch teils daran erinnern, daß diese Weisheit nicht mehr noch weniger ist als die beschriebene Unwissenheit*; teils daran, daß er sagt, er wolle jene dort ebenso prüfen wie die hier, und darin liegt doch, daß es jenen großen Männern bei diesem strengen Examen (tentamen rigorosum) nicht besser gehen wird, als es den großen Männern

---

Stadt und die öffentlichen Orte flieht, wo doch erst, wie der Dichter sagt, XIII 135
sich Männer hervortun, und daß er versteckt in einem Winkel mit drei bis vier Knaben flüsternd sein übriges Leben hinbringt, ohne je edel, groß und tüchtig herauszureden." – Ich brauche den aufmerksamen Leser wohl kaum noch daran zu erinnern, wie viel Ähnlichkeit dieser Vortrag des Kallikles mit dem wissenschaftlichen Maßhalten hat, welches Xenophon von Sokrates empfohlen werden läßt.

* Soweit noch gedacht werden könnte an ein Wissen von etwas anderm als der beschriebenen Unwissenheit, an die schwache Spur, die flüchtige Andeutung eines positiven Wissens, sagt Sokrates selber im Symposion 175 e (Schleiermacher): „. . . meine Weisheit ist wohl nur etwas gar Schlechtes und Unsicheres, da sie wie ein Traum ist" – und dolmetscht in der Apologie § 23 a den Ausspruch des Delphischen Orakels folgendermaßen: „Daß die menschliche Weisheit sehr weniges nur wert ist oder gar nichts"(ὅτι ἡ ἀνθρωπίνη σοφία ὀλίγου τινὸς ἀξία ἐστὶ καὶ οὐδενός.).

XIII 136 hier im Leben ergangen. Hier erblicken wir somit die *Ironie* in ihrer ganzen göttlichen *Unendlichkeit*, die schlechterdings nichts stehen läßt. Gleich Simson[58] faßt Sokrates um die Säulen, welche die Erkenntnis getragen, und stürzt nun alles nieder in das Nichts der Unwissenheit. Daß dies *echt sokratisch* ist, wird gewiß jeder zugeben; *platonisch* dagegen wird es *nie*. Und so bin ich denn hier zu einer der Zwiespältigkeiten gelangt, die in Plato sich finden, und sie ist nun gerade die Spur, der ich folgen will, um das rein Sokratische herauszufinden.

Der umrissene Unterschied zwischen einem auf das Finden der Fülle gerichteten Fragen und einem Fragen, das beschämen will, zeigt sich nun auch noch in einer bestimmteren Gestalt, als das Verhältnis, das in Platos Dialogen zwischen *dem Abstrakten und dem Mythischen* besteht.

Um dies näher zu erläutern, werde ich einige Dialoge ausführlicher durchnehmen, um zu zeigen, inwiefern das Abstrakte sich in Ironie abrunden, das Mythische eine gehaltreichere Spekulation ankündigen kann.

Das Abstrakte in den ersten platonischen Dialogen rundet sich in Ironie ab

Symposion

Symposion und Phädon geben Wendepunkte des Verständnisses von Sokrates ab, sofern — wie man recht oft wiederholt hat — der eine Dialog den Philosophen im Leben darstellt, der andre im Sterben. Im Symposion sind nun auch die beiden bezeichneten Darstellungsarten vorhanden, die dialektische und die mythische. Die mythische beginnt, indem Sokrates selbst auf die Seite tritt und die mantineische Seherin *Diotima* redend einführt. Allerdings bemerkt Sokrates am Schluß, er selbst sei durch Diotimas Rede überzeugt worden und versuche es nun, andre von dem Gleichen zu überzeugen, mit andern Worten, er läßt uns zweifelhaft werden, ob das Gesagte nicht in Wirklichkeit, wenn auch aus zweiter Hand, sein eigen sei; daraus darf man jedoch keinen weiteren Schluß ziehen auf das geschichtliche Verhältnis des Mythi-

schen zu Sokrates. Auch noch auf andre Art strebt dieser Dialog die vollständige Erkenntnis zu verwirklichen, sofern zuletzt im Vortrag des berauschten Alkibiades der abstrakt erfaßte Eros anschaulich gemacht wird an der Person des Sokrates; dieser Vortrag aber kann uns natürlich keine weitere Aufklärung hinsichtlich der Frage nach der sokratischen Dialektik verschaffen. Wie es sich mit der dialektischen Erörterung in diesem Dialog verhält, soll nun XIII 137
näher untersucht werden. Jeder aber, der auch nur mit Aufmerksamkeit diesen Dialog gelesen, wird uns sicherlich Recht geben in dem früher[59] Bemerkten, daß die Methode darin besteht, „die mancherlei Verwicklungen des Lebens zu vereinfachen, indem man sie zurückführt auf eine fort und fort abstrakter werdende Abbreviatur". Die schließliche Darstellung vom Wesen des Eros atmet nämlich keineswegs ein, was die vorhergehende Erörterung ausgeatmet, vielmehr erhebt sich die Betrachtung in stetigem Steigen immer mehr über die atmosphärische Luft, bis daß der Atem nahezu stockt in des Abstrakten reinem Äther. *Nicht* als Momente des schließlichen Verständnisses werden daher die vorausgehenden Reden gesehen, sondern weit eher als eine irdische Schwere, deren der Gedanke immer mehr sich entledigen muß. Während nun die verschiedenen Darstellungen in keinem notwendigen Verhältnis zur schließlichen stehen, haben sie dagegen innerlich ein notwendiges Verhältnis zueinander, sofern sie Reden *über* die Liebe sind, welche den im Leben gegebenen verschiedenartigen Gesichtspunkten entspringen, von denen her die Redenden als Verbündete aus jeder möglichen Richtung das Gebiet umspannen, welches das eigentliche Wesen der Liebe ausmacht; dieses aber erweist in dem sokratischen Verständnis sich als unsichtbar gleich dem mathematischen Punkte, sintemal es abstrakt ist und außerhalb dieses Punktes wiederum die verschiedenen relativ schiefen Verständnisse ausstrahlt. Alle diese Vorträge gleichen darum den Auszügen eines Fernrohrs, die eine Darstellung legt sich so sinnreich in die andre hinein und ist unter ihr so lyrisch sprudelnd, daß es mit ihnen geht wie mit Wein in kunstvoll geschliffenen Kristallgläsern: das Berauschende ist nicht nur der in den Gläsern schäumende Wein, sondern zugleich auch die unendliche Brechung, das Strahlenmeer, das sich bietet, wenn man in es niederschaut. Obwohl das Verhältnis zwischen dem Dialek-

tischen und dem Mythischen im Symposion nicht so stark wie z. B. im Phädon hervortritt, und obwohl darum das Symposion meinem Vorhaben weniger dienlich ist, bietet es doch anderseits den Vorteil, daß es so bestimmt hervorhebt, was Sokrates selber sagt und was er von Diotima vernommen hat.

Phädrus macht den Anfang. Er schildert das Ewige des Eros. Eros siegt sogar über die Zeit, was dadurch ausgedrückt wird, daß er keine Eltern hat, er siegt im Menschen nicht allein über all das Kleinliche vermöge jener begeisternden Röte der Scham, sondern auch über den Tod und holt daher den Gegenstand seiner Liebe aus der Unterwelt herauf, weshalb er denn von den Göttern, die selber darüber innig gerührt sind, Lohn empfängt. Pausanias läßt den Blick ruhen auf der zwiefachen Natur des Eros, jedoch nicht so, daß diese Zwiefältigkeit in einer negativen Einheit auf-
XIII 138 gefaßt wird wie in Diotimas Darstellung, in welcher Eros ein Sohn von Poros (Reichtum) und Penia (Armut) ist. Die eine Natur des Eros ist des Uranos mutterlose Tochter, die himmlische; die andre ist weit jünger, hat zu ihrer Voraussetzung den Geschlechtsunterschied und ist die gemeine. Daraus entwickelt er die Bedeutung der himmlischen Knabenliebe, welche das Geistige im Menschen liebt und daher vom Sexuellen nicht niedergezogen und herabgewürdigt wird. Als es nun so sich traf, daß Aristophanes Schluckauf bekommen hatte, erklärte dieser, es sei Sache des Arztes Eryximachos, ihm entweder den Schluckauf zu vertreiben oder an seiner Statt zu reden. Darauf beginnt Eryximachos. Nach seiner eigenen Meinung gibt er der von Pausanias gemachten Bemerkung eine Fortsetzung; eigentlich aber faßt er die im Eros gegebene zwiefache Natur von einer ganz andern Seite als Pausanias auf. Pausanias war bei zwei Arten von Liebe stehen geblieben, deren Verschiedenheit er selber darzustellen versucht hatte; dahingegen versteht Eryximachos die Sache im Hinblick darauf, daß zu jedem Liebesmoment zwei Faktoren gehören, und dies weist er vornehmlich an der Natur nach, so wie er diese von seinem medizinisch-wissenschaftlichen Standpunkt aus betrachtet. Die Liebe ist dergestalt die Einheit des Widerstreitenden, und weil Asklepios es verstand, dem am meisten Entgegengesetzten (dem Warmen und Kalten, dem Bittern und Süßen, dem Trocknen und Feuchten) Liebe zueinander einzuflößen, ist er der Urheber

der Heilkunst geworden. Das Gleiche wiederholt sich allenthal-
ben in der Natur, Jahreszeiten und Witterung hangen ebenfalls
ab von Äußerungen der Liebe; mit den Opfern und mit allem,
was die Wahrsagekunst unter sich hat, steht es ebenso, da es die
Gemeinschaft zwischen Göttern und Menschen gründet. Der
ganze Vortrag des Eryximachos ist eine Art naturphilosophischer
Phantasie*. Nachdem nunmehr Aristophanes seinen Schluckauf zur
Ruhe gebracht hat (bei diesem Anlaß deutet er ein andres Gegen-
satzverhältnis an als das vorher vom Arzt geschilderte, sofern er
durch Niesen des Schluckaufs ledig wird), nimmt er das Wort und XIII 139
begründet das in der Liebe gegebene Gegensatzverhältnis, auf
tiefere Weise als irgend einer der Vorredner, indem er es an dem
gegensätzlichen Verhältnis der Geschlechter und der damit von
den Göttern vorgenommenen Hälftung der Menschen veranschau-
licht; ja, er deutet sogar die Möglichkeit an, daß die Götter
darauf verfallen könnten, die Menschen noch weiter zu zerstük-
ken, sofern diese nicht damit zufrieden seien, das zu sein was sie
sind, nämlich die Hälfte eines Menschen, „da wir ja zerschnitten,
wie die Schollen, aus einem zwei geworden sind[61].“ Und nun läßt
er seiner Laune freiesten Spielraum, sowohl bei der Schilderung
der ursprünglichen geschlechtlichen Indifferenz und des unter ihr
gegebenen menschlichen Zustandes, als auch dadurch, daß er mit
tiefer Ironie das Negative an der Liebe erfaßt, nämlich das Be-
dürfnis eins zu werden, und man muß bei dieser aristophanischen
Darstellung unwillkürlich an die Götter denken, die vermutlich
sich kostbar amüsiert haben beim Anblick dieser halben Men-

* Übrigens ist da etwas Unklares in dem Vortrag des Eryximachos: auf der einen Seite übersieht er die Notwendigkeit des unmittelbaren Einheitsmomentes, eines Einheitsbandes, welches die Zwiefältigkeit umschließt, und dies tut er, obwohl er die Worte *Heraklits*[60] anführt, daß das Eine im Widerstreit mit *sich selber* mit *sich selbst* in Einklang ist, ähnlich der Stimmung einer Leier oder eines Bogens; auf der andern Seite steht der zwiefache Eros vor ihm noch immer wie vor Pausanias, als etwas rein Äußerliches, als eine äußerliche Einteilung und ist nicht der Reflex jener Zwiefältigkeit, welche in der Liebe liegt und aus ihr mit Notwendigkeit hervorgeht. Die Liebe ist daher bald selber das Verhältnis des Entgegengesetzten, bald eine Art persönlichen Verhältnisses zu Gegensätzen, bald ein außerhalb dieses Gegensatzverhältnisses inhaltloses Prius, bald ein Etwas, das den Gegensätzen gegenübersteht. Kurzum, seine Darstellung ist ein Gemengsel aus dem Traditionellen und dem Naturpoetischen.

schen, welche in dem Durcheinander einer unendlichen Verwirrung ganze Menschen zu werden trachteten. Nach Aristophanes spricht nun *Agathon*, der tragische Dichter; sein Vortrag hält größere Ordnung. Er macht darauf aufmerksam, daß die andern nicht so sehr den Gott (Eros) verherrlicht, als vielmehr die Menschen um der von dem Gott geschenkten Güter willen glücklich gepriesen hätten; aber wie er, der da alle diese Güter austeilt, selber beschaffen ist, das hat noch keiner berührt. Daher will Agathon dartun, wie der Gott selber ist, und welches die Güter sind, die er andern gewährt. Der gesamte Vortrag ist nun eine Hymne auf Eros, er ist der Götter Jüngster (da er allezeit jung und in der Gesellschaft der Jugend ist), er ist der Zarteste (denn er wohnt in dem Allerverletzlichsten, in der Götter und Menschen Herzen und Seele und geht an jedem harten Sinn vorüber); seine Farbe ist die schönste (denn er lebt immerdar zwischen Blumen) usw. usw. Den Menschen nun hat er jegliche künstlerische Meisterschaft geschenkt; denn die allein sind berühmt geworden, die von Eros begeistert wurden.

Es würde mich hier zu weit führen, mich auf eine ausführlichere Untersuchung des Verhältnisses, in dem diese verschiedenen Redner zueinander stehen, einzulassen; daher will ich mich nunmehr dem letzten Redner, nämlich *Sokrates*, zuwenden. In seiner Einfalt habe er gemeint, man müsse bei jedem Gegenstande, den man preisen wolle, das Wahre vorbringen; dieses sei das Wesentliche, und darnach solle man daraus das Schönste auswählen und es auf die würdigste Art darstellen ... „Das war aber, was es scheint, gar nicht die rechte Weise, etwas zu loben, sondern darin besteht sie, daß man der Sache nur so Vieles und Schönes beilege als möglich, möge es sich nun so verhalten oder nicht. Und ist es auch falsch: so ist nichts daran gelegen. Denn es war wohl vorher
XIII 140 festgesetzt, wie es scheint, jeder von uns solle sich das Ansehen geben, den Eros zu lobpreisen, nicht ihn wirklich lobpreisen“[62]. Sokrates geht nun wie gewöhnlich fragenderweise zu Werke; er beginnt mit einer jener echten sokratischen aussaugenden Fragen, ob Eros seiner Natur zufolge Liebe zu etwas oder nicht zu etwas sei; wenn nun aber die Liebe das, was ihr Gegenstand ist, zugleich begehrt, so besitzt sie ihn ja nicht, sondern bedarf seiner, wiewohl dies Bedürfen verstanden wird als der Wunsch nach

seinem dauerhaften künftigen Besitz; denn man begehrt ja auch dasjenige, das man nicht hat, wo man wünscht, dasjenige, das man hat, auch in Zukunft zu behalten. Liebe ist somit Bedürfen, Begehren dessen, das man nicht hat, und wenn Liebe nun Liebe zum Schönen ist, so bedarf Eros also der Schönheit und besitzt sie nicht. Wenn nun das Gute zugleich das Schöne ist, so bedarf Eros ja auch des Guten. Ebenso ließe sich dies nun mit allen Ideen durchführen, und wir sehen, inwiefern Sokrates nicht die Schale abzieht, um zum Kern zu gelangen, sondern den *Kern aushöhlt*. Hier hat nun die Darlegung des Sokrates ihr Ende; denn seine folgende Darstellung ist doch lediglich Referat. Und wofern der Leser nicht bereits gesehen hat, was er meinem Willen gemäß sehen soll, hoffe ich, es werde ihm und mir noch gelingen, wenn er mir des weiteren seine Aufmerksamkeit schenkt.

Sokrates hat seinen Vortrag mit einer Ironie eingeleitet; aber das war, wenn ich so sagen darf, bloß eine ironische Geste, und er würde den Namen eines Ironikers nicht in Wahrheit verdienen, falls lediglich seine Gewandtheit, ironisch zu reden — in dem Sinne, in dem andre „Kauderwelsch“[63] reden — das ihn Auszeichnende wäre. Die Vorredner hatten gar viel über Liebe gesprochen, und davon hatte freilich vieles mit diesem Gegenstande nichts zu tun, doch blieb immerhin die Voraussetzung übrig, daß über Liebe eine Menge zu sagen sei. Nun legte Sokrates ihnen die Sache dar. Und siehe da, Liebe ist Begehren, ist Bedürfen usw. Jedoch Begehren, Bedürfen usw. sind ein Nichts. Wir sehen jetzt die Art des Verfahrens. Die Liebe wird immer mehr der zufälligen Konkretion entkleidet, in der sie sich in den vorhergehenden Reden gezeigt, und wird zurückgeführt auf ihre *abstrakteste Bestimmung*, in welcher sie sich nicht als Liebe von diesem oder jenem oder zu diesem oder jenem darstellt, sondern als Liebe zu etwas, das sie nicht hat, d. h. als Begehren, Verlangen. Dies ist nun in gewissem Sinne sehr wahr; aber Liebe ist außerdem auch die unendliche Liebe. Wenn wir sagen ‚Gott ist Liebe‘[64], so sagen wir doch damit, daß er der unendlich sich Mitteilende ist; wenn wir von ‚in der Liebe bleiben‘ sprechen, so sprechen wir doch von einem Teilhaben an einer Fülle. Dies ist das Substantielle in der Liebe. Das Begehrende, das Verlangende ist das Negative an der Liebe, will heißen die immanente Negativität. XIII 141

Begehren, Bedürfen, Verlangen usw. ist das unendliche Subjektivwerden der Liebe (um einen von Hegels[65] Ausdrücken zu gebrauchen, der hier gerade an das erinnert, daran er erinnern soll). Diese Bestimmung ist nun zugleich die abstrakteste, oder richtiger, sie ist das Abstrakte selbst, nicht im Sinne des Ontologischen, sondern im Sinne des seines Inhalts Entbehrenden[66]. Man kann natürlich einerseits das Abstrakte als das alles Begründende auffassen, ihm in seinen eigenen stummen Bewegungen nachgehen, und es sich zum Konkreten hin bestimmen, sich darin entfalten lassen. Anderseits aber kann man umgekehrt auch vom Konkreten ausgehen und, indem man das Abstrakte im Sinne (in mente) hat, dieses im Konkreten finden und aus dem Konkreten herausfinden. Keines von beiden aber ist bei Sokrates der Fall. Er führt das Verhältnis nicht zurück auf Kategorien. Sein Abstraktes ist ein durchaus inhaltsloses Bezeichnen. Er geht vom Konkreten aus und gelangt zum Abstraktesten, und dort wo die Untersuchung nun anfangen sollte, dort hört er auf. Das Ergebnis, zu dem er gelangt, ist eigentlich die unbestimmbare Bestimmung des reinen Seins: die Liebe *ist*; denn der Zusatz, daß sie Verlangen, Begehren ist, ist keine Bestimmung, da dies lediglich ein Verhältnis zu etwas, das nicht gegeben ist, bedeutet. Ganz ebenso könnte man auch Erkenntnis auf einen ganz und gar negativen Begriff zurückführen, indem man sie als Aneignen, Erwerben bestimmt, denn dies ist ja offenbar das eine Verhältnis, welches das Erkennen zum Erkannten hat, auf der andern Seite aber ist Erkenntnis auch Besitz. Gleich wie aber das Abstrakte in dem Sinne des Ontologischen nun im Spekulativen seine Giltigkeit hat, ebenso hat das Abstrakte als das Negative seine Wahrheit in dem Ironischen.

Hier stehen wir nun abermals bei einer Zwiefältigkeit in Plato[67]: die dialektische Entwicklung vollzieht sich, bis daß sie im rein Abstrakten entschwindet; darauf hebt eine neue Art von Entwicklung an, welche die Idee beschaffen will, indes da dergestalt die Idee nicht in einem notwendigen Verhältnis zum Dialektischen steht, so sieht man, wie unwahrscheinlich es wird, daß die gesamte Darlegung einem einzigen Manne gehört. Anderseits darf man jedoch auch nicht rein willkürlich dem einen eins beilegen, dem andern etwas andres, wenn bloß jeder ein Stück kriegt.

Sokrates und Plato müssen jeder seine Anschauung besessen haben, und wie verschieden diese auch gewesen sein mögen, sie müssen *wesentliche Coincidenzpunkte* gehabt haben; diese Anschauungen sind *die ironische* (denn das Dialektische als solches begründet keine Anschauung, die in einem wesentlichen Verhältnis zur Persönlichkeit steht) und *die spekulative*. XIII 142 Inwiefern nun die von Sokrates im Gefolge Diotimas aufgestellte Entwicklung die Sache weiterbringt, und welche Bedeutung man der Dichotomie ‚Liebe und das Schöne' beizulegen hat (mit dieser Dichotomie (Zweigliederung) wird das negative Moment nach außen verlegt und das positive Moment zu einem schläfrigen und indolenten Quietismus, wohingegen eine Trichotomie (Dreigliederung) beide sofort in und miteinander sähe und darum nicht dem Diotima Widerfahrenen ausgesetzt wäre, daß das Schöne wiederum das an sich Schöne, etwas rein Abstraktes wird, wie später unten sich zeigen wird), — dies alles werde ich weitläuftiger durchführen in einer Erörterung des Mythischen in den Dialogen.

Ich habe im Vorhergehenden auf die allgemein gemachte Bemerkung angespielt, eine Ergänzung des Mangelhaften der dialektischen Auffassung werde im Symposion dadurch versucht, daß die Liebe an der *Person* des Sokrates *veranschaulicht* wird, so daß die Lobreden auf die Liebe enden in einer Lobrede auf Sokrates. Ist nun freilich die Veranschaulichung der Idee in einer Persönlichkeit ein bloßes Moment in der Idee selbst, so hat sie doch auch eben als solche ihre Bedeutung in der Erörterung. Die dialektische Bewegung bei Plato bleibt — den sinn- und kunstreichen Schritten, in denen sie sich bewegt, zum Trotz — doch der Idee selber eben deshalb, weil sie nicht die eigene Dialektik der Idee ist, fremd. Während daher die übrigen Redner wie beim Blindekuhspiel nach der Idee getappt haben, weiß der berauschte Alkibiades sie mit unmittelbarer Sicherheit zu packen, wobei jedoch zu bemerken ist: der Umstand, daß Alkibiades berauscht ist, scheint anzudeuten, daß nur in einer potenzierten Unmittelbarkeit er in demjenigen Liebesverhältnis sicher ist, das in nüchternem Zustande ihm die ganze beängstigende und doch so süße Ungewißheit der Unsicherheit verursacht haben muß. Achten wir nämlich darauf, wie *das Liebesverhältnis* zwischen

Sokrates und Alkibiades beschaffen gewesen sein muß, so müssen wir allerdings Alkibiades Recht geben, wenn er davon spricht, wie Sokrates ihn um seiner Liebe willen gehöhnt habe, und dann hinzufügt[68]: „und nicht nur mir hat er solches angetan, sondern auch dem Charmides, dem Sohn des Glaukon, und dem Euthydemos, dem Sohn des Diokles, und gar vielen andern, die er hintergeht, als wäre er ihr Liebhaber, und dann vielmehr sich zum Liebling aufwirft statt Liebhaber." Alkibiades vermag es daher nicht, sich von ihm loszureißen. Mit aller Leidenschaftlichkeit schließt er sich an Sokrates an[69]: „Denn weit heftiger als den vom Korybantentanz Ergriffenen pocht mir, wenn ich ihn höre, das Herz, und Tränen werden mir ausgepreßt von seinen Reden." Andre Redner sind unmöglich imstande, derart auf ihn zu wirken, er empfindet seinen sklavischen Zustand mit Unwillen, ja, das Leben scheint ihm in diesem Zustande unerträglich. Er flieht vor ihm wie vor
XIII 143 den Sirenen, verstopft sich die Ohren, auf daß er nicht an seiner Seite sitzen bleibe und vergreise, ja oft kommt ihm sogar der Wunsch, Sokrates möge nicht mehr am Leben sein, und doch weiß er, daß ihn dies, falls es geschähe, noch viel mehr schmerzte. Er ist gleichsam von einer Schlange gebissen, ja, er ist gebissen von etwas noch mehr Schmerzendem und an der schmerzhaftesten Stelle, nämlich im Herzen oder in der Seele. Daß das Liebesverhältnis, welches zwischen Sokrates und Alkibiades statthatte, geistiger Art war, daran brauche ich natürlich nur zu erinnern. Fragen wir indes, was an Sokrates denn ein solches Verhältnis nicht bloß möglich sondern notwendig machte (denn Alkibiades bemerkt ja mit Recht, nicht er allein habe in einem solchen Verhältnis zu Sokrates gestanden, sondern nahezu alle, die mit Sokrates Umgang hatten), so habe ich keine andre Antwort, als daß es die Ironie des Sokrates gewesen ist. Hätte ihr Liebesverhältnis nämlich in einem reichen Ideenaustausch bestanden, oder in einer sich ergießenden Fülle von der einen Seite und einem dankbaren Empfangen auf der andern Seite, so wäre ihnen ja das Dritte gegeben gewesen, darin sie einander liebten, die Idee nämlich, und ein solches Verhältnis hätte darum nie eine derartige leidenschaftliche Unruhe erzeugt. Nun ist es aber das Wesen der Ironie, niemals die Maske abzulegen, und anderseits ist es ihr ebenso wesentlich, die Maske proteusartig zu verändern;

eben deshalb mußte sie dem verliebten Jüngling unvermeidlich so viel Pein bereiten*. Indes gleich wie sie dergestalt etwas Abschreckendes an sich hat, ebenso gewiß hat sie auch etwas außerordentlich Verführerisches und Zauberisches. Das Vermummte und Geheimnisvolle, das sie an sich hat, der von ihr eröffnete telegraphische Verkehr (ein Ironiker muß nämlich stets von Weitem her verstanden werden), die von ihr vorausgesetzte unendliche Sympathie, des Verstehens flüchtiges, aber unbeschreibliches Nu, das im gleichen Augenblick von des Mißverstehens Angst verdrängt wird, — dies alles fesselt mit unlöslichen Banden. Im ersten Augenblick also fühlt das Individuum durch die Berührung des Ironikers sich befreit und ausgeweitet, indem dieser für dies Individuum sich öffnet, aber schon im nächsten Augenblick ist es in des Ironikers Gewalt, und dies ist es vermutlich, was Alkibiades meint, wenn er davon spricht, wie sie von Sokrates getäuscht worden seien, indem er statt zum Liebhaber zum Liebling wurde. Da es ferner dem Ironiker wesentlich ist, die Idee als solche nie auszusprechen, sondern nur flüchtig sie anzudeuten, XIII 144
mit der einen Hand zu nehmen, was mit der andern gegeben wird, die Idee als Privateigentum zu besitzen, wird das Verhältnis naturgemäß noch angespannter. Und so hat sich denn in aller Stille im Individuum jene Krankheit entwickelt, die ebenso ironisch wie jede andre Auszehrung ist und das Individuum sich am wohlsten befinden läßt, wenn es seiner Auflösung am nächsten ist. Der Ironiker ist der Vampyr, welcher dem Liebenden das Blut ausgesaugt hat, und der ihm dabei Kühle zugefächelt, ihn in Schlaf gelullt und mit unruhigen Träumen geplagt hat.

Nun könnte man fragen: warum denn diese ganze Erörterung? Ich möchte antworten: um *zwiefacher* Absicht willen. *Einmal* um darzutun, daß sogar für das Verständnis, das Alkibiades von Sokrates hat, an diesem die Ironie das Wesentliche ist; und *sodann*, um anzudeuten, daß sowohl das Liebesverhältnis, welches zwischen Sokrates und Alkibiades bestanden hat,

* Der Ironiker hebt das Individuum aus der Unmittelbarkeit des Daseins heraus, dies ist das Befreiende, darnach aber läßt er es – ähnlich wie dies in der Sage dem Sarg Mohammeds widerfährt – in der Schwebe bleiben zwischen zwei Magneten, dem anziehenden und dem fortstoßenden Moment.

als auch der Aufschluß, den wir von daher über das Wesen der Liebe erhalten können, negativ sind. — Hinsichtlich des ersten Punktes nun müssen wir an Folgendes erinnern: man hat die Notwendigkeit, daß in Sokrates eine große positive Fülle gewesen ist, beweisen zu können gemeint mit der Berufung auf die Begeisterung, mit welcher Alkibiades von seinem Verhältnis zu ihm spricht*. Es scheint indes vorderhand von Wichtigkeit, die Beschaffenheit dieser Begeisterung ein bißchen näher zu untersuchen. Diese Begeisterung scheint auf dem Gebiet des Gefühls ein Seitenstück zu dem zu sein, was La Rochefoucauld[70] auf dem Gebiet des Verstandes la fièvre de la raison nennt. Sofern diese Begeisterung bei Alkibiades nun von etwas anderem hervorgerufen sein sollte (denn daß die Ironie so etwas vermag, habe ich im Vorhergehenden zu zeigen gesucht), müßte dies doch in der Lobrede des Alkibiades angedeutet sein. Wir wollen nun sehn. Alkibiades hebt an Sokrates das an Silen Erinnernde hervor[71]: „(Ihr seht doch, daß Sokrates) in allem unwissend ist und nichts weiß, wie er sich ja immer anstellt; ist nun das nicht recht silenenhaftig? Gewiß sehr. Denn das hat er nur so äußerlich umgetan, eben wie jene getriebenen Silenen, inwendig aber, wenn man ihn auftut, was meint ihr wohl, ihr Männer und Trinkgenossen, wie vieler Weisheit und Besonnenheit er voll ist? ... und (er) verstellt sich nur gegen die Menschen und treibt Scherz mit ihnen sein Leben
XIII 145 lang. Ob aber jemand, wenn er ernsthaft war und sich auftat, die Götterbilder gesehen hat, die er in sich trägt, das weiß ich nicht. Ich aber habe sie einmal gesehen, und so göttlich und golden und überaus schön und bewunderungswürdig kamen sie mir vor, daß ich glaubte, auf der Stelle alles tun zu müssen, was nur Sokrates wünschte." Hierbei ist nun Folgendes zu bemerken. Einerseits: es läßt sich nicht leicht eine Vorstellung von dem gewinnen, was eigentlich Alkibiades meint, und es ist insofern nicht unbillig, wenn man vermutet, auch Alkibiades sei darüber nicht ganz mit sich im Reinen gewesen. Anderseits: Alkibiades deutet selber an,

* Ich muß den Leser im voraus daran erinnern, daß das gleiche Problem sich in andrer Gestalt wiederholen wird: dort nämlich, wo ich zu der Erörterung darüber komme, inwiefern die Annahme, es sei in Sokrates eine große positive Fülle gewesen, etwa notwendig sein sollte, um zu erklären, daß so zahlreiche philosophische Schulen von ihm ausgegangen sind.

es sei nur sehr selten geschehen, daß Sokrates sich dergestalt öffnete. Und folgen wir nun dem eigenen Hinweis des Alkibiades weiter, so sehen wir ihn den Ausdruck brauchen: „ich aber habe sie einmal gesehen". Er hat diese „Götterbilder" gesehen. Soll man sich nun dabei etwas denken, so muß man sicherlich an das göttliche Gegenwärtigsein der Persönlichkeit denken, von dem die Ironie getragen wurde; damit aber ist über Sokrates noch *nicht mehr* ausgesagt als das, was über ihn *als Ironiker* sich sagen läßt. Solche Augenblicke der Verklärung[72] beweisen jedoch höchstens das Gegenwärtigsein einer göttlichen Fülle in Heimlichkeit (κατὰ κρύψιν), und so kann man denn nicht sagen, daß die positive Fülle das Begeisternde gewesen. Erinnern wir uns nun weiter, daß des Sokrates eigentliches Element die Rede, die Zwiesprache war, so scheint es wirklich, als ob Alkibiades den Ausdruck „sehen" mit einer Art von Emphase brauchte; ebenso ist es denn auffallend, den Alkibiades sagen zu hören[73]: „Und dies habe ich gleich zuerst noch übergangen, daß auch seine Reden jenen aufzuschließenden Silenen äußerst ähnlich sind". Auch dies scheint doch darauf zu deuten, daß Alkibiades im Wesentlichen in des Sokrates Persönlichkeit verliebt gewesen ist, in jene harmonische Naturbestimmtheit, die sich dennoch vollendete in einem negativen Sichverhalten zur Idee und einem nabelbeschauerischen (omphalopsychitischen) auf sich selber Starren. Freilich sagt Alkibiades, diese Reden seien, wenn man sie geöffnet sehe, erstlich die verständigsten, sodann die göttlichsten, und sie enthielten die meisten Tugendbilder und hätten weitesten Umfang. Wo dies jedoch an den Reden des Sokrates das am meisten Hervortretende oder doch etwas leicht in die Augen Fallendes gewesen wäre, so wäre es unerklärlich, woher denn alle die leidenschaftliche Unruhe, alles das Dämonische in seiner Liebe stammt; man hätte nämlich alsdann eher erwarten müssen, daß der Umgang mit Sokrates dazu beitrug, in Alkibiades eines stillen Geistes unvergängliches Wesen zu entwickeln. Darum sehen wir auch das Ganze damit enden, daß Sokrates mit seiner Ironie Alkibiades abermals hinausschaukelt auf das wogende Meer, und dieser ist trotz seiner Trunkenheit, seiner Begeisterung und seinen großen
Worten in seinem Verhältnis zu Sokrates am gleichen Fleck. Ja, XIII 146
Alkibiades hat sich darein finden müssen, daß[74], als er mit sinn-

lichem Begehren „sich unter des Sokrates Mantel legte, indem er mit beiden Armen diesen göttlichen und in Wahrheit ganz wunderbaren Mann umfaßte, und so die ganze Nacht lag", daß er da gleichwohl „trotz seiner Schönheit verachtet, verlacht, verhöhnt von dem Lager bei Sokrates nicht anders aufstand, als wenn er bei einem Vater oder Bruder gelegen hätte"; und ganz ebenso muß er auch hier (beim Gastmahl) sich darein finden, daß Sokrates ihn wiederum mit der Bemerkung von sich stößt, Alkibiades habe den ganzen Vortrag aus Eifersucht auf Agathon gehalten[75]: „als ob du nicht alles nur deshalb vorgebracht hättest, um mich und den Agathon zu entzweien, weil du meinst, ich dürfe nur dich lieben und keinen andern, und Agathon nur von dir geliebt werden und auch nicht von einem andern sonst." — Was sodann nun den Aufschluß betrifft, den wir aus dieser Darstellung über das Wesen der Liebe, wie diese in Sokrates gewesen ist, erhalten, so werden wir uns überzeugen, daß Theorie und Praxis in Einklang gewesen sind. Die hier beschriebene Liebe ist die der Ironie, aber die Ironie ist das Negative in der Liebe, sie ist das Reizmittel der Liebe, sie ist auf geistigem Gebiete dasjenige, was im Reich der niedereren Liebe Neckereien, Liebesstreitigkeiten sind. Daß nun, um wieder daran zu erinnern, im Ironiker ein Urgrund, ein beständiger Wert vorhanden ist, kann nicht bestritten werden, jedoch das Zahlungsmittel, das er ausgibt, hat nicht den inneren Wert, auf den es lautet, sondern ist dem Papiergelde gleich ein Nichts, und gleichwohl benutzt er in seinem ganzen Verkehr mit der Welt diese Münzsorte. Die Fülle in ihm ist eine Naturbestimmtheit[76], daher ist sie in ihm weder in der Unmittelbarkeit als solcher, noch auch ist sie durch die Reflexion hindurch erworben. Gleich wie ein hohes Maß von Gesundheit dazu gehört, um krank zu sein, aber die Gesundheit nicht in der positiven Fülle, sondern in der Lebenskraft, mit der sie fort und fort die Krankheit nährt, zu bemerken ist, ebenso verhält es sich auch mit dem Ironiker und der positiven Fülle in ihm. Diese entfaltet sich nicht in Fülle der Schönheit, ja, der Ironiker sucht sogar zu verhehlen, daß er dem Taucher gleich eine Verbindung hat mit der atmosphärischen Luft, die ihn nährt.

Doch ehe ich vom Symposion Abschied nehme, noch eine Bemerkung. Baur[77] macht die schöne Beobachtung zum Schluß des

Symposions, daß Agathon und Aristophanes (die diskursiven
Momente) zuletzt berauscht werden, und allein Sokrates sich
nüchtern erhält als die Einheit des Komischen und des Tragischen;
er erinnert zugleich auch an die in meinen Augen unschöne Ent- XIII 147
sprechung, welche Strauß aufzustellen gewußt hat zwischen die-
sem Schluß des Symposions und der Verklärung Christi auf dem
Berge. Soweit nun davon die Rede sein kann, daß *Sokrates die Einheit* des Komischen und des Tragischen darstellen soll, kann dies offenbar nur insofern der Fall sein, als die Ironie selbst diese Einheit ist. Nähme man nun an, Sokrates sei, nachdem alle andern betrunken waren, alter Gewohnheit gemäß in sich selber versunken, so könnte er mit diesem vor sich hin Starren, dem er sich so oft hingegeben, ein anschauliches Bild liefern für jene abstrakte Einheit des Komischen und des Tragischen, von der hier die Rede sein kann. Starren kann nämlich entweder das Versinken in Kontemplation bedeuten (dies wäre vornehmlich das platonische Starren); oder Starren bedeutet (wie wir zu sagen pflegen) an nichts denken, indem das „Nichts" für einen beinahe sichtbar wird. Eine solche höhere Einheit könnte Sokrates wohl hergeben, diese Einheit aber ist die *abstrakte* und *negative* Einheit in Nichts.

Protagoras

Ich werde nun dazu übergehn, auf ähnliche Weise den Dialog Protagoras zu behandeln, um zu zeigen, wie die gesamte dialektische Bewegung, die hier das allein in Erscheinung Tretende ist, in dem ganz und gar Negativen endet. Bevor ich jedoch dazu übergehe, muß hier eine allgemeinere Bemerkung hinsichtlich der platonischen Dialoge ihren Platz finden, und zwar, wie ich glaube, den rechten Platz, sofern Protagoras der erste zu ihr Anlaß bietende Dialog ist. Wenn man die platonischen Dialoge nämlich einteilen will, so halte ich es für das Richtigste, der von *Schleiermacher*[78] gemachten Zerlegung zu folgen: er unterscheidet diejenigen Dialoge, in denen *das Dialogische* ein wesentliches Moment ist und die niemals müde werdende Ironie den Disput und die Disputierenden bald löst, bald bindet, und die *konstruktiven* Dialoge, welche sich durch eine objektive

wissenschaftliche Darstellung auszeichnen. Die letzteren sind: der Staat, Timaeus, Kritias. Was diese Dialoge betrifft, so weist ihnen sowohl die Überlieferung als ihre eigne innere Artung den spätesten Platz in der Entwicklungsreihe an. In diesen Dialogen ist die Frageform eigentlich ein überwundenes Moment, der Antwortende tritt mit seinem Ja und Amen mehr als bestätigender Zeuge, als Vertreter der Gemeinde auf, kurz, hier findet keine Unterredung mehr statt. Sodann ist auch die Ironie zum Teil verschwunden. Erinnern wir uns nun aber, wie notwendig es für So-
XIII 148 krates gewesen ist, sich zu unterreden, wie er beständig nur die Wahl läßt, ob er fragen und der andre antworten oder der andre fragen und er selbst antworten solle*, so ersehen wir hier doch einen wesentlichen Unterschied zwischen Plato und Sokrates, mag nun Plato diesen Unterschied mit Bewußtsein erfaßt, oder ihn mit der Treue der Unmittelbarkeit abgespiegelt haben. Mit diesen konstruktiven Dialogen werde ich somit nur sehr wenig zu tun bekommen, da sie — ganz gleich, ob man nach der wirklichen Persönlichkeit des Sokrates oder nach der Vorstellung Platos von ihr fragt — zum Verständnis des Sokrates nichts beitragen; denn jeder, der mit diesen Dialogen Bekanntschaft hat, wird sicherlich spüren, in welch einem durchaus äußerlichen Verhältnis die redende Persönlichkeit zum Gegenstande steht, so daß der Name ‚Sokrates' beinahe ein Gattungsbegriff (nomen appellativum) ge-

* Hierbei ist jedoch zu bemerken: es ist Sokrates dank langer Gewöhnung dermaßen notwendig geworden zu fragen, daß meistens auch dort, wo er dem andern das Recht zu fragen gewährt, nicht mehr als zwei bis drei Bewegungen hingehen, bis Sokrates in seiner Antwort die Frageform gebraucht und von da aus wiederum dazu übergeht, seinerseits zu fragen. Er hält darauf, daß die Frageform gebührend beobachtet werde, und daß keine Verwechslung mit der bloß rhetorischen Frage stattfinde. So z.B. Gorgias 466abc (Schleiermacher): „Polos. Scheinen dir denn in den Staaten die ausgezeichneten Redner wie Schmeichler für schlechte Leute schlecht geachtet zu werden? Sokrates. Fragst du da eine Frage, oder ist es der Anfang einer Rede? . . . Polos. Wie? Töten sie nicht wie die Tyrannen, wen sie wollen, und berauben des Vermögens und verweisen aus der Stadt, wen ihnen gut dünkt? Sokrates. Beim Hunde. Jedoch bin ich zweifelhaft, Polos, bei jedem, was du sagst, ob du selbst das sagst und deine Meinung darlegst oder ob du mich fragst?" – Am Schluß des Gorgias, wo Sokrates, nachdem er die Sophisten zum Schweigen gebracht, die Untersuchung allein fortsetzt, tut er dies doch in Form eines Selbstgesprächs. Kriton 50c (Schleiermacher), wo die Gesetze und der Staat selber kommen

worden ist, der nichts bedeutet als: der Redende, der Vortragende. Da die Nabelschnur, welche die Rede an den Redenden knüpft, durchschnitten ist, erscheint es überdies als etwas ganz und gar Zufälliges, daß die Form des Dialogs noch weiter gebraucht XIII 149
wird, und man muß sich beinahe wundern, daß Plato, welcher im ,Staat'[79] die poetische Darstellungsweise im Gegensatz zur schlichten Erzählung verurteilt, nicht die dialogische Darstellung vor einer strenger wissenschaftlichen Form den Platz hat räumen lassen.

Ein großer Teil der frühesten Dialoge endigt nun *ohne Ergebnis*, oder (wie Schleiermacher bemerkt) alle Dialoge vor dem ,Staat', welche die eine oder andre Tugend behandeln, finden nicht die richtige Erklärung; vgl. Platons Werke von F. Schleiermacher, Band III 1 S. 8: „So behandelte Protagoras die Frage von der Einheit und von der Lehrbarkeit der Tugend, aber ohne den Begriff derselben aufzustellen, so ist im Laches von der Tapferkeit die Rede und im Charmides von der Besonnenheit. Ja, da auch in der Frage von der Gerechtigkeit der Gegensatz zwischen Freund und Feind ein bedeutendes Moment bildet, mögen wir auch des Lysis hier gedenken." Ja, daß sie ohne Ergebnis endigen, läßt sich noch genauer dahin bestimmen, daß sie in einem *negativen Ergebnis* endigen. Als Beispiel hierfür soll nun Protagoras dienen, ebenso wie auch das erste Buch des ,Staats', welches nach Schleiermachers Beobachtung ebenfalls ohne Ergebnis endigt. Dies ist für unsre Untersuchung indes von großer Wichtigkeit, denn soll die Rede davon sein, das Sokratische zu entdecken, so muß dies doch wohl zuallererst in den frühesten Dialogen gesucht werden.

Ob nun die mit dem Dialog *Protagoras* verfolgte *Absicht* darauf geht, einen Anlauf zur endgiltigen Beantwortung

---

und redend eingeführt werden, sprechen sie: „Wundere dich nicht, Sokrates, über das Gesagte, sondern antworte, da du ja gewohnt bist, in Fragen und Antworten zu reden." Auch in der Apologie führt Sokrates seine Verteidigung in Form von Frage und Antwort und macht darauf selber aufmerksam (Apologie 27ab): „Du aber antworte uns, o Meletos. Ihr aber, was ich euch von Anfang an gebeten habe, denkt daran, mir kein Getümmel zu erregen, wenn ich auf meine gewohnte Weise die Sache führe" (σὺ δὲ ἡμῖν ἀπόκριναι, ὦ Μέλητε· ὑμεῖς δὲ ὅπερ κατ' ἀρχὰς ὑμᾶς παρῃτησάμην, μέμνησθέ μοι μὴ θορυβεῖν, ἐὰν ἐν τῷ εἰωθότι τρόπῳ τοὺς λόγους ποιῶμαι).

der im Dialog enthaltenen Probleme zu nehmen (betreffs der Einheit der Tugend und betreffs der Möglichkeit sie zu lehren) oder ob der Annahme Schleiermachers gemäß diese Absicht in keinem bestimmten einzelnen Punkte liegt und infolgedessen zu den im Dialog berührten Aufgaben kein meßbares Verhältnis hat, und über dem Ganzen schwebend sich erst in einer Veranschaulichung des sokratischen Verfahrens vollendet, welche durch das allmähliche Verschwinden jedes einzelnen Punktes hindurch geläutert und verjüngt ans Licht taucht, das will ich hier nicht entscheiden, vielmehr lediglich bemerken, daß ich mit Schleiermacher gut und gern einig sein kann, wofern der Leser sich nur daran erinnert, daß meiner Anschauung gemäß die Methode des Sokrates nicht in dem Dialektischen der Frageform als solchem besteht, sondern in jener Dialektik, die von Ironie ausgeht, zu Ironie zurückgeht und von Ironie getragen wird. Am Schluß des Dialogs stehen daher Sokrates und der Sophist „dem Nichts gegenüber“ (vis-à-vis au rien); eigentlich denkt der Franzose bei diesem Ausdruck an einen
XIII 150 Einzelnen, sie aber stehen einander gegenüber wie die beiden Kahlköpfe, die nach langem Streit endlich einen Kamm gefunden haben. Was nun für mich an diesem Dialog das Wesentliche wird, ist natürlich die ganze *ironische Anlage*, die ihm eigen ist. Denn der bloße Umstand, daß man zu einer entscheidenden Beantwortung der aufgestellten Probleme nicht gelangt ist, würde freilich bedeuten, daß der Dialog nach Schleiermachers Wort ohne Ergebnis endigt; darin jedoch würde noch nichts Ironisches liegen, denn das Abbrechen der Untersuchung an dieser Stelle könnte doch teils in einem reinen Zufall begründet sein, und daraus ließe sich eine ganze Unendlichkeit konstruieren, teils aber könnte jenes Abbrechen verbunden sein mit einer tiefen Sehnsucht darnach, durch eine vollendete Geburt der früheren fruchtlosen Wehen entledigt zu werden; mit andern Worten also: der Dialog könnte seiner selbst als eines Moments in einer vollständigen Untersuchung sich bewußt werden. Solchermaßen wäre freilich der Dialog ohne Ergebnis beendigt worden, doch diese „Ergebnislosigkeit“ ist in keiner Weise das Gleiche wie ein negatives Ergebnis. Zu einem negativen Ergebnis gehört stets, daß ein Ergebnis da ist; und ein negatives Ergebnis in seinem reinsten und unvermischtesten Zustande kann allein von der Ironie geliefert

werden; denn selbst die Skepsis ist stets etwas setzend, dahingegen unternimmt die Ironie fort und fort den freilich tantalischen Versuch, gleich jener alten Hexe fürs erste alles zu verzehren und alsdann sich selber mit aufzufressen, oder, wie es von der Hexe heißt, den eigenen Magen zu fressen.

Der Dialog Protagoras wird sich daher *dieses Mangels* an Ergebnis sehr wohl *bewußt*, ja, er genießt gleichsam mit einem gewissen Wohlbehagen den ganzen Zauber der Vernichtung, und hat sein Vergnügen nicht bloß an der Annihilation des Sophisten. Sokrates sagt selbst[80]: ... „Und der jetzige Ausgang unseres Gesprächs scheint mir ordentlich wie ein Mensch uns anzuklagen und auszulachen und, wenn er reden könnte, sagen zu wollen: Ihr seid wunderliche Leute, Sokrates und Protagoras!" Die Streitenden haben sich, als Protagoras den darlegenden (epideiktischen) Vortrag aufgegeben hat, in allerlei Gegensätzlichkeiten versucht, wobei zuerst Sokrates der Fragende, Protagoras der Antwortende ist, alsdann dieser der Fragende und jener der Antwortende, und schließlich wiederum Sokrates der Fragende und Protagoras der Antwortende, so daß sie (um einen womöglich veranschaulichenden Ausdruck zu brauchen) zu wiederholten Malen Salz miteinander abgewogen haben, und dabei tritt nun die putzige Erscheinung zutage, daß Sokrates das, was er hatte angreifen wollen, verteidigt und Protagoras das, was er hatte verteidigen wollen, angreift. Der ganze Dialog erinnert an den bekannten[81] Streit zwischen einem Katholiken und einem Protestanten, der damit endete, daß sie sich gegenseitig überzeugten und also der Katholik Protestant, der Protestant Katholik XIII 151
wurde*; nur daß hier das Lächerliche ins ironische Bewußtsein

* Die Anekdote, auf die ich hier anspiele, stellt die zweite Gestalt eines negativen Ergebnisses dar; denn hier liegt das Ironische darin, daß man zu einem wirklichen Ergebnis gelangt; dies wirkliche Ergebnis jedoch ist reinweg persönlich und verhält sich als solches gleichgiltig gegen die Idee, und es läßt sich somit vermuten, daß der katholische Konvertit abermals die gleiche überzeugende Gewalt an dem neugebacknen Protestanten üben werde, welche in dem vorhergehenden Ansturm dieser gegen ihn hatte, und so denn weiter; daher gewahrt man in dem Ganzen die Möglichkeit eines unendlichen Disputes, welcher für die Streitenden in jeglichem Augenblick überzeugende Gewalt hat, ohne daß deshalb doch einer von ihnen in irgendwelchem Augenblick eine Überzeugung hätte: zwischen ihnen besteht nur das Verhältnis der Wechselbestimmung, daß in dem Augen-

aufgenommen ist. — Auf einen *Einwand*, der hier etwa erhoben werden könnte, werde ich insofern um so lieber Rücksicht nehmen, als nur ein aufmerksamer Leser ihn machen kann. Es könnte nämlich scheinen, als ob die ironische Wippe hier von Plato angebracht würde, um mit einem recht lustigen ausgelassenen Schwung nicht bloß Protagoras, sondern auch Sokrates in die blaue Luft zu schleudern, und wie putzig nun der letztere sich auch in einem solchen Wirbel ausnehmen würde, muß ich mir doch eben um seinetwillen eine derartige Deutung verbitten. Jene Bemerkung wird nämlich von Sokrates selber gemacht, und gewiß wird kein auch nur einigermaßen sympathetischer Leser es unterlassen, sich das mit ironischem Ernste streitende und daraus zweideutig sich hervorkämpfende ironische Lächeln vorzustellen, mit welchem Sokrates seine ironische Verwunderung darüber begleitet hat, daß das ganze Spiel derart ausgegangen sei, und sich überrascht gestellt hat, Protagoras das finden zu sehen, von dem er wußte, daß er es unvermeidlich finden müsse, weil er selber es versteckt hatte.

So viel betreffs der Gesamtanlage des Dialogs oder der Form des Dialogs. Wenden wir uns nun zum *Inhalt*, will heißen, zu den in sie eingeflochtenen Problemen, welche gleich den Pfeilern in der Rennbahn die festen Punkte bilden, um welche die Streitenden sich bewegen, indem sie ständig immer näher auf sie zustreben, ständig immer schneller aneinander vorbeistürmen, so wird man, glaub ich, im Ganzen eine gleichartige *negative Ironie* finden.

Insbesondere ist dies der Fall bei der ersten Frage, ob die Tugend nur eine sei. Sokrates wirft nun die Frage auf, ob Gerech-
XIII 152 tigkeit, Besonnenheit, Frömmigkeit usw. Teile der Tugend seien oder bloß Namen für eine und die gleiche Sache; und sodann, ob sie Teile seien nach der Art der Teile des Gesichts, nämlich Mund, Nase, Augen und Ohren, oder nicht vielmehr nach der Art der Teile des Goldes, welche in nichts von einander oder vom Ganzen sich unterscheiden, abgesehen hinsichtlich der Größe und

blick, da A Katholik ist, B Protestant wird; und in dem Augenblick, da B Katholik wird, A Protestant wird, und dies hat seinen Grund natürlich darin, daß keiner von ihnen die Überzeugung, vielmehr jeder bloß das Überzeug wechselt.

der Kleinheit. Ich möchte mich nun nicht weiter auf eine ins Einzelne gehende Behandlung des vielen Sophistischen einlassen, welches von beiden Seiten aufgeboten wird, und lediglich daran erinnern, daß die Beweisführung des Sokrates wesentlich darauf gerichtet ist, die relative Ungleichheit zwischen den verschiedenen Tugenden zu vernichten, um die Einheit zu retten, daß hingegen Protagoras fortwährend die qualitative Ungleichheit vor Augen hat, dafür aber des Bandes entbehrt, welches die reiche Mannigfaltigkeit zu umschließen und zusammenzuhalten vermöchte. Die Idee der Vermittlung geht ihm daher nicht auf; er tastet in ihrem Zwielicht herum, wenn er, um die Einheit zu verteidigen, sich an die Idee der versubjektivierten Vermittlung anklammert, welche auf der Identität von Gleichheit und Ungleichheit beruht. Überhaupt, sagt er, sind alle Dinge in gewisser Hinsicht einander gleich. Selbst das Weiße ist in gewissem Sinne dem Schwarzen gleich, ebenso das Harte dem Weichen, und so denn mit allem, was einander am entgegengesetztesten scheint. Dahingegen ist die Einheit der Tugend* nach der Auffassung des Sokrates gleichsam ein Tyrann, welcher nicht den Mut hat, über die wirkliche
Welt zu herrschen, sondern erst einmal alle seine Untertanen XIII 153

* Da bekanntlich nebeneinander gestellte Gegensätze sich gegenseitig erhellen (opposita juxta se posita magis illucescunt) möchte ich ein positives Verständnis der Einheit der Tugend anführen, welches wohl für platonisch gelten muß und sicherlich keine Frucht jener Art dialektischer Entwicklung ist, die hier angedeutet ist, sondern einer ganz andern Ordnung der Dinge zugehört. Man sehe Politeia § 445 c: „Nämlich wie von einer Warte herab, sprach ich, zeigt sich mir nun, nachdem wir bis hierher in unserer Rede gestiegen sind, daß es nur eine Gestalt der Tugend gibt, unzählige aber der Schlechtigkeit“ (Καὶ μήν, ἦν δ'ἐγώ, ὥσπερ ἀπὸ σκοπιᾶς μοι φαίνεται, ἐπειδὴ ἐνταῦθα ἀναβεβήκαμεν τοῦ λόγου, ἕν μὲν εἶναι εἶδος τῆς ἀρετῆς, ἄπειρα δὲ τῆς κακίας . . .) . . . hier ist die positive Einheit der Tugend offenbar des seligen Lebens reiche Fülle, und der Gegensatz dazu ist die unselige zerreißende, mannigfaltige Zersplitterung der Schlechtigkeit, ihr vielzüngiger Selbstwiderspruch. Vgl. ebenda § 444 d e: „So wäre denn die Tugend, wie es scheint, eine Gesundheit und Schönheit und ein Wohlbefinden der Seele, die Schlechtigkeit aber Krankheit und Häßlichkeit und Schwäche“ ('Αρετὴ μὲν ἄρα, ὡς ἔοικεν, ὑγίειά τέ τις ἄν εἶν καὶ κάλλος καὶ εὐεξία τῆς ψυχῆς, κακία δὲ νόσος τε καὶ αἶσχος καὶ ἀσθένεια.). Das Positive ist hier der Gesundheit vegetative Fülle. Man sieht aber natürlich sehr leicht, daß diese beiden Bestimmungen unmittelbar sind, da es beiden an der Dialektik der Versuchung gemangelt hat.

mordet, um nunmehr mit vollkommener Sicherheit stolz über der bleichen Schatten stummes Reich herrschen zu können. Wenn Frömmigkeit nämlich nicht Gerechtigkeit ist (so argumentiert Sokrates), dann ist also fromm sein dasselbe wie nicht gerecht sein, d. h. ungerecht, d. h. unfromm sein. Jeder sieht nun leicht das Sophistische an der Beweisführung des Sokrates. Ich aber muß hier vor allem darauf aufmerksam machen, daß diese Einheit der Tugend derart abstrakt, derart egoistisch in sich selbst verschlossen ausfällt, daß sie lediglich die Klippe wird, an welcher die einzelnen Tugenden als wohlbeladene Segelschiffe stranden und zu Bruche gehn. Die Tugend durchläuft als ein sanftes Raunen, als ein Schauer ihre eignen Bestimmungen, ohne daß sie in einer von ihnen vernehmlich, geschweige denn ein bestimmter Laut würde; es ist etwa, wie wenn ich mir vorstelle, jeder Soldat vergäße die Parole in dem gleichen Augenblick, da er sie seinem Nebenmann zuflüsterte, und mir dabei eine unendliche Reihe von Soldaten vorstelle: die Parole wäre alsdann eigentlich gar nicht da, und ebenso ungefähr verhält es sich mit dieser Einheit der Tugend. Die Bestimmung der Tugend als der einen, in dem Sinne wie Sokrates sie behauptet, ist erstens offenbar überhaupt keine Bestimmung, da es das mit dem schwächsten überhaupt möglichen Atem geschehende Aussprechen des Vorhandenseins der Tugend ist (bei diesem Anlaß brauche ich zur weiteren Erläuterung bloß an die in Schleiermachers[82] Dogmatik sich findende scharfsinnige Beurteilung des Sinns der Aussage, daß Gott Einer ist, zu erinnern); ferner aber ist diese Bestimmung eine negative, da die aufgestellte Einheit so ungesellig wie nur möglich ist. *Das Ironische* liegt darin, daß Sokrates dem Protagoras jede konkrete Tugend entwindet, und sie, indem er sie auf die Einheit zurückführen soll, gänzlich verdampfen läßt; *das Sophistische* ist das ihn dazu in Stand Setzende; und dergestalt haben wir *mit einem Schlage* die von sophistischer Dialektik getragene Ironie und die in Ironie verweilende sophistische Dialektik.

Was die zweite Streitfrage angeht, ob die Tugend lehrbar sei, wie Protagoras meint, oder nicht lehrbar sei, wie Sokrates meint, so hält Protagoras hier natürlich allzu sehr an dem unterschiedenen Momente[83] fest: er will nämlich die eine Tugend sich ganz und gar auf Kosten der andern entwickeln lassen und gleichwohl

in dem betreffenden Individuum die Tugend als Einheit anwesend sein lassen, somit also demjenigen den Kranz erteilen, der annoch in der Rennbahn ist. Sokrates hingegen hält an der Einheit in dem Maße fest, daß er dem Besitze eines ungeheuren Kapitals zum Trotz arm ist, sintemal er es nicht fruchtbringend verwenden kann. Der sokratische Satz, daß die Tugend nicht lehrbar sei,
scheint ein hohes Maß positiven Gesetztseins zu enthalten, sofern XIII 154
er die Tugend entweder auf eine Naturbestimmtheit oder auf etwas Schicksalhaftes zurückführt. Indes sowohl, wenn man die Tugend als eine unmittelbare Harmonie[84], als auch, wenn man sie in ihrem schicksalhaften Ausgestreutsein (διασπορὰ) auffaßt, ist sie doch in einem andern Sinne eine durchaus *negative Bestimmung*. Die Aussage dagegen, daß die Tugend lehrbar sei, muß *entweder* dahin verstanden werden, daß eine ursprüngliche Leerheit im Menschen allmählich durch Lehren und Lernen ausgefüllt wird; dies ist jedoch ein Widerspruch, da etwas dem Menschen schlechthin Fremdes niemals in ihn hineingebracht werden kann[85]; *oder* aber jene Aussage ist der Ausdruck für die innere Tugendbestimmtheit, welche sich unter einem Schritt für Schritt geschehenden Lehren und Lernen stufenweis entfaltet, und setzt somit deren ursprüngliches Vorhandensein voraus. Es ist also das Mißverständnis des Sophisten, daß er sich anmaßt, etwas in den Menschen hineinbringen zu wollen, dahingegen das des Sokrates, daß er die Lehrbarkeit der Tugend in jedem Sinne leugnet. Und daß nun diese sokratische Auffassung negativ ist, das ist offenbar; sie verneint nämlich das Leben, die Entwicklung, kurz gesagt die Geschichte in ihrem allgemeinsten und weitesten Sinne. Der Sophist verneint das Ursprüngliche, Sokrates die spätere Geschichte. – Fragen wir nun fernerhin, auf welche allgemeinere Betrachtung diese sokratische Anschauung bezogen werden muß, in welcher Ganzheitsbetrachtung sie ihren Ruhepunkt hat, so bekundet sich dies in der Bedeutung, welche der *Erinnerung* beigelegt wird; Erinnerung aber ist eben die nach rückwärts gehende Entwicklung und somit das Gegenbild zu der im strengeren Sinne so heißenden Entwicklung. So haben wir denn in dem Satze, daß die Tugend nicht lehrbar sei, nicht bloß eine negative Bestimmung, sondern auch eine *im ironischen Sinne negative* Bestimmung, welche sich in ganz und gar entgegenge-

setzter Richtung bewegt. Von Lehrbarkeit der Tugend kann so
wenig die Rede sein, daß die Tugend vielmehr dermaßen weit
hinter dem Individuum zurückliegt, daß zu befürchten ist, sie sei
vergessen. Im Sinne Platos hieße dies das Dasein stärken mit dem
erbaulichen Gedanken, daß der Mensch nicht mit leeren Händen
in die Welt hinausgetrieben worden sei, d. h. damit, daß man
sich vermöge der Erinnerung auf seine reiche Mitgift besinnt; in
sokratischem Sinne heißt es, die ganze Wirklichkeit verwerfen
und den Menschen auf eine Erinnerung verweisen, welche sich
fort und fort immer weiter zurückzieht gegen eine Vergangen-
heit hin, die ihrerseits sich so weit zurückzieht in der Zeit, wie
der Ursprung jener adligen Familie, dessen niemand sich entsin-
nen konnte. Allerdings hält Sokrates an diesem Satze nicht fest,
wir werden jedoch nunmehr sehen, daß das von ihm an die Stelle
Gesetzte nicht minder ironisch ist. Bisher habe ich Lehrbarkeit
oder Nichtlehrbarkeit der Tugend aufgefaßt in dem Sinne, daß
man seine Erfahrung macht, ich habe die Frage bezogen auf die
Schule der Erfahrung, in welcher die Tugend gelehrt und gelernt
wird. Wir haben beobachtet: der Sophist ließ die Menschen im-
XIII 155 merzu zur Schule gehn, sofern er bloß das Dissolute (Auseinan-
derfallende) der Erfahrung festhielt oder richtiger in jedem
Augenblick fahren und fallen ließ, so daß der Mensch gleich wie
der dumme Gottlieb[86] aus der Erfahrung niemals klug wurde;
dahingegen ließ Sokrates die Tugend so spröde und schnippisch
sein, daß sie aus diesem Grunde nie dazu gelangte, Erfahrungen
zu machen. Sokrates macht nun aber noch einen tieferen Versuch
darzutun, daß die Tugend nur eine ist, d. h. er will jenes Andre
herausfinden, in welchem alle Tugenden einander sozusagen lie-
ben, und dies soll dann die Erkenntnis sein. Indes wird dieser Ge-
danke nun keineswegs durchgeführt bis in die Tiefe des unbe-
kümmerten Pelagianismus, welcher dem Griechentum eigen ist,
so daß Sünde Unwissenheit, Mißverständnis, Verblendung wird,
dagegen das Willensmoment an der Sünde, Stolz und Trotz, un-
beachtet bleibt; sondern indem er, um festen Fuß zu fassen, von
zugestandenen Sätzen her (e concessis) disputiert, stellt er das
Gute als das Angenehme hin, und so wird die Erkenntnis, welche
er dergestalt behauptet, eine Meßkunst, ein feinsinniges Ver-
ständnis im Bereich des Genusses. Indes eine Erkenntnis dieser

Art hebt im Grunde sich selber auf, sofern sie fortwährend sich selber voraussetzt. Das vorhin berührte Ironische des ganzen Dialogs zeigt sich darin, daß Sokrates, welcher die Nichtlehrbarkeit der Tugend behauptet hat, die Tugend gleichwohl auf Erkenntnis reduziert und somit das Gegenteil beweist, und ebenso geht es mit Protagoras; nun aber wird das Ironische auch darin bemerklich, daß Sokrates eine Erkenntnis aufstellt, die wie gesagt sich selber zuletzt aufhebt, sofern das unendliche Errechnen der Verhältnisse des Genusses den Genuß selber hindert und erstickt. Wir sehen somit: das Gute ist das Angenehme, das Angenehme beruht auf Genuß, der Genuß beruht auf Erkenntnis, die Erkenntnis auf einem unendlichen Messen und Mäkeln; das will heißen: das Negative liegt in dem unseligen Unbefriedigtsein, welches einem unendlichen Erfahrungmachen allezeit unvermeidlich anhaftet, das Ironische aber in dem Wunsche: „Wohl bekomm's!", welchen Sokrates sozusagen dem Protagoras zuruft. Dergestalt ist Sokrates nunmehr in gewissem Sinne wieder zurückgekommen zu seinem ersten Satze, daß die Tugend nicht lehrbar sei, sofern der Erfahrung unendliche Summe wie ein Haufe von lauter stummen Buchstaben sich um so weniger aussprechen läßt, je mehr sie wächst. In erster Potenz liegt mithin das Ironische in der Aufstellung einer solchen Erkenntnislehre, die sich selber zunichte macht, in zweiter Potenz liegt das Ironische darin, daß Sokrates so tut, als wäre er durch Zufall dazu gekommen, den Satz des Protagoras zu verteidigen, obwohl er ihn doch gerade mit der Verteidigung vernichtet. Denn daß der platonische Sokrates den Satz, das Gute sei das Angenehme und das Böse das Unangenehme, aus einem andern Grunde hätte aufstellen sollen, als in der Absicht, ihn zu vernichten, dürfte doch eine durchaus ungereimte Annahme sein.

Phädon XIII 156

Ich werde nun dazu übergehen, den Phädon zu behandeln, einen Dialog, in welchem das Mythische mehr in Erscheinung tritt, ebenso wie im Protagoras das Dialektische ungemischt sich vorgefunden hat. In diesem Dialog werden die Beweise für die

Unsterblichkeit der Seele geführt, in welcher Hinsicht ich vorläufig eine Bemerkung von F. C. Baur anführen möchte (a. a. O. S. 112, Neudruck 1876 S. 335): „Dieser Glaube (an die Fortdauer der Seele nach dem Tode) gründet sich auf die Beweise, welche Plato den Sokrates entwickeln läßt, diese Beweise selbst aber, wenn wir sie näher betrachten, führen uns wieder auf etwas andres zurück, was in der unmittelbarsten Beziehung zu der Person des Sokrates steht."

Bevor ich indes zu einer Untersuchung der Natur dieser Beweise übergehe, muß ich meinen geringen Beitrag geben zur Beantwortung der Frage nach der Verwandtschaft zwischen dem Symposion und Phädon. Bekanntlich haben Schleiermacher und bei uns ihm folgend Heise[87] diese beiden Dialoge aufs engste miteinander verknüpft, indem sie annehmen, diese Dialoge umschlössen das gesamte Dasein des Sokrates, dergestalt wie dieses sowohl in der Welt wie über die Welt hinausgehend gewesen; und indem sie diese beiden Dialoge in den Zyklus der sämtlichen platonischen Dialoge einordnen, haben sie gemeint, diese beiden Dialoge brächten das positive Element zum Sophisten und zum Politikos (nach ihrer Meinung haben nämlich die letzteren beiden Dialoge das, was sie erstrebten, die Darstellung von Natur und Wesen des Philosophen, nicht erreicht), und dies müßte also wohl vor allem gelten vom Verhältnis des Sophisten zu Symposion und Phädon, sintemal der Sophist doch gerade die Verneinung des Philosophen sein müßte. Anders urteilt Ast*. In seiner Schrift: Platos Leben und Schriften (Leipzig 1816) stellt er Phädon zu der ersten Reihe platonischer Dialoge, den sogenannten sokratischen, deren er vier zählt: Protagoras, Phädros, Gorgias, Phädon (vgl. S. 53). Betreffs des Verhältnisses zwischen den vier Dialogen bemerkt er: „und zwar ist der Phädon, wenn der Protagoras und Phädros wegen der Vorherrschaft des Mimischen und Ironischen zur Komödie sich hinneigen, entschieden tragisch: XIII 157 Erhabenheit und Rührung sein Charakter" (S. 157). Ferner bemerkt er, Schleiermacher habe, indem er den Phädon mit dem

* Auch Stallbaum[88] mißbilligt jene Verknüpfung und meint, Phädon müsse eng verbunden werden mit Phädrus, Gorgias und Politeia, ohne sich jedoch näher auf die Sache einzulassen, vielmehr die Leser auf Ast verweisend, vgl. praefatio ad Phaedonem p.19.

Symposion verknüpfe, den Geist der platonischen Komposition durchaus verkannt: „Im Symposion wird der hellenische Weise als vollendeter Erotiker dargestellt, im Phädon dagegen verschwindet der heitere, himmlisch-schöne Hellenismus, und der griechische Sokrates wird zum indischen Brahminen idealisiert, der einzig in der Sehnsucht nach Wiedervereinigung mit Gott lebt, dessen Philosophie also Betrachtung des Todes ist... Er (der Geist) flieht die den Geist trübende und störende Sinnlichkeit, und schmachtet nach Erlösung aus den Fesseln des ihn einkerkernden Körpers" (S. 157 und 158). — Daß nun auf den ersten Blick ein recht bedeutender Unterschied zwischen Phädon und dem Symposion besteht, ist einleuchtend; anderseits aber kann man denn auch nicht leugnen, daß *Ast* den *Phädon* gänzlich *isoliert*; außerdem ist der von ihm gemachte Versuch, den Phädon mit Phädrus, Protagoras und Gorgias zu verknüpfen, indem er ihn als tragisch bezeichnet, wobei das Rührende die Oberhand hat, eigentlich nicht in Einklang mit dem, was er selbst über die dunkle orientalische Mystik sagt, welche den Gegensatz zu dem über dem Symposion sich wölbenden lichten himmlischschönen Hellenismus bilde; denn um des Tragischen im Phädon willen könnte der griechische Himmel ihn gut und gern ebenso schön, ebenso stille, ebenso wolkenlos überglänzen; dieser Himmel ist ja doch Zeuge so mancher Tragödie gewesen, ohne daß er deshalb mit Wolken sich überzogen hätte oder die Luft drückend und stickig geworden wäre wie bei den Orientalen. Ist der Phädon aber dergestalt nicht griechisch, so bemüht man sich vergeblich, ihn in Plato einzuleiben, geschweige denn mit andern Dialogen in Reih und Glied zu stellen. Mit Bezug auf die Auffassung *Schleiermachers* dagegen wird man nicht leugnen können, daß die im Symposion vorgetragene Lebensanschauung und die im Phädon aufgestellte Anschauung vom Tode *nicht ganz zusammenstimmen*; dies kann man schon rein daraus erkennen, daß der Phädon den Tod zum Ausgangspunkt für die Anschauung vom Leben macht, das Symposion hingegen eine Lebensanschauung festhält, in welche der Tod nicht als Moment aufgenommen ist. Man kann sich nun diese beiden Auffassungen nicht so gut aufeinander abgestimmt denken, daß sie ohne Vermittlung einer dritten Auffassung einander durchdrin-

gen könnten. Diese dritte Auffassung muß entweder eine spekulative Betrachtung sein, welche imstande ist, den Tod zu überwinden, oder sie ist die Ironie, welche im Symposion Liebe zum Substantiellen des Lebens machte, jedoch mit der andern Hand wieder fortnahm, sofern sie Liebe negativ als Sehnsucht verstand, und welche nunmehr hier (im Phädon) das Leben nach rückwärts zu versteht, jeden Augenblick zurück möchte in das Dunkle, aus dem die Seele hervorgegangen, oder richtiger in die gestaltlose unendliche Durchsichtigkeit. Der Tod ist im Phädon offenbar
XIII 158 durchaus negativ verstanden. Freilich ist und bleibt der Tod stets ein negatives Moment; sobald er aber als nichts denn Moment verstanden wird, wird auch das Positive darin, die befreiende Metamorphose[89], das Negative sieghaft überleben. Wenn ich mich nun für *die Ironie* erkläre — ungeachtet sogar solcher Äußerungen wie Phädon 70 b c (Schleiermacher): „Wenigstens glaube ich nicht, sprach Sokrates, daß irgendeiner, der es hört, und wäre es auch ein Komödienschreiber, sagen dürfte, daß ich leeres Geschwätz treibe und Reden führe über ungehörige Dinge" —, so mag dies den oder jenen im ersten Augenblick vielleicht recht ungereimt, bei näherem Zusehn vielleicht recht annehmbar bedünken. Die spekulative Einheit kann nämlich nicht derart unsichtbar und unmerklich gegenwärtig sein, sehr wohl aber die ironische.

Wenn ich nunmehr sage, die *Ironie* sei im Phädon ein *wesentliches Moment*, so meine ich natürlich nicht die ironischen Verzierungen, die sich durch diesen Dialog hin verstreut finden; denn diese können doch, wie bedeutungsvoll sie auch sein mögen, und je mehr sie sich auch für die tiefere Betrachtung ständig erweitern, allerhöchstens Winke sein betreffs der Endanschauung, welche den Dialog durchdringt. Ich will einige Beispiele anführen. Phädon 77 d e (Schleiermacher): „Dennoch scheint ihr, du und Simmias, gern auch diesen Satz noch weiter durcharbeiten zu wollen und euch zu fürchten wie die Kinder, daß nicht gar buchstäblich der Wind sie (die Seele), wenn sie aus dem Leibe herausfährt, auseinanderwehe und zerstäube, zumal wenn einer nicht etwa bei Windstille, sondern in recht tüchtigem Sturmwind stirbt." Ebenda 115 d: Sokrates tadelt Kriton, weil der ihn fragt, wie er begraben zu werden wünsche, und fügt hinzu, vermutlich meine Kriton, daß alles von Sokrates

darüber Gesagte, wie er „zu irgendwelchen Herrlichkeiten der
Seligen fortgehn werde", lediglich zur Beruhigung der Schüler und
seiner selbst gesprochen sei...: „So legt ihr denn eine Bürg-
schaft für mich ein beim Kriton, und zwar eine ganz entgegenge-
setzte, als er bei den Richtern eingelegt hat. Denn er hat sich ver-
bürgt, ich würde ganz gewiß *bleiben*, ihr aber verbürgt euch
dafür, daß ich ganz gewiß nicht bleiben werde, wenn ich tot bin,
sondern mich davonmachen und fort sein." Indes derartige iro-
nische Äußerungen ließen sich noch recht gut vereinigen mit dem
vermeintlichen Ernst und der tiefen Rührung, welche durch den
ganzen Dialog gehen sollen; dagegen darf man allerdings auch
nicht leugnen, daß sie sich weit besser ausnehmen, wenn man in
ihnen das stille heimliche Wuchern der Ironie spürt.

Der erste Beitrag, den ich zur Stützung meiner Behauptung
liefern werde, ist im Gegensatz dazu eine Verteidigung des
Satzes, daß der Geist dieses Dialogs *echt griechisch* und
nicht orientalisch ist. Nach der Vorstellung nämlich, die
ich mir von der orientalischen Mystik machen kann, besteht das
Absterben, von dem bei ihr die Rede sein kann, in einem Ab- XIII 159
schwächen jener seelischen Muskelkraft, jener Spannung, welche
das Bewußtsein ist, in einer Aufgelöstheit und schwermütig hin-
sinkenden Mattigkeit, in einer Selbsterweichung, durch die man
nicht leichter sondern schwerer wird, durch die man nicht ver-
flüchtigt sondern chaotisch vermischt wird und mit unbestimmten
Bewegungen in einer Nebelmasse sich regt. Der Orientale kann
daher sehr wohl wünschen, vom Leibe befreit zu werden und
diesen als etwas Drückendes empfinden, aber er tut es dann
eigentlich nicht, um freier zu werden, sondern um tiefer gebun-
den zu sein, etwa so, wie wenn er sich an der Stelle einer Orts-
bewegung das vegetative Stilleben der Pflanze wünschte. Das
heißt, sich anstatt des Himmels des Gedankens das nebelhafte
hindämmernde Schwelgen zu wünschen, welches ein Opiat einem
verschaffen kann, sich anstatt der Tatkraft der Handlung ein mit
einem süßen Nichtstun (dolce far niente) verbundenes eingebil-
detes Ausruhn in einem Vollendetsein zu wünschen[90]. Der Him-
mel Griechenlands aber ist hochgewölbt, nicht platt und drük-
kend, er wird fort und fort höher und höher, sinkt nicht beäng-
stigend nieder; seine Luft ist leicht und durchsichtig, nicht diesig

und stickig. Die Sehnsüchte, von denen hier die Rede sein kann, richten sich daher darauf, leichter und leichter zu werden, sich zu sammeln in einem immer noch feiner werdenden Äther, nicht darauf, in einer abstumpfenden Mattigkeit zu verdunsten. Das Bewußtsein will nicht in zerfließenden Bestimmungen sich aufweichen, sondern immer noch straffer werden. Der Orientale möchte daher hinter das Bewußtsein zurück, der Grieche hinaus über das Nacheinander (die Succession) des Bewußtseins. Jedoch dies gänzlich Abstrakte, welches das Bewußtsein[91] will, wird zuletzt das noch am meisten Abstrakte, das Leichteste, nämlich das Nichts. Und hier stehen wir an einem Punkte, auf welchem jene beiden Auffassungen ineinanderfallen, die entweder aus der subjektiven Mystik oder aus der Ironie entspringen. Daß nun das aus dem allmählichen Absterben sich ergebende Dasein im Phädon *gänzlich abstrakt* verstanden ist, wird gewiß jedem, der diesen Dialog gelesen hat, einleuchtend sein. Es dürfte indes nicht abwegig sein, dies etwas näher aufzuweisen. Das kann zum Teil durch den Nachweis geschehen, wie Sokrates *die Natur der Seele verstehe*, insofern ja das richtige Verständnis der Seele eigentlich in sich den rechten Beweis für ihre Unsterblichkeit enthalten, von diesem Beweise durchdrungen sein muß; zum Teil auch durch genauere Zergliederung der verschiedenen Äußerungen, die sich über das *künftige Wie* der Seele finden. Bei der letzteren Untersuchung werde ich aushilfsweise (subsidialiter) auf die Apologie Bezug nehmen, die eben als historisches Aktenstück imstande sein muß, uns Wegleitung zu geben.

Zu diesen Untersuchungen werde ich nunmehr übergehn, und ich muß zuvor lediglich bemerken, daß bei der Wichtigkeit, welche eine solche Frage wie die nach der Unsterblichkeit der Seele jederzeit haben muß, es bedenklich ist, wenn diese im Platonismus bloß
XIII 160 gelegentlich, nämlich anläßlich des Todes des Sokrates behandelt wird. Nunmehr werde ich also zu der ersten Untersuchung oder zu der Frage, wie Sokrates *das Wesen der Seele versteht*, übergehn, und dies führt uns hinein in die nähere Behandlung der von ihm *aufgestellten Beweise* für deren Unsterblichkeit*.

---

* Zwei andre *Beweise*, welche im Phädon mehr mittelbar enthalten sind, werde ich hier in Kürze berühren. *Der erste* findet sich gleich zu

Zur *Einleitung* der eigentlichen Beweisführung klärt Sokrates erst einmal auf, wie es mit der Lust der Philosophen zu sterben bestellt ist. Wenn der Tod nämlich, wie zugestanden wird, eine Trennung von Seele und Leib ist, wenn ferner die eigentliche Erkenntnis auf einer Abstraktion von den niederen Sinnen beruht — niemals nämlich trifft man mit einer sinnlichen Wahrnehmung dasjenige, was das Wesen eines Dinges ausmacht, demzufolge es das ist, was es ist, so z. B. Größe, Gesundheit, Kraft usw. (vgl. Phädon 65 d e), — so sieht man wohl leichtlich ein, daß die Philosophen wünschen müssen (vgl. ebenda 66 d e), mit dem Leib so wenig als möglich zu schaffen zu haben, ja durch den Tod von der Torheit des Leibes geläutert und befreit zu werden, um das, was sie bereits hier im Leben versucht haben, zu vollbringen (vgl. ebenda 65 e. 66 a): mit dem reinen Gedanken dem reinen Wesen der Dinge nachzutrachten. Hier aber ist nun offenbar die *Seele* ebenso *abstrakt verstanden* wie das reine Wesen der Dinge, welches der Gegenstand der Tätigkeit der Seele ist. Und es bleibt ein bedenklicher Zweifel übrig, ob wohl eigentlich (möge die Philosophie gleich mit noch so großer Anstrengung ver- XIII 161

Anfang des Dialogs, da, wo Sokrates vor dem Selbstmord warnt und an das Wort des Mysteriums erinnert, wir Menschen seien gleichsam auf Wachposten, und man dürfe nicht sich selber ablösen oder davonlaufen. Wenn es dieser Betrachtung gewährt worden wäre, sich auf ihren reichen Inhalt zu besinnen, wenn sie sich erweitert hätte zur Vorstellung vom Menschen als Gottes Mitarbeiter und dem damit gegebenen wirklichen Dasein vor Gott, so wäre in dieser Betrachtung, wenn auch in volkstümlicher und mehr erbaulicher als beweisender Gestalt, eine Anschauung enthalten, die bei der Wiedergeburt durch den Gedanken auferstehen würde in spekulativer Haltung. Dies geschieht indes nicht. Kebes macht nämlich dazu die echt griechische Bemerkung, daß man, wenn man an dieser Erkenntnis richtig festhalte, sich weit eher ans Leben klammern müsse und sich nicht, wie die Philosophen dies nach Sokrates' Meinung tun, den Tod wünschen dürfe, daß man sich ans Leben klammern müsse, um nicht der Macht der Gottheit zu entfallen; und darauf antwortet Sokrates einigermaßen dunkel, auch er würde vor dem Sterben bange sein, falls er nicht glaubte, durch den Tod zu andern Göttern zu kommen, die ebenfalls gut seien; denn hierdurch wird ja ein klaffender Abgrund befestigt zwischen diesem Leben und einem andern Leben, ebenso wie auch das durch den Tod bedingte zweideutige Verhältnis zu den Göttern dieses Lebens immer noch fortdauert, sintemal der Tod doch immer ein ihrer Macht Entlaufen bleibt. Erst, wenn man erkennt, daß der gleiche Gott, der einen an der Hand durchs Leben geführt, im Augenblick des Todes einen losläßt, um seine

suchen, das reine Wesen der Dinge aus allen seinen Verstecken herauszuholen), ob also wohl da etwas andres sich zeigen werde als das rein Abstrakte (Gesundheit, Größe usw.), welches als solches in seinem Gegensatz gegen das Konkrete ein Nichts ist. Hieraus folgt dann wiederum, daß die Seele in ihrer erkennenden Tätigkeit, um mit ihrem Gegenstande so recht übereinstimmend zu werden, in gleichem Maße zu einem Nichts werden muß[96]. Ja, die Seele muß in so hohem Maße immer noch leichter werden, daß ganz allein diejenigen Seelen, welche allzu sehr den Umgang mit dem Leib gepflegt haben, infolgedessen (vgl. ebenda 81 b c) an
XIII 162 Schwere zunehmen und an den sichtbaren Ort zurückgezogen werden, weil sie das Formlose und die Geisteswelt fürchten, und nun als schattenhafte Gestalten sich in der Nähe von Denksteinen und Gräbern umherbewegen. Derartige Schattenbilder müssen diejenigen Seelen uns zeigen, welche nicht rein vom Leibe gelöst sind, sondern annoch am Sichtbaren teilhaben, weshalb sie denn auch gesehen werden können. Es dürfte wohl nichts dagegen einzuwenden sein, Gespenster als eine unvollkommene Existenz aufzufassen; wenn man indes das „Formlose" als das Ideale setzt, so sieht man doch, wie negativ alles verstanden ist und wie *die Seele zu einem Nichts wird*. Will man daher dem Sokrates Recht geben in dem von ihm aufgestellten Dilemma (vgl. ebenda 68 a b), eines von beiden müsse man annehmen, entweder, daß wir nie zur

Arme zu öffnen und mit ihnen zu umfangen die sehnsuchtsvolle Seele[92], erst dann ist der Beweis in der Form der Vorstellung vollbracht. – Der *andere* mittelbare Beweis (im Phädon) ist rein persönlich. Die Freude, die Freimütigkeit, die Zuversicht, mit denen Sokrates seinem Tode entgegengeht, die Gleichgiltigkeit, mit der er ihn nahezu übersieht, haben natürlich etwas in hohem Maße Begeisterndes sowohl für die mitlebenden Zeugen als auch für diejenigen, welche mit Hilfe dieser durch die Jahrhunderte hin Zeugen davon geworden sind[93]. Er entfernt Xantippe, um nicht Heulen und Klagen zu hören; er scherzt darüber, wie geschwinde das Angenehme auf das Unangenehme folge: „weil ich von der Fessel in dem Schenkel vorher Schmerz hatte, so kommt mir nun die angenehme Empfindung hintennach"[94]; es berührt ihn komisch, daß das Angenehme und das Unangenehme auf dem Gipfelpunkte miteinander verbunden sind, und er fügt hinzu, es wäre eine Aufgabe für Aesop gewesen: „. . . wenn Aesop
XIII 161 dies bemerkt hätte, würde er eine Fabel daraus gemacht haben, daß Gott beide, da sie im Kriege begriffen sind, habe aussöhnen wollen, und weil er dies nicht gekonnt, sie an den Enden zusammengeknüpft habe"; er ergreift den Giftbecher mit einem Anstande, einer Lebenslust, wie er bei

Erkenntnis gelangen, oder daß wir es erst nach dem Tode tun, so wird man gewiß auch recht bedenklich werden wegen des sokratischen Ausweges. Ich habe mich etwas länger bei diesen einleitenden Untersuchungen aufgehalten, weil sie eine Vorstellung von dem geben, was man von der ganzen folgenden Betrachtung zu erwarten hat. Die einzelnen Beweise aufzustellen und sie alsdann zu durchlaufen, würde hier zu weit führen, und ich möchte die Leser, welche nicht das Bedürfnis haben, sie in ihrem Entstehen während der Unterredung zu verfolgen, sondern sie soweit als möglich in vollständiger wissenschaftlicher Fassung zu erblicken wünschen, auf Baur und Ast verweisen.

Dahingegen scheint von größerer Wichtigkeit die Beobachtung, daß die einzelnen angeführten Beweise nicht überall miteinander zusammenstimmen. Man bringe den Beweis[97], welcher aus der Betrachtung genommen wird, daß das Entgegengesetzte aus dem Entgegengesetzten entsteht, und daß zwischen den beiden Gliedern des Gegensatzes zwei Strömungen statthaben, ein Übergehen des ersten in das zweite und ein Zurückgehen des zweiten in das erste, nun in Verbindung mit dem andern Beweis[98], welcher mit der Betrachtung der Präexistenz der Seele, so wie diese in Natur und Wesen der Erinnerung sich bekundet, auf diese Weise das Kontinuierliche zu sichern bestrebt ist; ich weiß da nicht anders zu urteilen[99], als daß entweder der Begriff von der Präexistenz der Seele die Vorstellung von ihrer Entstehung ausschließt, oder daß man, falls man die Präexistenz mit der Anschauung vom Werden in Übereinstimmung halten will, annehmen muß, Sokrates habe die Auferstehung des Leibes erwiesen. Dies ist jedoch ganz und gar in Widerspruch mit seiner übrigen Theorie. Ein Mangel an Übereinstimmung bleibt sicher-

---

einem Gastmahl den schäumenden Pokal ergriffen hätte; er fragt den Gefangenenwärter: „Was meinst du von dem Trank wegen einer Spendung? Darf man eine machen oder nicht?“[95] Dies alles ist nun recht schön; wenn man sich aber dabei dessen erinnert, daß er eigentlich doch nicht Bescheid weiß über die Beschaffenheit des Künftigen, oder ob überhaupt ein Künftiges ist; wenn wir mitten unter dieser Poesie prosaische Rechnereien vernehmen, daß es doch niemals schädlich sein könne, ein andres Leben anzunehmen und noch mehr von der Art, das an seinem Orte beleuchtet werden wird, so sieht man, daß die überzeugende Kraft dieses Beweises sich einigermaßen einschränkt.

lich jederzeit zwischen diesen beiden Beweisen, und er kann nicht beseitigt werden mittels der im ersten Beweis sich findenden Unklarheit darüber, was der Tod eigentlich ist oder mittels der erschlichenen Voraussetzung, über welche Baur mit Fug und Recht sich aufhält, daß der Tod nicht das Aufhören des Lebens, sondern nur eine andre Art der Existenz sei (vgl. Baur a. a. O., S. 114, Neudruck 1876 S. 338). Wenn Baur nun diesen Beweisen die Beweiskraft aberkennt und meint, sie seien lediglich eine analytische Ex-
XIII 163 position des Begriffs der Seele, und somit folge die Unsterblichkeit aus ihnen nur insofern, als sie im Begriff der Seele allbereits vorausgesetzt werde, so kann man mit ihm darin freilich einig sein; jedoch darf man nicht übersehen, daß das Harte, welches die Seele hier wird, so wie sonst das Gute, das Schöne usw. hier nicht als ein Ausgangspunkt dasteht, sondern als ein Ergebnis, daß das Wesen der Seele eben dann, wenn die Betrachtung es erfassen will, sich als undurchdringlich erweist, und man also nicht auf Grund dieser Undurchdringlichkeit zu der Vielfältigkeit der Beweise gelangt. Dies ist nämlich ein negatives Ergebnis, das andre eine positive Voraussetzung, worauf ich hier abermals aufmerksam machen muß.

Wir achten nun darauf, welches die Beschaffenheit der Seele sein muß, welche besondere Art der Existenz sie haben muß, und zwar insoweit, als man die Beantwortung dieser Fragen aus der Vorstellung entnehmen muß, die in dem aus *Natur* und *Wesen* der *Erinnerung* abgeleiteten *Beweis* für ihre Unsterblichkeit gegründet ist; und da gelangen wir denn ebenfalls zu den *abstraktesten* Bestimmungen. Indem nämlich der Mensch sinnliche Eindrücke empfängt, führt er diese Sinneseindrücke zurück auf gewisse Allgemeinvorstellungen, z. B. auf das Gleiche (vgl. Phädon 73 ff), auf das an und für sich Schöne, Gute, Gerechte, Fromme usw., überhaupt auf alles das, „was wir bezeichnen als *dies selbst, was ist*, in unsern Fragen, wenn wir fragen, und in unsern Antworten, wenn wir antworten“ (vgl. ebenda 75 d, Schleiermacher). Diese Allgemeinvorstellungen werden nicht erworben durch die atomistischen Wahrnehmungen der Erfahrung oder durch die Usurpationen der Induktion, vielmehr setzen sie sich selber stets schon voraus. „Entweder sind wir dieses wissend geboren worden und wissen es unser Leben lang

alle, oder die, von denen wir sagen, daß sie hernach erst lernen,
erinnern sich dessen nur, und das Lernen ist eine Erinnerung"
(vgl. ebenda 76 a, Schleiermacher). Die spekulativ nicht erklärte,
sicherlich wie alles Spekulative für den ersten Blick paradoxe
Synthese des Zeitlichen und des Ewigen wird hier poetisch und
religiös zur Ruhe gebracht. Nicht des Selbstbewußtseins ewiges
sich selbst Voraussetzen läßt das Allgemeine sich eng und dicht
um das Besondere, das Individuelle, schließen, welches uns hier
entgegentritt, nein, umgekehrt: das Allgemeine flattert lose um
es herum. Der springende Punkt der Beweisführung ist eigentlich
der, daß ebenso wie die Ideen vor den sinnlichen Dingen da sind,
auch die Seele vor dem Leib da ist. Das klingt zwar an und für
sich recht annehmbar; indes, solange es nicht aufgeklärt ist, auf
welche Art und in welchem Sinne die Ideen vor den Dingen da
sind, bleibt offensichtlich jenes „ebenso", um das sich alles dreht,
ein abstraktes Gleichheitszeichen zwischen zwei unbekannten
Größen. Nun könnte man freilich meinen, daß man durch ge-
nauere Untersuchung der auf der einen Seite des Gleichheitszei- XIII 164
chens gegebenen Größen nähere Aufklärung erlange, und dieser
Glaube scheint sich bereits zu bestätigen durch den Gedanken, es
sei hier die Rede von dem an und für sich Guten, Schönen, Ge-
rechten, Frommen; aber er wird dann wieder erstickt, wenn wir
bedenken, zugleich sei es das Gleiche usw., von dessen Präexi-
stenz die Präexistenz der Seele abhängt. Denn steht es mit der
Präexistenz der Seele nicht besser als mit derartigen Allgemein-
vorstellungen, so ersieht man ja leicht, daß sie ebenso wie jene in
dieser unendlichen Abstraktion entschwindet. Von diesem Punkte
her ließe sich nun sicherlich, entweder in Gestalt einer siegreichen
Spekulation oder in der eines Verlierens des Glaubens der Über-
gang zu einer positiven Auffassung bilden, aber dies geschieht
nicht; und was der Leser sogar bei der kleinsten Rechnung dieser
ganzen Untersuchung als ein ewiges ‚im Sinn' (in Mente[100]) in sich
aufnehmen muß, dieser Punkt ist nicht das Nichts, von dem man
ausgeht, sondern das Nichts, zu welchem man durch die Mühsal
der Überlegung hindurch gelangt. Und man kann noch weiter-
gehen. Gesetzt, es ließe sich mit diesem Dasein der Ideen außer-
halb aller Konkretion eine Vorstellung verknüpfen, so müßte
man doch fragen: in welches Verhältnis dazu hätte man alsdann

die präexistierende Seele zu setzen. Im Erdenleben bestand die Tätigkeit der Seele darin, das Einzelne auf dies Allgemeine zurückzuführen; von jenem konkreten Verhältnis des Einzelnen zum Allgemeinen jedoch, wie es in und mit der Individualität gegeben ist, ist offenbar nicht die Rede gewesen. Die von der Seele verwirklichte Verbindung dieser beiden Gewalten war ganz und gar transitorisch, keine dauernde. Insofern müßte mithin die Seele in ihrem früheren Dasein sich ganz und gar in der Welt der Idee verflüchtigt haben, und in dieser Beziehung ist es ein glücklicher Ausdruck von Plato, daß die Seele beim Übergang in das sinnliche Leben diese Ideen vergißt, denn diese Vergessenheit ist eben jene Nacht, welche dem Tage des Bewußtseins vorausgeht, ist der Ruhepunkt, welcher natürlich unendlich schwindend und ein Nichts ist, von dem her das Allgemeine sich zu dem Besonderen hin bestimmt[101]. Vergessenheit ist also die ewig grenzziehende (limitierende) Voraussetzung, welche unendlich verneint wird durch die ewig verknüpfende Voraussetzung der Erinnerung. Der Umstand jedoch, daß die platonische Lehre auf die beiden Extreme der Abstraktion hintreibt, nämlich auf die ganz und gar abstrakte Präexistenz und eine ebenso abstrakte Postexistenz, nämlich Unsterblichkeit, beweist gerade, daß die Seele ganz und gar abstrakt und negativ auch in ihrer zeitlichen Existenz verstanden sein muß. Daß das irdische Leben laut Plato nach beiden Seiten hin verschwebt (wobei man sowohl an verschwebende Linien wie an verschwebende Töne denken kann), müßte, wie man meinen sollte, zu der Anschauung führen, daß das irdische Leben die vollkräftige Mitte sei; aber dies ist hier
XIII 165 im Phädon keineswegs der Fall. Im Gegenteil, dies Leben ist das unvollkommne, und das Formlose ist dasjenige, dahin es die Sehnsucht zieht*. Zu ebenso abstrakten Ergebnissen gelangen wir, wenn wir uns durch die übrigen Beweise hindurch zu der diesen zugrunde liegenden Anschauung vom Wesen der Seele hinarbeiten. — Das Nichtzusammengesetzte

* Ebenso darum, wie im Symposion die Sehnsucht das Substantielle ausmachte, ebenso steht es auch hier. Mittlerweile ist es im Symposion die Sehnsucht, die da zu besitzen wünscht, im Phädon wünscht sie zu verlieren; beide Bestimmungen indes sind gleichermaßen negativ, denn beide Sehnsüchte sind unwissend betreffs jenes „Was“, in das die eine sich hineinstürzen, und in dem die andre durch Absterben sich verflüchtigen möchte.

kann sich nicht auflösen und vergehen. Dem Zusammengesetzten dagegen ist es eigen, auf die gleiche Weise aufgelöst zu werden, in der es zusammengesetzt ist. Indes, diese ganze Gedankenbewegung ist durchaus scheinhaft, da sie sich eigentlich auf dem keinen Halt bietenden Boden der Tautologie bewegt. Wir müssen daher dem Sokrates nachgehen, wo er die Analogien erläutert. Das Nichtzusammengesetzte ist dasjenige, das sich stets auf die gleiche Art verhält. „Jenes Wesen selbst", sagte er (Phädon 78 d, Schleiermacher), „welchem wir das eigentliche Sein zuschreiben in unserm Fragen und Antworten, verhält sich dies wohl immer auf gleiche Weise, oder bald so, bald anders? Das Gleiche selbst, das Schöne selbst, und so jegliches, was ist, selbst, nimmt das wohl jemals auch nur irgendeine Veränderung an?" Also[102]: „Diese Dinge sind allezeit sich selbst gleich, sind formlos und können nicht gesehen werden." Die Seele hat nun größte Ähnlichkeit mit dem Göttlichen, Unsterblichen, Vernünftigen, Eingestaltigen, Unauflöslichen und stets auf die eine und gleiche Art sich Verhaltenden; der Leib hingegen hat größte Ähnlichkeit mit dem Menschlichen, Sterblichen, Unvernünftigen, Vielgestaltigen, Auflöslichen und nie auf die gleiche Art sich Verhaltenden (vgl. ebenda 80 a b). Hier aber sind wir denn bei einem *ebenfalls abstrakten* Verständnis des Daseins der Seele und ihres Verhältnisses zum Leibe angelangt. Diese Betrachtung macht sich nämlich in keiner Weise dessen schuldig, der Seele auf materielle Art einen bestimmten Platz im Leibe zuzuweisen, sie übersieht jedoch anderseits gänzlich das Verhältnis der Seele zum Leibe, und anstatt die Seele sich frei regen zu lassen in dem von ihr selbst erzeugten Leibe, ist sie andauernd damit beschäftigt, sich sachte aus dem Leibe davonzumachen. Das Bild, welches Kebes später zu einem Einwande wider die Unsterblichkeit der Seele benutzt — wofern man letztere aus der Betrachtung ableite, daß deshalb, weil der Leib, der doch das Schwächere ist, andauert, auch die Seele, welche die Stärkere ist, andauern müsse, so sei dies doch ganz so, wie XIII 166
wenn jemand von einem verstorbenen alten Weber sagen wolle: ‚der Mann ist nicht tot, sondern muß noch irgendwo sein', und als Beweis dafür anführe, daß die Kleidung, die er getragen und selber gewebt, unbeschädigt und nicht zerfallen sei (vgl. ebenda 87 b) —, dies Bild, sag ich, würde bereits zu weit konkreteren

Vorstellungen hinleiten, wenn man es richtig benutzte und das Sinnreiche an dem Vergleich der Seele mit einem Weber hervorhöbe. Daß die Seele nicht zusammengesetzt ist, kann man gut und gern zugeben, indes solange man nicht genauere Antwort auf die Frage gibt, in welchem Sinne sie nicht zusammengesetzt sei und inwiefern sie doch in einem andern Sinne ein Inbegriff verschiedener Bestimmungen sei, bleibt natürlich jene Bestimmung durchaus negativ und die Unsterblichkeit der Seele ebenso ‚langweilig'[103] wie die ewige Eins.

Nicht besser endlich geht es mit dem letzten Beweis, welcher sich auf dem Satze aufbaut, daß das Bestandhabende vermöge seines Teilhabens an der Idee Bestand habe, und daß jede Idee das Entgegengesetzte von sich ausschließe (Phädon 104 c, Schleiermacher: „Oder wollen wir nicht sagen, die Drei werde eher untergehen und sich alles andre gefallen lassen als aushalten, drei zu sein und zugleich gerade zu werden?"), sowie, daß dies Ausschließen nicht allein bei der Idee statthabe, sondern bei allem, was unter die Idee gehört. Die Seele ist das Lebensprinzip, Leben aber ist dem Tode entgegengesetzt, und mithin kann die Seele das der Idee (d. h. dem Leben) Entgegengesetzte (d. h. den Tod) niemals in sich aufnehmen, und somit ist sie unsterblich. Hier aber steuert die Vorstellung auch immer weiter hinaus, ‚gerade ins Blaue hinein'[104], nämlich ins Blaue der Abstraktion. Denn solange nicht aufgeklärt ist, was für ein Gegensatzverhältnis denn zwischen Tod und Leben statthabe, so lange ist auch das Verhältnis der Seele zum Leibe durchaus negativ verstanden und das Leben der Seele außerhalb des Leibes bleibt auf jeden Fall durchaus prädikatlos und unbestimmbar.

Wird aber das Wesen der Seele dermaßen abstrakt verstanden, so läßt sich im voraus errechnen, welche Aufklärungen man in der Frage nach dem Wie des künftigen Daseins der Seele zu erwarten hat. Hiermit meine ich nicht geographische und statistische Übersichten über die neue Welt, auch nicht phantastischen Wirrwarr, sondern spekulative Durchsichtigkeit hinsichtlich dieser Frage. Auch der Apostel Johannes sagt freilich, daß wir nicht wissen, wie wir sein werden[105], dies aber geht natürlich in Richtung auf eine jenseitige Erfahrung. Dahingegen hat ihm die spekulative[106] Aufklärung, es gebe eine Auferstehung des Leibes, nahe gelegen, nicht etwa, um einer Schwierigkeit auszuweichen, sondern weil er selber darin Ruhe fand. Im Gegensatz hierzu wird es sogar in dem mythischen Teile des platonischen Dialogs ausgesprochen, daß allein die Gottlosen des Leibes Auferstehung oder Fortdauer zu befürchten haben, während diejenigen, welche durch die Philosophie genugsam geläutert worden sind, in der künftigen Zeit ganz ohne Leib leben werden (vgl. Phädon 114 c). Der einzige Versuch, diesem zügellosen Hinausspringen der Abstraktion „in die weite Welt" Einhalt zu tun und ein wirkliches Dasein zustande zu bringen, welches weder dem Gedanken das Kentern noch dem Leben das Verflüchtigtwerden gestattet, ist die ethische Harmonie, die moralische Melodie, welche das in der künftigen Ordnung der Dinge alles bestimmende Naturgesetz abgeben wird, ist, wenn ich es mit einem Worte sagen darf, die gerechte Vergeltung, die das in allem sich regende Prinzip sein wird. Und wahrlich, wenn diese Betrachtung zu Ansehn und Ehre gelangt, so wird die Unsterblichkeit nicht zu einem Schattendasein werden, und das ewige Leben nicht zu einem Schattenspiel an der Wand[107]. Jedoch selbst im mythischen Teil des Dialogs geschieht dies nicht vollständig. In welchem Maße es geschieht, soll später untersucht werden, hier muß nur daran erinnert werden, daß der Versuch lediglich im mythischen Teil des Dialogs gemacht wird. — So darf denn der Gedanke wieder zurückkehren zu dem Punkt, den er für einen Augenblick aus dem Gesicht verloren hat, zu dem negativen Was, und dem ebenso negativen Wie, welche in der dialektischen Darstellung des Phädon sich ankündigen als die positive Beantwortung der Frage nach dem Wesen der Seele, insofern dieses den Beweis für deren Unsterblichkeit in sich beschließt. Daß die ganze Betrachtung negativ endet, daß das Leben sich verliert in den fern hinsterbenden Widerhall (lieber noch möchte ich ‚Nachhall'[108] sagen), das könnte seinen Grund haben im subjektiven Standpunkt des Platonismus, welcher der Unmittelbarkeit der Idee im Dasein, so wie dieses in der seligen Zufriedenheit des Klassischen gegeben war, mißvergnügt gegenüberstand und nunmehr versuchte, sie in der Reflektiertheit zu ergreifen und daher statt der Juno die Wolke umarmte. Dieser subjektive Standpunkt gab dem Platonismus nun nicht mehr als der frühere Standpunkt besessen hatte, sondern raubte

XIII 167

ihm sogar noch etwas, nämlich die Wirklichkeit. Rosenkranz[109] bemerkt irgendwo mit Recht: je mehr Fülle das Leben habe, je üppiger es schwelle, um so abgeblaßter und luftiger sei die Unsterblichkeit. Die Helden Homers seufzen sogar nach der allerniedrigsten Stellung im wirklichen Leben und begehren, sie gegen
XIII 168 das Schattenreich der Unterwelt einzutauschen[110]. Bei Plato wird die Unsterblichkeit noch leichter, ja beinahe ein Stäubchen, das man fortblasen kann, und gleichwohl begehrt der Philosoph, die Wirklichkeit zu verlassen, ja soweit das möglich ist, allbereits bei Leibesleben tot zu sein. Dies ist eben der traurige Selbstwiderspruch des subjektiven Standpunkts.

Damit aber sind wir noch nicht dahin gelangt, das Ironische zu sehen, und dieses ist es doch, das ich, soweit als möglich, aufzuzeigen suche. Daß die Ironie diesem Standpunkt aufs Haar gleichen kann, daß sie von der flüchtigen Beobachtung mit diesem sogar verwechselt werden kann, wird gewiß jedermann zugeben, der weiß, was für eine kleine unsichtbare Person die Ironie ist. Das ist mithin wiederum einer der Punkte, an denen Plato und Sokrates in eins zusammenfallen. Darum kann man nun, indem man das in diesem Dialog des öfteren zutage tretende Pathos besonders betont, alles ausdeuten auf Plato, auf die Begeisterung, die allerdings mit Bezug auf das Ergebnis nur dürftig bekundet wird[111]. Anderseits jedoch wird man gewiß nicht leugnen, daß im Dialog eine gewisse Unsicherheit herrscht, die darauf deutet, daß die Ironie auf die eine oder andere Weise mit im Spiele ist. Denn wie unbedeutend das Ergebnis auch ist, es hätte doch gut und gern mit der ganzen Überzeugtheit der Begeisterung ausgesprochen werden können. Diese Unsicherheit spürt man im Phädon an mehreren Stellen, und diese gewinnen an Gewicht, wenn man sie in Verbindung bringt mit der Apologie; dieser muß ja als einem historischen Aktenstück[112] ein hervorragender Platz eingeräumt werden, wenn man das rein Sokratische herausfinden will.

Bevor ich indes zu dieser historischen Beurkundung übergehe, muß ich noch etwas verweilen bei der Betrachtung der Sehnsucht nach dem Tode, welche hier im Phädon dem Philosophen beigelegt wird. Die Anschauung nämlich, daß das Leben eigentlich im Absterben bestehe, kann teils moralisch, teils intel-

lektuell verstanden werden. *Moralisch*[113] ist sie im Christentum verstanden worden, welches daher denn auch nicht bei dem bloß Negativen stehen geblieben ist; denn in eben dem Maße, in welchem der Mensch dem Einen abstirbt, wächst das Andre ein göttliches Wachstum[114], und wenn dies Andere nun gleichsam alle Keimkraft des sündigen Leibes, der absterben sollte, eingesogen und angeeignet und dadurch veredelt hat, so ist letzterer auch nach und nach zusammengeschrumpft, ausgetrocknet, und wenn er zerbricht und sich auflöst, hebt sich der zum vollen Maß gewachsene Gottesmensch daraus empor, der da erschaffen ist gemäß Gott in der Gerechtigkeit und Heiligkeit der Wahrheit. Sofern das Christentum ebenfalls eine vollkommnere Erkenntnis annimmt, die mit dieser Wiedergeburt verbunden ist, geschieht es doch nur sekundär und vornehmlich nur insofern, als die Erkenntnis vorher auch mit der Sünde befleckt worden ist. *Intellektuell* ist jenes Absterben verstanden im Griechentum, will heißen rein intellektuell, und hieran erkennt man auch sofort den unbekümmerten Pelagianismus des Heidentums. Man gestatte mir XIII 169
vorsichtshalber das weiter hervorzuheben, was die meisten Leser übrigens vermutlich schon einsehn. Auf der einen Seite ist im Christentum dasjenige, dem abgestorben werden soll, nach seiner Positivität als Sünde verstanden, als ein Reich, welches für jeden, der unter seinen Gesetzen seufzt, nur allzu überzeugend seine Giltigkeit verkündigt; auf der andern Seite ist dasjenige, das geboren werden und auferstehen soll, ebenso positiv verstanden. Beim intellektuellen Absterben dagegen ist dasjenige, dem abgestorben werden soll, etwas Indifferentes, und dasjenige, das darunter wachsen soll, etwas Abstraktes. Das Verhältnis zwischen diesen beiden großen Anschauungen ist ungefähr das folgende. Die eine sagt, man solle sich ungesunder Speisen enthalten, die Lust beherrschen, so werde die Gesundheit sich entfalten; die andre sagt, man solle Essen und Trinken unterlassen, so dürfe man schon die Hoffnung hegen, allgemach zu Nichts zu werden. So sieht man denn, daß der Grieche ein strengerer Rigorist[115] ist als der Christ, deshalb aber ist seine Anschauung auch unwahr. Nach christlicher Anschauung ist demgemäß auch der Augenblick des Todes der letzte Kampf zwischen Tag und Nacht; der Tod ist, wie er in der Kirche schön genannt worden ist, die Geburt. Mit andern

Worten, der Christ verweilt nicht beim Kampf, beim Zweifel, beim Schmerz, beim Negativen, sondern ergötzt sich am Siege, an der Gewißheit, an der Seligkeit, am Positiven. Der Platonismus will, man solle dem sinnlichen Erkennen absterben, um durch den Tod aufgelöst zu werden in das Reich der Unsterblichkeit, allwo das an und für sich Gleiche, das an und für sich Schöne usw. in Todesstille leben. Dies drückt sich noch stärker aus in einer Äußerung des Sokrates[116], daß des Philosophen Trachten auf das Sterben und das *Totsein* gehe. Daß man aber dergestalt den Tod an und für sich begehrt, kann nicht in Begeisterung begründet sein, sofern man dies Wort respektieren und es z. B. nicht für den Wahnwitz brauchen will, mit dem man wohl unterweilen den Menschen sich die Vernichtung wünschen sieht[117], und der in einer Art von Lebensüberdruß seinen Grund haben muß. Solange noch nicht davon die Rede sein kann, daß man von dem in diesem Wunsche Liegenden die rechte Einsicht hat, so lange kann die Begeisterung noch vorhanden sein; dahingegen ist Lebensüberdruß das Vorherrschende, wenn der Wunsch seinen Grund in einer gewissen Stumpfheit hat, oder der Wünschende sich dessen, was er wünscht, bewußt ist. In meinen Augen enthält die bekannte Grabinschrift von Wessel[118]: „Zuletzt war er dann auch des Lebens leid" die Anschauung, welche die Ironie vom Tode hat. Wer aber stirbt, weil er keine Lust zu leben hat, der hat sicherlich auch nicht den Wunsch nach einem neuen Leben, denn dies wäre ja ein Wider-
XIII 170 spruch. Diese Mattigkeit, welche in diesem Sinne sich den Tod wünscht, ist nun offensichtlich eine vornehme Krankheit, die allein in den höchsten Kreisen heimisch ist, und ist in ihrer vollkommenen Unverfälschtheit ebenso groß wie die Begeisterung, welche im Tode die Verklärung des Lebens erblickt. Dies sind die beiden Pole, zwischen denen das gewöhnliche menschliche Leben stumpf und unklar sich bewegt. Die Ironie ist nämlich eine Gesundheit, sofern sie die Seele aus den Verstrickungen des Relativen herausrettet, sie ist eine Krankheit, sofern sie das Absolute allein in der Gestalt des Nichts zu ertragen vermag; diese Krankheit aber ist ein klimatisch bedingtes Fieber, welches nur wenige Individuen sich zuziehen, noch wenigere überstehn.

Was nun die *Ironie* im Phädon anlangt, so muß sie natürlich aufgefaßt werden in dem Moment, da die Ironie *als Anschau-*

ung die Veste, welche die Wasser des Himmels und der Erde
scheidet[119], niederbricht und sich mit der totalen Ironie
vereinigt, die das Individuum zunichte macht. Dieser Punkt ist
ebenso schwer festzuhalten wie der Punkt zwischen Tauen und
Frieren, und gleichwohl liegt der Phädon, wenn man den von mir
für das Visieren aufgestellten Messer brauchen will, gerade zwi-
schen diesen beiden Bestimmungen der Ironie. Ich werde nunmehr
zur urkundlichen Belegung übergehen, soweit diese möglich ist. In
dieser Beziehung ist es keineswegs meine Absicht zu verhehlen,
daß jegliche derartige Beurkundung ständig ein Etwas voraus-
setzt, nämlich die über das Einzelne hinausliegende Totalität der
Anschauung, das ‚Es Werde' der Schöpfung, welches bei jedem
Menschenwerk erst hinterdrein sich einstellt, in dem Augenblick,
da das Unsichtbare im Sichtbaren anschaubar wird. Wofern es
nämlich ein subjektiver Mystizismus gewesen wäre, welcher den
Sokrates — zwar nicht in Banden hielt (denn dieser Ausdruck
würde ja bereits Bewußtheit andeuten), aber ihn — mit seinem
fruchtbaren Überfluß gleichsam überströmte, so würden wir ge-
wiß nicht eine zweifelnde unsichere Wahrscheinlichkeitsrechnung
darunter vernehmen. Daß Letzteres aber statthat, wird sicherlich
kein aufmerksamer Leser des Phädon leugnen, und noch weniger
jemand, der die Apologie auch nur ganz flüchtig überflogen hat.
Es muß also dem Urteil eines jeden überlassen bleiben, ob der-
artige Äußerungen sich mit dem Pathos eines Plato in Überein-
stimmung bringen lassen oder auch (was auf das Gleiche hinaus-
läuft) in Einklang mit einem Sokrates, der bis zum Äußersten mit
Plato identifiziert wird, und ob er nicht vielmehr auf einen Un-
terschied deutet, welcher in eben dem Maße ungleich wie gleich
ist, in eben dem Maße gleich wie ungleich. Daß dies nun so steht
mit unmittelbarer Spekulation und Ironie, ist im Vorhergehenden
bereits angedeutet, und die Untersuchung wird auch des öfteren
darauf zurückkommen. Sokrates äußert im Phädon selbst, die
Hauptabsicht bei seinen Bemühungen, die Unsterblichkeit der
Seele zu beweisen, sei die, selber so recht davon überzeugt zu wer-
den, daß es sich so verhalte und fügt hinzu: „Ich berechne näm-
lich, lieber Freund — und siehe nur, wie eigennützig —, wenn das
wahr ist, was ich behaupte, ist es doch vortrefflich, davon über- XIII 171
zeugt zu sein; wenn es aber für die Toten nichts mehr gibt, werde

ich doch wenigstens diese Zeit noch vor dem Tode den Anwesenden weniger unangenehm sein durch Klagen; dieser mein Irrtum aber dauert nicht mit aus, denn das wäre ein Übel, sondern wird in kurzem untergehen“ (Phädon 91 b, Schleiermacher). Diese Worte klingen nun wie aus einer ganz andern Welt, und es ist sicherlich nicht alleine der Ausruf: „und siehe nur, wie eigennützig“ (θέασαι ὡς πλεονεκτικῶς), welcher die Ironie in sich birgt. Er hat schlechterdings keinen Widerwillen vor dem Gedanken, daß man etwa durch den Tod zu einem schlechthinnigen Nichts würde („wenn es aber für die Toten nichts mehr gibt“ εἰ δὲ μηδέν ἐστι τελευτήσαντι; vgl. die Dolmetschung Stallbaums S. 133 unten: „wenn durch den Tod alles Empfinden und auch der Geist selber ausgelöscht wird“ sin post mortem sensus omnis atque ipse animus exstinguitur); anderseits aber nimmt er diesen Gedanken nicht auf, um ihn, von dieser Folgerung erschreckt, als exzentrisch wieder fortzujagen, sondern treibt mit ihm recht eigentlich seinen Scherz und will, wenn es verkehrt geht, lieber diesem Irrtum entrissen („denn dauernd in ihm zu bleiben wäre ja ein Übel“) und dadurch gänzlich vernichtet werden. Das für die Ironie Charakteristische aber ist gerade der abstrakte Maßstab, mit welchem sie alles nivelliert, mit welchem sie jede überschwengliche Stimmung beherrscht und also denn wider die Todesfurcht nicht das Pathos der Begeisterung setzt, sondern es für ein recht schnurriges Experiment hält, solchermaßen schlechthin zu nichts zu werden. Dies möge nun als Hauptbeleg (locus classicus) aus dem Phädon dienen; die zerstreuten Spuren ähnlicher Art, welche sich vielfältig finden, würden eine allzu umständliche Behandlung erfordern, als daß ich mich darauf einlassen könnte. Außerdem verlangt nunmehr die Apologie unsre Aufmerksamkeit.

Die Apologie

Die Apologie soll hier in zwiefacher Absicht gebraucht werden, teils um mittels der in ihr enthaltenen Äußerungen über die Unsterblichkeit der Seele unsrer Beweisführung aus Phädon zu Hilfe zu kommen, welche das Dialektische dieses Dialogs sich in Ironie vollenden lassen wollte, teils um von ihrer Gesamtanlage her den Standpunkt des Sokrates als Ironie augenfällig werden zu lassen.

Wenn man nur die Annahme Asts, die Apologie sei nicht von Plato, sondern von einem unbekannten Redner, vermeidet, so ist es für die Untersuchung hier ziemlich gleichgiltig, ob man mit Schleiermacher meint, diese Verteidigung sei von Sokrates XIII 172
wirklich so gehalten worden* oder mit Stallbaum urteilt, die Rede sei freilich so von Sokrates nicht gehalten worden, doch habe Plato versucht, bei der Ausarbeitung der Rede dem geschichtlichen Sokrates so weit als möglich nahe zu kommen. Stallbaum sagt (praefatio ad apologiam Socratis p. 4): „wenn diese Ansicht richtig ist, so wird, denke ich, niemand sich wundern, daß Plato in diesem Buche nicht die gleiche Erhabenheit der Worte und Gedanken wie sonst gebraucht hat. Denn es schien ihm, er verteidige den Sokrates allein dann auf die rechte Weise, wenn er ihn vor Gericht so reden lasse, wie er im Leben gewesen; daher stand es ihm nicht frei, nach seinem Gutdünken zu verfahren, sondern er mußte zusehen, was dem Geiste und den Gewohnheiten des Sokrates angemessen sei und was den Erfordernissen des Orts und der Lage entspreche“ (quae — sc. sententia — si vera est, nemo, opinor, mirabitur, quod Plato non eam, quam alias, verborum sententiarumque sublimitatem in hoc libro adhibuit. Nam quum Socratem ita demum sibi videretur recte defendere, si illum, qualis in vita fuerit, talem in judicio dicentem faceret, non licebat ei arbitratu suo agere, sed debebat videre, quid Socratis ingenio et moribus conveniret et quid loci ac temporis rationibus esset accommodatum). Wünscht jemand die große Anzahl von Schriftstellern kennen zu lernen, welche sich wider Ast erklärt haben, so findet er ihre Namen zur gefälligen Nachprüfung bei Stallbaum zusammengestellt. Die Hauptsache für mich ist, daß man in der Apologie ein verläßliches Bild des wirklichen Sokrates erblickt. Ast, der im Phädon das Erhabene, das Rührende vorherrschend gefunden hat, kann natürlich nicht umhin, sich über die Art und Weise zu entrüsten, in der Sokrates sich hier aufführt, und unter anderm erklärt er die Apologie auch deshalb für unecht. Will man nun mit der Mehrheit, ja mit der absoluten Majorität der Aus-

* Vgl. Platons Werke von Schleiermacher, ersten Teiles zweiter Band, Berlin 1818: „Nichts ist demnach wahrscheinlicher, als daß wir an dieser

leger die Apologie als echt annehmen, so ist man wahrlich genötigt, einen andern Ausweg zu suchen, als daß man, wie gewöhnlich geschieht, sich auf die Versicherung beschränkt, es finde sich in der Apologie nichts, das nicht mit Platos Geist zusammenstimme, möge nun diese Versicherung ihre Kraft darin suchen, daß sie als Frage oder daß sie als Ausruf vorgebracht wird. Die von Ast gemachten Einwendungen sind in Wahrheit zu bedeutend, als daß sie auf solche Art abgefertigt werden dürften*, und man ist ver-
XIII 173 sucht, falls er mit ihnen Recht hat, ihn auch darin Recht haben zu lassen, daß er der Apologie Xenophons vor der Platos den Vorzug gibt.

Hier soll nun mittlerweile nicht von der Apologie als ganzer die Rede sein, sondern von jenen Stellen, an denen Sokrates seine Anschauung vom *Tode* entwickelt. Indem da nun die Schwierigkeit, sie platonisch zu erklären, zunimmt, wird zugleich die Wahrscheinlichkeit größer, daß man in *Ironie* die rechte Erklärung zu suchen hat. Alle diese Stellen bekunden nun die *völlige Unsicherheit* des Sokrates, jedoch wohlzumerken nicht etwa so, als ob diese Unsicherheit ihn beunruhigt hätte; nein, im Gegenteil, dies Spiel mit dem Leben, dies Schwindligsein, in welchem der Tod sich bald als etwas unendlich Wichtiges, bald als ein Nichts erweist, ist gerade das, was ihm behagt. Im Vordergrunde steht somit Sokrates, nicht als einer, welcher den Gedanken an den Tod leichtsinnig von sich weist und sich angstvoll an das Leben klammert, nicht als einer, welcher dem Tod begeistert entgegengeht und hohen Sinns das Leben opfert; nein, als ein Mann, der sein Vergnügen hat an dem Wechsel von Licht und Schatten, weil dadurch ein syllogistisches ‚Entweder-oder' (aut-aut) geliefert

Rede von der wirklichen Verteidigung des Sokrates eine so treue Nachschrift aus der Erinnerung haben, als bei dem geübten Gedächtnis des Platon und dem notwendigen Unterschiede der geschriebenen Rede von der nachlässig gesprochenen nur möglich war."

* Ich erinnere mich aus meiner ersten Jugend, in welcher die Seele das Erhabene, das Beispielhafte verlangt, wie ich mich bei der Lektüre der
XIII 173 Apologie enttäuscht, betrogen und deprimiert gefühlt habe, weil es mich bedünkte, hier werde für alles Poetische, für den Mut, welcher über den Tod siegt, ein kümmerlicher Ersatz geboten in einer prosaischen Rechnerei, die auf eine Weise unternommen werde, daß man glauben müsse, Sokrates wolle sagen: im Grunde ist mir die ganze Sache ziemlich gleich. Später habe ich es anders verstehen gelernt."

wird — wobei dieses nahezu im gleichen Nu hellichten Tag und kohlschwarze Nacht zeigt, das unendlich Wirkliche und das unendliche Nichts zeigt — ein Mann, der auch der Zuhörer halben sein Vergnügen daran hat, daß diese beiden Punkte gleich dem Angenehmen und dem Unangenehmen im Gipfelpunkt miteinander verbunden sind (vgl. Phädon[120]), und der dabei zwar nicht mit dem innigen Verlangen der Seele Gewißheit begehrt, wohl aber mit einer gewissen Neugierde nach der Auflösung dieses Rätsels verlangt. Sokrates empfindet sehr wohl, daß seine Syllogismen in Bezug auf die Beantwortung der Frage nichts Erschöpfendes an sich haben; ihn freut bloß die Behendigkeit, mit welcher der unendliche Gegensatz auftaucht und schwindet. Den Hintergrund, der sich ins Unendliche verliert, bildet des Todes unendliche Möglichkeit.

In der Apologie folgt daher auch häufig auf die allerpathetischsten Ausbrüche eine Beweisführung, welche den Schaum der Beredsamkeit wegbläst und dartut, es sei s c h l e c h t e r d i n g s
n i c h t s dahinter. Sokrates macht die Bemerkung[121], wie töricht XIII 174
es doch sein würde, wenn er, der da von dem Gotte bestellt sei, als ein Liebhaber der Weisheit (φιλοσοφοῦντα) zu leben und dabei sich selbst und andre zu erforschen und zu prüfen, — wenn gerade er aus Furcht vor dem Tode seinen Posten verließe. Nunmehr kommt die Begründung: „denn den Tod fürchten, ihr Männer, das ist nichts anderes als sich dünken, man wäre weise, und es doch nicht sein. Denn es ist ein Dünkel, etwas zu wissen, was man nicht weiß ... Und wie wäre dies nicht eben derselbe verrufene Unverstand, die Einbildung, etwas zu wissen, was man nicht weiß?“ (τὸ γάρ τοι θάνατον δεδιέναι, ὦ ἄνδρες, οὐδὲν ἄλλο ἐστὶν ἢ δοκεῖν σοφὸν εἶναι, μὴ ὄντα· δοκεῖν γὰρ εἰδέναι ἐστὶν ἃ οὐκ οἶδεν . . . καὶ τοῦτο πῶς οὐκ ἀμαθία ἐστὶν αὕτη ἡ ἐπονείδιστος ἡ τοῦ οἴεσθαι εἰδέναι ἃ οὐκ οἶδεν; Apologie § 29 a). In dieser Beziehung meint Sokrates denn auch vor den andern Menschen einen Vorzug zu haben; denn er fürchtet den Tod nicht, dieweil er über ihn überhaupt nichts weiß. Dies ist nun nicht bloß ein Sophismus, sondern zugleich auch eine I r o n i e. Indem er die Menschen nämlich der Todesfurcht entledigt, gibt er ihnen zum Ersatz die beängstigende Vorstellung eines unentrinnlichen Etwas, von dem man schlechterdings nichts weiß, und um hierin Ruhe zu finden, muß man ganz

ohne Zweifel daran gewöhnt sein, sich erbauen zu lassen mit derjenigen Beruhigung, die im Nichts liegt. Darum würde es, wie er andernorts bemerkt, von ihm ungereimt sein, als Strafe etwas andres, von dem er bestimmt weiß, daß es ein Übel ist (z. B. Gefängnis) zu wählen, aus Furcht davor, das zu erleiden, von dem sein Ankläger Meletos meint, er habe es verdient, „und von dem ich nicht zu wissen bekenne, ob es etwas Gutes oder Übles ist" (ὃ φημι οὐκ εἰδέναι οὔτ᾽ εἰ ἀγαθὸν οὔτ᾽ εἰ κακόν ἐστιν. Apologie § 37 b).

Gegen Ende der Apologie wird nun freilich ein Versuch gemacht, darzutun, daß Sterben etwas Gutes ist. Doch diese Betrachtung ist abermals ein Entweder-oder (aut-aut), und da nun in der Gesellschaft des einen dieser beiden ‚aut' die Anschauung auftritt, der Tod sei schlechthin ein Nichts, so wird man doch gewiß ein bißchen zweifelhaft, wieweit man jene Freude, welche als Okeanos diese beiden Weltteile umschlingt, zu teilen vermöge (vgl. Apologie § 40 c d e). „Laßt uns aber auch so erwägen, wie-
XIII 175 viel Ursache wir haben, zu hoffen, es sei etwas Gutes. Denn eins von beiden ist das Totsein, entweder soviel als nichts sein noch irgendeine Empfindung von irgend etwas haben, wenn man tot ist; oder, wie auch gesagt wird, es ist eine Versetzung und ein Umzug der Seele von hinnen an einen andern Ort. Und ist es nun gar keine Empfindung, sondern wie ein Schlaf, in welchem der Schlafende auch nicht einmal einen Traum hat, so wäre der Tod ein wunderbarer Gewinn. Denn ich glaube, wenn jemand einer solchen Nacht, in welcher er so fest geschlafen, daß er nicht einmal einen Traum gehabt, alle übrigen Tage und Nächte seines Lebens gegenüberstellen und nach reiflicher Überlegung sagen sollte, wieviel angenehmere und bessere Tage und Nächte als jene Nacht er wohl in seinem Leben gelebt hat: so, glaube ich, würde nicht nur ein gewöhnlicher Mensch, sondern der Großkönig selbst finden, daß diese sehr leicht zu zählen sind gegen die übrigen Tage und Nächte. Wenn also der Tod etwas solches ist, so nenne ich ihn einen Gewinn, denn die ganze Zeit scheint ja auch nicht länger auf diese Art als eine Nacht. Ist aber der Tod wiederum wie eine Auswanderung von hinnen an einen andern Ort und ist das wahr, was gesagt wird, daß dort alle Verstorbenen sind, was für ein größeres Gut könnte es wohl geben als dieses, ihr Richter?" (᾽Εννοήσωμεν δὲ καὶ τῇδε, ὡς πολλὴ ἐλπίς ἐστιν ἀγαθὸν αὐτὸ

εἶναι. δυοῖν γὰρ θάτερόν ἐστι τὸ τεθνάναι· ἢ γὰρ οἷον μηδὲν εἶναι μηδ' αἴσθησιν μηδεμίαν μηδενὸς ἔχειν τὸν τεθνεῶτα, ἤ, κατὰ τὰ λεγόμενα, μεταβολή τις τυγχάνει οὖσα καὶ μετοίκησις τῆς ψυχῆς τοῦ τόπου τοῦ ἐνθένδε εἰς ἄλλον τόπον. καὶ εἴτε δὴ μηδεμία αἴσθησίς ἐστιν, ἀλλ' οἷον ὕπνος, ἐπειδάν τις καθεύδων μηδ' ὄναρ μηδὲν ὁρᾷ, θαυμάσιον κέρδος ἂν εἴν ὁ θάνατος. ἐγὼ γὰρ ἂν οἶμαι, εἴ τινα ἐκλεξάμενον δέοι ταύτην τὴν νύκτα, ἐν ᾗ οὕτω κατέδαρθεν, ὥστε μηδ' ὄναρ ἰδεῖν, καὶ τὰς ἄλλας νύκτας τε καὶ ἡμέρας τὰς τοῦ βίου τοῦ ἑαυτοῦ ἀντιπαραθέντα ταύτῃ τῇ νυκτὶ δέοι σκεψάμενον εἰπεῖν, ὁπόσας ἄμεινον καὶ ἥδιον ἡμέρας καὶ νύκτας ταύτης τῆς νυκτὸς βεβίωκεν ἐν τῷ ἑαυτοῦ βίῳ, οἶμαι ἂν μὴ ὅτι ἰδιώτην τινά, ἀλλὰ τὸν μέγαν βασιλέα εὐαριθμήτους ἂν εὑρεῖν αὐτὸν ταύτας πρὸς τὰς ἄλλας ἡμέρας καὶ νύκτας. εἰ οὖν τοιοῦτον ὁ θάνατός ἐστι, κέρδος ἔγωγε λέγω· καὶ γὰρ οὐδὲν πλείων ὁ πᾶς χρόνος φαίνεται οὕτω δὴ εἶναι ἢ μία νύξ. εἰ δ' αὖ οἷον ἀποδημῆσαί ἐστιν ὁ θάνατος ἐνθένδε εἰς ἄλλον τόπον, καὶ ἀληθῆ ἐστι τὰ λεγόμενα, ὡς ἄρα ἐκεῖ εἰσὶν ἅπαντες οἱ τεθνεῶτες, τί μεῖζον ἀγαθὸν τούτου εἴν ἄν, ὦ ἄνδρες δικασταί;) Letzteres müßte auch deshalb erfreulich sein, weil man diesen Richtern entwischt, welche sich für Richter ausgeben, und vor solche Richter kommt wie Minos, Rhadamanthus, Aeacus, Triptolemus, die mit Recht verdienen es zu sein. Was nun die eine Seite des von ihm aufgestellten Dilemmas angeht, so meint Sokrates, es sei ein „wunderbarer Gewinn“ (θαυμάσιον κέρδος), durch den Tod schlechthin zu Nichts zu werden; ja, seine Rede gewinnt einen sehr warmen Ton, wo er die Bemerkung macht, nicht bloß ein Privatmann, sondern sogar der Großkönig hätten nur wenige Tage, die damit den Vergleich aushielten. Solch ein Seelenschlaf und *solch ein Nichts* dürften nun vornehmlich dem *Ironiker* ansprechend sein, welcher hier ja der XIII
Relativität des Lebens gegenüber das Absolute hat, jedoch so ge- 176
wichtslos, daß er sich daran nicht verheben kann, sintemal er es hat in Gestalt des Nichts. Was die andre Seite des Dilemmas angeht, so führt Sokrates weiter aus, wie vortrefflich es wäre, in der Unterwelt den weisen Männern der Vergangenheit zu begegnen, sich mit ihnen gemütlich über ihre Schicksale zu unterhalten, vor allem aber sie auszuforschen und zu prüfen*: Äußerungen, deren

* Hier ist die Unsterblichkeit und das ewige Leben verstanden als ein unendlicher Fortschritt, als ein ewiges Fragen[122].

ironisches Gepräge ich oben schon berührt habe. Hier also nur noch ein paar Bemerkungen. Zweierlei nämlich ist klar: einesteils lassen diese Äußerungen sich nicht leicht in Einklang bringen mit den im Phädon enthaltenen Erwartungen, gänzlich des Leibes entkleidet zu werden, und andernteils ist diese Freude doch überaus hypothetisch, sintemal die andere Möglichkeit ebenso nahe, d. h. auch nicht um Haaresbreite ferner liegt; denn die Hypothese in ihrer Ganzheit ist eine Bewegung im Luftigen, und Sokrates macht keinerlei Versuch, ihre eine Seite mehr als ihre andre als Wirklichkeit darzustellen. Die oben[123] aus dem Phädon angeführten Worte enthalten freilich einen Versuch, sofern Sokrates da meint, es sei das Vorteilhafteste, da man solchermaßen seinen Freunden minder beschwerlich falle; der Leser wird jedoch in dieser Betrachtung sicherlich eine Lebensklugheit und *eine Ironie* finden, die das Wagestück unternimmt, den Tod zum Narren zu halten. Schließlich endigt denn die Apologie mit der gleichen Zweideutigkeit (§ 42 a): „Jedoch, es ist nun Zeit, daß wir gehen, ich, um zu sterben, und ihr, um zu leben. Wer aber von uns beiden zu dem besseren Geschäft hingehe, das ist allen verborgen außer nur Gott“ ('Αλλὰ γὰρ ἤδη ὥρα ἀπιέναι, ἐμοὶ μὲν ἀποθανουμένῳ, ὑμῖν δὲ βιωσομένοις· ὁπότεροι δὲ ἡμῶν ἔρχονται ἐπὶ ἄμεινον πρᾶγμα, ἄδηλον παντὶ πλὴν ἢ τῷ θεῷ). Wenn es sich nun sogar mit der Anschauung vom Tode in der *Apologie* derart verhält, so wächst dadurch die Wahrscheinlichkeit meines Verständnisses des *Phädon*, sofern man dafür, daß der Phädon zugleich sokratisch und platonisch ist, eine Möglichkeit beschaffen will.

Ich gehe nunmehr zu einer genaueren Betrachtung der *Apologie* über, um zu zeigen, daß diese in ihrer *Ganzheit* Ironie ist. Zu diesem Behuf will ich für einen Augenblick F. Ast[124] das Wort geben, und ich hoffe, daß vermöge des ungeheuren Drucks, den das Gewicht seiner Bemerkungen unvermeidlich ausübt, die Seele des Lesers hinreichend Spannkraft gewinnen wird, um die Ironie emportauchen zu lassen. „Diese männliche Standhaftigkeit
XIII 177 des Sokrates (welche Ast in der Darstellung Xenophons findet) hat der Redner nach seiner Weise so übertrieben, daß sie als die geist- und gemüthloseste Gleichgültigkeit erscheint. Nach der Verurtheilung nemlich läßt er den Sokrates nicht über den Ausspruch der Richter, sondern über die Zahl der beiderseitigen Stimmen sich

wundern, und die kaltblütige Berechnung anstellen, daß er entkommen seyn würde, wenn nur drei Stimmen anders gefallen wären, und daß Melitos, wenn nicht Anytos und Lykon mit ihrer Anklage hinzugekommen wären, tausend Drachmen erlegen müßte, weil ihm der fünfte Teil der Stimmen nicht zugefallen wäre. Noch auffallender ist diese Gleichgültigkeit da, wo Sokrates vom Tode redet; immer versichert er, daß er sich vor dem Tode nicht fürchte, aber worauf gründet sich diese Furchtlosigkeit? Auf nichts; also ist sie leere Prahlerei ... Konnte Platon, der Verfasser des Phädon, den Sokrates so über den Tod reden lassen, und ihm eine solche wahrhaft gemeine, geist- und gefühllose, ja fast lächerliche Gleichgültigkeit zuschreiben ... Und gleichwohl will dieser gefühl- und gemütlose Sokrates noch den Erregten und Begeisterten spielen, indem er sich zu prophezeien unterfängt" (S. 487 u. 488). Dies ganze Astische Verständnis soll nun hier nicht stehen und sich langweilen als ein leeres und müßiges Zitat, ich hoffe vielmehr, daß es ein fleißiger Arbeiter im Weinberg[125] werden wird; dabei rechne ich darauf, daß unter der gebrochnen Perspektive die Ironie teils dem oder jenem Leser sichtbar werden, teils sich besser ausnehmen wird. Indem nämlich der in Ast herrschende Ernst mit gemessenen Schritten auf die neutrale Apologie zuschreitet, liegt die Ironie stumm auf der Lauer und späht mit nie geschlossenem Auge, in unablässiger Bewegung, an jedem Fechthieb teilnehmend, obwohl der Leser dies vielleicht nicht gewahr wird bis zu dem Augenblick, da sie ihr Netz über ihn wirft und ihn erhascht. Wäre daher meine Darstellung ein Netz mit so weiten Maschen, daß der Leser mit Leichtigkeit durchschlüpfen kann, oder aus so zerreißbaren Fäden, daß es ihn nicht zu halten vermag, dann werden in den aus Ast zitierten Worten insbesondere einzelne Stellen feinmaschig und grobfädig genug sein, und auch die erhobene Stimme in dem übrigen Teil des Zitats wird große Bedeutung haben, sofern sie den Lärm machen wird, welcher den Leser auf die Stelle, an der er gefangen werden muß, zutreibt. So übertrifft z. B. der Passus „und gleichwohl will dieser gefühl- und gemüthlose Sokrates noch den Erregten und Begeisterten spielen, indem er sich zu prophezeien unterfängt", meine Darstellung nicht allein an bestrickender Hinterlist und Armeskraft, nein, ich sehe ihn an als schlechthin unwiderstehlich für jeden, welcher der Verwerfung der Apologie durch Ast nicht beistimmen will. Auch noch so manche andre Bemerkung von Ast wird stärkend XIII 178 wirken auf den schwankenden und unbefestigten Leser und gefährlich sein für jedermann, der sich noch immer bekreuzigt bei dem Gedanken, daß etwa die Ironie die Erklärung für die Apologie sein solle. S. 488: „Auch im Vortrage verräth sich der Redner, nicht nur in der Entgegensetzung der Gedanken (wie: „sondern in tausendfältiger Armut lebe ich wegen dieses dem Gotte geleisteten Dienstes“ ἀλλ' ἐν πενίᾳ μυρίᾳ εἰμὶ διὰ τὴν τοῦ θεοῦ λατρείαν[126], worin das Niedre mit dem Hohen, der klägliche Ton mit dem stolzen Gefühle so kontrastirt, daß uns der Satz fast ein Lächeln abnöthigt), sondern auch der Worte; denn die damaligen Redner gefielen sich, nach dem Vorbilde des Gorgias und Lysias, in spielenden Antithesen.“

Somit scheint es richtig zu sein, nunmehr zu *den Angriffen* überzugehn, welche *Ast* in der gleichen Untersuchung an etwas früherer Stelle wider *die ironische Auffassung* der Apologie erhoben hat. Die Betrachtung nämlich, daß in der Apologie sich nicht die echt platonische Ironie finde, darf ich nicht so ganz ungehechelt vorbeilassen. Der aufmerksame Interpret Platos wird nämlich bei ihm zwei Arten von Ironie finden. Die eine ist die in die Untersuchung hineingenommene anspornende Gewalt, die andre ist diejenige, die sich womöglich selber zur Herrin aufwirft. Findet man nun in der Apologie Ironie, so kann man nicht so wie Ast sie ohne weiteres verwerfen, weil es nicht platonische Ironie ist, denn es bliebe ja die Möglichkeit übrig, daß die Ironie des Sokrates von der Platos verschieden gewesen, und somit, was die Apologie betrifft, daß diese eine geschichtliche Urkunde ist. Ich muß nun also übergehn zur näheren Betrachtung des von Ast gemachten Versuchs, die Ironie, die sich in der Apologie findet, als unplatonisch zu erweisen oder (wie man wohl eher sagen müßte, falls man Ast Recht gibt) das Nichtvorhandensein der Ironie in der Apologie darzutun; dabei muß ich natürlich im Hinblick auf meine Betrachtungsweise auf den für mich unvorteilhaften Umstand hinweisen, daß die Ironie dergestalt unter einer besonderen Rubrik behandelt worden ist, und daß Ast seine unterschiedlichen Angriffsunternehmungen sich nicht gegenseitig hat abklären und sich der Notwendigkeit bewußt werden lassen, auf einen einzigen Punkt sich zu konzentrieren, auf einen einzigen Hauptschlag, nämlich auf die Frage, ob in der Apologie Ironie nicht etwa an der oder jener Stelle, sondern in ihrer Ganzheit vorhanden sei.

Welchen Sinn Sokrates nun einer Anklage vor dem Richtstuhl des athenischen Volks beilegen konnte, und was für eine lächerliche Vorstellung sich für ihn damit verbinden mußte, daß er sich vor derartigen Richtern verteidigen sollte, dies läßt uns eine Äußerung im Gorgias ahnen (Gorgias 521 e, Schleiermacher): „Es wird mich dasselbe treffen, was ich zum Polos sagte, ich werde nämlich gerichtet werden wie unter Kindern ein Arzt, den der Koch verklagte.“ Es ist im Vorhergehenden angedeutet worden, XIII 179
inwiefern *die Apologie* gerade *nach ihrer Anlage* als Ironie betrachtet werden muß; die gewichtigen Anklagepunkte betreffs aller der neuen Lehre, welche Sokrates in Athen einführe, mußten ja doch in ein höchst absonderliches und recht eigentlich *ironisches Verhältnis* zu stehen kommen zu der Verteidigung des Sokrates, daß er rein nichts wisse und insofern unmöglich neue Lehren einführen könne. Die Ironie liegt offensichtlich darin, daß zwischen Angriff und Verteidigung überhaupt kein verbindender Punkt vorhanden ist. Hätte Sokrates zu zeigen gesucht, daß er sich an das Alte halte, oder daß, soweit er etwas Neues einführe, dies das Wahre sei, so wäre ja alles in Ordnung gewesen. Sokrates jedoch widerlegt die Ankläger nicht, sondern er entwindet ihnen die Anklage selber, so daß das Ganze sich als blinder Lärm erweist, und die hundertpfündigen Kanonen der Kläger, welche den Angeklagten ganz und gar zerschmettern sollen, umsonst herangeführt worden sind, weil überhaupt nichts da ist, das vernichtet werden kann. Die ganze Situation erinnert daher an einen auf tiefsinnige Art witzigen Vers von Baggesen[127]*. Je-

---

* Denn keiner Seele kann's gelingen,
Den, der schon tot ist, umzubringen.
Zwar war er mausetot, doch blieb
Der Vorteil hier durchaus beim Dieb.

Vor allem möge der Leser die beiden letzten Zeilen beachten; denn in dem gleichen Sinne, in dem es für den Dieb vorteilhaft gewesen wäre, wirklich umgebracht zu werden, würde es auch für Sokrates, der da nichts wußte, gewissermaßen doch ein Vorteil gewesen sein, falls die Ankläger hätten beweisen können, daß er nicht bloß etwas, sondern sogar etwas Neues wisse.

doch noch von einer andern Seite her wird die ironische Anlage der Apologie sich erweisen. Es mußte nämlich für Sokrates, der da gewohnt war, mit einer die Sophisten beängstigenden Hartnäckigkeit und einem ebenso unerschrockenen Mute, den Verdrehungen und Schreckmitteln der Sophisten zum Trotz, sachlich an der Frage festzuhalten, als ein *äußerst lächerliches* argumentum ad hominem (ein unsachlich auf die Person berechnetes Argument) erscheinen, daß die Athener nunmehr darauf verfallen waren, ihn hinrichten zu lassen. Nach der Anschauung des Sokrates nämlich mußten die Ankläger entweder ihn davon überzeugen, daß er Unrecht habe, oder sich überzeugen lassen, dahingegen hatte die Frage, ob er hingerichtet oder nicht hingerichtet werden oder doch wenigstens mit Geldstrafe belegt oder nicht belegt werden solle, mit der Sache ganz und gar nichts zu tun, und so blieb denn hier keinerlei vernünftige Verbindung zwischen Verbrechen und Strafe. Dazu nehme man den Umstand, daß diese gegen die Sache völlig
XIII 180 gleichgiltige Frage auf eine reinweg äußerliche Weise entschieden werden sollte, nämlich durch die Anzahl der Stimmen, eine Entscheidungsart, welche jederzeit Gegenstand der besonderen Vorliebe des Sokrates gewesen, und welcher er laut seiner eigenen gelegentlichen Bemerkung[128] selber durchaus unkundig war; da wird man ihm gewiß notwendig Recht geben *in seiner* zwar scheinbar treuherzigen und gutmütigen aber doch eisigen *Ironie*, mit der er, ohne dies schreckliche Beweismittel zu beachten, in aller Freundschaft mit den Athenern über die Wahrscheinlichkeit plaudert[129], daß er freigesprochen worden wäre, ja daß (was ihm natürlich ebenso lächerlich erscheinen muß) Melitus zu einer Geldbuße verurteilt worden wäre. Darum ist es auch nichts als eine *neue Ironie*, wenn er zum Schluß den Wunsch äußert, mit denen, die ihn freigesprochen, ein paar Worte zu reden; denn diese hatten ja offensichtlich ebenso wohl wie die andern abgestimmt. Und doch ist da in der Apologie noch eine Ironie höherer Art als die vorhergehenden, eine Ironie, welche den Sokrates selber einbezieht; denn der Umstand, daß Sokrates derart einseitig auf dem Erkennen bestanden hatte, weswegen für ihn jedwedes Verbrechen ein Irrtum ward und mithin jegliche Strafe etwas im Verhältnis dazu durchaus Ungleichartiges, und die polemische Kraft, mit der er diese Anschauung geltend gemacht hatte, sie

nehmen eine *höchst ironische* Rache an ihm, sofern er selber in gewissem Sinne durch ein so lächerliches Argument, wie eine Todesstrafe es ist, zu Falle kommt.

Daß nun alles hier Geschilderte sicherlich ironische Situationen darstellt, und daß gewiß jedermann die Ironie empfinden würde, wenn er die Apologie unter der Voraussetzung läse, es habe nie einen Sokrates gegeben, sondern ein Dichter habe das Pikante, das in einer solchen Anklage und Verurteilung liegt, zur Anschauung bringen wollen, das halte ich für durchaus unzweifelhaft; dahingegen wird jetzt, sintemal man es zu tun hat mit geschichtlichen Begebnissen, wohl so manchem Leser der Mut fehlen, das zu glauben.

Ich habe nun überzugehen zur Darstellung der Ironie, welche sich *durch die Apologie hin zerstreut* findet und da gerate ich denn ein bißchen in Verlegenheit. Ich könnte versuchen, aus allen Ecken eine Menge von Ironien zusammenzutreiben; doch nicht zu reden davon, daß die an jedem einzelnen Punkte notwendig werdende umständliche Beweisführung für den Leser ermüdend werden müßte, bin ich zugleich auch der Meinung, daß der ganze Abschnitt, dem Wesen der Ironie stracks zuwider, als eine Windsbraut des Wegs käme, nicht aber so, wie es der Ironie eigen ist, als ein sanftes Wispern. Durch eine beigefügte Untersuchung an jedem einzelnen Punkte die Ironie beweisen müssen, das nimmt dieser natürlich das Überraschende, das Schlagende, kurz gesagt, es entnervt sie. Sie bedarf der schroffen Entgegensetzung und
würde in einer so langweiligen Gesellschaft, wie Beweisführung XIII 181
es ist, sich gänzlich verlieren. Darum will ich hier wieder *Ast* abdrucken lassen, weil er mit außerordentlicher Sicherheit alle *zweideutigen Punkte* gepackt hat, um von ihnen her dem Leser einen Schreck einzujagen und dadurch die Unechtheit der Apologie zu erweisen; und indem ich so im Text sein Pathos anbringe, werde ich mir in der Anmerkung eine kleine Hindeutung gestatten, von der ich hoffe, daß sie für den Leser genügt. Man hat einen Kupferstich, welcher die Himmelfahrt der Madonna darstellt. Um den Himmel so hoch als nur möglich erscheinen zu lassen, ist unten im Bilde ein dunkler Strich angebracht, über den hin ein paar Engel zu ihr aufblicken. Ebenso will ich meinerseits, indem ich Asts Worte als Haupttext abdrucken lasse, seine Worte so hoch wie nur möglich erheben, und um sein hohes Pathos noch

mehr zu erhöhen, einen Anmerkungsstrich anbringen, über den hin ab und an das schalkhafte Antlitz der Ironie sich aufzublicken erlaubt. Ast, S. 477 ff: „Die Freimüthigkeit, mit welcher er den Sokrates sprechen läßt, ist nicht jene edle, aus dem Bewußtseyn der Unschuld und Rechtschaffenheit fließende, welche sich, durch Verläumdung angereizt, als Stolz verkündet, sondern prahlerische Selbsterhebung; denn Sokrates setzt sich nur herab, um sich indirect desto mehr zu erheben. (In einer Anmerkung hierzu bemerkt Ast: „der Verfasser der Apologie kann selbst nicht umhin, dieses anzudeuten[130]: ‚erregt mir kein Getümmel, selbst wenn ich euch etwas vorlaut zu reden dünken sollte' μὴ θορυβήσητε μηδέν, ἂν δόξω τι ὑμῖν μέγα λέγειν.)* Dieses ist nicht die platonische Ironie, sondern Geringschätzung anderer, die den eitlen Zweck hat, sich selbst zu erheben. Sokrates sagt z. B. Apologie 17 b, wenn man denjenigen einen Redner nenne, der die Wahrheit spreche, so sei er allerdings ein Redner, nur nicht auf die Art, wie die andern (worin der Sinn versteckt liegt, er sei ein eigentlicher oder wahrhafter Redner, die anderen hingegen bloß Scheinredner). Ebenso enthalten die Worte: ‚vielleicht ist sie (meine Art zu reden) schlechter, vielleicht auch wohl gar besser' (ἴσως μὲν γάρ τι χείρων, ἴσως δὲ βελτίων ἂν εἴν (ἡ λέξις) Apologie 18 a) verstecktes Selbstlob.
XIII 182 Noch unverkennbarer ist die falsche Ironie in der Stelle Apologie 21 b—23 c, wo Sokrates die Wahrhaftigkeit jenes Orakelspruches, der ihn für den weisesten erklärt habe, darzuthun sucht**; das Eitle und Prahlerische liegt schon in der Ausführlichkeit, mit der Sokrates davon redet. Ebenso erklärt Sokrates, er sei ein berühmter und ausgezeichneter Mann (Apologie 20 c d, 23 a b, 34 e), und seine Bestimmung eine göttliche*** (Apologie 31 a); er sei der größte Wohltäter der Stadt**** (Apologie 30 a, 30 e, 36 d); ‚deß-

* Dies steht durchaus in Entsprechung zu des Sokrates Entschluß, prophezeien zu wollen; und dieser frostige Ernst, mit dem er die Athener aufs Glatteis lockt, steht durchaus in Einklang mit der Erklärung, welche er später über seine Bedeutung für das athenische Volk gibt, inwiefern er eine göttliche Gabe sei.

** Dies ist die berühmte Entdeckungsfahrt, die Sokrates unternahm, nicht um etwas zu finden, sondern um sich zu überzeugen, daß es nichts zu finden gebe.

*** Er ist nämlich wie eine Bremsfliege.

**** Ja, er wünscht sogar auf öffentliche Kosten versorgt zu werden.

halb werde ich verläumdet und beneidet' (Apologie 28 a) usf. Ferner schreibt er sich Weisheit zu* (Apologie 20 d, 20 e, 21 b ff) und spricht von der Weisheit der Sophisten in einem skeptischen Tone**, der nur Hochmuth andeutet. Denn was ist es anders, wenn man sich selbst herabsetzt, zugleich aber alle andern erniedrigt, als eine rednerische Selbsterhebung, die, wenn man ihr eine ernste Absicht unterlegt, als eitle Prahlerei erscheint, wenn man sie aber für unbefangene, absichtslose Freimüthigkeit nimmt, eine Naivität verräth, die durch den nicht beabsichtigten Contrast der Selbstverachtung und der Selbsterhebung*** (wenn sich Sokrates z. B. für unwissend erklärt, zugleich aber für weiser als alle andern, sich selbst also, den unwissenden, zum weisesten erhebt) fast in das Komische übergeht? Hat also der Verfasser der Apologie die Absicht gehabt, den Sokrates als Ironiker zu schildern, so
hat er ihn in das Gegentheil vom platonischen Sokrates in einen XIII 183
prahlerischen Sophisten umgewandelt; wollte er ihm aber eine unbefangene absichtlose Freimüthigkeit leihen, so hat er die Naivität übertrieben und seinen Zweck verfehlt, weil die Gegenseite der Selbstherabsetzung, die Selbsterhebung, zu hervorstechend und zu grell ist, als daß man glauben könnte, es sei mit der Selbstherabsetzung ernstlich gemeint; jene Anspruchslosigkeit ist daher nur affektiert, und die Selbstherabsetzung bloß scheinbar, weil sie von der ihr nachfolgenden Selbsterhebung überwogen wird. In diesem Scheinwesen eben erkennen wir am meisten den Redner, der, an das Antithesenspiel gewöhnt, das erste durch das zweite gegenüberstehende wieder aufzuheben pflegt. Eben so hat unser Apologiker gerade das Schönste in seiner Rede, was ihm als Thatsache vorlag, jene Äußerungen nehmlich der edlen und stolzen Freimüthigkeit und Seelengröße des Sokrates, in Schein gewendet, in-

---

* Nämlich, daß er nichts weiß.

** Jedoch auf die höflichste Weise von der Welt.

*** Dies ist eben das feine ironische Muskelspiel. Der Umstand, daß er weiß, daß er nichts weiß, macht ihn froh, und es ist ihm deswegen unendlich leicht zumute, wohingegen die andern sich zu Schanden plagen um Kupferpfennige. Die Unwissenheit wird von Sokrates niemals spekulativ begriffen, sondern sie ist ihm so bequem, so leicht bei sich zu tragen. Er ist ein Asmus omnia secum portans[131], und dieses „alles" (omnia) ist Nichts. Je froher ihn dies Nichts macht, nicht als Ergebnis, sondern als unendliche Freiheit, um so tiefer ist die Ironie.

dem er es durch den Gegensatz wieder aufhebt; dieser Gegensatz ist die Besorgniß, die Richter, auf deren Geneigtheit alles ankam,
XIII 184 zu erzürnen*; weshalb er eben allemal die Gründe seiner Äußerung so weitläufig und mit fast ängstlicher Sorgfalt auseinandersetzt, um ja nichts zu sagen, was keinen Grund für sich hätte und die Richter unwillig machen könnte. Diese Besorgniß und Furcht, die der Freimüthigkeit immer gegenübertritt, hebt sie nicht diese wieder auf und verwandelt sie in Schein? Der wahrhafte Freie und Seelenstarke wird, ohne Rücksicht auf etwas anderes als die Wahrheit seiner Aussage, und unbekümmert, wie man diese aufnehme, so reden, wie ihm Bewußtsein und Erkenntniß gebieten. Ebenso bekennt Sokrates, daß er seine Ankläger und Widersacher fürchte (Apologie 18 b. 21 e). Erkennen wir darin des Sokrates Seelengröße und durch nichts zu schreckende Wahrheitsliebe wieder, wie er sie z. B. in der Unterredung mit dem Kritias und Charikles, die sein Verderben beabsichtigten, beim Xenophon (Denkw. d. Sokr.

* In einer Anmerkung zu dieser Stelle sagt Ast: „daher das häufige: ‚erregt kein Getümmel‘; ‚wollet kein Getümmel erregen‘; ‚und zürnet mir nicht, wenn ich die Wahrheit sage‘ (μὴ θορυβεῖτε, μὴ θορυβήσητε, καί μοι μὴ ἄχθεσθε λέγοντι τἀληθῆ[132]). Er meint, der Verfasser der Apologie habe das geschichtlich wirkliche Begebnis im Auge gehabt, daß Sokrates zu mehreren Malen unterbrochen worden sei; er lasse nun aber Sokrates diese Unterbrechungen vorwegnehmen und verwandle auf diese Art das wirkliche Getümmel (θορυβεῖν) in ein nur scheinbares. Dabei übersieht Ast, wie echt sokratisch ganz gewiß diese angstvolle Sanftmütigkeit ist, welche in einem fort sich müht, die Athener einzulullen, um sie nicht zu verschrecken mit dem Großen, dem Außerordentlichen, das er zu sagen hat. Dieses Große ist nun die Bedeutung, die seine Person für die Athener hat, d. h. um es frei herauszusagen, daß er eine göttliche Gabe ist, die alsdann folgendermaßen näher bestimmt wird: er ist eine Bremsfliege. Vgl. Apologie § 30e. Sokrates warnt die Athener davor, ihn zu verurteilen, nicht um seinetwillen, sondern um ihrer selbst willen: „. . . damit ihr nicht gegen des Gottes Gabe an euch etwas sündigt durch meine Verurteilung. Denn wenn ihr mich hinrichtet, werdet ihr nicht leicht einen andern solchen finden, der ordentlich, sollte es auch lächerlich gesagt scheinen, von dem Gotte der Stadt beigegeben ist, wie einem großen und edlen Rosse, das aber eben seiner Größe wegen sich zur Trägheit neigt und der Anreizung durch einen Sporn[133] bedarf“ (μή τι ἐξαμάρτητε περὶ τὴν τοῦ θεοῦ δόσιν ὑμῖν ἐμοῦ καταψηφισάμενοι, ἐὰν γὰρ ἐμὲ ἀποκτείνητε οὐ ῥᾳδίως ἄλλον τοιοῦτον εὑρήσετε, ἀτεχνῶς, εἰ καὶ γελοιότερον εἰπεῖν, προσκείμενον τῇ πόλει
XIII 184 ὑπὸ τοῦ θεοῦ ὥσπερ ἵππῳ μεγάλῳ μὲν καὶ γενναίῳ ὑπὸ μεγέθους δὲ νωδεστέρῳ καὶ δεομένῳ ἐγείρεσθαι ὑπὸ μύωπός τινος).

1, 2, 33 ff) an den Tag legt? Sokrates stellt sich ferner, als spreche er nicht zu seiner Vertheidigung, sondern in der Absicht, die Richter zu überreden, daß sie ihn nicht verurteilen möchten, damit sie sich nicht am Geschenke der Gottheit versündigten (Apologie 30 d). ‚Wenn ihr mir folgt', setzt er hinzu (Apologie 31 a), ‚so werdet ihr meiner schonen'. Wer erkennt nicht darin die rednerische Wendung? Die Bitte und der Wunsch, losgesprochen zu werden, wird versteckt und erscheint als wohlgemeinter Rath, nicht gegen die Götter zu freveln und ihr Geschenk zu verschmähen. Also ist jene Äußerung des Sokrates, daß er nicht für sich (um seine Lossprechung zu bewirken) sondern für die Athener spreche, ebenfalls bloß rednerisch, d. h. Schein und Täuschung"*.

Das Mythische in den früheren platonischen Dialogen als Andeutung einer reichhaltigeren Spekulation

Ich bin nunmehr am Ende mit der Darstellung des Dialektischen in Plato, soweit dies für gegenwärtige Untersuchung nötig war.
Ich habe mit Bedacht diese ganze Betrachtung in der Apologie ihr XIII 185
Ende finden lassen, damit das Unsichre und Schwankende im Gange der vorhergehenden Beweisführung hierdurch festen Boden gewinne. Jetzt wird das Mythische Gegenstand der Überlegung werden; dabei suche ich zu vergessen, in welcher Absicht das Ganze unternommen wird, damit die Untersuchung so wenig als nur möglich gefesselt werde, doch bitte ich den Leser, ebenso entschlossen im Sinn zu behalten, daß die Zwiefältigkeit, die im Mißverhältnis zwischen dem Dialektischen und dem Mythischen liegt, eines der Anzeichen, eine der Spuren ist, welche hoffentlich dazu anleiten, das durch Entstehungszeit und innere Verbindung scheinbar Untrennliche voneinander zu scheiden.

Auf dies Mythische kann man nun zuerst mit mehr gleichgil-

* Dies ist alles miteinander ganz richtig; denn Sokrates ist allzusehr *ironisch gleichgiltig*, um sich mit den Athenern im Ernste einzulassen, und daher kommt es, daß er bald so tut, als wäre er pathetisch unerschrocken, bald, als wäre er verzagt und kleinmütig.

tigen Augen blicken, man kann es betrachten *als bloße Veränderung der Darstellung*, als eine andre Art des Vortrags, ohne daß deshalb das Verhältnis zwischen diesen beiden Arten des Vortrags etwas Wesentliches bedeutete; ja, es könnte einem so scheinen, als ob man dies betreffend in der einen oder andern Äußerung Platos einen Wink fände. So sagt z. B. Protagoras, indem er sich zum Beweis der Lehrbarkeit der Tugend bereit macht: „Gut, Sokrates, ... ich will es auch nicht vorenthalten. Aber wie soll ich es euch zeigen, indem ich ein Märchen (einen Mythus) erzähle, wie Ältere wohl Jüngeren zu tun pflegen, oder indem ich eine Abhandlung vortrage?" (Protagoras 320 c, Schleiermacher) Und als er fertig ist, bemerkt er: „Somit, Sokrates, ... habe ich dir durch Geschichte (Mythus) und Gründe erwiesen, daß die Tugend allerdings lehrbar ist" (ebenda 328 c). Wir sehen somit: der mythische Vortrag wird hier von dem untersuchenden auf die Art unterschieden, daß der mythische Vortrag als etwas Unvollkommneres, das auf Jüngere berechnet ist, betrachtet wird, und diese beiden Arten von Vortrag stehen in keinem notwendigen Verhältnis zueinander, da ihre Notwendigkeit erst in der höheren Einheit ersichtlich würde, in der sie selber als unterschiedene Momente scheinbar und wirklich wären. Diese beiden Arten der Darstellung werden nicht nach ihrem Verhältnis zur Idee, sondern nach der zum Zuhörer gesehen, sie gleichen zwei Sprachen, von denen die eine weniger artikuliert ist, kindlicher und weicher ist, die andere dagegen entwickelter, kantiger und härter; da sie indes nach ihrem Verhältnis zur Idee nicht gesehen werden, läßt sich eine dritte Sprache denken, eine vierte usw., ein ganzes Sortiment derartiger Darstellungsformen.

Hierzu kommt, daß nach dieser Auffassung der Mythus ganz und gar in der Gewalt des Darstellers steht, dieser hat den Mythus frei erschaffen, er kann fortlassen und zusetzen, je nachdem, wie es ihm dem Zuhörer dienlich zu sein scheint. Dergestalt aber kann es mit dem Mythischen bei Plato unmöglich sich verhalten. Hier hat das Mythische eine weit tiefere Bedeutung, und davon wird man sich auch überzeugen, wenn man beobachtet, daß
XIII 186 das *Mythische bei Plato* eine *Geschichte* hat. So ist es in den ersten und frühesten Dialogen entweder überhaupt nicht vorhanden, in welchem Falle sein Widerspiel allein herr-

schend ist, oder es ist dort vorhanden in Verbindung mit seinem Widerspiel, dem Abstrakten und doch in einem andern Sinne gerade ohne Verbindung mit diesem. Darnach verschwindet es vollständig in einem ganzen Zyklus von Dialogen, in welchen das Dialektische, aber in einem ganz andern Sinne als in den frühesten Dialogen, zur Stelle ist; und schließlich taucht es wieder empor in den letzten platonischen Arbeiten, jedoch in tieferer Verbindung mit dem Dialektischen. Mithin bin ich, was das Mythische bei Plato anlangt, fürs erste auf diejenigen Dialoge angewiesen, die ich eben erst verlassen habe. Hier findet man es nämlich in Verbindung mit seinem Widerspiel, der abstrakten Dialektik. So steht es z. B. im Gorgias; nachdem die Sophisten mit der Raserei der Verzweiflung, immer weniger „sich schämend"[134], gekämpft haben, nachdem Polos den Gorgias, Kallikles den Polos an Dreistigkeit überboten hat, endet hier das Ganze in einer mythischen Darstellung des Zustandes nach dem Tode*. Wie aber nun verhält es sich mit diesem Mythischen; denn offensichtlich handelt es sich in diesen Dialogen nicht so sehr um freie Dichtung Platos, die ihm untertänig und gehorsam ist, als vielmehr um etwas, was ihn überwältigt, und so ist es nicht so sehr zu betrachten als eine untergeordnete Darstellung für jüngere oder weniger begabte Zuhörer als vielmehr als die Erahnung eines Höheren.

Stallbaum** steht in seinem Verständnis des Mythischen offen-

* Dieser Mythus kommt übrigens bei Plato an drei Stellen vor; vgl. Stallbaum ad Phaedonem S. 177: „Olympiodorus berichtet, daß man den dritten Teil dieses Dialogs (des Phädon) die Nekyia nenne; es steht fest, daß von den Alten mit diesem Namen das elfte Buch der homerischen Odyssee bezeichnet worden ist. Da es bei Plato aber drei Nekyiae oder Mythen von der Unterwelt gibt, nämlich im Phädon, im Gorgias und im Staat[135], und diese sich gegenseitig beleuchten, so müssen sie sämtlich sorgfältig verglichen werden" (Narrat Olympiodorus tertiam hujus dialogi partem vocari νεκυίαν, quo nomine constat rhapsodiam Odysseae Homericae ab veteribus dictam esse. Platonis autem cum tres sint νεκυίαι s. fabulae de inferis, in Phaedone, Gorgia, de republica singulaeque singulis invicem lucem affundant, omnes inter se diligenter comparandae sunt).

** Vgl. praefatio ad Phaedonem p. 16: „Da er aber sah, die Schwierigkeit der Sache sei so groß, daß vieles eher im Gemüte erahnt als mit dem Verstande begriffen und einsichtig erklärt werden könne, so ist es nicht zu verwundern, daß auch in diesem Buche den scharfsinnigsten Erörterungen der Sache mythische und fabelhafte Erzählungen eingewebt sind, welche

XIII 187 bar auf dem im Vorhergehenden angedeuteten Standpunkt. Zum
Teil betrachtet er es als eine Akkomodation, oder (um einen in
dieser Verknüpfung sicher bezeichnenden Ausdruck zu brauchen)
XIII 188 als eine Herablassung (συγκατάβασις), da dies Wort ja andeutet,

---

die Stelle eines Beweises und verläßlicher Argumente einnehmen ... Denn mit höchster Wahrheit hat J.A. Eberhard in seinen Neuen Vermischten Schriften (Halle 1788) S. 382 [384] Folgendes gesagt: ‚Man kann als gewiß annehmen, Plato habe sich bisweilen der Mythen im Gegensatz des Raisonnements oder der Vernunftbeweise bedient, da wo von Gegenständen die Rede war, die außer dem Gesichtskreise der menschlichen Vernunft und Erfahrung liegen, oder wo ihm die Vernunftbeweise selbst noch zu schwer waren, oder wo sie ihm für die Fassungskraft seiner Zuhörer zu schwer schienen‘." Vgl. ad Phaedonem S. 177: „Häufig scheint er sich jener mythischen Erzählungen bedient zu haben, um anzudeuten, der von ihm berührte Gegenstand sei so beschaffen, daß man mehr den Ahnungen und Vermutungen nachgeben müsse als den Beweisführungen und Erörterungen vertrauen dürfe. Wo er dies nun tut, bedient er sich der Fabeln und Erzählungen, die bei den Griechen im Schwange waren, meistenteils auf die Weise, daß er nicht bloß streicht und ändert, wo diese seiner Absicht weniger angemessen waren, sondern zugleich auch den Aberglauben seiner Mitbürger berichtigt und auszutilgen trachtet. Daraus ersieht man, wie Plato bei der Verwendung von Mythen noch einer andern Absicht nachgegangen ist. Er wollte nämlich jenen törichten Volksaberglauben allmählich beseitigen, oder doch läutern. Endlich scheint er der Mythen auch in der Absicht sich bedient zu haben, daß er die vom blinden Aberglauben bedrückten Gemüter der Genossen allmählich gleichsam vorbereitete für die Aufnahme der Lehre reinerer Weisheit. – (quum autem rerum difficultatem tantam esse intelligeret, ut multa divinari potius animo, quam mente
XIII 187 intelligi ac dilucide explicari posse viderentur, mirum non est, etiam in hoc libro subtilissimis rerum disputationibus intextas esse mythicas et fabulosas narrationes, quae locum obtineant demonstrationis et certorum argumentorum ... Nam verissime Eberhardus Script. Miscell. p. 382 haec scripsit [genau wie oben, auch bei Stallbaum deutsch] Cfr. ad Phaedonem p. 177: Saepenumero enim videtur mythicis illis narrationibus usus esse, quo significaret, argumentum, quod attigisset, ita esse comparatum, ut suspicionibus magis et conjecturis esset indulgendum, quam ratiociniis ac disputationibus confidendum. Quod ubi facit, iis fabulis et narrationibus, quae apud Graecos erant vulgo celebratae, sic plerumque utitur, ut non solum abjiciat aut mutet, quae consilio suo parum accommodata erant, sed simul etiam civium suorum superstitionem corrigat et removere studeat. Ex qua re intelligitur, quodnam aliud etiam consilium in uso mythorum Plato secutus sit. Voluit enim ineptam illam plebis superstitionem sensim tollere, aut certe emendare. Denique etiam mythos eo consilio adhibuisse videtur, ut animos aequalium coeca superstitione oppressos sensim quasi praepararet ad purioris sapientiae doctrinam percipiendam).

daß Plato beim Mythischen zum Zuhörer herniedersteigt, wohingegen wir annehmen, daß das Mythische ein Höheres ist, ja etwas, das über Platos subjektive Vollmacht hinausliegt; zum Teil setzt er das Mythische in Verbindung mit dem Volksbewußtsein, welches vor Plato die Idee in einer solchen Hülle verwahrte. Indes, beide Betrachtungsarten sind von ihm nicht eben scharf durchgeführt bis hin zu einer ernsthaften Scheidung zwischen demjenigen, was durch Vernunftschlüsse erfaßt worden ist, und demjenigen, was geahnt worden ist, oder bis hin zu einer in Wahrheit befriedigenden Entscheidung der Grenzstreitigkeiten zwischen der Überlieferung und Plato. F. Chr. Baur (a. a. O. S. 90—98, Neudruck 1876 S. 316 ff) sieht in dem Mythischen das Überlieferte und gibt Ackermann Recht, wenn dieser die Dichter und Orakelsprüche in das gleiche Verhältnis zu Plato setzt, in welchem die alttestamentlichen Propheten zu den Aposteln und Evangelisten gestanden haben. Auf der einen Seite müßte man dann wohl in dem Mythischen bei Plato die fromme Ehrfurcht, die kindliche Pietät erblicken, mit denen er das religiöse Bewußtsein der Vorzeit seines Vaterlandes umfaßte, auf der andern Seite ein edles vorübergehendes Mißtrauen zu den von ihm selbst aufgeführten Gebäuden, weswegen er denn auch im ‚Staat'[136] für die Gottesverehrung kein Gesetz geben will, sondern dies dem delphischen Apoll überläßt. Ast* hat ein vollständigeres Verständnis, nur daß dieses nicht eigentlich in Beobachtung begründet ist, nicht so sehr das Gepräge des Erworbenen als vielmehr das des Gewünschten trägt.

Sowohl Ast wie Baur scheinen die innere Geschichte des Mythischen bei Plato übersehen zu haben. In den früheren

* Vgl. Ast, Platos Leben und Schriften 1816, S. 165: „Das Mythische ist gleichsam die theologische Basis der platonischen Speculation: die Erkenntniß wird durch das Dogma gebunden und befestigt, und der Geist aus dem Gebiete der menschlichen Reflexion zur Anschauung des höheren unendlichen Lebens emporgeführt, wo er sich, seiner Endlichkeit und irdischen Selbstheit vergessend, in die unergründliche Tiefe des Göttlichen und Ewigen versenkt. Man könnte sagen, daß in den platonischen Gesprächen die philosophischen Darstellungen nur den Zweck haben, den Geist auf die höhere Betrachtung hinzuleiten und zur Anschauung der in den Mythen sinnbildlich geoffenbarten Unendlichkeit und Göttlichkeit vorzubereiten, gleichwie in den Mysterien auf die Vorbereitung und Einweihung erst die eigentliche Beschauung (ἐποπτεία) folgte."

Dialogen tritt das Mythische nämlich in Entgegensetzung wider das Dialektische auf, sofern es mit dem Verstummen des Dialek-
XIII 189 tischen sich hörbar oder richtiger sichtbar macht; in den späteren Dialogen hingegen steht es in einem freundschaftlicheren Verhältnis zum Dialektischen, d. h. Plato ist zum Herrn über das Mythische geworden, will heißen, *das Mythische wird zum Bildlichen*. Es geht nicht ohne weiteres an, mit Baur das Mythische für das Überlieferte zu erklären, den Plato für sittlich-religiöse Wahrheiten in einer höheren Autorität, die in Gedichten und Orakelsprüchen liegt, den Ausgangspunkt suchen zu lassen; denn in den ersten Büchern des ‚Staats' wird die Giltigkeit der Aussagen der Dichter gänzlich verworfen, es ergeht eine starke Polemik und Warnung wider sie, und die darstellerische (d. h. die dichterische) Gestaltung wird gemißbilligt der schlecht und recht erzählenden gegenüber; ja im zehnten Buch des ‚Staats' will Plato die Dichter aus dem Staat verbannen. Ohne weiteres also geht es nicht an. Die nötige Berichtigung ist mittlerweile enthalten in der Betrachtung *der Metamorphose*, die das *Mythische* bei Plato erfährt. In den ersten Dialogen tritt es am schärfsten zutage. Allhier will, während die Dialektik ein gänzlich abstraktes und zuweilen ein negatives Ergebnis liefert, das Mythische weit mehr geben. Fragen wir aber überhaupt, was das Mythische sei, so muß man wohl antworten: es ist die Fremdlingschaft der Idee, ihre Äußerlichkeit[137], d. h. ihre Zeit- und Raumbestimmtheit unmittelbar als solche. Das Mythische in den Dialogen trägt auch ganz und gar dies Gepräge. Die großen Zeiträume, welche die Seele nach der Darstellung im Phädrus[138] durchläuft, die räumliche Unendlichkeit, welche im Phädon und im Gorgias als Darstellung des Daseins der Seele nach dem Tode veranschaulicht wird, sie sind Mythen. Die Sache läßt sich leicht erklären. Das Dialektische rodet alles Ungehörige aus und versucht nun zur Idee empor zu klimmen; da dies jedoch mißlingt, rührt sich die Phantasie. Der dialektischen Mühen müde, legt sich die Phantasie hin und träumt, und hieraus erzeugt sich das Mythische. Während dieses Träumens schwebt die Idee eilend vorüber in einem unendlichen Nacheinander, oder aber sie bleibt stehen und weitet sich aus mit unendlicher Gegenwärtigkeit im Raume [139]. Das Mythische ist somit der Enthusiasmus der *Phantasie* im Dienst der Spekulation und

in gewissem Maße dasjenige, was Hegel[140] den Pantheismus der Einbildungskraft nennt*. Es hat Giltigkeit im Augenblick der Be- XIII 190

* Wird das *Mythische* dergestalt aufgefaßt, so scheint es vielleicht, als ob es mit dem *Poetischen* verwechselt würde; indes ist hierbei zu beachten, daß das Poetische seiner selbst als des Poetischen bewußt ist, in dieser Idealität seine Wirklichkeit hat und eine andre Wirklichkeit nicht begehrt. Das Mythische hingegen liegt in jenem Unentschiedensein oder Zwiefältigsein, jenem Zwischenzustand, aus dem die Interessen des Bewußtseins sich noch nicht losgerungen haben. Das Poetische ist ein hypothetischer Satz im Konjunktiv, das Mythische ist ein hypothetischer Satz XIII 190
im Indikativ[141]. Diese Zweideutigkeit, die indikativische Aussage und die hypothetische Form, hin- und herschwankend zwischen dem weder Konjunktiv noch Indikativ Sein und dem sowohl Konjunktiv als Indikativ Sein, ist eine Bezeichnung des Mythischen. Solange der Mythus für Wirklichkeit genommen wird, ist er eigentlich nicht Mythus, er wird Mythus erst in dem Augenblick, da er ein reflektierendes Bewußtsein *berührt*; und sofern er nun einen spekulativen Gehalt hat und sich der Phantasie zueignet, kommt die mythische Darstellung zum Vorschein. Aber die Zeit des Mythus ist gewissermaßen vorüber, sobald von einer mythischen Darstellung die Rede ist; da indes die Reflexion noch nicht das Recht gewonnen hat, ihn zu vernichten, ist der Mythus noch da; und eben im Begriffe aufzubrechen und fortzuziehen, erhebt er sich vom Boden, spiegelt sich jedoch zum Abschied noch einmal in der Phantasie, und dies ist die mythische Darstellung. Erdmann[142] bemerkt (Zeitschrift für spekulative Theologie von Lic. Bruno Bauer. Dritten Bandes erstes Heft S. 26): „Ein Faktum oder auch eine Reihe von Faktis, welche eine religiöse Idee auch nicht sind aber bedeuten, nennen wir einen religiösen Mythus. Der religiöse Mythus ist ein Faktum oder eine Reihe von Faktis, welche einen religiösen Inhalt in der sinnlich zeitlichen Form darstellen, die aber (und darin besteht ihr Unterschied von der Geschichte) nicht eine notwendige Manifestation der Idee selbst sind, sondern in einem äußerlichen Verhältnis zu ihr stehen. Deswegen sind die Mythen nicht *wahr*, wenn sie auch Wahrheit enthalten sollten, sie sind *ersonnen*, wenn auch nicht durch Reflexion, sie sind keine wirklichen Fakta, sondern fingirt.“ Indes die Einsicht, daß sie nicht wahr sind, ist erst einem späteren, einem wahreren Zeitmoment vorbehalten. Die Phantasie aber, welche gegen die Frage nach Wahrheit oder Unwahrheit der Mythen gleichgiltig ist, schaut sie mit philosophischem Interesse an, und – so im gegenwärtigen Falle – ruht in ihnen, der dialektischen Mühen müde. In dem einen Sinne dichtet die Phantasie die Mythen selbst, dies ist das Poetische, in einem andern Sinne dichtet sie die Mythen nicht, dies ist das Unpoetische, die Einheit von beidem ist das Mythische, wenn man darunter die mythische Darstellung versteht. Wenn daher Sokrates im Phädon[143] sagt, niemand könne behaupten, daß der Mythus wahr sei, so ist dies das Moment der Freiheit, das Individuum fühlt sich frei und der Bande des Mythus entledigt; wenn er aber

rührung und wird in keine Beziehung zu irgend einer Reflexion gebracht. Davon wird man sich auch überzeugen durch eine Be-
XIII 191 trachtung von Gorgias und Phädon. Die mythische Darstellung des Zustands der Seele nach dem Tode wird weder in Beziehung gesetzt zu einer historischen Reflexion, ob es sich denn wirklich so verhalte, daß Aeacus, Minos und Rhadamantos dasitzen und richten, noch zu einer philosophischen Reflexion, ob es Wahrheit sei. Wenn man die dem Mythischen entsprechende Dialektik als Verlangen, Begehren, als den Blick, welcher die Idee ansieht, ihrer zu begehren[144], bezeichnen darf, so ist das Mythische das fruchtbare Umarmen der Idee. Die Idee sinkt und schwebt über das Individuum hernieder gleich einem segnenden Nebel. Soweit indes im Zustande dieses Individuums sich in jedem Augenblick eine schwache Andeutung, ein fernes Ahnen von einem reflektierenden Bewußtsein findet, ein geheimnisvolles, nahezu unhörbares Wispern, insoweit besteht da jeglichen Augenblick die Möglichkeit, daß das Mythische eine Metamorphose erfährt. Sobald nämlich das Bewußtsein hinzutritt, zeigt es sich, daß diese Luftspiegelungen doch nicht die Idee gewesen sind. Sofern nun nach dem Erwachen des Bewußtseins die Phantasie sich wieder nach diesen Träumen zurücksehnt, tritt *das Mythische in neuer Gestalt* hervor, nämlich *als Bild*. Es ist nämlich jetzt die Veränderung geschehen, daß ins Bewußtsein aufgenommen ist, das Mythische sei nicht die Idee, sondern ein Abglanz der Idee. Und so nun, glaub ich, verhält es sich mit den mythischen Darstellungen in den konstruktiven Dialogen. Erstlich ist das Mythische in das Dialektische mit hineingenommen, ist mit diesem nicht mehr im Streit, verschließt sich nicht länger sektiererisch in sich; es wechselt mit dem Dialektischen ab*, und so ist denn sowohl die Dialektik wie das Mythische in eine höhere Ordnung

---

gleichwohl meint, man solle es wagen, daran zu glauben, so ist dies das Moment der Abhängigkeit. Im ersten Falle kann er mit dem Mythus schalten und walten wie ihm beliebt, streichen und zusetzen; in letzterem Falle überwältigt ihn der Mythus, indem er sich ihm hingibt und die Einheit ist die mythische Darstellung.

* Weil Plato überhaupt niemals zur spekulativen Gedankenbewegung gelangt ist, darum vermag noch immer das Mythische oder richtiger das Bildliche ein Moment mit in der Darstellung der Idee zu sein. Platos Element ist nicht der Gedanke sondern die Vorstellung[145].

der Dinge erhoben. Deshalb kann das Mythische gut und gern etwas Traditionelles an sich haben. Das Traditionelle ist gleichsam das Wiegenlied, welches ein Moment mit im Traume ausmacht; mythisch jedoch ist es recht eigentlich in jenen Augenblicken, da der Geist daherfährt und niemand weiß, von wannen er kommt und wohin er fähret[146].

Zu einer ähnlichen Betrachtung des Mythischen kann man auch gelangen, wenn man vom Bildlichen ausgeht. In einer reflektierenden Zeit sieht man wohl in einer reflektierenden Darstellung das Bildliche überaus sparsam und unbeachtet zutage treten, sieht es einer vorsintflutlichen Versteinerung gleich an eine
andre Art von Dasein erinnern, welche vom Zweifel fortgespült XIII 192
worden ist; da wird man sich denn vielleicht wundern, daß das Bildliche jemals eine so große Rolle hat spielen können. Wo aber das Bildliche immer mehr um sich greift, immer noch mehr in sich befaßt, da lädt es den Zuschauer ein, darin Ruhe zu finden, einen Genuß vorwegzunehmen, welchen die rastlose Reflexion einem vielleicht auf langen Umwegen zubringen würde. Und wenn dann zuletzt das Bild einen derartigen Umfang gewinnt, daß das gesamte Dasein darinnen sichtbar wird, so ist dies die rückläufige Bewegung hin zum Mythischen. Hierfür bietet die Naturphilosophie öfters Beispiele, und so ist z. B. die Vorrede von Henrik Steffens zu seinen „Karikaturen des Heiligsten“ solch ein großartiges Bild, in welchem das Naturdasein ein Mythus wird von des Geistes Dasein. Das Bild überwältigt dergestalt das Individuum, welches seine Freiheit verliert, oder richtiger in einen Zustand versinkt, in dem es keine Realität mehr hat; denn das Bild ist nunmehr nicht das frei erzeugte, das künstlerisch geschaffene. Und wie geschäftig auch der Gedanke sei, Einzelheiten in Augenschein zu nehmen, wie sinnreich er auch mit seinen Kombinationen sei, wie traulich er sich auch sein Dasein darinnen einrichte, er ist gleichwohl nicht imstande, das Ganze von sich abzuscheiden, und es im Bereich der reinen Dichtung leicht und flüchtig erscheinen zu lassen. Soviel, um darzutun, wie auch in einem isolierten Individuum das Mythische sich zu zeigen vermag. Der Prototyp[147] hierzu muß sich natürlich in der Entwicklung der Völker zur Geltung gebracht haben, nur erinnere man sich, daß das Mythische nur so lange fortfährt mythisch zu sein,

als dieser seltsame Prozeß sich im Bewußtsein der Völker wiederholt, welches selber träumend den Mythus seiner Vorzeit wieder erzeugt. Jeglicher Versuch, den Mythus historisch zu nehmen, zeigt allbereits das Erwachtsein der Reflexion und tötet den Mythus. Gleich dem Märchen ist der Mythus herrschend allein im Zwielicht der Phantasie, dahingegen können natürlich mythische Elemente sich sehr wohl eine Zeitlang behaupten, nachdem das geschichtliche Interesse erwacht ist und das philosophische Interesse zum Bewußtsein kommt.

Steht es nun so mit dem Mythischen bei Plato, so wird es nicht schwer sein, die Frage zu beantworten: gehört das Mythische dem Plato oder dem Sokrates? Ich glaube, daß ich im eigenen wie der Leser Namen antworten darf: es *gehört nicht* dem Sokrates. Erinnert man sich dagegen (wie das Altertum ja bezeugt), daß Sokrates den zwanzigjährigen Plato zur abstrakten Selbsterkenntnis zurückgerufen hat aus einem schöpferischen Dichterleben*, so
XIII 193 dürfte es sicherlich durchaus natürlich sein, daß das Dichterische in seinem tätigen Erleiden und erleidenden Tätigsein sich geltend machen mußte in einem Gegensatz zu der ausgehungerten sokratischen Dialektik, und daß es am stärksten und am meisten isoliert in jener Schriftstellerei zutage treten mußte, die entweder gleichzeitig mit Sokrates war oder ihm doch zeitlich sehr nahe stand. Dies ist nun auch der Fall; denn das Mythische besteht in den früheren Dialogen am hartnäckigsten und widerborstigsten auf seinem Recht, wohingegen es in den konstruktiven Dialogen sich unter das milde Regiment eines umfassenden Bewußtseins gebeugt hat. Darum werden diejenigen, welche mit Plato etwas genauer bekannt sind, mir gewiß auch darin Recht geben, daß ich die in strengerem Sinne *platonische Entwicklung* anheben lasse mit jener Dialektik, die im Parmenides und in den zu diesem Zyklus gehörenden Dialogen zur Erscheinung kommt und in den konstruktiven Dialogen ihr Ende findet. Aber daß diejenige Dialektik, die in diesen enthalten ist, sich von der bisher beschriebenen Dialektik wesentlich unterscheidet, ist schon oben bemerkt worden. Das Mythische der ersten Dialoge ist darum im

* Vgl. Geschichte und System der platonischen Philosophie von Dr. K.F. *Hermann*, 1. Theil. Heidelberg 1839. S. 30 mit der dazu gehörigen Anmerkung 54.

Hinblick auf die gesamte platonische Entwicklung als eine Art von Präexistenz der Idee anzusehen, und wenn man das hier Hervorgehobene zusammenfaßt, könnte man das Mythische der früheren Dialoge vielleicht die unreife Frucht der Spekulation nennen, und weil das Reifen ein Gärungsprozeß ist, so wird die spätere echt platonische Dialektik wohl passend damit verglichen werden können. Daß mittlerweile die Frucht der Spekulation bei Plato niemals ganz zur Reife gelangt, hat seinen Grund darin, daß die dialektische Bewegung niemals vollständig vollzogen ist.

Ich werde nunmehr den mythischen Teil einiger Dialoge in Kürze durchlaufen. Überflüssig wäre es, daran zu erinnern, daß man ihn nicht deshalb mythisch nennen kann, weil darin auf den einen oder andern Mythus Bezug genommen wird, denn daß man in einer Darstellung einen Mythus anführt, das macht die Darstellung noch nicht mythisch; ebensowenig auch geschieht dies dadurch, daß man sich eines Mythus bedient, denn daß man sich seiner bedient, zeigt ja, daß man über ihn hinaus ist; auch wird die Darstellung noch nicht mythisch, wenn man etwa den Mythus zu einem Gegenstand des Glaubens machen wollte, denn das Mythische wendet sich zuallererst nicht an die Erkenntnis[148] sondern an die Phantasie, es verlangt, das Individuum solle sich in ihn verlieren, und erst dann, wenn die Darstellung solchermaßen zwischen phantasiemäßiger Produktion und Reproduktion schwingt und zittert, erst dann ist die Darstellung mythisch. Beim Symposion nimmt man an, daß die mythische Darstellung dort mit der Erzählung Diotimas beginne. Diese ist nun nicht deshalb mythisch, weil Bezug genommen wird auf den Mythus von Eros, als dem Kinde des Poros und der Penia; denn man hatte auch in den vorhergehenden Reden die Sagen von der Abkunft des Eros nicht unbeachtet gelassen. Mittlerweile ist die Bestimmung, die hier betreffs des Eros gegeben wird, negativ, Eros ist XIII 194
ein Zwischenwesen, ist weder reich noch arm. Insofern sind wir nicht weiter gekommen als mit der sokratischen Entwicklung. Dies Negative aber, welches des Denkens ewige Unruhe ist, trennend und verbindend, das da also vom Gedanken nicht festgehalten werden kann, weil es das den Gedanken Vorantreibende ist, es steht allhier für die Phantasie stille und verweilt sich, es dehnt

sich für die Anschauung aus. Darin liegt das Mythische. Jeder, der sich mit abstraktem Denken eingelassen hat, wird gewiß gespürt haben, wie verführerisch es ist, dasjenige festhalten zu wollen, das eigentlich nicht ist, außer insofern es aufgehoben ist. Dies aber ist eine mythische Tendenz. Was nämlich so geschieht, ist, daß die Idee bei den Bestimmungen der Zeit und des Raums festgehalten wird, diese ganz im ideellen Sinne genommen*. Was somit die mythische Darstellung über die bisher beschriebene dialektische Bewegung hinaus gibt, ist, daß sie das Negative sichtbar macht. Hierdurch nun aber gibt sie in gewissem Sinne weniger, hält die Gedankenentwicklung auf und bekundet sich nicht als eine Vollendung des angehobenen Prozesses, sondern als ein völlig neuer Anfang. Je mehr sie nun das Beschauen ausdehnen möchte, je größere Fülle sie ihm verleihen möchte, um so mehr erweist sie ihren Gegensatz zur bloß negativen Dialektik, um so mehr aber entfernt sie sich auch vom eigentlichen Denken, betört den Gedanken, macht ihn verzärtelt und weichlich. Das Zweite, mit dem der mythische Teil dieses Dialogs mehr als der dialektische gibt, ist, daß er das Schöne als den Gegenstand des Eros aufstellt. So haben wir denn eine echt platonische Zweigliederung (Dichotomie), welche, wie bereits oben bemerkt, an allen Beschwerden einer Dichotomie leidet, sofern sie das Negative außerhalb ihrer hat und die erreichte Einheit niemals sich hypostasieren (sich ins Wesen erheben) kann. Sieht man des Näheren zu, wie es mit dem Schönen steht, so streift dieses durch eine dialektische Bewegung hindurch zahlreiche Bestimmungen von sich. Gegenstand der Liebe ist nacheinander: schöne Leiber — schöne Seelen — schöne Reden —

* Was dem Raume Wirklichkeit verleiht, ist der organische Prozeß der Natur, was der Zeit Wirklichkeit verleiht, ist die Fülle der Geschichte. Im Mythischen haben so Zeit wie Raum einzig phantasiemäßige Wirklichkeit. Dies sieht man z. B. bei den indischen Mythen an den kindischen Ausschweifungen der Zeitvorstellung[149], welche, indem sie viel sagen wollen, nichts sagen, weil der angelegte Maßstab im gleichen Augenblick seiner Giltigkeit beraubt wird; denn die Aussage, ein König habe siebzigtausend Jahre regiert, hebt durchaus sich selber auf, da man die Zeitbestimmung verwendet, ihr jedoch keinerlei Wirklichkeit beilegt. In dieser Idealität werden Zeit und Raum ganz und gar willkürlich miteinander verwechselt und vertauscht.

schöne Erkenntnis — das Schöne. Das Schöne wird nun nicht bloß negativ bestimmt als das, was sich in weit herrlicherem Lichte zeigen wird denn Gold, Kleider, schöne Knaben und XIII 195
Jünglinge, sondern Diotima fügt hinzu: „Was also ... sollen wir erst glauben, wenn einer dazu gelangte, jenes Schöne selbst rein, lauter und unvermischt zu sehen, das nicht voll menschlichen Fleisches ist und Farben und andern sterblichen Flitterkrames, sondern das göttlich Schöne selbst in seiner Einartigkeit zu schauen?" (Symposion 211 e, Schleiermacher) Das Mythische liegt offenbar darin, daß das an und für sich Schöne *geschaut werden* soll. Und obwohl die Darstellende (Diotima) einmal auf allen vergänglichen Tand und Einkleidungsapparat verzichtet hat, ist doch offenbar, daß dies gerade in der Welt der Phantasie wiederkehren und die mythische Draperie hergeben wird. Ebenso wird es jederzeit gehen mit dem „Ding an sich"[150], wenn man es nicht fortwerfen und sich aus dem Sinn schlagen kann, sondern stattdessen, indem man es aus dem Denken entfernt hat, nunmehr die Phantasie flicken und den Schaden wiedergutmachen läßt.

Dieser Standpunkt erinnert natürlich recht an den kantischen. Ich werde mit ein paar Worten lediglich den *Unterschied* berühren. Kant blieb allerdings bei diesem „An-sich" der Dinge stehen; entweder aber verharrte er unverdrossen dabei, es mit Hilfe des subjektiven Denkens greifen zu wollen, und da es eine Unmöglichkeit war, es zu greifen, hatte er natürlich den großen Vorteil, das freilich einigermaßen ironische Glück, immerdar zu hoffen; oder er warf es fort, versuchte es zu vergessen. Sofern er dagegen da und dort das An-sich festhalten will, entwickelt er das Mythische, und so ist z. B. seine ganze Anschauung vom „radikalen Bösen" eigentlich ein Mythus. Das Böse nämlich, das der Gedanke nicht bewältigen kann, wird aus dem Gedanken herausverlegt und der Phantasie überlassen. Im mythischen Teil des Symposion träumt daher der Dichter Plato sich alles das an, was der Dialektiker Sokrates gesucht hat; in der Welt des Traumes findet die unglückliche Liebe der Ironie ihren Gegenstand. Daß Plato diese Darstellung nun der Diotima in den Mund legt, kann die Darstellung sicherlich nicht zur mythischen machen; dahingegen gehört es mit zum Mythischen, daß der Gegenstand (wie

dies die Phantasie überhaupt liebt) nach außen verlegt wird, entfernt wird, um wiederum zurückgeholt zu werden, ebenso wie man ein Märchen nicht gerne selber erlebt haben möchte, sondern es von sich fortschiebt und sich bemüht, mit der Entgegensetzung gegen das Zwischenein der Zeit die Gegenwart der Phantasie um so anziehender zu machen. Auch Ast[151] macht ja die Bemerkung, daß die Geschichte mit dieser Diotima eine blanke Erdichtung sei, und Baurs[152] Betrachtung, daß Plato die mythische Darstellungs-
XIII 196 form gewählt habe, um seinem Philosophem eine positive Stütze zu geben in einer dem Volksbewußtsein gewohnten Form, erklärt gewiß zu wenig und faßt das Verhältnis des Mythischen zu Plato ganz und gar äußerlich auf.

Betrachten wir die mythische Darstellung des Zustandes der Seele nach dem Tode, wie er im Gorgias und Phädon beschrieben wird, so hat in gewissem Maße eine Ungleichheit statt zwischen der Auffassung hier und dort. Im Gorgias schärft Sokrates freilich zu mehreren Malen* ein, er glaube daran und bekenne sich zu seinem Glauben daran im Gegensatz zu denen, die etwa „diese Erzählung als ein Ammenmärchen betrachten und geringachten möchten[153]"; jedoch ersieht man auch aus den folgenden Äußerungen, daß es ihm mehr darum zu tun ist, die Idee der Gerechtigkeit zu stützen als den Mythus aufrechtzuerhalten, da er selber zugibt, wie natürlich es ist, solche Erzählungen gering zu achten, wenn man durch Untersuchung etwas Besseres und Wahreres zu finden vermag. Das Mythische liegt nun wiederum nicht so sehr in der Hindeutung auf die Sage von Minos, Aeacus und Rhadamantus als vielmehr im Festhalten des Gerichtsakts in dessen phantasiemäßiger Veranschaulichung, oder in der Gestalt, wie die Phantasie ihn sich reproduziert. Dahingegen deutet im Phädon Sokrates selber an, welche Bewandtnis es mit der ganzen Auffassung habe: „Daß sich nun dies alles gerade so verhalte, wie ich es auseinandergesetzt, das ziemt wohl einem vernünftigen Mann nicht zu behaupten; daß es jedoch, sei es nun diese oder

* Der Umstand, daß auch im mythischen Teil der Dialoge Sokrates der Redende ist, beweist nichts wider die Richtigkeit der hier aufgestellten Scheidung des Dialektischen und des Mythischen, sintemal Plato bekanntlich nie selbst als der Redende auftritt, sondern stets des Namens des Sokrates sich bedient.

eine ähnliche Bewandtnis haben muß mit unsern Seelen und ihren Wohnungen, wenn doch die Seele offenbar etwas Unsterbliches ist, dies, dünkt mich, zieme sich gar wohl und lohne auch, es darauf zu wagen, daß man es glaube, es verhalte sich so. Denn es ist ein schönes Wagnis, und man muß mit solcherlei gleichsam sich selbst besprechen. Darum spinne ich auch schon so lange an der Erzählung" (Phädon 114 d, Schleiermacher). Hier werden nun auch die richtigen Ausdrücke gebraucht, daß es ein Wagnis sei, solches zu glauben, und daß man mit solcherlei sich selbst besprechen müsse; denn die Vorstellung von den vielen und langen Zeiträumen, welche die Seele je nach ihrer Beschaffenheit durchlaufen muß, der ungeheure Raum der Unterwelt, in welchem man die Seele verschwinden sieht, von ihrem Dämon geleitet, die unterschiedliche Beschaffenheit der Aufenthaltsorte, die Wogen des Tartarus, welche die Seele dem Kokytos oder Pyriphlegeton zuwerfen, die An- XIII 197
sammlung dieser Seelen im Acherusischen See, allwo sie nach denen schreien und rufen, die von ihnen getötet oder mißhandelt worden sind — dies alles ist so recht eigentlich mythisch; doch das Mythische liegt in der Gewalt, die es über die Phantasie gewinnt, sofern man, indem man die Zauberworte spricht, die Gesichte heraufbeschwört, die einen selbst überwältigen. Der spekulative Gedanke, welcher in diesem Zwielicht gleichsam geschäftig umhergeht, ist die göttliche Gerechtigkeit, der Einklang in der Geisterwelt, wofür das Naturgesetz im Universum ein Bild ist.

Das erste Buch von Platos Staat

Bevor ich dazu übergehe, Rechenschaft zu geben von der Wahl der Dialoge, die ich durchlaufen habe, muß ich noch eine Wahl mehr tun. Ehe ich nämlich von den Einzelheiten bei Plato Abschied nehme, muß ich das erste Buch des Staats zum Gegenstand einer näheren Untersuchung machen. Schleiermacher stellt in seiner Einleitung zum Staat einige Betrachtungen an über das Verhältnis dieses Dialogs zu den vorhergehenden ethischen Dialogen. „Wenn wir Platos Meinung ganz verstehen wollen, dürfen wir nicht aus der Acht lassen, daß diese ganze Ähnlichkeit unse-

res Werkes mit den älteren ethischen Gesprächen auch am Ende dieses ersten Buches gänzlich verschwindet ... Auch die Methode ändert sich gänzlich; Sokrates tritt nicht mehr fragend als der Nichtwissende auf, der nur im Dienste des Gottes die größere Unwissenheit aufsucht, sondern als einer, der gefunden hat, trägt er in strengem Zusammenhange fortschreitend die gewonnenen Einsichten mit. Ja auch dem Style nach tragen nur noch die nächsten Reden der beiden Brüder, als den Übergang bildend, eine Ähnlichkeit mit dem bisherigen, hernach nichts mehr von dialogischer Pracht und reizender Ironie, sondern bündige Strenge allein soll den Preis gewinnen. Der gesammte Apparat der jugendlicheren Virtuosität glänzt hier noch einmal im Eingang, und erlischt dann auf immer, um so verständlich als möglich zu gestehen, daß alles Schöne und Gefällige dieser Art doch auf dem Gebiete der Philosophie nur in vorbereitenden, mehr spornenden und anregenden, als fördernden und befriedigenden Untersuchungen seinen Ort habe, daß aber, wo eine zusammenhängende Darstellung von den Resultaten philosophischer Forschung gegeben werden soll, solcher Schmuck mehr abziehend wirken als die vollständige Auffassung fördern würde" (Platons Werke von Schleiermacher, Dritten Theiles erster Band, S. 9. 10). Es wird darum dienlich sein, noch einmal zu verweilen bei der Beschaffenheit
XIII 198 dieser Darstellung* und insonderheit bei ihrem Verhältnis zur

* Wie es sich im übrigen nun erklären läßt, daß Plato in einer seiner letzten Schriften auf die gesamte sokratische Dialektik und Ironie eine Rücksicht nimmt, die er doch in einer nicht geringen Anzahl von dazwischenliegenden Dialogen hatte fahren lassen, und auf die er dann nicht mehr zurückkommt, darauf brauchte ich mich eigentlich nicht einzulassen, da ich im Ganzen mich der Beobachtung Schleiermachers anschließe. Weil die Erklärung indes sehr nahe liegt, soll sie hier eine Stelle finden. Das erste Buch des ‚Staats' behandelt nämlich gerade solche Fragen, welche in den ersten Dialogen den Gegenstand der Untersuchung ausmachen. Darum war es durchaus natürlich, daß Plato den Wunsch hatte, sich recht lebhaft an Sokrates zu erinnern, und daß er, da er im Staat seine Gesamtanschauung darzulegen strebte, es auch angemessen fand, in aller Kürze die Entwicklung zu durchlaufen, welche in den frühesten Dialogen enthalten war, und so eine Art von Einleitung zu liefern, welche für den Leser des Staats sicherlich bei weitem keine Einleitung ist, jedoch für den Leser von Plato, als Rekapitulation betrachtet, jederzeit Interesse haben kann, und für den dankbaren Schüler großen Affektionswert besessen haben muß.

Idee. Wenn man nämlich nicht leugnen kann, daß zwischen dem ersten Buch des Staats und den folgenden ein wesentlicher Unterschied besteht, wenn man mit Schleiermacher in den von ihm angestellten Beobachtungen einig ist, so wird der Gedanke ja zurück zu den ersten Dialogen gelenkt, und zu der Form, die da unter des Sokrates Einfluß gestanden haben muß, und so wird dieser Abschnitt des Staats denn dazu Anlaß geben, die im Vorhergehenden vorgenommene Besichtigung womöglich kurz und knapp (in compendio) zu überprüfen. Zweierlei wird vor allem zu beachten sein: einmal, das erste Buch endigt nicht bloß, wie Schleiermacher meint, ohne Ergebnis, sondern eher mit einem *negativen* Ergebnis; und sodann, die *Ironie* ist hier wiederum ein wesentliches Moment.

Wir können nun der Vollständigkeit halben die Ironie teils in ihren einzelnen Äußerungen, teils in ihrem endgiltigen Bestreben betrachten. Letzteres ist natürlich die Hauptsache; trotzdem wird es nicht unwichtig sein zu sehen, daß selbst die einzelnen Äußerungen der Ironie in keinem notwendigen Verhältnis zur Idee stehn, daß die Vernichtung des Schiefen und Einseitigen nicht geschieht, um das Wahre in Erscheinung treten zu lassen, sondern um mit etwas ebenso Schiefem und Einseitigem neu zu beginnen. Dies wird von Wichtigkeit sein, um zu sehen, daß selbst *die einzelnen Äußerungen der Ironie* ihre Herkunft und Sippe nicht verleugnet haben, daß sie die eifrigen Knechte, die listigen Späher und unbestechlichen Angeber sind, die in ihrer Herrin Dienst arbeiten. Diese Herrin aber ist niemand anders denn die *totale Ironie*, welche, wenn alle kleinen Einzeltreffen zu Ende gekämpft sind, wenn alle Höhen eingeebnet sind,
über das totale Nichts hinschaut und sich bewußt wird, es sei XIII 199
nichts übrig geblieben, oder richtiger, was da übrig geblieben sei, das sei das Nichts. Dies erste Buch des Staats erinnert nun recht lebhaft an die frühen Dialoge. Der Ausgang des Dialogs erinnert an Protagoras, die innere Einrichtung erinnert an Gorgias, und es besteht eine auffallende Ähnlichkeit zwischen Thrasymachus und Kallikles[154]. Die Dreistigkeit, welche Sokrates im Gorgias an Kallikles rühmt, der da meint, Gorgias und Polos seien besiegt worden, weil sie nicht Kühnheit genug besessen haben, es frei herauszusagen, daß die meisten Menschen ihre Anschauung teilen, daß

Unrechttun das Beste ist, wenn es nur zweckdienlich geschieht, daß man aber eine gewisse Scheu hat, dies auszusprechen, wie denn auch die Schwächeren dies Verteidigungsmittel ersonnen haben, — diese Unverfrorenheit finden wir bei Thrasymachus durchaus wieder*. Die Art, in der Thrasymachus, welcher lange mit Ungeduld auf die Gelegenheit, zu Worte zu kommen, gewartet hat, endlich losbricht, erinnert an die gewaltsamen Anläufe des Polos und Kallikles; ebenso erinnert an eine ähnliche Fechterstellung im Gorgias die erste ironische Parade des Sokrates hier („Ich nun war ganz verzagt, als ich das hörte, und sein Anblick machte mir Furcht, ja ich glaube, wenn ich ihn nicht eher angesehen hätte als er mich, würde ich stumm geworden sein. Nun aber hatte ich ihn, wie er eben anfing von der Rede wild zu werden, gleich zuerst angesehen, so daß ich imstande war, ihm zu antworten, und ihm, wiewohl mit Zittern, sagte: O Thrasymachos, sei uns nicht böse!" καὶ ἐγὼ ἀκούσας ἐξεπλάγην καὶ προσβλέπων αὐτὸν ἐφοβούμην· καὶ μοι δοκῶ, εἰ μὴ πρότερος ἑωράκη αὐτὸν ἢ ἐκεῖνος ἐμέ, ἄφωνος ἂν γενέσθαι. νῦν δὲ, ἡνίκα ὑπὸ τοῦ λόγου ἤρχετο ἐξαγριαίνεσθαι, προσέβλεψα αὐτὸν πρότερος ὥστε αὐτῷ οἷός τ' ἐγενόμην ἀποκρίνασθαι, καὶ εἶπον ὑποτρέμων Ὦ Θρασύμαχε, μὴ χαλεπὸς ἡμῖν ἴσθι· vgl. Politeia § 336 d e). Die beißende Art, auf welche Sokrates, indem er ausweicht, den Satz des Thrasymachus[155], daß das dem Stärkeren Zuträgliche gerecht sei (τὸ δίκαιον οὐκ ἄλλο τι εἶναι ἢ τὸ τοῦ κρείττονος ξυμφέρον), verhöhnt durch Erheben der skeptischen Frage, ob denn etwa, „wenn Polydamas der Hauptkämpfer stärker ist als wir und ihm nun Rindfleisch zuträglich ist für seinen Leib, diese Speise deshalb auch uns, den Schwächeren, als das jenem Zuträgliche, zugleich
XIII 200 gerecht sei?" (εἰ Πολυδάμας ἡμῶν κρείττων ὁ παγκρατιαστὴς καὶ αὐτῷ συμφέρει τὰ βόεια κρέα πρὸς τὸ σῶμα, τοῦτο τὸ σιτίον εἶναι καὶ ἡμῖν τοῖς ἥττοσιν ἐκείνου ξυμφέρον ἅμα καὶ δίκαιον § 338 c),

---

* Vgl. Politeia § 348 d. – Auf die Frage, ob man Gerechtigkeit eine Tugend, Ungerechtigkeit ein Laster nenne, antwortet er: „nein, das Gegenteil!", was er jedoch modifiziert; denn auf die Frage, ob er also Gerechtigkeit ein Laster nenne, antwortet er: „das nicht, aber höchst gutartige Einfalt. – Also nennst du die Ungerechtigkeit Bösartigkeit? – Nein, sondern Klugheit, sagte er" (οὔκ, ἀλλὰ πάνυ γενναίαν εὐήθειαν. Τὴν ἀδικίαν ἄρα κακοήθειαν καλεῖς; Οὔκ, ἀλλ' εὐβουλίαν, ἔφη.).

diese beißende Art stellt eine unzweideutige Entsprechung dar zu der Art, auf welche Sokrates den Satz des Kallikles, daß der Stärkste (d. h. der Einsichtsvollste, d. h. der Beste) das Meiste haben solle, lächerlich macht*. Überhaupt ist die Ironie in diesem ersten Buch des Staats dermaßen überschäumend und unbändig, sprudelt mit einer Ausgelassenheit, tummelt sich mit einer Keckheit und Feurigkeit, daß sie so recht ahnen läßt, welch eine ungeheure Muskelkraft eine Dialektik besitzen muß, die einer solchen Ironie entspricht; weil jedoch alle diese Anstrengungen keinerlei Verhältnis zur Idee haben, so haben die Sophisten und die Gedankenentwicklungen in diesem ganzen ersten Buch eine gewisse Ähnlichkeit mit den fratzenhaften Gestalten und ebenso fratzenhaften Sprüngen, die man zu sehen bekommt in einem „Schattenspiel an der Wand[156]". Gleichwohl wird die ganze Sache von den Sophisten mit einem Ernst und einem Kraftaufwand betrieben, die zur Nichtigkeit des Ergebnisses in einem schneidenden Gegensatz stehen, und gewiß wird man sich des Lachens unmöglich enthalten können, wenn man Sokrates sagen hört: „Thrasymachos nun gestand dies zwar alles ein, aber nicht so leicht, wie ich es jetzt erzähle, sondern nur dazu gezogen und mit Mühe und unter gewaltigem Schweiß, wie denn auch damals heißer Sommer war" (Ὁ δὴ Θρασύμαχος ὡμολόγησε μὲν πάντα ταῦτα, οὐχ ὡς ἐγὼ νῦν ῥᾳδίως λέγω, ἀλλ' ἑλκόμενος καὶ μόγις, μετὰ ἱδρῶτος θαυμαστοῦ ὅσου, ἅτε καὶ θέρους ὄντος. Politeia § 350 c d). Die einzelnen Äußerungen der Ironie stehen hier natürlich nicht im Dienst der Idee, sind nicht deren Sendlinge, welche die zerstreuten Teile zu einem Ganzen sammeln; sie sammeln nicht, sondern zerstreuen, und kein einziger neuer Anfang ist Entfaltung des Vorhergehen-

* Sokrates meint, daß, wer mit Bezug auf Essen und Trinken der Einsichtsvollste sei, das Meiste davon haben solle, und als Kallikles antwortet: „Von Speisen sprichst du und Getränk und Ärzten und Possen, ich aber meine das gar nicht", verharrt Sokrates: „Ich verstehe. Aber vielleicht Kleider, und wer sich am besten auf das Weben versteht, muß auch das größte Kleid haben und am vollständigsten und schönsten angezogen umhergehn?", und nun folgt: „Kallikles: Was doch Kleider? Sokrates: Aber an Schuhen offenbar muß, wer der Einsichtsvollste und Beste hierin ist, auch mehr haben, und der Schuhmacher vielleicht auf die größten und meisten Sohlen treten?" usw. (Gorgias 490 c d e, Schleiermacher).

den oder Annäherung an die Idee, sie sind sämtlich ohne tiefere Verbindung mit dem Vorhergehenden und ohne ein Verhältnis zur Idee.

XIII 201 Was nun den Inhalt dieses ersten Buchs des Staats betrifft, so werde ich versuchen, hiervon eine Übersicht zu geben, welche so vollständig ist als der Zweck erfordert, und so gedrängt als mir möglich ist. Sokrates und Glaukon sind zum Piräus hinabgegangen, um beim Fest der Göttin Bendis gegenwärtig zu sein. Auf dem Heimweg läßt der Greis Kephalus sie zu sich einladen. Sokrates nimmt die Einladung an, und es entwickelt sich rasch eine Unterhaltung zwischen ihm und Kephalus. Dieser Abschnitt spricht durch einen anmutigen idyllischen Grundton an. Sokrates äußert seinen Dank, daß der alte Mann sich mit ihm einlassen will, dieweil jemand, der einen großen Teil des Lebensweges hinter sich hat, unbedingt demjenigen vielerlei Aufklärung geben könne, welcher erst im Begriffe ist, ihn anzutreten. Veranlaßt durch den Umstand, daß Kephalus ein nicht unbeträchtliches Vermögen teils ererbt, teils selbst erworben hat, lenkt Sokrates die Aufmerksamkeit auf die Entscheidung der Frage, ob Gerechtigkeit überhaupt Wahrheit und Erstattung der Schuldigkeit sei, oder ob es nicht Fälle gebe, in denen es unrecht sein würde, seine Schuldigkeit zu erstatten. (Wäre es so z. B. nicht unrecht, einem wahnsinnig gewordenen Freund ein Schwert zurückzugeben, das man von ihm empfangen, als er noch bei Verstande gewesen?) Hier bricht Kephalus ab und überläßt die Unterhaltung den andern, und darauf nimmt Polemarchus, sein Sohn und Erbe, (nämlich „der Erbe der Rede“ ὁ τοῦ λόγου κληρονόμος[157]) den Faden auf. Er stellt den Satz auf, „daß einem jeden das Schuldige zu leisten gerecht ist“ (τὸ τὰ ὀφειλόμενα ἑκάστῳ ἀποδιδόναι δίκαιόν ἐστι), und führt ihn näher aus in dem Sinne, daß das heiße, den Freunden Gutes zu erweisen, den Feinden Übles und erklärt „das Schuldige“ (ὀφειλόμενον) mit „das jedem Gebührende“ (τὸ ἑκάστῳ προσῆκον). Dieser Ausdruck „das Gebührende“ (τὸ προσῆκον) gibt Sokrates den Anlaß, eine völlige Skepsis, geholt aus der Welt der Erkenntnis, zu entfalten, und indem es sich zeigt, daß es Sache der Einsicht ist, einem jeden das Gebührende (τὸ προσῆκον) zu leisten, wird das Gebiet der Gerechtigkeit sehr eng begrenzt. Danach wendet er die ganze Sache so, daß man sieht, Ge-

rechtigkeit sei nur brauchbar in Fällen, da man eine Sache nicht brauche, sei also brauchbar im Unbrauchbaren. Thrasymachus hat sich bis dahin schweigend verhalten, aber ungeduldig auf Gelegenheit zum Losbrechen gewartet, und dringt denn nun auch mit der Gewaltsamkeit eines Wahnwitzigen auf Sokrates ein, und nachdem er zuerst seine Erbitterung über des Sokrates Foppereien ausgeleert hat, sagt er[158]: „Ich nämlich behaupte, das Gerechte sei nichts anderes als das dem Stärkeren Zuträgliche" (φημὶ γὰρ ἐγὼ εἶναι τὸ δίκαιον οὐκ ἄλλο τι ἢ τὸ τοῦ κρείττονος ξυμφέρον). Sokrates läßt sich scheinbar aus der Fassung bringen; aber XIII 202
nach einigen Neckereien, die besonders dazu dienen, die Aufmerksamkeit des Thrasymachus von der Hauptsache abzulenken, hebt die gleiche Taktik an, die mit so viel Glück wider Polemarchus gebraucht worden ist. Wiederum ist es das Gebiet der Erkenntnis, zu welchem Sokrates seine Zuflucht nimmt. Das doppelsinnige Wort κρείττων wird hier zum Stein des Anstoßes. Wenn es nämlich auf den Stärkeren gedeutet wird, ohne Rücksicht darauf, ob man dabei an eine einzelne Person oder an die Staatsgewalt denkt, weil in beiden Fällen die Gesetze des Staates doch lediglich auf den eignen Vorteil berechnet sind, so bestünde doch, weil der Gesetzgeber nicht unfehlbar ist, die Möglichkeit, daß die Gesetze, statt zum Besten des Stärkeren vielmehr zu seinem Schaden dienten. Thrasymachus meint nun jedoch, dieser Einwand müsse entfallen, wofern man Folgendes bedenke: gleich wie ein Arzt nicht im Blick auf die Fälle seines Irrtums, sondern im Blick auf die Fälle seines richtigen Handelns wahrhaft Arzt ist, ebenso wird ein Gesetzgeber, wenn man das Wort in seiner wahren Bedeutung nimmt, solche Gesetze zu geben wissen, die in Wahrheit auf seinen eignen Vorteil berechnet sind. Darum spricht Thrasymachus nicht von einem schlecht und recht die Herrschaft Übenden, sondern von jemandem, der in strengem, ja in allerstrengstem Sinne Herrscher ist[159] (τὸν ἀκριβεῖ λόγῳ – τὸν τῷ ἀκριβεστάτῳ λόγῳ ἄρχοντα ὄντα). Eben dies jedoch, daß der Begriff derart in geschärftem Sinne (sensu eminentiori) verstanden wird, gibt Sokrates zu einem neuen Zweifel den Anlaß: da müsse es denn wohl mit der Herrscherkunst gehen wie mit jeder andern Kunst, wenn sie in ihrem wahren Sinne geübt werde, nämlich so, daß sie keine fremdartige Absicht kenne, daß sie fest und unerschütterlich

auf ihren Gegenstand sich richte, und denn also auch nicht nach Vorteil schiele. So weit hatte Sokrates die Sache gebracht, und man kann die Richtigkeit seiner eignen Auffassung vom Gang der Erörterung nicht bestreiten, daß nämlich der Begriff des Gerechten in sein Gegenteil umgeschlagen ist[160] (ὅτι ὁ τοῦ δικαίου λόγος εἰς τοὐναντίον περιειστήκει); da bekommt Thrasymachus plötzlich einen neuen Anfall von Tobsucht, und ergießt sich, einem Besessenen gleich, selbstisch verloren an monologisches Wortgeklingel, in einem neuen Sturzbach von — wie Sokrates es nennen würde — Dreistigkeit, und der wesentliche Inhalt seiner Rede ist: wenn er von Unrechttun spreche, so meine er nicht, daß dies in kleinen Dingen geschehen solle, im Gegenteil, je großartiger Unrecht getan werde, um so vollkommener, um so vorteilhafter sei es für den, der da Unrecht tue. Nachdem er diesen Lehrvortrag (Diatribe) zu Ende gebracht, machte er sich daran, fortzugehen, als die Anwesenden ihn daran hinderten. Sokrates kehrt zu seiner früheren
XIII 203 Auffassung zurück, tut dar, daß jede Kunst in ihrem idealen Bestreben erfaßt werden müsse, daß das Schlinggewächs von endlicher Teleologie, das sich an sie heften wolle, abzutun sei. Jede Kunst hat ihr eigentümliches Ziel, ihren Nutzen, der einzig und allein in der Förderung des Bedürfnisses derer besteht, die ihrer Fürsorge anvertraut sind. Thrasymachus besteht auf seinem Satz und gibt die weitere Aufklärung, Gerechtigkeit sei nichts anderes als Einfalt, Ungerechtigkeit dagegen Klugheit. Sokrates bringt nun Thrasymachus dahin zu behaupten, daß Ungerechtigkeit Weisheit und Tugend sei. Darauf läßt Sokrates seine Erörterung die Richtung gerade auf den Satz zu nehmen, daß Ungerechtigkeit Weisheit sei, und mittels einiger Entsprechungen aus dem Bereich der Erkenntnis vertreibt er Thrasymachus abermals aus der Verschanzung, welche dieser hinter seinem gewagten Paradox besetzt gehalten hatte. Der Gerechte möchte doch nicht mehr haben als der Gerechte, wohl aber als der Ungerechte; der Ungerechte möchte Vorteil haben sowohl vor dem Gerechten wie vor dem Ungerechten. Ebensowenig möchte ein Künstler vor einem andern Künstler Vorteil haben, wohl aber vor dem Nicht-Künstler; ein Arzt möchte nicht Vorteil haben vor dem Arzte, wohl aber vor dem Nicht-Arzt, überhaupt möchte der Kundige nicht Vorteil haben vor einem andern Kundigen, wohl aber vor dem Unkundi-

gen. Mithin ist der Gerechte verständig und gut, der Ungerechte unverständig und schlecht. Nunmehr ist die Sache natürlich im Gang, und was im ersten Buche noch folgt, ist in keiner Weise karg damit, der Gerechtigkeit alles mögliche Gute nachzusagen. Diese Aussagen sind indes mehr äußerlich beschreibend, sie sind anzusehn als eine Art von Steckbriefen, welche einem beim Aufgreifen auf die Spur helfen können, enthalten aber keine Begriffsbestimmungen. Sie setzen darum den Gedanken wohl in Bewegung, lassen ihn aber im Abstrakten schweben, und bringen ihn nicht zur Ruhe mit positiver Fülle. Wenn daher zum Schluß[161] Sokrates von Thrasymachus das Ergebnis bestätigt wünscht: „Niemals also, o vortrefflicher Thrasymachus, ist die Ungerechtigkeit förderlicher als die Gerechtigkeit“ (Οὐδέποτ᾽ ἄρα ὦ μακάριε Θρασύμαχε, λυσιτελέστερον ἀδικία δικαιοσύνης), so kann man gewissermaßen Thrasymachus die höhnische Erwiderung verzeihen: „Hiermit also . . ., o Sokrates, sollst du bewirtet sein zu den Bendideen!“ (Ταῦτα δή σοι, ἔφη, ὦ Σώκρατες, εἱστιάσθω ἐν τοῖς Βενδιδείοις.) Aber Sokrates hat doch zu viel Übersicht über den Gang der Unterredung, um nicht zu merken, daß die ganze Art des Vorgehens ziemlich sprunghaft gewesen ist. Darum schließt er mit der Bemerkung: „. . . wie die Lecker immer zugreifen, um von dem eben Aufgetragenen zu kosten, ehe sie noch das Vorige gehörig genossen haben: so komme ich mir auch vor, als ob ich, ehe noch gefunden war, was wir zuerst suchten, nämlich, was doch das Gerechte sei, von diesem abgelassen und mich zu jenem gewendet habe, zu der Untersuchung, ob es wohl eine Schlechtigkeit ist und eine Torheit oder eine Weisheit und Tugend; und als hernach wieder eine andere Rede dazwischenfiel, daß die Ungerechtigkeit vorteilhafter sei als die Gerechtigkeit, konnte ich mich nicht enthalten, auch gleich wieder von jener zu dieser zu gehen. So daß ich jetzt durch das ganze Gespräch doch nichts gelernt habe. Denn solange ich nicht weiß, was das Gerechte ist, hat es gute Wege, daß ich wissen sollte, ob es eine Tugend ist oder nicht und ob der, welcher es an sich hat, nicht glückselig ist oder glückselig“ (ἀλλ᾽ ὥσπερ οἱ λίχνοι τοῦ ἀεὶ παραφερομένου ἀπογεύονται XIII 204
ἁρπάζοντες, πρὶν τοῦ προτέρου μετρίως ἀπολαῦσαι, καὶ ἐγώ μοι δοκῶ οὕτω, πρὶν ὃ τὸ πρῶτον ἐσκοποῦμεν εὑρεῖν, τὸ δίκαιον ὅ, τί ποτ᾽ ἐστίν, ἀφέμενος ἐκείνου ὁρμῆσαι ἐπὶ τὸ σκέψασθαι περὶ αὐτοῦ

εἴτε κακία ἐστὶ καὶ ἀμαθία εἴτε σοφία καὶ ἀρετή, καὶ ἐμπεσόντος αὖ ὕστερον λόγου, ὅτι λυσιτελέστερον ἡ ἀδικία τῆς δικαιοσύνης, οὐκ ἀπεσχόμην τὸ μὴ οὐκ ἐπὶ τοῦτο ἐλθεῖν ἀπ' ἐκείνου, ὥστε μοι νυνὶ γέγονεν ἐκ τοῦ διαλόγου μηδὲν εἰδέναι· ὁπότε γὰρ τὸ δίκαιον μὴ οἶδα ὅ ἐστι, σχολῇ εἴσομαι εἴτε ἀρετή τις οὖσα τυγχάνει εἴτε καὶ οὔ, καὶ πότερον ὁ ἔχων αὐτὸ οὐκ εὐδαίμων ἐστὶν ἢ εὐδαίμων Politeia § 354 b c).

Blicken wir nun auf die im ganzen ersten Buch vollzogene Bewegung, so wird gewiß jedermann zugeben, daß sie *nicht* die Dialektik der Idee ist; eher dürfte man sagen, daß die Frage sich aus den Torheiten der Redenden herausdialektisiert, und daß so das erste Buch sich die Möglichkeit erringt, mit spekulativer Energie die Frage zu stellen: was ist Gerechtigkeit? Somit muß man Schleiermacher darin Recht geben, daß das erste Buch des Staats ohne Ergebnis endigt. Mittlerweile könnte dies als etwas ganz und gar Zufälliges erscheinen. Wenn nämlich ein Werk wie Platos Staat, das aus zehn Büchern besteht, in welchen die Entwicklung der Idee der Gerechtigkeit ein Hauptgegenstand ist, nicht sogleich im ersten Buche das Ergebnis liefert, so muß man dies doch wohl ganz in der Ordnung finden. Aber so verhält sich die Sache nun nicht. Man darf keineswegs aus dem Gesicht verlieren, daß zwischen dem ersten und den folgenden Büchern ein großer Unterschied besteht, und daß das zweite Buch die Sache ganz von vorne beginnt, mit dem Anfang anfängt. Nehmen wir nun noch hinzu, daß das erste Buch es in sein Bewußtsein aufnimmt, nicht zu einem Ergebnis gelangt zu sein, daß es dieses Bewußtsein nicht flieht, sondern es festhält und dabei verweilt, so kann gewiß nicht geleugnet werden, daß das erste Buch des Staats nicht bloß ohne Ergebnis*, sondern mit einem *negativen Ergebnis* endigt.

* Daß Sokrates im Lauf der Unterredung an den einen oder andern mehr positiven Gedanken rührt, ist unbestreitbar. Doch dies Positive ist hier wieder aufgefaßt in seiner ganzen Abstraktheit, und insofern ist das
XIII 205 Positive abermals bloß eine negative Bestimmung. So ist z. B. der Gedanke, jede Kunst in eine ideale Sphäre emporzuheben, in eine höhere Ordnung der Dinge, allwo sie allein um ihrer selbst willen, von keiner irdischen Entweihung angefochten, geübt wird, zwar an und für sich sehr positiver Art; aber zugleich ist er so abstrakt, daß er in Beziehung auf jede einzelne Kunst eine negative Bestimmung ist. Der positive Gedanke, die eigentliche Fülle (πλήρωμα) wäre erst gegeben, wenn es sichtbar würde,

Und gleichwie dies an und für sich ironisch ist, ebenso trägt auch die Schlußbemerkung des Sokrates ein unverkennbar *ironisches Gepräge*. So wird denn also, falls ich nicht etwa bloße Lufthiebe getan haben sollte, die Betrachtung des ersten Buchs des Staats in allem Vorhergehenden eine Stütze finden, ebenso wie umgekehrt das früher Gesagte, soweit es noch in der Schwebe gewesen ist, in dieser letzten Untersuchung festen Grund finden wird; und mein ganzes Gebäude braucht keineswegs deshalb von Einsturz bedroht zu sein, weil das eine zum andern gleichzeitig als Getragenes und als Träger sich verhält. XIII 205

Auf dies erste Buch vom Staat muß ich indes vorzugsweise ein Gewicht legen. Plato muß auf die eine oder andere Weise sich des Unterschieds zwischen diesem ersten Buch und den folgenden bewußt geworden sein; aber da eine ganze dazwischenliegende Reihe von Dialogen diesem ersten Buch durchaus unähnlich ist, muß er mit ihm die eine oder andre Absicht verfolgt haben. Soviel nach der einen Seite. Nach der andern Seite aber erinnert dies erste Buch des Staats gerade an die frühesten Dialoge. Diese müssen in einem ganz andern Sinne als die späteren unter dem Einfluß und der persönlichen Einwirkung des Sokrates gestanden haben. Das Ergebnis hieraus ist: durch *diese* ersten Dialoge und *dies* erste Buch des Staats hindurch müssen wir uns den Weg zu einem *Verständnis des Sokrates* am sichersten bahnen können.

---

worinnen die Kunst sich selber begehrt. Die negative Bestimmung, daß sie auch nicht anderes begehrt, würde als ein Schatten der positiven Bestimmung folgen, als die in jedem Augenblick sich aufhebende Möglichkeit eines solchen Begehrens. Hier hat sich in gewissem Sinne die Reihenfolge umgekehrt, sofern es als das Positive aufgestellt wird, daß die Kunst nicht um einer andern Sache willen geübt wird. Man kann freilich sagen, nach der Gerechtigkeit solle und dürfe man einzig um der Gerechtigkeit willen streben; aber damit da wirklich im Gedanken ein Fortschritt geschehen sei, muß die Gerechtigkeit an der ersten Stelle sich entfaltet haben in der Gerechtigkeit an der zweiten Stelle, muß die vorwärtstreibende Unruhe in der Gerechtigkeit an der ersten Stelle ihre Ruhe und Beruhigung gefunden haben in der Gerechtigkeit an der zweiten Stelle. Solange man darum nicht weiß, was Gerechtigkeit ist, bleibt es natürlich ein negativer Gedanke, daß Gerechtigkeit einzig um ihrer selbst willen begehrt werden dürfe.

Was die Auswahl der Dialoge angeht, so habe ich stets und ständig eine einzige Absicht im Auge gehabt: die nämlich, mich an die Dialoge zu halten, welche nach der *allgemeinen Ansicht* mir einen wenn auch noch so eingeschränkten Ausblick auf den *wirklichen Sokrates* eröffnen mußten. Die meisten Gelehrten haben nun, was für mich die Hauptsache ist, bei ihrer Einteilung der Dialoge eine erste Klasse, welche sie sämtlich in nähere Berührung mit Sokrates bringen, nicht bloß, weil sie ihm zeitlich am nächsten stehen (denn dies wäre ja eine durchaus äußerliche Bestimmung), sondern auch, weil sie als die ihm dem Geiste nach am nächsten verwandten angesetzt werden, ohne daß deshalb alle Gelehrten sie mit Ast geradezu die sokratischen nennen*. Ferner sind die Gelehrten sich nicht alle einig darin, welchen Dialogen man in dieser ersten Klasse eine Stelle anweisen soll; aber sie alle haben doch den *Protagoras* in sie gesetzt, die meisten auch den *Gorgias*, und das genügt mir. Ast weist auch dem *Phädon* hier seine Stelle an. Hierbei hat er mehrere wider sich. Dahingegen sind die meisten wieder einig darin, dem *Symposion* und dem *Phädon* mit Rücksicht auf das Verständnis des Sokrates eine besondere Bedeutung beizulegen. Insofern sich Ast wider die frühere von Schleiermacher aufgestellte, in der Abhandlung hier am gegebenen Ort berührte Anschauung erklärt, welche Symposion und Phädon miteinander verknüpft, legt er mir freilich mit diesem Einspruch ein Hindernis in den Weg; da er jedoch den Phädon mit unter die „sokratischen" Dialoge zählt, so kann ich mit einer gewissen Abwandlung in diesem Punkte

* Ast, Platos Leben und Schriften (1816) S. 53f: „In den Gesprächen der ersten Reihe lebte Plato noch ganz in der Sokratik; hier hatte er den Zweck, die Sokratik gegen die verderblichen Grundsätze der damaligen Sophisten (Protagoras), Redner und Schriftsteller (Phädros), und Politiker (Gorgias) geltend zu machen, und im Gegensatz zu ihr nicht nur ihre Nichtigkeit und Gehaltlosigkeit, sondern auch ihre Schädlichkeit zu zeigen." Diese Betrachtung von Ast kann man gut und gerne sich aneignen, wenn man nicht vergißt, daß hier nicht die Rede sein kann von einer positiven Polemik, welche mit dem Pathos des Ernstes die falschen Lehrer niederdonnert, sondern von einer negativen Polemik, die auf weit feinere, aber auch weit nachdrücklichere Art ihnen den Boden wegzieht, sie kalt und ungerührt im totalen Nichts versinken sieht.

Schleiermacher und denen, die sich diesem anschließen, folgen. Was *die Apologie* betrifft, so sind die meisten darin einig, dieser eine geschichtliche Bedeutung in strengerem Sinne beizumessen, und auf sie muß ich denn also, wie ich auch getan, XIII 207
vorzugsweise ein Gewicht legen. Dem *ersten Buch des Staats* endlich habe ich unter den Auspizien Schleiermachers eine eigene Bedeutung für diese Untersuchung zu wahren gesucht.

Einerseits habe ich also in der Auswahl der Dialoge die Ergebnisse der wissenschaftlichen Forscher vor Augen gehabt, nach ihnen mich gerichtet, soweit es mir möglich war, mich an sie angelehnt, soweit sie das zuließen; anderseits aber habe ich mich auch bemüht, durch ein unbefangenes aufmerksames Studium eines großen Teils von Plato mich von dem hier Richtigen selbst zu überzeugen. Daß Ironie und Dialektik die beiden Großmächte bei Plato sind, wird gewiß jedermann zugeben; aber auch das läßt sich nicht abstreiten, daß sich eine *zwiefache Art von Ironie* und eine *zwiefache Art von Dialektik* findet. Es ist da eine Ironie, die lediglich ein Stimulus des Gedankens ist, ihn spornt, wenn er schläfrig wird, ihn züchtigt, wenn er ausschweifend wird. Und es ist da eine Ironie, die selber am Operieren ist und wieder auch selber das Ziel ist, darauf das Streben geht. Es ist da eine Dialektik, die in unablässiger Bewegung darüber wacht, daß die Frage nicht in einem zufälligen Verständnis sich verfange, die da niemals müde wird, immerdar bereit ist, das Problem wieder flott zu machen, wenn es auf Grund geraten ist, kurz gesagt, die da allezeit das Problem in der Schwebe zu halten weiß und gerade dadurch und damit es lösen möchte. Und es ist da eine Dialektik, welche, indem sie die abstraktesten Ideen zum Ausgangspunkt nimmt, diese sich entfalten lassen möchte in konkreteren Bestimmungen, eine Dialektik, die da mit der Idee die Wirklichkeit konstruieren will. Endlich ist da in Plato noch ein Element, welches für dasjenige, daran es den beiden Großmächten fehlt, eine notwendige Ergänzung liefert. Dies ist *das Mythische und das Bildliche*. Der ersten Art von Ironie entspricht die erste Art von Dialektik, der zweiten Art von Ironie die zweite Art von Dialektik; den beiden ersten entspricht das Mythische, den beiden letzten das Bildliche, dies jedoch so, daß das Mythische in keinem notwendigen Verhältnis zu den beiden ersten steht und ebenso wenig zu den beiden letzten; vielmehr ist das Mythische eher wie eine durch die Einseitigkeit der beiden ersten hervorgerufene Vorwegnahme, oder wie ein Übergangsmoment, ein Grenzgebiet (confinium), das eigentlich weder dem einen, noch dem andern Teil zugehört.

Es sind nun nur zwei Annahmen möglich. *Entweder* liegen diese Standpunkte sämtlich *innerhalb von Platos* Umfang; er hat das erste Stadium mit Ursprünglichkeit in sich erlebt, es in seinem Geiste sich entfalten lassen, bis daß das zweite Stadium sich geltend zu machen begann und nach einer allmählichen Entwicklung unter der Decke des ersten Stadiums damit endete, dieses gänzlich zu verdrängen; denn das erste Stadium ist im
XIII 208 zweiten nicht mit aufgenommen, im zweiten Stadium ist alles neu. Will man so beide Standpunkte dem Plato zuschreiben, so müßte man den ersten als Skepsis bezeichnen, als eine Art von Einleitung, die doch nicht in die Sache hineinführt, als einen Anlauf, der doch das Ziel nicht erreicht. Überdies läßt man auf diese Art dem ersten Standpunkt doch sein Recht nicht widerfahren: man läßt es ihm nicht zu, innere Festigkeit zu gewinnen, sondern schleift ihn nach Möglichkeit ab, um den Übergang zum zweiten Standpunkt zu erleichtern. Tut man das, so verfälscht man das Phänomen; tut man es nicht, so wächst nur um so mehr die Schwierigkeit, für beide Standpunkte in Plato ursprünglichen Raum zu gewinnen. Außerdem wird damit die Bedeutung des Sokrates ganz und gar auf die Seite geschoben, und ein solcher Auslegungsversuch geriete ja doch mit aller Geschichte in Widerstreit; das Ganze, dafür Plato dem Sokrates zu danken hätte, wäre alsdann der Name Sokrates, welcher bei Plato denn doch in Wahrheit eine ebenso wesentliche Rolle spielt als dieser Auffassung gemäß eine zufällige. *Oder* aber (dies ist die andre Annahme), einer dieser beiden Standpunkte gehört *ursprünglich* dem *Sokrates*, sekundär dem Plato, und diesen hat Plato dann also lediglich reproduziert. — Welcher der beiden Standpunkte nun dem Sokrates gehören möge, darüber kann es einen Zweifel nicht geben. Es muß der erste Standpunkt sein. Seine Eigenheiten sind, wie oben bereits angedeutet, die Ironie in ihrem *das Ganze umfassen-*

den Streben* die Dialektik in ihrer negativ befreienden Wirksamkeit.**

Sofern es mir im Vorhergehenden nicht hinreichend gelungen sein sollte, aus Plato diesen Standpunkt zu rechtfertigen, liegt der Grund (abgesehen von dem, was etwa mein eigener Mangel an Tüchtigkeit verschuldet hat) darin, daß Plato diesen Standpunkt lediglich reproduziert hat. Indes, so machtvoll der Einfluß auch sein mußte, welchen die Ironie auf ein dichterisches Gemüt wie das Platos hat gewinnen können, nicht minder groß mußte für ihn die Schwierigkeit werden, sich diesen Einfluß zu erklären XIII 209
und die Ironie in ihrer Ganzheit zu reproduzieren, und doch in dieser Reproduktion auf jeglichen Zusatz von positivem Gehalt zu verzichten, sich dagegen zu sichern, daß sie schon auf diesem Standpunkt das wurde, was sie später bei ihm ist, eine negative Macht im Dienst einer positiven Idee. Verhält es sich nun solchermaßen, so wird auch die Richtigkeit des Verfahrens einleuchten, daß man gemäß der oben bereits gemachten Andeutung die zwischen einem positiven und einem negativen Standpunkt schwankenden Äußerungen der ersten Dialoge als die zweideutigen vorläufigen Lichter auffaßt, den mythischen Teil dieser Dialoge eine Antizipation sein läßt und den eigentlichen Platonismus anheben läßt mit jenem Zyklus von Dialogen, zu welchem Parmenides, Theätetos, der Sophist, der Politikos gehören.

Natürlich bleibt für mich immer noch die Schwierigkeit zurück, daß der erste Standpunkt richtig einzig und allein erfaßt werden kann mittels einer scharf rechnenden Beobachtung, insofern doch Platos Reproduktion nicht gänzlich frei ist von einer gewissen Zwielichtigkeit. Dies läßt sich um so leichter erklären, als zwischen Ironie und subjektivem Denken eine oft täuschende

---

* Es könnte scheinen, als ob man das erste Stadium auch als rein dialektisch bezeichnen und somit Sokrates reinweg als Dialektiker auffassen dürfte. Dies hat denn auch Schleiermacher in seiner bekannten Abhandlung[162] getan; jedoch Dialektik als solche ist eine allzu unpersönliche Bestimmung, als daß eine solche Gestalt wie Sokrates darinnen aufgehen könnte; im Gegensatz dazu führt (während die Dialektik sich unendlich dehnt und in die äußersten Enden ausströmt) die Ironie die Dialektik ins Persönliche zurück, rundet sie im Persönlichen ab.

** Insofern ist es ganz in der Ordnung, daß Aristoteles dem Sokrates Dialektik im eigentlichen Sinne des Worts abspricht.

Ähnlichkeit statthat. Was nun fürs Erste das Verhältnis einer Persönlichkeit zu einer andern Persönlichkeit anlangt, sofern es sich dabei um ein befreiendes Verhältnis handelt, so vermag dieses ganz offenbar teils in negativem Sinne, teils in positivem Sinne befreiend zu sein, wie bereits im Vorhergehenden[163] dargelegt worden ist. Sofern die Ironie die Bande zerschneidet, welche die Spekulation zurückhalten, dazu hilft, von den rein empirischen Sandbänken abzustoßen und sich auf die offene See zu wagen, haben wir es mit einer negativ befreienden Wirksamkeit zu tun. Die Ironie ist *schlechterdings nicht* ein Mitinteressent der Expedition. Insofern aber das spekulierende Individuum sich befreit fühlt und vor seinem betrachtenden Auge sich nunmehr ein Reichtum hinbreitet, kann es leicht *zu dem Glauben kommen*, daß es auch dieses alles der Ironie zu danken habe, kann die Dankbarkeit, die es hegt, wünschen, daß es dieses alles miteinander ihr schuldig sei. In einem gewissen Maße liegt in dieser Verwechslung nun auch etwas Wahres, da ja alles geistige Eigentum allein *da ist* in Beziehung auf das Bewußtsein, das es besitzt. Sowohl auf dem Standpunkt der *Ironie* als auch auf dem des *subjektiven* Denkens wird mithin eine *Persönlichkeit* ein *notwendiger Ausgangspunkt*; auf diesen beiden Standpunkten wird die Wirksamkeit dieser Persönlichkeit eine befreiende, aber die der Ironie ist negativ, die des subjektiven Denkens hingegen positiv. Plato ist daher für seine Schüler in einem andern Sinne befreiend gewesen als Sokrates für Plato; jedoch auch für Platos Schüler blieb es eine Notwendigkeit, ihn mitzudenken, denn seine Spekulation blieb nur subjektiv, und er trat seinerseits nicht zurück in den Schatten, während sich vor dem Zuhörer die Idee selber bewegte. Mittlerweile war dies Verhältnis Platos zu Sokrates kein stetig
XIII 210 fortdauerndes, später wurde er nicht so sehr durch Sokrates befreit, vielmehr fand er da in sich selber die Befreiung, wiewohl sein Gedächtnis zu treu war, seine Dankbarkeit zu glühend, als daß er ihn jemals vergessen hätte. Soweit indes in den konstruktiven Dialogen Sokrates noch immer die Hauptperson ist, ist dieser Sokrates doch nur ein Schatten des in den ersten Dialogen auftretenden, eine Erinnerung, über der Plato, wie teuer sie ihm auch war, mit Freiheit stand, die er mit dichterischer Freiheit erschuf.

Was die Form anlangt, ist *der Dialog für beide Standpunkte* gleich notwendig. Er deutet nämlich das Ich und dessen Verhältnis zur Welt an; in dem einen Falle aber handelt es sich um das Ich, welches ständig die Welt verschlingt, in dem andern Falle um das Ich, welches die Welt aufnehmen will; in dem einen Falle redet sich das Ich ständig aus der Welt heraus, in dem andern Falle ständig in sie hinein; auf dem einen Standpunkt ist es ein Fragen, welches die Antwort aufzehrt, auf dem andern ein Fragen, welches die Antwort entfaltet. Was die Methode betrifft, so ist diese die dialektische, auf *beiden* Standpunkten *abstrakte Dialektik*. Als solche erschöpft sie die Idee natürlich nicht. Was übrig bleibt, ist auf dem einen Standpunkt das Nichts, d. h. das negative Bewußtsein, in welches die abstrakte Dialektik aufgenommen wird, auf dem andern Standpunkt das Jenseitige, eine abstrakte Bestimmung, die jedoch positiv festgehalten wird. Insofern ist die Ironie hinaus über das subjektive Denken, sie ist über es hinaus, sofern sie ein zu sich selbst zurückkehrender vollendeter Standpunkt ist; dahingegen hat das subjektive Denken eine Gebrechlichkeit, eine Schwäche, durch die hindurch ein höherer Standpunkt sich an den Tag arbeiten muß[164]. In einem andern Sinne ist die Ironie ein untergeordneter Standpunkt, sofern es ihr an der Möglichkeit dazu fehlt, sofern sie jeglicher Aufforderung gegenüber unzugänglich bleibt, sich mit der Welt nicht weiter einlassen will, sondern sich selbst genug ist. Da beide Standpunkte subjektive Standpunkte sind, liegen sie natürlich in gewissem Maße beide im Bereich der Annäherungsphilosophie, nur daß sie nicht darin sich verloren haben, womit sie ja zu ganz und gar empirischen Standpunkten herabsänken. Indes ist dasjenige, dadurch der eine Standpunkt über die Wirklichkeit hinausgeht, das Negative, d. h. die ins Bewußtsein aufgenommene Verneinung der Giltigkeit der Erfahrung, der andere Standpunkt hat ein Positives in Form einer abstrakten Bestimmung. Der eine Standpunkt hält die Erinnerung mit negativer Rückläufigkeit fest im Gegensatz zur Bewegung des Lebens, der andre Standpunkt hält die Erinnerung vorwärtsschreitend fest in ihrem Ausströmen in die Wirklichkeit*. Aber indem XIII 211

* Die ausführlichere Darlegung aller dieser Gleichheiten und Ungleichheiten, aller dieser Berührungspunkte (Koinzidenzpunkte) hat der Leser am gegebenen Ort im Vorhergehenden gefunden.

ich dergestalt im Begriff bin, die Möglichkeit dieses Mißverstehens darzutun, meine Untersuchung aus ihm herauszuwickeln, hat vielleicht der eine oder andre Leser den ein wenig ironischen Gedanken, es handle sich um ein *Mißverstehen* von *meiner Seite* und das Ganze sei blinder Lärm. Was ein solcher Leser im Auge hat, ist natürlich die Schwierigkeit zu erklären, wie es sich denken lasse, daß Sokrates den Plato mystifiziert habe, so daß dieser das von Sokrates mit Ironie Gesagte als ernst gemeint aufgefaßt hätte. Ja, man könnte die Schwierigkeit für mich noch größer werden lassen, indem man daran erinnert, daß Plato sich sonst doch recht gut auf Ironie verstanden habe, wie das sogar seine letzten Schriften zeigen. Was den *letzteren Einwand* betrifft, möchte ich erwidern, daß von den einzelnen Äußerungen der Ironie hier natürlich nicht die Rede ist, sondern von der sokratischen Ironie nach der Ganzheit ihres Strebens. Um jedoch die Ironie auf diese Art zu verstehen, dazu bedarf es einer durchaus eigentümlichen geistigen Veranlagung, die sich von jeder andern qualitativ unterscheidet. Insbesondere taugt ein reiches dichterisches Gemüt wenig dazu, sie zu begreifen, so wie sie in geschärftem Sinne (sensu eminentiori) ist; dahingegen kann eine derartige geistige Veranlagung sehr wohl sich angesprochen fühlen von den einzelnen Äußerungen der Ironie, ohne die Unendlichkeit, die darunter sich verbirgt, zu ahnen, kann auch mit ihnen scherzen ohne die geringste Vorstellung von dem ungeheuerlichen Dämon, welcher in den wüsten und leeren Stätten der Ironie haust[165]. Was den *ersten Einwand* betrifft, möchte ich teils erwidern, es würde einem Plato wohl stets recht schwer fallen, Sokrates ganz zu begreifen; teils aber (und dies ist meine Haupterwiderung) möchte ich sagen, man dürfe doch in Plato nicht ein bloßes Abbild des Sokrates suchen, und es sei auch wohl noch keinem Leser von Plato beigekommen, dies zu suchen. Wenn aber Plato (darin sind doch die meisten Gelehrten sich einig) Sokrates nicht bloß reproduziert, sondern dichterisch erschaffen hat, so liegt doch darin alles nur Wünschbare beschlossen für die Beseitigung dieser Schwierigkeit. Man dürfte ja aus dem Umstand, daß Plato in den späteren Dialogen Sokrates das Wort führen läßt, keineswegs den Schluß ziehen, daß die Dialektik des Sokrates wirklich so wie die in dem Parmenides sich findende beschaffen gewesen ist,

seine Begriffsentwicklung so wie die im ‚Staat‘ sich findende;
ebenso wenig aber wäre man nun befugt, aus der in den ersten
Dialogen sich findenden Darstellung den Schluß zu ziehen, daß
der Standpunkt des Sokrates in Wirklichkeit genau so gewesen
ist, wie er hier geschildert wird. — Vielleicht wäre nun der eine
oder andre Leser gewillt, mir dies zuzugeben, ja, vielleicht wartet er
mit einiger Ungeduld, ob ich nicht endlich mit dieser Betrachtung
fertig werde, damit er mir mit einem *neuen Einwand* über den
Hals kommen kann. Wenn ich mich nämlich in der vorhergehen-
den Untersuchung bemüht habe, dies auf das Ganze gehende Stre- XIII 212
ben der Ironie in den einzelnen Dialogen nachzuweisen, so muß
doch auch Plato dies begriffen haben, sintemal es in seiner Dar-
stellung sich auffinden läßt. Hierauf diene Folgendes als Ant-
wort. Teils habe ich in der vorhergehenden Untersuchung ledig-
lich versucht, die *Möglichkeit* meines Verständnisses des
Sokrates *darzutun*. Deshalb hab ich an mehreren Stellen die
Auffassung in der Schwebe gehalten, angedeutet, daß man sich
die Sache auch auf andre Weise vorstellen könne. Teils habe ich
in der Hauptsache den Beweis aus der Apologie geführt. In dieser
aber hat man nach der Meinung der meisten eine geschichtlich
treue Wiedergabe der Wirklichkeit des Sokrates; und gleichwohl
war ich auch bei der Apologie genötigt, den Geist der Ironie
gleichsam erst zu beschwören, ihn sich zur Einheit sammeln und
nach seiner ganzen Totalität erscheinen zu lassen.

Xenophon und Plato

Wollte man Platos Verständnis des Sokrates mit wenigen Wor-
ten ausdrücken, so könnte man sagen: er spricht ihm die Idee zu.
Wo die Empirie endet, da hebt Sokrates an, es ist seine Tätigkeit,
die Spekulation aus den Bestimmungen der Endlichkeit herauszu-
führen, die Endlichkeit aus dem Auge zu verlieren und hinauszu-
steuern auf den Ozean, allwo das ideale Streben und die ideale
Unendlichkeit keinerlei fremde Rücksicht kennen, sondern sich
selber ihr unendliches Ziel sind. Gleich wie daher die niedere
Sinneswahrnehmung neben dieser höheren Erkenntnis verbleicht,

ja im Vergleich mit dieser zu einem Trug, einer Täuschung wird, ebenso wird jegliche Rücksicht auf ein endliches Ziel eine Verkleinerung, eine Entweihung des Heiligen. Kurz gesagt, Sokrates hat die *Idealität gewonnen*, hat diese ungeheuren Bereiche erobert, die bis dahin eine terra incognita gewesen. Er verachtet darum das Nützliche, ist gleichgiltig gegen das Bestehende, ein ausgemachter Feind der Mittelmäßigkeit, welche in den Augen der Empirie als das Höchste ein Gegenstand frommer Verehrung ist, für die Spekulation dagegen ein von Trollen untergeschobener Wechselbalg. Erinnert man sich nun im Gegensatz dazu des Ergebnisses, zu dem wir bei *Xenophon* gelangt sind, daß wir allda Sokrates emsig tätig fanden als einen Apostel der *Endlichkeit*, als einen betriebsamen Musterreiter im Werbedienst der Mittelmäßigkeit, der da unverdrossen sein allein seligmachendes irdisches Evangelium empfiehlt, daß wir allda statt des Guten das Nützliche gefunden haben, statt des Schönen das Brauchbare, statt des Wahren das Bestehende, statt des Sympathetischen das Lukrative, statt harmonischer Einheit Nüchternheit, ja, so wird XIII man gewißlich zugeben: diese beiden Auffassungen lassen sich 213 nicht wohl vereinigen. Entweder müßte man Xenophon einer völligen Willkür, eines unbegreiflichen Hasses gegen Sokrates bezichtigen, die in einer derartigen Verleumdung Befriedigung suchten; oder man müßte Plato eine ebenso rätselhafte Idiosynkrasie für sein Widerspiel zuschreiben, welche ebenso unerklärlich sich betätigte, indem sie dieses nach dem eigenen Bilde umwandelte. Wollen wir nun für einen Augenblick den wirklichen Sokrates als eine unbekannte Größe stehen lassen, so kann man in Hinblick auf diese beiden Auffassungen sagen: Xenophon hat als ein Krämer sich seinen Sokrates erfeilscht, Plato hat als ein Künstler sich seinen Sokrates erschaffen in übernatürlicher Größe. Wie aber ist Sokrates in Wirklichkeit gewesen, was ist für seine Tätigkeit der Ausgangspunkt gewesen? Die Antwort hierauf muß natürlich uns zugleich aus der Not heraushelfen, in der wir bisher gesteckt haben. Die Antwort hierauf lautet: *das Dasein des Sokrates ist Ironie*. Ebenso wie diese Antwort nun meiner Meinung nach die Schwierigkeit behebt, ebenso macht der Umstand, daß sie die Schwierigkeit behebt, sie zugleich zu der rechten Antwort, so daß sie sich im gleichen Augenblick als

Hypothese und als das Wahre zeigt. Der Punkt nämlich, der Strich, welcher die Ironie zu Ironie macht, ist überaus schwer zu packen. Man kann darum sehr wohl mit Xenophon annehmen, Sokrates habe es geliebt, umherzugehen und mit allerlei Menschen zu sprechen, weil jedes äußerliche Begebnis oder Ding für den allezeit schlagfertigen Ironiker ein Anlaß ist; und man kann sehr wohl mit Plato Sokrates die Idee berühren lassen, nur daß die Idee sich ihm nicht auftut, vielmehr die Grenze ist. Jeder dieser beiden Darsteller hat nun natürlich sich bemüht, Sokrates zu *vervollständigen*, Xenophon dadurch, daß er ihn in die flachen Gefilde des Nützlichen niederzieht, Plato dadurch, daß er ihn emporhebt in die überirdischen Bereiche der Idee. Der Punkt jedoch, der zwischen beiden liegt, unsichtbar und überaus schwer festzuhalten, ist die Ironie. Auf der einen Seite ist gerade das Mannigfaltige der Wirklichkeit das Element des Ironikers, auf der andern Seite aber ist sein Schreiten über die Wirklichkeit hin schwebend und ätherisch, ständig rührt er nur an den Boden; da aber das eigentliche Reich der Idealität für ihn noch fremd daliegt, ist er noch nicht dahin abgewandert, doch gleichsam in jedem Augenblick marschbereit. *Die Ironie* schillert zwischen dem idealen Ich und dem empirischen Ich hin und her; das eine würde Sokrates zum Philosophen machen, das andre zum Sophisten; aber was ihn zu mehr als zu einem Sophisten macht, ist der Umstand, daß sein empirisches Ich universale Giltigkeit hat.

Aristophanes XIII 214

Die Auffassung, die *Aristophanes* von Sokrates hat, wird geradezu den notwendigen Gegensatz zu der *Platos* abgeben, und eben mittels dieses Gegensatzes uns einen neuen Weg des Durchrechnens ermöglichen. Ja, es wäre eine große Lücke, falls wir die Würdigung des Sokrates durch Aristophanes nicht hätten; denn gleich wie da im allgemeinen jegliche Entwicklung ihr Ende darin hat, daß sie sich selbst parodiert und eine derartige Parodie die Bürgschaft dafür ist, daß diese Entwicklung sich selbst überlebt hat, ebenso ist das komische Verständnis mit ein Moment,

ein vielfach unendlich richtigstellendes Moment in der vollständigen Veranschaulichung einer Persönlichkeit oder einer Bestrebung. Wenn daher auch das unmittelbare Zeugnis über Sokrates fehlt, wenn auch ein durchaus zuverlässiges Verständnis seiner Person fehlt, so hat man als Ersatz dafür doch alle verschiedenen Spielarten des Mißverständnisses, und bei einer solchen Persönlichkeit wie Sokrates ist uns damit, glaub ich, am besten gedient. Plato und Aristophanes haben nun das miteinander gemein, daß ihre Darstellung *idealisch* ist, jedoch so, daß die eine die Umkehrung der andern ist: Plato hat die *tragische* Idealität, Aristophanes die *komische*. Was den Aristophanes zu einer solchen Auffassung des Sokrates bewogen hat, ob er von den Anklägern des Sokrates dazu bestochen worden ist, ob er erbittert gewesen ist über das freundschaftliche Verhältnis des Sokrates zu Euripides, ob er in Sokrates die Naturspekulationen des Anaxagoras bekämpft hat, ob er ihn mit den Sophisten gleichgesetzt hat, kurz gesagt, ob ihn irgend ein endlicher und irdischer Grund bestimmt hat, das hat mit dieser Untersuchung ganz und gar nichts zu schaffen; und sofern sie in dieser Hinsicht doch ein Urteil fällen sollte, müßte dieses natürlich verneinend sein, da sie sich zu der Überzeugung bekennt, daß die Auffassung des Aristophanes idealisch ist, womit diese bereits von jeder derartigen Rücksicht freigesprochen ist, nicht gebückt auf dem Boden dahinschleicht, sondern ihn frei und leicht überschwebt. Es wäre unter des Aristophanes Würde gewesen, lediglich die empirische Wirklichkeit des Sokrates zu fassen, ihn so, wie er im Leben ging und stand, auf die Bühne zu bringen, und seine Komödie wäre dadurch in ein satirisches Gedicht verwandelt worden; anderseits hätte es ganz außerhalb des Interesses der griechischen Komödie gelegen, ihn nach einem Maßstabe zu idealisieren, der ihn ganz
XIII 215 und gar unkenntlich machte. Daß letzteres auch nicht geschehen ist, wird ja von der Antike bezeugt, die berichtet, die Aufführung der Wolken sei beehrt worden mit der Anwesenheit des in dieser Hinsicht strengsten Kritikers, nämlich des Sokrates selbst, welcher zum Vergnügen des Publikums während der Vorstellung sich erhob, damit die im Theater versammelte Menge sich von der gehörigen Ähnlichkeit überzeugen könne. Daß eine idealische Auffassung, die in solcher Art reinweg exzentrisch wäre, gewiß auch

nicht im Interesse der griechischen Komödie läge, darin wird man dem scharfsinnigen Rötscher sicherlich Recht geben*, der so vortrefflich dargelegt hat, wie das Wesen der griechischen Komödie eben darin lag, die Wirklichkeit idealisch aufzufassen, eine wirkliche Persönlichkeit auf die Bretter zu bringen, aber so, daß sie gerade gesehen wurde als die Idee repräsentierend, und dafür findet man denn auch bei Aristophanes die drei großen komischen Beispiele, Kleon, Euripides, Sokrates, deren Person das Streben der Zeit in ihrer dreifachen Richtung komisch repräsentiert. Ebenso wie daher die bis ins Einzelne hinein genaue Erfassung der Wirklichkeit den Abstand zwischen den Besuchern des Schauspiels und dem Theater ausfüllte, ebenso entfernte doch anderseits die idealische Auffassung diese beiden Mächte so weit voneinander, als die Kunst es jederzeit tun soll. Daß nun Sokrates in seinem Leben wirklich so manche komische Seite dargeboten hat, daß er (um das Wort ein für allemal auszusprechen)
in gewissem Maße ein Sonderling[166] gewesen ist**, läßt sich nicht XIII 216
leugnen; daß schon hierin für einen komischen Dichter eine gewisse Berechtigung lag, läßt sich gleichfalls nicht leugnen; aber es

* Aristophanes und sein Zeitalter, eine philologisch-philosophische Abhandlung zur Altertumsforschung von H. Rötscher. Berlin 1827.

** Vgl. Nachträge zu Sulzers allgemeiner Theorie der schönen Künste, siebenten Bandes erstes Stück (Leipzig 1803) S. 162: „Leider kennen wir den Socrates nur aus den verschönernden Gemählden eines Plato und Xenophon, indeß geht aus diesen so manches hervor, was Befremden erregt und auf einen seltsamen Mann hindeutet. Die Leitung eines unsichtbaren Genius, deren der Weise sich zu erfreuen glaubte, seine Zurückgezogenheit und Versenkung in sich selbst, die sogar im Lager tagelang dauerte und allen seinen Zeltgenossen auffiel, seine Unterhaltungen, deren Gegenstand, Zweck und Wendungen sich durch so viel Eigenthümlichkeiten auszeichneten, sein vernachlässigtes Äußere und sein in vielen Hinsichten ungewöhnliches Betragen – alles dieß mußte ihm nothwendig in den Augen der Menge den Anstrich eines Sonderlings geben." – Ebenso S. 140, allwo der Verfasser bemerkt, daß man, wenn wir Sokrates genauer kennten, sicherlich dem Aristophanes noch mehr Recht geben würde: „wir würden uns dann unfehlbar überzeugen, daß er, bei allen seinen großen Tugenden und herrlichen Eigenschaften, doch die Fehler und
Gebrechen der Menschheit im reichen Maße an sich trug, daß er, wie sogar XIII 216
mehrere unverdächtige Winke vermuthen lassen, in noch mancher Rücksicht zu der Classe der Sonderlinge gehörte, seine Lehrart von dem Vorwurfe der Weitschweifigkeit und Pedanterie nicht frei war."

läßt sich auch nicht bestreiten, daß für einen Aristophanes dies allein zu wenig gewesen wäre. Ich kann darum nicht umhin, mich bescheiden dem verdientermaßen triumphierenden Rötscher anzuschließen, welcher die Idee so sieghaft den Kampf führen und bestehen läßt mit den Mißverständnissen früherer Auffassungen; kann nicht umhin, mit ihm darin einig zu gehen, daß Sokrates für Aristophanes nur insofern eine komische Figur geworden ist, als er von ihm als Repräsentant eines neuen Prinzips gesehen ward; es dürfte jedoch eine andre Frage sein, ob nicht der von Rötscher diesem Stück in so hohem Maße zugesprochene Ernst ihn selber ein wenig in Spannung bringt mit der Ironie, welche er sonst dem Aristophanes zuschreibt. Sodann wird auch zu fragen sein, ob Rötscher nicht zu viel in Sokrates gesehen hat und darum auch den Aristophanes hat sehen lassen. Den Repräsentanten eines neuen Prinzips kann man Sokrates gut und gern nennen, teils deshalb, weil er selber einen neuen Standpunkt vertrat, teils deshalb, weil seine befreiende Wirkung unvermeidlich ein neues Prinzip auf den Plan rufen mußte; daraus jedoch folgt keineswegs, daß man nicht innerhalb dieses Zugeständnisses sehr wohl Sokrates ein wenig mehr begrenzen dürfte. Bei Rötschers Auffassung wird Sokrates so groß, daß man Plato überhaupt nicht mehr erblickt. Indes, über dies alles zu reden wird später der Ort sich noch finden. Will man mittlerweile annehmen, daß im Leben des Sokrates die Ironie das Grundlegende gewesen ist, so wird man sicherlich zugeben, daß diese *weit mehr* eine *komische* Seite bietet, als wenn man das sokratische Prinzip in der *Subjektivität*, der Innerlichkeit findet, mitsamt dem ganzen darin liegenden Gedankenreichtum, und das innere Recht des Aristophanes in dem Ernste sucht, mit welchem er als Anhänger des alten Griechentums dies moderne Unwesen zu vernichten suchen mußte. Denn dieser Ernst ist allzu lastend, ebenso wie er auch der komischen Unendlichkeit Grenzen zieht, die doch als solche eine Grenze nicht kennt. Dahingegen ist die Ironie sicherlich ein neuer Standpunkt und als solcher schlechthin polemisch wider das alte Griechentum, aber zugleich ein Standpunkt, der ständig sich selber aufhebt, sie ist ein alles verzehrendes Nichts,
XIII 217 und ein niemals zu packendes Etwas, das zugleich ist und nicht ist; dies aber ist etwas, das im tiefsten Grunde komisch ist. Gleich

wie darum die Ironie alles besiegt, indem sie das Mißverhältnis zur Idee erschaut, ebenso wird sie sich selbst ihre eigne Niederlage, indem sie ständig über sich selbst hinausgeht und gleichwohl in sich selbst verbleibt.

In erster Linie ist es nun von Wichtigkeit, sich davon zu überzeugen, daß Aristophanes den wirklichen Sokrates auf die Bühne gebracht hat. Gleich wie man nun in dieser Überzeugung durch die Überlieferung des Altertums bestätigt wird, ebenso findet sich in den ‚Wolken' eine Vielfalt von Zügen, die entweder geschichtlich sicher sind, oder doch dem, was man sonst von Sokrates weiß, offensichtlich vollkommen entsprechen. Süvern* hat mit großer philologischer Gelehrsamkeit und viel Geschmack sich bemüht, die Übereinstimmung des von Aristophanes dargestellten Sokrates mit dem wirklichen durch eine solche Folge individueller Züge aufzuzeigen. Auch Rötscher hat, wenn auch nicht in derartigem Umfange, eine für diese Untersuchung immerhin ausreichende Zusammenstellung solcher Tatsachen gegeben. Sie findet sich in der angeführten Schrift S. 277 ff. Weiterhin ist es von Wichtigkeit, das Prinzip, die Idee zu erkennen, welche Aristophanes uns in Sokrates sichtbar macht, als deren durchsichtiger Repräsentant Sokrates von ihm dargestellt wird.

Um dies jedoch zu erreichen, wird es nötig, über das Stück selbst, seinen Plan und seinen Ablauf eine kurze Übersicht zu geben. Auf diese Untersuchung kann ich mich um so zuversichtlicher einlassen, als ich vorn an der Spitze einen Hegelianer habe, und das muß man diesen jederzeit lassen: sie haben eine treffliche Gabe, Platz zu schaffen, eine Polizeigewalt, die es versteht, im Nu allerlei gelehrte Aufläufe und verdächtige historische Zusammenrottungen zu zerstreuen. Was nun fürs Erste den Chor anlangt, so hat dieser, welcher als solcher die sittliche Substanz repräsentiert[167], sich in ein Symbol gekleidet**. Rötscher sucht die Ironie darin, daß der Chor sich dessen bewußt ist, selber gleichsam jeden Augenblick aus dieser Hülle hervorspringen will,

* Über Aristophanes' Wolken von J. W. Süvern. Berlin 1827 (1826). S. 3 ff.

** Man vergleiche die ausgezeichnete Darstellung der Geschichte des Chors bei Aristophanes, Rötscher S. 50–59.

was er denn am Schluß auch tut, indem er zugleich des von ihm betrogenen Strepsiades spottet. Ob hierin nun die Ironie liegt, ob dieser Ernst*, welcher das substantielle Bewußtsein des Staates
XIII 218 aus der Leerheit des modernen Unwesens loskämpfen will, nicht eine Grenze für die poetische Unendlichkeit und Rücksichtslosigkeit der Ironie bedeutet, ob der ganze Schluß des Stücks, auch wenn er eine gerechte Nemesis sein sollte, nicht gleichwohl auf Kosten der Ironie sich vollzieht — anders stünde es doch allein bei der meines Wissens bisher von niemand geltend gemachten Annahme, daß gerade die von Strepsiades mit dem Abbrennen des Studienhauses Phrontisterion (Wolken 94) genommene Rache dank ihrer Unzweckmäßigkeit ein neues komisches Motiv sei, und daß die sicherlich in gewissem Sinne viel zu guten nicht unwitzigen Erwiderungen** als eine Art von ekstatischem Wahnwitz zu erklären seien, darinnen er, sich selber entrückt, phantasiere und die ihn selber gepackt haltende Krankheit mit komischer Grausamkeit vernichte und ausrotte —, auf alle diese Fragen kann ich mich hier nicht einlassen***. Wenn wir nun aber dies über-

* Zu diesem Ernst bekennt sich Aristophanes selbst in der ersten Parabase[168].

** Vgl. Wolken 1496: „Was ich mache! Nun, was anders als Ich subtilisire die Balken eures Hauses durch" (ὅ, τι ποιῶ; τί δ' ἄλλο γ'ἢ διαλεπτολογοῦμαι ταῖς δοκοῖς τῆς οἰκίας). Wolken 1503: „Ich beachte hoch die Sonne, wandelnd durch die Luft" (ἀεροβατῶ, καὶ περιφρονῶ τὸν ἥλιον)[169].

*** So viel ist gewiß: die Ironie ist weit reiner, weit mehr freiherrlich an einer früheren Stelle, allwo Strepsiades sich wirklich von den Sophismen des Pheidippides überzeugen läßt, daß dieser Recht habe, und daß er selber (Strepsiades) Prügel verdiene. Vgl. Wolken 1437:
„Ihr alten Kameraden, hört's! Mir scheint er Recht zu haben:
Mir scheint's, man muß den Kindern gern, was billig ist, gewähren.
Denn billig ist's, wenn Böses wir thun, daß wir auch Schläge kriegen."
(ἐμοὶ μέν, ὦνδρες ἥλικες, δοκεῖ λέγειν δίκαια· κἀμοίγε συγχωρεῖν δοκεῖ τούτοισι τἀπιεικῆ. κλάειν γὰρ ἡμᾶς εἰκός ἐστ', ἢν μὴ δίκαια δρῶμεν·)
Ebenso ist auch das Verhältnis zwischen den beiden Arten des Vortrags, der guten und der schlechten, mit der ganzen Unendlichkeit der Ironie verstanden, indem behauptet wird, daß die schlechte Art stets die siegreiche sei, und infolgedessen Strepsiades den Sokrates bittet, Pheidippides möge doch letztgiltig und vor allem die schlechte Art erlernen; vgl. Wolken 882:
Daß er aber ja die beiden Redensarten lernt,
Wovon die eine stärker, die andre schwächer ist,

gehen, wird es um so wichtiger, bei der Betrachtung des Symbols zu verweilen, in welches der Dichter den Chor gehüllt hat: der Wolken. Dies Symbol kann natürlich nicht zufällig gewählt sein, und es gilt somit, die Idee, welche der Dichter dabei hatte, aufzufinden. Das Symbol veranschaulicht nun offenbar das gesamte leere und inhaltslose Treiben, das im Phrontisterion vor sich geht, und es liegt daher tiefe Ironie darin, wenn Aristophanes in der Szene, in welcher Strepsiades in diese Weisheit eingeweiht werden soll, den Sokrates eine Anrufung an die Wolken tun läßt, welche das luftige Spiegelbild seines eigenen hohlen Inneren sind. Wolken sind nun eine treffliche Kennzeichnung der ganz und gar haltlosen Gedankenbewegung*, die da in unablässigem Wellengang, ohne festen Halt und ohne ein einwohnendes Gesetz der Bewegung auf allerlei unterschiedliche Weisen sich zu Gestalten zusammenballt mit eben der regellosen Veränderlichkeit wie die Wolken, welche bald sterblichen Weibern gleichen, bald einem Kentaur, einem Panther, einem Wolf, einem Stier usw., — wohlzumerken ihnen gleichen, aber nicht sie sind, sintemal sie doch nichts denn Nebel sind oder die dunkel sich regende unendliche Möglichkeit, zu werden was sie sein sollen, eine Möglichkeit also, die doch unvermögend ist, etwas Beständiges entstehen zu lassen, jene Möglichkeit, die einen unendlichen Umfang hat und gleichsam die ganze Welt in sich befaßt, jedoch keinerlei Inhalt besitzt, die alles in sich aufzunehmen, aber nichts festzuhalten vermag. Insofern stellt es natürlich eine reine Willkür dar, daß Sokrates von ihnen sagt, sie seien Göttinnen, und Strepsiades nimmt sich natürlich weit vernünftiger aus mit der Annahme, sie seien Nebel, Tau und Rauch (vgl. Wolken 330). Ebenso aber wie ihre Inhaltslosigkeit sich an ihnen selber zeigt, ebenso zeigt sie

XIII 219

Und lauter Unrecht sprechend, doch die erste stürzt;
Wo beide nicht, die ungerecht' auf jeden Fall."
(ὅπως δ'ἐκείνω τὼ λόγω μαθήσεται,
τὸν κρείττον', ὅστις ἐστί, καὶ τὸν ἥττονα,
ὃς τἄδικα λέγων, ἀνατρέπει τὸν κρείττονα·
ἐὰν δὲ μή, τὸν γοῦν ἄδικον πάσῃ τέχνῃ.)

* Dem entspricht es durchaus, daß in der Natur anstelle der plastischen Gestalten der seligen Götter, ein „Wirbel der Luft" (αἰθέριος δῖνος)[170] das ordnende Prinzip wird, und die bloß negative Dialektik läßt sich ausgezeichnet als Wirbelwind bezeichnen.

sich auch an der Gemeinde, dem Staat, die von ihnen genährt und beschützt werden, und die von Sokrates selber beschrieben werden als eine Ansammlung von Tagedieben und müßigen Menschen, die da zum Preis der Wolken singen*. Ja, dies Entspre-
XIII 220 chungsverhältnis zwischen den Wolken und der Welt, der sie zugehören, wird (wie die Ausleger meines Bedünkens bisher übersehen haben) noch bestimmter ausgedrückt, wenn es heißt: „Leicht werden sie das, was so ihnen beliebt" (γίγνονται πάνθ' ὅ τι βούλονται); so nehmen sie, wenn sie einen zottigen Burschen sehen, die Gestalt eines Kentauren an, und wenn sie einen Kassenräuber sehn, die Gestalt eines Wolfs (Wolken 350. 351. 352). Allerdings wird dies als eine den Wolken eigene Machtvollkommenheit beschrieben, und Sokrates macht sogar die Bemerkung, sie nähmen solche Gestalten an, um Hohn zu üben; gleichwohl muß man es ebenso sehr als eine ihnen anhaftende Ohnmacht ansehn, und die von Aristophanes geübte Ironie gründet sich unzweifelhaft in der wechselseitigen Ohnmacht: einerseits der des Subjekts, welches beim Streben nach dem Objektiven lediglich

---

* Vgl. Wolken 331:
„Beim Zeus, und das weißt du noch nicht, daß sie stets viel Weisheitskrämerlein füttern,
Wahrsager des Volks, Quacksalbergezücht, Prunkfaulheitsnägelberingte,
Meteorwindbeutel und Musiker auch, die die kyklischen Khöre verkünsteln:
Denn sie füttern für nichts dies Faulenzerpack, weil's ihnen poetisch hofiret."
(οὐ γαρ, μὰ Δί', οἶσθ' ὀτιὴ πλείστους αὗται βόσκουσι σοφιστάς,
Θουριομάντεις, ἰατροτέχνας, σφραγιδονυχαργοκομήτας,
κυκλίων τε χορῶν ᾀσματοκάμπτας, ἄνδρας μετεωροφένακας,
οὐδὲν δρῶντας βόσκους' ἀργούς, ὅτι ταύτας μουσοποιοῦσιν.)
XIII 220 Und darum stehen auch ihre Gaben hierzu in Entsprechung, vgl. Wolken 316:
„Nein, Wolken der Luft und des Himmels sind's, großgünstig der göttlichen Faulheit,
Die die schlausten Gedanken, die Vortragskunst und den hellsten Verstand uns gewähren,
Die das blauste Verblendwerk, Rührungskunst und die Kraft der Beschwatzung erzeugen."
ἥκιστ', ἀλλ' οὐράνιαι Νεφέλαι, μεγάλαι θεαὶ ἀνδράσιν ἀργοῖς·
αἵπερ γνώμην καὶ διάλεξιν καὶ νοῦν ἡμῖν παρέχουσιν,
καὶ τερατείαν καὶ περίλεξιν καὶ κροῦσιν καὶ κατάληψιν.

sein eignes Schattenbild empfängt, anderseits der der Wolken, welche lediglich das Schattenbild des Subjekts zu fassen wissen, dies jedoch nur so lange erzeugen, als sie die Gegenstände erblicken. Und gewiß wird niemand es leugnen: hiermit ist trefflich die bloß negative Dialektik bezeichnet, die ständig bei sich selber bleibt, nicht zu den Bestimmungen des Lebens und der Idee herausgeht und daher sich allerdings einer Freiheit erfreut, welche die von der zusammenhängenden Folge auferlegten Fesseln verachtet*, die Dialektik, die da im abstraktesten Sinne nichts als eine Macht, ein König ohne Land ist, sich ergötzend an der bloßen Möglichkeit, im Augenblick des scheinbaren Besitzes von allem auf alles zu verzichten, obwohl doch so der Besitz wie der Verzicht nur eingebildet sind, eine Dialektik, welche sich von dem Vergangenen nicht geniert fühlt, sich von dessen eherner Folgerichtigkeit nicht
eingeengt fühlt, sich von dem Künftigen nicht beängstigt fühlt, XIII 221
weil sie im Vergessen so geschwinde ist, daß sogar das Künftige schon beinahe, ehe es erlebt worden, vergessen worden ist, eine Dialektik, die da nichts vermißt, nichts begehrt, sich selber genug ist, leichtsinnig und flüchtig gleich einem verlaufenen Kinde über alles hinspringt.

Das Bewußtsein von dieser Nichtigkeit, welches darin liegt, daß der Chor Symbol und doch zu gleicher Zeit sich ironisch bewußt ist, darüber hinaus zu sein und eine ganz andere Realität zu besitzen, wird von Rötscher nun allein dem Chor, dem Dichter und dem wissenden Zuschauer beigelegt, und a. a. O. S. 325 hinzugefügt: „Dem von diesem Gegensatze nicht Wissenden hingegen ist nothwendig der wahrhafte Sinn verborgen, und er erblickt in ihnen nur das Symbol, nimmt diese Gestalt, in welche sich der-

* Ich habe bei dieser Schilderung mich überwiegend auf die intellektuelle Seite bezogen, weil diese dem Griechentum offensichtlich am nächsten liegt. Daß auf dem moralischen Gebiet eine ähnliche Dialektik in noch traurigerer Gestalt sich als das Willkürliche zeigt, ist sicher genug, ich meine jedoch, daß man in dieser Hinsicht beim Verständnis der Übergangsperiode, in welcher das griechische Leben sich zur Zeit des Aristophanes befand, mitunter allzu sehr die Eigenheiten des eignen Zeitalters vor Augen gehabt hat. Hegel sagt in der Geschichte der Philosophie Bd. 2 S. 70 (= Werke Jub. Ausgb. XVIII 70) sehr mit Recht: „Wir dürfen es den Sophisten nicht zum Verbrechen machen, daß sie nicht das Gute zum Prinzip gemacht haben, es ist die Richtungslosigkeit der Zeit."

selbe wissentlich hüllt, für sein wahrhaftes Wesen, und giebt sich ihm vertrauensvoll und arglos hin, nicht ahnend, daß er nur ein Schein sei, welcher ihm für die Wahrheit geboten wird. Die Schuld des Subjekts besteht aber gerade darin, daß es sich arglos diesen täuschenden Mächten hingiebt, und unwissend ist über das Wesen, welches diesen Schein herauskehrt." Doch dies betrifft mehr die gesamte innere Oekonomie des Stücks; dagegen wird es hier eher nötig sein, zuzusehn, ob man nicht dem Symbol des Chors, den Wolken, so wie es dargestellt wird, noch etwas mehr ablauschen könne hinsichtlich seiner Beschaffenheit, die in ihm bildlich bezeichnet ist. Der Chor stellt Wolken vor, die Wolken aber stellen ihrerseits verschiedene Gegenstände vor und haben zu Anfang des Stücks die Gestalt von Weibern. Von diesen Gestalten der Wolken spricht nun aber Sokrates offensichtlich auf äußerst scherzhafte Art, und dies zeigt zur Genüge, daß diese *für ihn keine Giltigkeit haben*. Dasjenige also, das er anbetet, dem er das Prädikat einer Göttin beilegt, ist die formlose Nebelmasse, dasjenige, das von Strepsiades durchaus richtig bezeichnet wird als Nebel, Tau, Rauch. Was er somit behält, ist *das Formlose selber*. Darum sind sämtliche Gestalten, welche von den Wolken angenommen werden, gleichsam alle die Prädikate, die sich so aussagen lassen, daß sie sämtlich einander gleichgeordnet sind, sämtlich ohne Verbindung miteinander, ohne innere Abfolge, ohne daß irgend etwas dadurch begründet wird, kurz, sie sind wie alle diejenigen Prädikate, die man herleiern kann. Wir haben in unsrer vorhergehenden Untersuchung gesehen, daß Sokrates zur Idee gelangte, jedoch auf solche Art, daß kein Prädikat offenbar machte oder verriet, was sie eigentlich sei, vielmehr alle Prädikate Zeugen waren, welche vor der Herrlichkeit der Idee verstummten; und mich bedünkt nun also, eben das Gleiche sei von Aristophanes angedeutet worden im Verhältnis des Sokrates zu den Wolken. Was nämlich, wenn man die verschiedenen Gestalten der Wolken verschwinden läßt, übrig bleibt, ist die Nebelmasse selber, und diese ist eine recht gute Bezeich-
XIII 222 nung der Idee des Sokrates. Die Wolken zeigen sich fortwährend in irgend einer Gestalt, Sokrates aber weiß, daß die Gestalt das Unwesentliche ist, und daß das Wesentliche das hinter der Gestalt Liegende ist, ebenso wie die Idee das Wahre ist und das

Prädikat als solches daher nichts zu bedeuten hat. Was aber auf solche Art das Wahre ist, das tritt in keinem Prädikat je zutage, das ist überhaupt nicht*. Wenn wir nun weiterhin das Symbol des Chors, die Wolken, betrachten, und in ihm die Gedanken des Sokrates objektiv** angeschaut finden, wenn wir diese als die freilich vom Individuum erzeugten, jedoch auch von diesem als objektiv (göttlich) angebeteten Gedanken erblicken, so ist eben mit dem Hinschweben der Wolken über die Erde, mit ihrer Vielfalt der Gestalt, der Gegensatz zwischen dem Subjektiven und der Objektivität des alten Griechentums angedeutet, in welchem das Göttliche recht eigentlich fest auf der Erde fußte, in bestimmten, fest ausgeprägten ewigen Gestalten. Es besteht mithin eine sehr tiefsinnige Harmonie zwischen einerseits den Wolken als der objektiven Macht, die keine bleibende Stätte auf Erden zu finden vermag, deren Annäherung an diese doch jederzeit einen Abstand bedeutet, und anderseits dem Subjekt, nämlich Sokrates, der da, in einem Korbe über der Erde schwebend, darnach strebt, sich in diese Regionen emporzuheben, weil er Furcht hat, der Erde Kraft möge ihm seine Gedanken fortsaugen, oder, um es ohne Bild zu sagen, die Wirklichkeit möge die zerbrechliche Subjektivität (ἡ φροντὶς λεπτή)*** verschlingen oder

* Sollte der oder jener Leser finden, daß ich in Aristophanes zuviel erblicke, so werde ich das mit Vergnügen zugeben, falls er zum Entgelt die Schwierigkeit beseitigen wird, die allemal entsteht, wenn man des Näheren das sonderbare Verhältnis überprüft, in welchem das Subjekt zu den Wolken steht. Hier sind offenbar zwei Momente zu beachten: der Chor hat sich in sein Symbol, in Wolken, gehüllt, diese Wolken aber haben ihrerseits die Gestalt von Weibern angenommen.

** Daher wird es als ein Glaubensbekenntnis aufgestellt, welches, wie jedes Glaubensbekenntnis, sowohl die subjektive wie die objektive Seite umfaßt (Wolken 424): „Von dem heutigen Tag' an glaubst du also nur die Götter, die wir in der Schule, / Dies Khaos umher, und die Wolken zunächst, und die Zunge; das sind denn die Drei dir." (. . . τὸ Χάος τουτὶ καὶ τὰς Νεφέλας (das Objektive) καὶ τὴν Γλῶτταν (das Subjektive), τρία ταυτί); und mit überaus großer komischer Kraft läßt Aristophanes den Sokrates bei den gleichen Gewalten schwören (Wolken 627): „Beim Khaos, traun, bei der Nebelluft, beim Athemwind" (Μὰ τὴν 'Αναπνοὴν, μὰ τὸ Χάος, μὰ τὸν 'Αέρα).

*** Vgl. Wolken 227: „Sokrates".
Ich würde nie die himmlischen Dinge richtig schaun,
Wenn nicht Ideen subtiler Art und Studien
Von hohem Schwung sich mischten mit der verwandten Luft.

XIII 223 zermalmen. Indes, davon wird wiederum später die Rede sein, wenn wir, nicht vom Chore, sondern von der handelnden Person ausgehend, das für die Idee Erhebliche, das in der merkwürdigen Situation des Sokrates liegt, näher beleuchten werden.

Im Chore ist nun die gesamte neuere Ordnung der Dinge anschaulich gemacht, welche das alte Griechentum verdrängen wollte, und insofern läßt sich an dieser Stelle am besten die Frage beantworten, ob Aristophanes *in der Maske des Sokrates die Sophisten* habe *verhöhnen* wollen. Selbstverständlich darf dies auf keinen Fall so verstanden werden, als ob Aristophanes von Sokrates nichts als den Namen beibehalten und im übrigen eine ihm schlechterdings unähnliche Zeichnung geliefert hätte. Erinnert man sich hingegen daran, daß in gewissem Sinne Sokrates und die Sophisten den gleichen Standpunkt hatten, und daß Sokrates diese eigentlich untergraben hat, indem er ihren Standpunkt durchführte und die Halbheit vernichtete, mit welcher die Sophisten sich zufrieden gaben, daß Sokrates also in gewissem Sinne damit, daß er selbst der größte Sophist* war, über die Sophisten den Sieg gewann, so gewahrt man ja allbereits hierin die Möglichkeit für Aristophanes, ihn mit den Sophisten zu identifizieren. Diese Gleichsetzung ließ sich nun auch mit tiefer Ironie durchführen. Denn sicherlich würde es eine des Aristophanes würdige Ironie darstellen, Sokrates, den ärgsten Feind der Sophisten, nicht als ihren Widersacher zu nehmen, sondern als ihren Lehrmeister, was er in bestimmtem Sinne doch auch gewesen

---

Wollt' ich von da unten her das Obere schaun, gewiß,
Ich fänd' es nie. Denn die Erde zieht mit Kraft an sich
Die Feuchtigkeit der idealen Studien.
Es ist das nämliche, was der Kresse wiederfährt."
(Σ: οὐ γὰρ ἄν ποτε
ἐξεῦρον ὀρθῶς τὰ μετέωρα πράγματα
εἰ μὴ κρεμάσας τὸ νόημα, καὶ τὴν φροντίδα
XIII 223 λεπτὴν καταμίξας εἰς τὸν ὅμοιον ἀέρα.
εἰ δ'ὢν χαμαὶ τἄνω κάτωθεν ἐσκόπουν,
οὐκ ἄν ποθ' εὗρον. οὐ γὰρ ἀλλ' ἡ γῆ βίᾳ
ἕλκει πρὸς αὑτὴν τὴν ἰκμάδα τῆς φροντίδος.
πάσχει δὲ ταὐτὸ τοῦτο καὶ τὰ κάρδαμα.)

* Daher ist es ein überaus bezeichnendes Prädikat, wenn er in den Wolken 359 „Priester subtilester Narrheit" (λεπτοτάτων λήρων ἱερεῦ) angeredet wird.

ist. Und die *absonderliche Wirrnis*, daß ein eine Richtung Bekämpfender eben deshalb, weil er in gewissem Maße ihr zugehört, selber als ihr Repräsentant verstanden wird, birgt in sich so viel vorsätzliche oder unabsichtliche Ironie, daß man sie *nicht gänzlich* aus dem Gesicht verlieren darf. Dies sei nun hiervon genug. Auch verschwindet Sokrates nur insoweit unter den Sophisten, als man den Chor als Maßstab nimmt; er tritt mar- XIII 224
kant genug hervor, wenn wir der im gleichen Stück enthaltenen Schilderung seiner Person nachgehn.

Was nun den *Ablauf des Stücks* anlangt, so läßt dieser sich ziemlich kurz darstellen, und dies denn vor allem in gegenwärtiger Untersuchung; es kann sich hier ja lediglich darum handeln, diesen Ablauf in soweit wiederzugeben, als der damit sichtbar zutage tretende Plan auf die Art, in der Aristophanes den Sokrates *versteht*, ein Licht fallen läßt. Ein ehrbarer Landmann, Strepsiades, ist durch eine unvernünftige Heirat in Geldverlegenheit geraten. Sein Sohn Pheidippides hat durch seine Liebhaberei für Pferde stark zum Ruin des Vaters beigetragen. Strepsiades, fortwährend beunruhigt durch den Gedanken an seine Schulden, fortwährend bemüht, sich von ihnen zu befreien, sieht sich vergebens nach einer Abhilfe um; da weckt plötzlich der Gedanke an die *neue Weisheit*, die dabei ist, in Athen aufzukommen, und an deren Kraft, sich alles an- und fortzudisputieren, in ihm mit überwältigender Freude die Hoffnung, hier Rettung zu finden. Seine erste Absicht ist nun, Pheidippides die Frucht der neuen Weisheit genießen zu lassen; da aber dieser sich dazu nicht bereit findet, entschließt sich Strepsiades, sich selbst zum Phrontisterion zu begeben. Er begegnet einem der Schüler, der ihn denn auch die vorteilhaftesten Vorstellungen von dieser Schule fassen läßt. So manche geistvollen Züge des Sokrates, so manche scharfsinnigen Fragen und Antworten versetzen ihn als einen rechtschaffenen Landmann in Verwunderung; indes ein Meisterstück des Sokrates, welches in überaus naher Beziehung zu den eignen Ideen des Strepsiades steht, beseitigt sein Schwanken, und mit ungeduldiger Begeisterung begehrt er, zu Sokrates geführt zu werden*. Es erfolgt

* Wolken 177:
„Schüler: In der Ringeschule streut' er Asche da auf den Tisch,
Dann nahm er ein Bratspieschen und verbog's, als Zirkel drauf,
Und hurtig hatt' er das Oberkleid dort wegstipitzt."

eine vorläufige Prüfung, in der man versucht, Strepsiades den nunmehr veralteten Gedankengang auszutreiben, in dem er bis dahin gelebt und gewebt (welches so sinnreich darin sich aus-

---

„Strepsiades: Warum bewundern wir nunmehr jenen Thales noch.
O öffne, Lieber, öffne schnell das Studienhaus,
Und zeige, sobald als möglich, mir den Sokrates.
Mich schülert recht. Drum mach' und öffne mir die Thür."

(M. κατὰ τῆς τραπέζης καταπάσας λεπτὴν τρέφραν κάμψας ὀβελίσκον, εἶτα διαβήτην λαβών, ἐκ τῆς παλαίστρας θοἰμάτιον ὑφείλετο.

Σ. τί δῆτ' ἐκεῖνον τὸν Θαλῆν θαυμάζομεν; ἄνοιγ', ἄνοιγ' ἀνύσας τὸ φροντιστήριον, καὶ δεῖξον ὡς τάχιστά μοι τὸν Σωκράτην. μαθητιῶ γάρ· ἀλλ' ἄνοιγε τὴν θύραν.)

XIII 225 Wofern der Leser sich erinnern will, daß Strepsiades später aus dem Phrontisterion ohne Mantel zurückkommt, so wird er sicherlich die Komik auch darin empfinden, daß Strepsiades, welcher sich Hoffnung gemacht hatte, bei der Teilung der Beute (eines Mantels) mit dabei zu sein, nicht bloß ohne Ausbeute zurückkommt, sondern sogar ohne den Besitz dessen, das er vorher besessen – eines Mantels. Und doch heißt dies noch glimpflich davonkommen in Vergleich mit dem, was Strepsiades selber sagt, als er beim Unterricht des Sokrates befürchtet, durch seine Spekulation zu schlechthin einem Nichts zu werden (Wolken 717):

„Ich nicht? da ja längst
Mir das Geld ist dahin, und die Farbe dahin,
Und die Seele dahin, und die Schuhe dahin;
Und nach aller der Schmach, und nach aller der Qual
Ich noch selber dahin
Mit dem Liedchen des Wächters mich singe! –"

(καὶ πῶς; ὅτε μου
φροῦδα τὰ χρήματα, φρούδη χροιά,
φρούδη ψυχή, φρούδη δ' ἐμβάς·
καὶ πρὸς τούτοις ἔτι τοῖσι κακοῖς,
φρουρᾶς ᾄδων,
ὀλίγου φροῦδος γεγένημαι. —)

Und daß alles darauf hinausgelaufen ist, dem Strepsiades, wie man so sagt, das Blut auszusaugen, ersieht man auch aus der Aufforderung des Chors an Sokrates (Wolken 810):

„Du siehst, wie hochgespannt der Mensch
Schwärmt, und wie angeschossen. Frisch,
Rupf' ihn so gut, als du nur kannst, saug ihm das Blut;
Und geschwind!"

(σὺ δ' ἀνδρὸς ἐκπεπληγμένου
καὶ φανερῶς ἐπηρμένου
γνοὺς ἀπολάψεις, ὅ, τι πλεῖστον δύνασαι,
ταχέως·)

drückt, daß er vor dem Eintritt ins Phrontisterion sich entkleiden* muß), und darauf eine feierliche Einweihung, welche, soweit sie auf Strepsiades einen Eindruck machen kann, ihm reinweg seine Begriffe verwirren muß; nunmehr endlich erhält er die Erlaubnis, das Phrontisterion zu betreten, und wird dann auf den gleichen Weg der Erkenntnis gewiesen, welchen Sokrates selber gegangen ist, XIII 226
nämlich den, *sich in sich selbst zu* vertiefen**, ohne die Umgebung zu beachten, und dies wird natürlich für Strepsiades eine überaus kümmerliche Bewirtung, ebenso wenig sättigend, wie jene Mahlzeit, zu welcher der Storch den Fuchs einlud, diesen sättigte, der lediglich ein fastender Zeuge der storchartigen Vertiefung seines Wirts in die langhalsige Flasche ward. Strepsiades wird darum auch bald für untauglich zur Umkalfaterung befunden, woraufhin er seine Entlassung erhält. Doch er hat deshalb noch keineswegs seine Hoffnung aufgegeben, auf diesem Wege seinen Wunsch erfüllt zu bekommen. Viel zu bescheiden, um zu glauben, daß der Fehler beim Lehrer liegen könne, sucht er ihn bei sich selber und tröstet sich daraufhin mit dem Gedanken an seinen *hoffnungsvollen Sohn Pheidippides*, welcher nun endlich — wiewohl ein wenig bedenklich um der Weisheitsproben willen, die Strepsiades ablegt — den Bitten des Vaters nachgibt und sich ins Phrontisterion aufnehmen läßt. Der Sohn hat nun dabei mehr Glück, und der Vater bringt dem Sokrates Geschenke zum Dank für die großen Fortschritte, die der Sohn gemacht. Indes, die bedrohliche Wirklichkeit rückt näher und näher und tritt endlich hervor in der ernsthaften Gestalt von zwei Gläubigern. Außer sich vor Freude über des Pheidippides dialektische Macht, den Grenzstein*** zu verrücken und im Vertrauen auf die noch

* Wolken 497:
„Sokrates. Nun frisch; den Mantel abgelegt!
Strepsiades. Verbrach ich was?
Sokrates. Das nicht; doch ohne Kleider ziemt's hier einzugehn."
(ΣΩ. ἴθι νύν, κατάθου θοἰμάτιον!
ΣΤ. ἠδίκηκά τι;
ΣΩ. οὔκ· ἀλλὰ γυμνοὺς εἰσιέναι νομίζεται.)

** Hier haben wir die Art, wie Aristophanes das bekannte Stillestehn und Starren des Sokrates versteht.

*** Vgl. Wolken 1178:
„Pheidippides. Was macht dir Furcht?
Strepsiades. Des Mondes alt' und neuer Tag.

XIII 227 nicht vergessenen sinnreichen Fragen und Antworten, die er selbst im Phrontisterion gelernt, wagt er es, diesen beiden, den fatalen Repräsentanten einer traurigen Wirklichkeit, sich zu stellen. Pasias und Amynias sind jedoch zu sehr Geldleute, um sich mit derartiger Spitzfindigkeit abspeisen zu lassen, sie haben noch so viel Zutrauen zur Wirklichkeit, daß sie sich gewiß sind, schon noch zu dem Ihren zu kommen, wenn auch nicht auf dem Wege der Dialektik, so doch auf dem des Rechts. Kann nun mittlerweile Strepsiades sich für einen Augenblick der Freude überlassen, zum Ziel seiner Wünsche gelangt zu sein, so hat der Dichter für ihn doch noch eine kleine Zugabe in Bereitschaft, eine gänzlich unerwartete Überflüssigkeit, welche das Ergebnis der großen Fortschritte ist, die Pheidippides im Unterricht des Sokrates gemacht hat. Pheidippides ist auch noch über eine ganz andre Wirklichkeit als die des Zahltermins hinausgelangt, jedoch über eine, deren Erschütterung Strepsiades nicht wünschen kann. Kindliche Ehrerbietung und Gehorsam dem Vater gegenüber gehen mittels der Dialektik den gleichen Weg wie der Zahltermin. Strepsiades vermag der Gewalt der Sophismen des Pheidippides nicht zu widerstehen; diese erwiesen sich im Vorhergehenden als eine die Wirklichkeit vernichtende Gewalt, jetzt aber zeigen sie sich auf die nachdrücklichste Weise von

---

Pheidippides. Der alt' und neue, welcher Tag denn wäre das?
Strepsiades. Der eben, wo mich die Gläubiger zu verklagen drohn.
Pheidippides. Die Kläger holt der Henker gewiß. Wo wär' ein Tag,
Der einer heißen könnt' und dennoch zwei zugleich?
Strepsiades. Das ginge nicht?
Pheidippides. Wieso denn, außer etwa wenn
Ein altes und junges Fräulein ganz dasselbe wird."
(Φ. φοβεῖ δὲ δὴ τί;
ΣΤ. τὴν ἔνην τε καὶ νέαν.
Φ. ἔνη γάρ ἐστι καὶ νέα τίς ἡμέρα;
ΣΤ. εἰς ἥν γε θήσειν τὰ πρυτανεῖά φασί μοι.
Φ. ἀπολοῦντ'ἄρ' αὖθ' οἱ θέντες. οὐ γάρ ἐσθ' ὅπως μί' ἡμέρα γένοιτ' ἂν ἡμέραι δύο.
ΣΤ. οὐκ ἂν γένοιτο;
Φ. πῶς γάρ; εἰ μή πέρ γ'ἅμα
αὐτὴ γένοιτο γραῦς τε καὶ νέα γυνή;)

XIII 227 „Der Monat der Athener bestand aus dreißig Tagen, die zwanzig ersten Tage wurden vorwärts gezählt vom ersten bis zum zwanzigsten, die übrigen jedoch rückwärts vom folgenden Monat her abgezählt. So hieß der 21.

der Welt als eine Gewalt, welche Wirklichkeit „setzt"; denn Prügel sind, wie das Sprichwort sagt, handgreifliche Ware und haben eine Beweiskraft, die keinerlei Zweifel aufkommen läßt. Und ebenso wie Pheidippides im Vorhergehenden sich als gewissenlos genug zeigte, dem Vater bei der Nichtzurückzahlung der geliehenen Gelder beizustehn, ebenso entwickelt er jetzt eine beinahe überspannte Gewissenhaftigkeit darin, etwas von der Schuld, von XIII 228
dem Vorschuß an Prügeln abzutragen, mit denen sein liebevoller Vater einst an ihm Macht geübt hatte. Zu spät entdeckt Strepsiades das Verderbliche der neuen Weisheit, die Rache ist erwacht, sie stürzt sich über ihre Beute, die ihrerseits auf das Phrontisterion losstürmt und es niederbrennt; damit hat denn das Stück sein Ende.

Dies ist eine so kurz als möglich gehaltene Übersicht über den Aufbau des Stücks. Das Komische liegt offenbar in jenem Etwas, das von Strepsiades als Frucht der Spekulation begehrt wird, jenem Etwas, das den Begriffen des Strepsiades nach das Ergebnis aller dieser Bewegungen sein muß. Ebenso nämlich, wie sogar im Bereich des Intelligiblen die von Sokrates vorgenommenen Bewegungen sich als bedeutungslos erweisen, sich als unvermögend, irgend etwas zu „setzen", erweisen, ebenso wird das Gleiche noch deutlicher offenbar in der Welt des Strepsiades, welcher nun einmal auf die verzweifelte Idee verfallen ist, daß in endlichem und weltlichem Sinne etwas bei der Sache herauskommen müsse*, und welcher um an ein Schlagwort aus der neueren XIII 229

---

der zehnte (vor), der 26. der fünfte (vor), der 29. der zweite (vor). Der 30. hieß der alt' und neue, der 1. hieß der Neumonat" (Aristophanis Comoedier, oversatte af Krag. Odense 1825. P. 233 Anm. –). An diesem letzten Tage des Monats sollten die Zinsen bezahlt werden und er war daher für Strepsiades ein Tag des Grauens. Doch siehe, dieser Unruhe war er nun entledigt und dies dank der Spitzfindigkeit des Pheidippides, welcher Macht hatte, die Wirklichkeit aufzuheben und zu beweisen, daß es diesen Tag überhaupt nicht gebe. Ich habe mit Absicht gerade diesen Sophismus ans Licht gezogen als Beispiel für die im Phrontisterion gelehrte Dialektik; er erinnert nämlich parodistisch an die sokratische Dialektik, die wesentlich darauf sich gründete, daß man über die gleiche Sache nicht entgegengesetzte Prädikate aussagen dürfe, und will mit so vieler komischer Kraft nicht bloß in der Welt des Gedankens Giltigkeit haben, sondern beansprucht eine die Wirklichkeit selber verneinende Vollmacht.

* Hier scheint nun auch der rechte Ort zu sein für das Einfügen einer

Philosophie zu erinnern, hofft, sich die berühmten hundert Thaler Kants[175] anzuspekulieren oder in Ermangelung dessen sich aus

---

Erklärung der vielumstrittenen oben[171] bereits angeführten Worte über den Mantel, welchen Sokrates nach der Aussage des Schülers aus der Ringeschule stibitzt hat. Was das Vorleben (vita ante acta) dieser Erklärung anlangt, so vergleiche man Rötscher a.a.O. S. 284ff. – Süvern hat die von Reisig aufgestellte Erklärung widerlegt, selber in der Stelle vielmehr eine Bezeichnung der bekannten Zerstreutheit des Sokrates gefunden und hat auf Grund der Andeutung, daß die Sache bei einer mathematischen Demonstration geschehen sei, eine Verbindung hergestellt mit der sokratischen Beschränktheit, für die wir uns bei Xenophon[172] zu bedanken haben, derzufolge er wollte, man solle Mathematik nur insoweit lernen, als sie im täglichen Leben zu brauchen sei. Rötscher meint, es werde auf keine bestimmte einzelne Tatsache hingedeutet, sondern es stehe nur da als die höchste, die glanzvollste Bezeichnung jener „Gewandtheit"[173], deren der vom Leben bedrängte Strepsiades so höchlich bedurfte. Wenn er aber, um die List des Sokrates hervorzuheben, betont, daß dieser den Mantel aus der Ringeschule (Palästra) stibitzt habe (darauf stand nach Solons Gesetzen die Todesstrafe), so geht er meinem Dafürhalten nach gerade der eigentlichen Pointe in diesen Worten verlustig, der er in andern Äußerungen so sehr nahe kommt. Aristophanes hat sicherlich die negative Dialektik ironisieren wollen, die sich in lauter inhaltsleeren Experimenten verblutet, und der er nun mit noch tieferer Ironie eine schöpferische Gewalt beilegt, indem er den Sokrates mit künstlichen Demonstrationen gleichsam eine Wirklichkeit hervorbringen läßt, jedoch (da diese Wirklichkeit ein endliches und irdisches Ding ist) auf die Art, daß
XIII 229 die Hervorbringung auf der Grenze zum Diebstahl steht; auf diese Weise kann man auch erklären (was Rötscher am gleichen Orte in einer Anmerkung anführt), daß Chairephon, des Sokrates Freund, von den Komikern öfter mit dem Beinamen „Dieb" (κλέπτης) beehrt wird. Die Worte, mit denen das Geschehnis eingeleitet wird: „In der Ringeschule streut er Asche da auf den Tisch, dann nahm er ein Bratspieschen und verbog's, als Zirkel drauf", scheinen die Einleitung zu einem Schöpfungsakt zu sein, und mit um so größerem Nachdruck und dem ganzen Überraschenden des Plötzlichen folgen die Worte: „Und hurtig hatt' er das Oberkleid dort wegstipitzt". – Nun fasse man die Stelle im Hinblick auf die Bedeutung, die ihr im Stück beigelegt werden muß, auf wie man wolle: es bleibt doch jederzeit eine Unklarheit im Rückstande betreffs des Verhältnisses, in welchem das Kunststück zu dem Mangel steht, welchem damit abgeholfen werden soll. Der Schüler erzählt Strepsiades, daß Sokrates, als sie kein Abendessen hatten, die bereits beschriebene Operation unternahm, mit der er einen Mantel aus der Ringeschule stibitzte. Teils jedoch sieht man nicht, wieso damit für ein Abendessen gesorgt wurde, es sei denn, man wolle annehmen, Sokrates habe ihn verkauft und damit die nötigen Mittel beschafft; teils sieht man überhaupt nicht, was es heißen soll, daß er ihn aus

seinen Schulden herauszuspekulieren*. Die Ironie gründet sich in jenem Etwas, welches er, wo nicht unmittelbar so doch mittelbar durch Pheidippides, sich anspekuliert: in den bewußten Prügeln, die, so unerwartet sie sind, gleichwohl mit einer schlechterdings unentrinnlichen Notwendigkeit über ihn kommen. Strepsiades kann sich wohl einen Augenblick lang an allen diesen sinnreichen Bewegungen ergötzen; doch das, danach es seine nüchterne Seele verlangt, ist „die Nutzanwendung[176]", welche denn auch nicht ausbleibt, wenn sie auch dort kommt, wo er sie nicht XIII 230
gesucht hatte. Sehen wir nun aber zu, welcher Standpunkt denn durch diese Parodie hindurchscheine, so kann man doch nicht sagen, daß es der der Subjektivität sei, denn dieser gewährt doch jederzeit etwas, er gewährt die ganze Welt der abstrakten Idealität; das, was vielmehr gekennzeichnet wird, ist ein rein negativer Standpunkt, der da schlechthin nichts gewährt. Die angestellten tiefsinnigen Betrachtungen lösen sich wie ein Knall auf in ein Nichts; zum Geleit dabei aber als parodierender Schatten dient es, daß Strepsiades etwas haben will, jedoch wohlzumerken etwas Endliches, einen endlichen Vorteil, zu dessen Beschaffung dieser Standpunkt ebenso untauglich ist, wie zur Beschaffung der geistigen Ausbeute, die zu produzieren er seinerseits Miene macht. Wenn man darum annimmt, die ganze Wirksamkeit des Sokrates sei ironisierend gewesen, so wird man zugleich finden, daß Aristophanes, indem er sie komisch nahm, sich durchaus richtig verhalten hat; denn sobald Ironie in Beziehung gesetzt wird zu Ergebnis, erweist sie sich als ko-

---

der Ringeschule stibitzte. In der Ausgabe von Hermann (Leipzig 1798) S. 33 findet sich in der Anmerkung eine andre Lesart, nämlich statt „aus der Ringeschule" vielmehr „vom Tische" (ἐκ τραπέζης). Zugleich macht Hermann auf eine andre Schwierigkeit aufmerksam, daß nämlich der bestimmte Artikel[174] hier nicht am Platze ist, weil nicht von einem bestimmten Mantel die Rede sein kann; er behebt jedoch die Schwierigkeit nicht.

* Man kann in dieser Hinsicht Strepsiades eine rühmliche Ausdauer nicht absprechen; denn obwohl er aus dem Phrontisterion zurückkommt, ohne irgend etwas gelernt zu haben (hieran war nun seine Altersschwäche schuld Wolken 855), und obwohl er sowohl seines Mantels wie seiner Schuhe verlustig gegangen ist (Wolken 857: „Verloren nennt das niemand, eher noch verstudirt" ἀλλ' οὐκ ἀπολώλεκ', ἀλλὰ καταπεφρόντικα), so läßt er doch im Vertrauen auf die natürliche Begabung des Pheidippides die Hoffnung und die Zuversicht auf die neue Weisheit nicht fahren.

misch, wiewohl sie in einem andern Sinne das Individuum vom Komischen befreit. Die Dialektik, von der wieder und wieder Proben gegeben werden, ist auch keine eigentlich philosophische Dialektik, nicht eine Dialektik von der Art, wie sie nach dem oben von uns Gesagten Plato eigen ist, sondern eine *rein negative* Dialektik. Hätte Sokrates jene platonische subjektive Dialektik besessen, so wäre es von Aristophanes doch durchaus unwahr gewesen und trotz aller Lächerlichkeit nicht komisch, daß er Sokrates auf diese Art nahm (denn das Komische muß natürlich ebenfalls eine Wahrheit haben); dahingegen ist in dem Fall, daß die Dialektik des Sokrates teils mit Sophismen gewappnet und polemisch wider die Sophisten gerichtet war, teils negativ gegen die Idee zielte, die Auffassung des Aristophanes eben als komische im Recht[177]. Das Gleiche gilt natürlich auch vom Symbol des Chors, den Wolken. Hätten diese den ideellen Reichtum des Subjektiven kennzeichnen sollen, so wäre es, obschon die Auffassung des Aristophanes komisch ist, eine Unwahrheit, das Individuum sich so leichtfertig dazu verhalten zu lassen, wie Aristophanes es darstellt; der *Ironiker* jedoch macht es sich offenbar überaus leicht, sogar mit der Idee, er ist dabei im höchsten Maße frei, denn das Absolute ist ihm ein Nichts.

Wir gehen nunmehr dazu über, das zweite Moment des Stücks, die *Personen*, zu betrachten, vor allem denn (womit wir es zu allernächst zu tun haben) *die Person des Sokrates*; dabei zeigt es sich sogleich, daß Aristophanes Sokrates *nicht* mit den Sophisten *gleichgesetzt* hat, und dies nicht bloß darin, daß er Sokrates mit einer Vielfalt von Kleinzügen so kenntlich gezeichnet hat (dies ist das von Rötscher besonders
XIII 231 Hervorgehobene), sondern auch, und vor allem, darin, daß sein Standpunkt gezeichnet ist als der einer vollkommenen Isolierung. Das ist nun sicherlich auch durchaus richtig. Denn freilich hat Sokrates im Stück, so wie er sie im Leben hatte, Schüler, diese aber stehen in keinem Verhältnis zu ihm, oder richtiger gesagt, er steht in keinem Verhältnis zu ihnen*, er gibt sich ihnen nicht hin, sondern er ist ständig, entsprechend seinem oben dargestellten Verhältnis zu Alkibiades, frei über ihnen

* Darum erklärt er auch in Platos Apologie[178], er sei nie jemandes Lehrer gewesen und habe nie einen Schüler angenommen.

schwebend, rätselhaft anziehend und abstoßend zugleich. Was seine Vertiefung in sich selbst bedeutet, bleibt ihnen stets unerklärlich; denn die Spitzfindigkeiten, die einen Versuch machen, etwas darüber zu verraten, stehen in keinem Verhältnis zu ihr. Aristophanes hat nun alles, was verschiedenen Zeitpunkten im Leben des Sokrates angehört, in eins zusammengefaßt, und so fällt denn auch den Naturspekulationen des Anaxagoras eine Rolle zu, mit denen Sokrates nach dem Zeugnis des Phädon[179] sich eine Zeitlang beschäftigt hatte, um sie dann später aufzugeben. Eine Menge von Szenen*, welche nichts als alberne Spitzfindigkeiten oder niedrigkomische Taschenspielerkunststücke und die zu solchen Künsten gehörende Prahlerei enthalten, kurz gesagt, eine Menge von dem, was man mit einem gemeinsamen Namen als Ulk bezeichnen könnte, übergehe ich, sofern nämlich darin nicht die geringste Spur von Idee sich findet. Die atheistischen Naturbetrachtungen, welche durch ihren Gegensatz zu dem ziemlich naiven Volksglauben** des Strepsiades recht oft eine höchst komische Wirkung erzeugen, werden später eine gewisse Bedeutung gewinnen. Was jedoch von *größter Wichtigkeit* ist, das ist teils das Verständnis des Sokrates als *Persönlichkeit*, teils die Kennzeichnung dessen, was in seinem Unterricht die Hauptsache ist, des *Dialektischen*, und endlich die Schilderung seines *Standpunktes*.

Was nun *das Erste* anlangt, so liegt bereits darin ein Be- XIII 232
weis, daß Aristophanes den Sokrates nicht mit den Sophisten gleichgesetzt hat; denn die Sophisterei ist das zügellose und wilde Herumspringen des selbstischen Gedankens, der Sophist ist des-

---

* Es verdient beachtet zu werden, wie Aristophanes alles wohlweislich so eingerichtet hat, daß Sokrates zu Anfang des Stücks eine weit größere Rolle spielt als am Schluß, daß im Unterschied von der außerhalb der Bühne vor sich gehenden Unterweisung des Pheidippides, die Erziehung des Strepsiades vor aller Augen geschieht, womit denn der veraltete und der neumodische Standpunkt, durch gleich komische Persönlichkeiten dargestellt, an Lächerlichkeit sich gegenseitig nicht viel nachgeben.

** Vgl. Wolken 368ff. Sokrates erklärt, wie es mit dem Regen bestellt ist, daß es nämlich die Wolken sind, welche regnen, und Strepsiades versichert (Wolken 373): „Sonst dacht' ich im Ernst, daß der regnende Zeus durch ein Sieb bloß pflegte zu harnen" καί'τοι πρότερον τὸν Δί' ἀληθῶς ᾤμην διὰ κοσκίνου οὐρεῖν.).

sen kurzatmiger Priester. Und ebenso wie der ewige Gedanke in der Sophisterei sich in eine Unendlichkeit von Gedanken auflöst, ebenso wird dies Wimmeln der Gedanken veranschaulicht an einem entsprechenden Gewimmel von Sophisten*. Mit andern Worten, es besteht keine Notwendigkeit, sich einen Sophisten als einen Einzelnen zu denken, wohingegen ein Ironiker stets ein Einzelner ist; denn der Sophist fällt unter den Begriff von Art, Sippschaft usw., der Ironiker hingegen unter die Bestimmung[181] der Persönlichkeit. Der Sophist ist immerzu in emsiger Tätigkeit, er greift immerzu nach etwas, das ihm voraus liegt; dahingegen führt der Ironiker dies in jedem einzelnen Augenblick zu sich selbst zurück; dies Rückführen aber und das dadurch bewirkte Rückströmen ist eben die Bestimmung einer Persönlichkeit. Das Sophisma ist daher ein dienendes Element innerhalb der Ironie; und möge der Ironiker nun durch das Sophisma sich selber befreien oder aber andern etwas entwinden, er nimmt doch beide Momente in das Bewußtsein auf, d. h. er genießt. Genuß aber ist eben eine Bestimmung der Persönlichkeit, wiewohl der Genuß des Ironikers der allerabstrakteste ist, der inhaltsloseste, die bloße Umrißlinie, die schwächste Andeutung desjenigen Genusses, welchem der absolute Inhalt, d. h. Seligkeit, eigen ist. Während daher der Sophist wie ein betriebsamer Geschäftsmann umherläuft, geht der Ironiker stolz und in sich verschlossen einher — und genießt. Dies ist auch von Aristophanes angedeutet; denn indem er den Chor erzählen läßt, daß Sokrates Gegenstand seiner besonderen Aufmerksamkeit sei, läßt er den Chor zugleich einen Unterschied machen zwischen Sokrates und einem andern auserwählten Liebling, dem Prodikos. Der Chor

* Darum folgt auf die feierliche Stille, welche jeden neuen weltgeschichtlichen Standpunkt kennzeichnet (denn dergleichen geht stets so stille her, daß es ist, als ob es gar nicht in der Welt, sondern außerhalb ihrer geschähe), auch gerne der Sophisten lärmender Chor, ein Summen und Brummen abenteuerlicher Insekten, die in einem unendlichen Durcheinander hinein und darüber hinaus, und abermals hinein und abermals hinaus über sich selbst und einander kommen, dort hinauf und hier herunter[180]. Sie kommen im Allgemeinen in ungeheuren Scharen so wie die Heuschrecken über Ägypten, und deuten an, daß das Weltdenken wieder einmal im Begriff ist, sich vom Zwang der Persönlichkeit zu emanzipieren, um sich in eine Vielgestalt gleich der des Rheins bei seiner Mündung zu verlieren.

macht nun folgenden Unterschied: er willfahre dem Prodikos um dessen Weisheit und Einsicht willen, dem Sokrates hingegen, „weil er auf den Straßen die Brust aufwerfe, stieren Auges zur Seite blicke und stets barfuß viel Not ausstehe und ihnen[182] einen XIII 233
vornehmen Blick zuwerfe“*. Daß Sokrates nun bei Aristophanes eine komische Persönlichkeit wird, ist durchaus in Ordnung; indes er entbehrt doch nicht jener Plastik, die einer Persönlichkeit eigen ist, jener Vollendung in sich selbst, die darum auch keiner Umgebung bedarf, sondern ein dem Auge dargebotener Monolog ist. Nun fühlt es gewiß jedermann: Aristophanes hat nicht eine zufällige Wirklichkeit darstellen wollen, nicht des Sokrates grobschlächtigen Leib, nicht die berühmten großen Füße, welche Sokrates selber für einen ihm von der Natur gewährten seltenen Vorzug hielt, weil sie sich so trefflich zum Stehen eigneten, nicht die tiefliegenden Augen, mit denen er, laut seiner eignen Bemerkung, so trefflich Umschau halten konnte, nicht das ungünstige Äußere, mit welchem die Natur ihn so ironisch ausgestattet hatte, und welches Sokrates seinerseits mit so vieler Ironie auffaßte; nein, sondern Aristophanes hat mit jenen Worten des Chores eine Idee andeuten wollen. Indes solch eine auffallende Persönlichkeit ist auch keine Bezeichnung für eine, sei es auch bloß subjektive, Spekulation, in welcher das Individuum in einem gewissen Maße verschwindet, eben sofern da das empirische Ich verschwindet, und die idealen Bestimmungen des reinen Ichs sich entfalten. Der Ironiker hingegen ist die Weissagung oder der abgekürzte Ausdruck (Abbreviatur) einer vollständigen Persönlichkeit.

Was sodann die sokratische Dialektik anlangt, so wie sie im Stück geschildert wird, so muß man sich erinnern, daß hier von ihr nur so weit die Rede sein kann, als sie sich rein intellektuell verstehen läßt, dahingegen haben wir schlechterdings nichts zu schaffen mit dem ganzen unmoralischen Gebaren, dessen tathafte Mitwisserin eine solche Dialektik im Dienst eines verderb-

---

* Wolken 360 ff:

Χορος: οὐ γὰρ ἂν ἄλλῳ γ' ὑπακούσαιμεν τῶν νῦν μετεωροσοφιστῶν,
πλὴν ἢ Προδίκῳ· τῷ μὲν σοφίας καὶ γνώμης οὕνεκα, σοὶ δέ,
ὅτι βρενθύει τ'ἐν ταῖσιν ὁδοῖς καὶ τὠφθαλμὼ παραβάλλεις,
κανυπόδητος κακὰ πολλ' ἀνέχει, κἀφ' ἡμῖν σεμνοπροσωπεῖς.

lichen Willens werden kann. Dessen muß Aristophanes sich auch in gewissem Maße bewußt geworden sein, und gesetzt, es wäre XIII 234 nicht an dem, so wüßte ich wirklich nicht, wie man Aristophanes von der alten Beschuldigung freisprechen kann, er habe Sokrates verleumdet. Denn mag Sokrates von Aristophanes auch noch so sehr und mit noch so vielem Recht als Repräsentant eines Prinzips verstanden worden sein, welches das alte Griechentum mit Untergang bedrohte, so wäre es doch stets eine Ungerechtigkeit, Sokrates dessen zu bezichtigen, daß er die Sitten der Jugend verderbe und einer Ausschweifung, einer Leichtfertigkeit Eingang schaffe, die sowohl von dem alten wie von dem neuen Griechentum unvermeidlich verabscheut werden mußte; es wäre eine Ungerechtigkeit, nicht bloß, weil Sokrates Anspruch darauf erworben hatte, der rechtschaffenste Mann in Griechenland zu sein, sondern vor allem, weil der Standpunkt des Sokrates unzweifelhaft in so hohem Maße *abstrakt intellektuell* gewesen ist (dies zeigt sich schon zur Genüge an seinem bekannten Verständnis der Sünde als Unwissenheit), daß ich es mit Hinblick auf das Verständnis für richtiger hielte, wenn man auf den ganzen Bombast betreffs seiner Tugend und seines edlen Herzens verzichtete, zugleich aber auch sein Leben für indifferent erachtete gegen alle Anklagen auf Verderbnis der Sitten. Rötscher mag nun so viel er will den Ernst, mit welchem Aristophanes in den Wolken seine Aufgabe erfaßte, hervorheben, damit ist Aristophanes noch nicht gerechtfertigt, es sei denn, man wollte das Komische darin hervorheben, daß Aristophanes gar so ernsthaft über etwas würde, das erst vermöge einer späteren Verkehrtheit so verderblich werden konnte, wie es dann geworden ist. Eine solche intellektuelle Neutralität scheint auch Aristophanes dem Sokrates beizulegen, sofern er, als Pheidippides in den sokratischen Unterricht eingeweiht werden soll, Redlichkeit und Unredlichkeit als zwei Gewalten einander gegenübertreten und den Sokrates als die indifferente Möglichkeit außerhalb aller beider stehen läßt. Die Dialektik, die er hier schildert, ist offensichtlich ein müßiger Bummler. *Bald* durchforscht dieser Bummler mit großer Gründlichkeit die abwegigsten Dinge und wendet Zeit und Kraft an die albernsten Wortklaubereien („die Spinnweben der Redekunst" λόγων ἀκριβῶν σχινδαλάμους Wolken 130), ja mitunter wird er

dermaßen Stillsteher und Träumer, daß er eher die Gestalt eines geistreichen Rätselknackers oder eines gewissen experimentierenden Pfiffikus annimmt, welcher ein Gegenstand für die fade Bewunderung untätiger und hohler Köpfe zu sein pflegt, ja sogar mit einem gewissen kränklichen Ernst sich an solche Nichtigkeiten verliert (weshalb denn von der ganzen Schule das Prädikat „Ideenforscher“— μεριμνοφροντισταὶ Wolken 101 — gebraucht wird); bald aber will er nach etwas sehr Großem und Bedeutendem greifen, springt jedoch eben in dem Augenblick, da es sich zeigt, wieder davon ab*. Zwischen diesen äußersten Punkten liegt jene XIII 235
dialektische Tätigkeit, deren Giltigkeit sich verwirklicht im Einteilen. Während nämlich die eigentlich philosophische, die spekulative Dialektik vereinigend ist, ist die negative Dialektik, weil sie der Idee den Abschied gibt, ein Makler, welcher fortwährend Umsätze in einer niederen Sphäre macht, d. h. sie ist trennend**.

* Vgl. Wolken 700. Der Chor [Sokrates!] spricht zu Strepsiades:

„Jetzt, Freund, studirt! Jetzt speculirt
Allerlei aus! Den Kopf nehmt
Mir recht zusammen!
Und fallt ihr auf schwierige Punkt' einmal,
So springt behende
Auf andre Grübeleien fort.“
(φρόντιζε δὴ καὶ διάθρει,
πάντα τρόπον τε σαυτὸν
στρόβει πυκνώσας!
ταχὺς δ', ὅταν εἰς ἄπορον πέσῃς,
ἐπ' ἄλλο πήδα
νόημα φρενός.)

Wofern es nicht in diesen Worten zu viel sehen heißt, kann man in ihnen eine Kennzeichnung der sprunghaften Dialektik finden; diese läßt die Idee einen harten, von ihr nicht durchbrechbaren Körper sein, springt aber von ihr ab. Auch das von Sokrates empfohlene Festhalten erweist sich als ein Festhalten bloß des Problems, ohne dieses jedoch zu lösen. Vgl. Wolken 743:

„Sei still! Sobald ein Ideenfang dir schwierig ist,
So laß ihn gehn, und jage wieder ein andermal
Was Besseres auf, und halt' es möglichst unterm Schloß.“
(ἔχ' ἀτρέμα· κἂν ἀπορῇς τι τῶν νοημάτων,
ἀφεὶς ἄπελθε· κᾆτα τὴν γνώμην πάλιν
κίνησον αὖθις ἐς αὐτὸ καὶ ζυγώθρισον. —)

** Daher fragt Sokrates, als bei Strepsiades mit dem Unterricht begonnen werden soll, diesen, was er von den Dingen, die er bisher nicht gelernt, lernen will. Wolken 637:

XIII 236 Sie setzt daher beim Lehrling lediglich zwei Eigenschaften voraus, hinsichtlich deren Sokrates sich auch erkundigt (Wolken 482 und 486), ob Strepsiades sie in Besitz habe: Gedächtnis und natürliche Anlage zum Reden*. Die Antwort des Strepsiades auf die erste Frage — sie lautet, er habe zwei Arten von Gedächtnis: wenn nämlich jemand ihm etwas schuldig sei, so habe er ein ausgezeichnetes Gedächtnis, aber wenn er selber jemandem etwas schulde, so sei er überaus vergeßlich — enthält wirklich eine sehr treffende bildliche Bezeichnung dieser Art von Dialektik. Aber diese Dialektik hat natürlich zugleich keinen Inhalt, und dies ist großartig darin ausgedrückt, daß Sokrates dem Strepsiades einschärft, er solle, statt an Götter zu glauben, nur noch glauben an den großen leeren Luftraum und an die Zunge, und dies Verhältnis drückt ganz vortrefflich das lärmende Geplapper aus, das doch nirgends daheim ist und erinnert mich an einen Ausdruck von Grimm in den ‚Irischen Elfenmährchen'[184]; er spricht dort von Leuten, die einen hohlen Kopf und eine Zunge gleich der in einer Kirchenglocke haben.

Was endlich nun den Standpunkt des Sokrates anlangt, so hat Aristophanes die diesem eigentümliche Schwierigkeit durchaus richtig verstanden. Er hat uns einsehen gelehrt, mit welchem Nachdruck Sokrates hat sagen können: „gib mir einen Punkt, darauf zu stehen" (δός μοι ποῦ στῶ[185]). Er hat darum

---

„Wohlan, was magst du von meiner Kunst nunmehr zuerst
Erlernen, was du früher nicht hörtest? Sage mir's.
Vom Rhythmos etwan oder Wort[183]? Vielleicht vom Maß?"
(ἄγε δέ, τί βούλει πρῶτα νυνὶ μανθάνειν,
ὧν οὐκ ἐδιδάχθης πώποτ' οὐδέν; εἰπέ μοι.
πότερα περὶ μέτρων, ἢ περὶ ἐπῶν ἢ ῥυθμῶν.)

Wird hier nun mit „Wort" (ἔπος) der grammatische Unterricht bezeichnet, und tritt Sokrates auch wie ein Küster Peter (in Holbergs Erasmus Montanus) auf mit seinen linguistischen Spitzfindigkeiten, so muß man ja doch daran denken, daß wir es mit einer ausgelassen komischen Parodie zu tun haben, und daß Aristophanes damit sehr wohl auf eine entsprechende auf die Sprache gegründete dialektische Spitzfindigkeit deuten kann.

* So entspricht dem denn auch ganz und gar die Frucht dieses Unterrichts; denn Sokrates verspricht (Wolken 260): „Du wirst durchtrieben, ein braver Zungendrescher, wie Puder fein —" (λέγειν γενήσει τρίμμα, κρόταλον, παιπάλη.)

Sokrates im Phrontisterion den Platz in einem Hängekorb (κρεμάθρα Wolken 218) angewiesen, zur nicht geringen Verwunderung des Strepsiades. Möge er nämlich in einem Korbe unter der Decke hängen oder nabelbeschauerisch (omphalopsychitisch) in sich selber hineinstarren und dadurch in gewissem Maße sich von der irdischen Schwere befreien: in beiden Fällen schwebt er. Eben dies Schweben aber ist äußerst bezeichnend, es ist die erstrebte Himmelfahrt, welche sich erst vollendet, sofern das ganze Reich des Idealen sich auftut, sofern dies in sich selber Starren das Ich sich erweitern läßt zum universalen Ich, zum reinen Denken mitsamt seinem Inhalt. Der Ironiker ist allerdings leichter als die Welt, anderseits jedoch gehört er der Welt noch an, er schwebt XIII 237
dem Sarge des Mohammed gleich zwischen zwei Magneten. Wäre nun der Standpunkt des Sokrates der der Subjektivität gewesen, der der Innerlichkeit, so wäre es auch nach dem Maßstab des Komischen unrichtig gewesen, ihn auf die Art des Aristophanes zu verstehen; denn allerdings ist die Subjektivität, verglichen mit der Substantialität des alten Griechentums, im Schweben, aber sie ist im unendlichen Schweben und es wäre dann nach dem Maßstab des Komischen richtiger gewesen, Sokrates als im Unendlichen entschwindend darzustellen und das Komische darin, daß Strepsiades ihn schlechterdings nicht erblicken konnte, hervorzuheben, statt ihn in einem Korbe hängend darzustellen, denn der Korb ist gleichsam jener Boden der empirischen Wirklichkeit, dessen der Ironiker bedarf; dahingegen gravitiert die Subjektivität in ihrer Unendlichkeit zu sich selber hin, d. h. sie ist im Unendlichen schwebend.

Fasse ich nun das hier über die Wolken des Aristophanes Dargelegte zusammen, so meine ich Folgendes: sofern man Rötscher Recht darin gibt, den Standpunkt des Sokrates als den der Subjektivität zu bezeichnen, wird man die Auffassung des Aristophanes wohl dann in höherem Maße komisch wahr und gerecht finden* und ebenso denn sich auch besser imstande sehen,

* Auch Hegel bemerkt, nachdem er dargetan hat, wie die sokratische Dialektik alle konkreten Bestimmungen des Guten, auf Kosten des Guten selber als des leeren inhaltslosen Allgemeinen und mit dessen Hilfe, zu vernichten weiß, es sei Aristophanes, der da die Philosophie des Sokrates rein von ihrer negativen Seite her aufgefaßt habe (Geschichte der Philosophie

einen Teil der sonst an diesem Stücke des Aristophanes haften bleibenden Schwierigkeiten zu entfernen, falls man diesen Standpunkt des Näheren bestimmt als den der Ironie, d. h. falls man die Subjektivität hier nicht in ihrem Reichtum hervorquellen läßt, sondern sie sich vorher egoistisch verschließen läßt in der Ironie.

Xenophon, Plato, Aristophanes

Was das Verhältnis des Aristophanes zu Xenophon und Plato anlangt, so findet man bei ihm Elemente der Auffassungen jener beiden andern. Das geheimnisvolle Nichts, welches im Leben des Sokrates eigentlich die Pointe ausmacht, suchte Plato dadurch auszufüllen, daß er ihm die Idee gab, Xenophon aber durch die
XIII 238 Weitläuftigkeiten des Nützlichen. Aristophanes hat nun dies Nichts erfaßt, nicht als die ironische Freiheit, in welcher Sokrates es genoß, aber so, daß er immer nur auf die Leere hinweist, die darin liegt. Statt der ewigen Fülle der Idee erhält Sokrates so die allerasketischste Dürftigkeit einer Vertiefung in sich, welche nie etwas aus dieser Tiefe emporholt, einer Vertiefung, die jederzeit mit leeren Händen zurückkehrt, obwohl sie niederfährt in der Seele Unterwelt (man könnte in psychologischer Hinsicht denken an die Worte, welche bei Aristophanes in naturwissenschaftlicher Hinsicht über die Jünger der neuen Schule gesprochen werden: „Die forschen im Urgrund unten, noch unterm Tartaros." οὗτοί γ' ἐρεβοδιφῶσιν ὑπὸ τὸν Τάρταρον. Wolken 192). An die Stelle des Nützlichen*, das doch noch eine Art des Betrachtens[187] ist,

---

2. Buch S. 85)[186]. Aber falls da eine platonische Positivität in Sokrates gewesen wäre, so könnte man ganz gewiß nicht leugnen, wie große Freiheit man dem komischen Dichter nach griechischen Begriffen auch zugestehen möge, daß Aristophanes gleichwohl die Grenze, die das Komische selber hat, überschritten habe, die Forderung nämlich, daß es komisch wahr sein müsse.

* Während darum bei Xenophon das Nützliche hin- und herschwankt zwischen einer Beziehung auf das Schöne und einer auf das Gute, und insofern mehr ein intellektueller als ein moralischer Begriff ist, so ist dagegen hier das Nützliche rein moralisch verstanden nach seiner Entgegensetzung gegen das Gute und seiner Einheit mit dem Schlechten. Xenophon läßt den Sokrates für seinen Unterricht keine Bezahlung nehmen und deutet damit an, daß des Sokrates Unterricht sich den Maßstäben einer jeden

tritt hier das Vorteilhafte, welches mit dem einzelnen Gegenstande lediglich zu tun hat nach dessen Beziehung zu dem einen über seinem Interesse wachenden Individuum, und das — Wendige (vgl. Wolken 177 ff[188]). Auch die Naturbetrachtungen, mit denen Aristophanes den Sokrates ausstaffiert hat, erinnern gelegentlich an die naturgeschichtlichen Studien des Xenophon, wenn man nur von dem Vorwurf der Irreligiosität absieht, der
bei Aristophanes durchscheint*. In Vergleich mit Plato hat Aristo- XIII 239
phanes also subtrahiert, in Vergleich mit Xenophon addiert; da es sich jedoch in letzterer Hinsicht allein um negative Größen handelt, ist dies Addieren in gewissem Sinne ebenfalls ein Subtrahieren. Wir wollen nunmehr die Linien, welche im Vorhergehenden bereits unter ständiger Kontrolle durch die auf das gegenseitige Verhältnis dieser drei Schriftsteller gegründete Berechnung gezogen worden sind, deutlicher hervortreten lassen und so die unbekannte Größe umgrenzen, den Standpunkt nämlich, welcher

---

Einschätzung dieser Art schlechthin entzog, deutet damit an, daß des Sokrates Unterricht ein zweideutiges Verhältnis hatte zu jeglicher äußerlichen Würdigung (er war nämlich in dem einen Sinne zu gut, in dem andern zu dürftig dafür); Aristophanes läßt ihn nicht bloß Bezahlung nehmen, sondern seine Schüler förmlich ausplündern. Will man in letzterem Zuge nicht einen jener schwer zu rechtfertigenden moralischen Anwürfe sehen, oder doch eine dreiste Ausgelassenheit, welche eine Entschuldigung nötig hat, so mag man darin eine bildliche Kennzeichnung des Verhältnisses erblicken, in welchem der Ironiker zum Individuum steht, sofern er nämlich in diesem Verhältnis mehr nehmend denn gebend ist und in geistigem Sinne gleichsam das tut, was bei Aristophanes Sokrates in leiblichem Sinne mit Strepsiades tat, d. h. ihn nackt ins Phrontisterion eingehen und ebenso nackt aus ihm davonlaufen läßt.

* Ich habe die drei Verständnisse mehr nach ihrem Verhältnis zur Idee geordnet (das schlecht und recht historische — das ideale — das komische) als nach ihrem Verhältnis zur Zeit, und das mag vielleicht veranlassen, daß
der eine oder andre Leser mir vorwerfen möchte, ich hätte mich eines XIII 239
Anachronismus schuldig gemacht. Ich glaube indes, Recht daran getan zu haben, die Rücksichten auf die Chronologie vorläufig beiseite zu lassen. Deshalb habe ich jedoch natürlich durchaus nicht den Wunsch, dem aristophanischen Verständnis das Gewicht zu nehmen, welches darin liegt, daß es zeitlich dem Sokrates am nächsten steht. Die Bedeutung, die es damit in geschichtlicher Hinsicht erhält, wird noch vermehrt durch die Erzählung, Plato habe Dionysius dem Älteren die „Wolken“ übersandt, und ihm dabei zu verstehen gegeben, er könne aus diesem Stück den athenischen Staat kennen lernen[189].

in den dazwischenliegenden Raum hineinpaßt und zugleich ihn ausfüllt, und dies wird denn ungefähr folgendermaßen ausfallen: das Verhältnis dieses Standpunkts zur Idee ist negativ, d. h., die Idee ist die *Grenze* der Dialektik. Fortwährend im Begriffe, die Erscheinung zur Idee emporzuführen (die dialektische Tätigkeit), wird das Individuum zurückgestoßen oder flieht das Individuum zurück in die Wirklichkeit; indes die Wirklichkeit selber hat lediglich die Giltigkeit, daß sie ständig nur *Anlaß* zum Hinausgehenwollen über die Wirklichkeit ist, ohne daß doch dieses geschähe; dahingegen nimmt das Individuum diese Beschwernisse (molimina) der Subjektivität in sich zurück, schließt sie in ihr Inneres ein *in einer persönlichen Befriedigung; dieser Standpunkt* aber *ist eben die Ironie.*

Die Abhandlung hat nunmehr einen Ruhepunkt erreicht, eine bestimmte Form der Untersuchung liegt hinter uns, und sollte ich ihre Beschaffenheit, ihre Bedeutung als Moment im Zusammenhang des Ganzen mit wenigen Worten ausdrücken, so möchte ich sagen: sie ist die *Ermöglichung* eines *Verständnisses* von Sokrates[190]. Xenophon, Plato und Aristophanes haben nämlich Sokrates nicht bloß aufgefaßt in dem allgemeinen Sinne,
XIII 240 in dem dies Wort genommen werden muß, wo von einer geistigen Erscheinung die Rede ist; sondern sie haben ihn in einem weit bestimmter ausgeprägten Sinne nicht abkonterfeit, sondern ihn aufgefaßt*. Infolgedessen muß man sie mit einer gewissen Vorsicht benutzen, darauf achten, daß man sie stillestehn heiße in dem Augenblick, wo sie mit einem durchgehn wollen. Zu dem Behufe aber wird es, auf daß man sich nicht selbst einer Willkür schuldig mache, nötig sein, einen Helfer zu haben, und deshalb habe ich versucht, allenthalben Selbstdritter[191] gegen bloß einen zu sein.

* Überall, wo es sich darum handelt, eine Erscheinung zu rekonstruieren im Hindurchgang durch eine solche im strengeren Sinn so zu heißen verdienende Auffassung, ist eine zwiefache Arbeit vonnöten: man muß nämlich die Erscheinung und zugleich das Mißverständnis erklären, man muß im Hindurchgang durch das Mißverständnis die Erscheinung sich erringen und durch die Erscheinung den Zauberbann des Mißverständnisses lösen.

Darauf habe ich das Ganze zu einer endgiltigen Gegenüberstellung kommen lassen. Ich habe dadurch eine Möglichkeit beschafft, das Mißverhältnis zwischen den drei Auffassungen zu erklären durch ein dementsprechendes Verständnis des Sokrates. Mit alledem jedoch bin ich noch nicht weiter gelangt als bis zur Möglichkeit; denn mag die aufgestellte Erklärung auch imstande sein, die streitenden Gewalten zu versöhnen, so folgt daraus doch noch keineswegs, daß diese Erklärung die unbedingt richtige ist. Dahingegen wäre es ganz unmöglich, daß sie die richtige wäre, falls sie nicht in der Lage wäre, sie zu versöhnen. Jetzt hingegen ist es möglich. Ich habe bei dieser ganzen Untersuchung fortwährend heimlich etwas im Sinne (in mente) gehabt, nämlich das endgiltige Verständnis, ohne daß man mich deshalb einer Art von intellektuellem Jesuitismus bezichtigen oder mir vorwerfen dürfte, ich hätte versteckt, gesucht und danach gefunden, was ich schon längst gefunden hatte. Das endgiltige Verständnis hat lediglich als eine Möglichkeit über der ganzen Erforschung geschwebt; jede gewonnene Erkenntnis ist die Einheit einer Wechselbeziehung gewesen: das endgiltige Verständnis hat sich hingezogen gefühlt zu dem, das von ihm erklärt werden sollte und das, was erklärt werden sollte, hat sich hingezogen gefühlt zu ihm. So ist es denn in gewissem Sinne unter diesen Überlegungen entstanden, obwohl es in einem andern Sinne vor ihnen dagewesen ist. Doch dies kann anders ja auch nicht sein, sintemal das Ganze vor seinen Teilen ist[192]. Das endgiltige Verständnis ist, wo nicht entstanden, so doch von neuem geboren worden. Ich glaube indes, der billig denkende Leser wird dies als eine Vorsicht von mir anerkennen, wiewohl dadurch die Form der ganzen Abhandlung etwas Abweichendes erhalten hat dem jetzt allgemein geübten, so vielfältig verdienstlichen wissenschaftlichen Verfahren gegenüber. Hätte ich nämlich zuerst das endgiltige Verständnis hingestellt und jeder von jenen drei Betrachtungen in dessen einzelnen Momenten einen Platz angewiesen, so wäre ich leicht des Moments der Kontemplation verlustig gegangen, welches stets wichtig ist, hier aber zwiefach wichtig, weil ich die Erscheinung auf einem andern Wege, d. h. durch unmittelbare Beobachtung, mir nicht aneignen kann.

Von jetzt ab wird die Gestalt der Untersuchung auch eine XIII 241 andre werden. Ich werde es nämlich zu tun bekommen mit einer Reihe von Erscheinungen, welche als geschichtliche Tatsachen nicht erst im Hindurchgang durch eine mißverstehende Auffassung beschafft werden, sondern lediglich in ihrer ungekränkten Unschuld bewahrt und darauf erklärt werden müssen. Auch hier ist das endgiltige Verständnis wieder ein unumgängliches Prius, obwohl es in einem andern Sinne als Ergebnis daraus hervorgeht. Diesen Abschnitt könnte man die Verwirklichung des Verständnisses nennen; denn es verwirklicht sich durch alle diese geschichtlichen Data hindurch.

ZWEITES KAPITEL XIII 242

Die Verwirklichung des Verständnisses

Der Dämon des Sokrates

Man wird sofort bemerken, daß ich jetzt auf ein andres Gebiet übergegangen bin. Hier geht es nicht um die Auffassung Platos oder Xenophons, wenn man nicht etwa so ungereimt sein will zu meinen, das Ganze sei eine Erdichtung von Plato oder Xenophon. Es muß nun für eine Tatsache genommen werden, daß Sokrates an solch einen Dämon gedacht hat, und wir müssen mit Hilfe der einzelnen Äußerungen hierüber* uns eine Vorstellung davon zu verschaffen und diese mit unsrer Gesamtauffassung in Einklang zu bringen suchen. Dieser Dämon des Sokrates ist nun stets eine crux philologorum gewesen, eine Schwierigkeit, die jedoch nicht so sehr abschreckend als vielmehr anziehend und mit ihrem geheimnisvollen Zauber betörend gewirkt hat. Man findet deshalb von jeher eine große Neigung, von der Sache zu reden („was hört der Mensch wohl lieber als Mären dieser Art?“[193]); dabei aber pflegt es im Allgemeinen auch zu bleiben: die durch das Geheimnisvolle aufgereizte Neugierde ist damit zufriedengestellt, daß man die Sache nennt, dem Tiefsinn ist damit vollauf Genüge getan, daß man mit gedankenvoller Miene spricht: ‚was soll man da sagen?‘ Sollten die Leser den Wunsch haben, Bekanntschaft zu stiften mit einem in dieser Hinsicht vollendeten Meisterstück, mit einem dermaßen in sich ab- XIII 243
gerundeten Ganzen, daß es so gut wie ganz um die Sache herum

* Diese Äußerungen finden sich darum auch zunächst in den in strengerem Sinne historischen Schriften.

geht[194], so möchte ich sie auf einen bei Funcke* sich findenden Aufsatz verweisen, der da ebenso gründlich schließt, wie er anfängt, und dessen Mitte ebenso gründlich ist wie der Anfang und der Schluß. Ein geistesverwandter Däne, Herr Magister Block, hat in der Vorrede zu seiner Übersetzung von Xenophons Memorabilien gleichfalls der Versuchung, die merkwürdige Erscheinung zu erklären, nicht widerstehen können; er meint, Sokrates habe selber geglaubt, einen solchen Genius zu besitzen, und „dies Gefühl" sei „eine Ahnung oder eine Art von Schwärmerei gewesen, die ihren Grund zum Teil in seiner lebhaften Einbildung und feinem Nervensystem gehabt"**.

Doch zuerst eine Darstellung des Tatsächlichen. Sowohl Xenophon wie Plato sprechen von dieser Eigenheit. Das Wort τὸ δαιμόνιον ist (wie Ast a. a. O. S. 483 richtig bemerkt) weder rein adjektivisch, so daß man es vervollständigen müßte durch die Ergänzung ἔργον, σημεῖον (das dämonische Werk oder Zeichen) oder etwas Ähnliches, noch auch in dem Sinne substantivisch, daß es ein besonderes oder eigentümliches Wesen bezeichnete. Man sieht somit, daß dies Wort der Ausdruck für etwas durchaus Abstraktes ist, und dies leuchtet auch ein, auf Grund der zwiefachen Weise seines Gebrauchs, auf Grund der zwiefachen Verbindung, in der es vorkommt. Zuweilen heißt es: „Das Dämonische tut mir kund" (τὸ δαιμόνιόν μοι σημαίνει), an andern Stellen aber: „etwas Dämonisches" oder „das Dämonische geschieht" (δαιμόνιόν τι oder τὸ δαιμόνιον γίγνεται). Das zuerst zu Beachtende ist mithin, daß mit diesem Worte etwas Abstraktes, etwas Göttliches bezeichnet wird, das jedoch eben vermöge seiner Abstraktheit über jede nähere Bestimmung hinausgehoben ist, das unaussagbar und prädikatlos ist, da es keine Vokalisierung duldet[196]. Fragen wir sodann nach seiner Wirkungsweise,

* Neues Realschullexikon (Braunschweig 1800—1805) von Funcke. Zweiter Theil. S. 643 ff.

** Auch in neuerer Zeit hat man sich eifrig mit diesem Dämon abgegeben, und so ist (wie ich aus einer Schrift von Heinsius[195] ersehe) ein Pariser Irrenarzt, namens Lelut, so pfiffig gewesen zu behaupten, Sokrates sei von jener Geisteskrankheit affiziert gewesen, die man in der Sprache der Wissenschaft Halluzination nennt (que Socrate était affecté de la folie, qu'en language technique on appelle hallucination). Das Buch heißt: Du démon de Socrate. Par F. Lelut. Paris 1836.

so erfahren wir, es sei eine Stimme, die sich vernehmen lasse, jedoch ohne daß man dies allzu bestimmt nehmen dürfte, als ob es in Worten sich kund täte, sintemal es überhaupt *ganz und* XIII 244
gar nach Art eines Instinkts wirkt. Was seine Wirksamkeit anlangt, weichen Platos und Xenophons Nachrichten voneinander ab. Denn nach Plato warnt der Dämon, wehrt, gebietet Unterlassung, vgl. Phädros 242 b c, Apologie 31 d, Alkibiades 103 a. 124 c, Theages 128 d; nach Xenophon befiehlt, treibt der Dämon zugleich, gebietet auch zu handeln Memorabilien I 1, 4. IV 8, 1. Apologie 12. Ast meint nun, in dieser Beziehung dürfe man Xenophon weit mehr trauen als Plato, und wer sich mit diesem selbstherrlichen Spruch nicht zu begnügen gedenkt, den wird Ast ganz und gar verblüffen mit folgendem (von seinem Standpunkt aus durchaus richtigen und hinreichend überzeugenden) Passus: „An sich schon ist es unglaublich, daß das Daemonion als göttliche Andeutung oder Ahndung bloß abgemahnt habe; denn sollte Sokrates nur ein Vorgefühl des Unrechten, Unglücklichen usw. gehabt haben, nicht auch eine lebendige Ahndung des Glücklichen, die ihn nicht bloß zum Handeln antrieb, sondern auch mit begeisterter Hoffnung erfüllte?" Das muß Ast nun überlassen bleiben; ich hingegen muß den Leser zu beachten bitten, was für das gesamte Verständnis des Sokrates so wichtig ist, daß dies Dämonische lediglich als warnend, nicht als befehlend dargestellt wird, d. h. *als negativ, nicht als positiv.* Hat man nun zwischen Xenophon und Plato die Wahl, so muß man es, glaub ich, weit eher mit Plato halten, bei welchem es die ständige Aussage über die Wirksamkeit dieses Dämonischen ist, daß es lediglich warne* und muß das von Xenophon Hinzugefügte für eine echt xenophontische Gedankenlosigkeit halten, die da, ohne etwas von dem darin etwa versteckten Sinn zu ahnen, hochweise dafür hielt, daß das Dämonische, wenn es warne, doch wohl auch antreiben müsse. Damit sinkt denn auch das Verhalten des Dämonischen weit mehr zu der Bestimmung des Trivialen herab, und das fade: ‚teils, teils, bald, bald' muß

* Sowohl Plutarch (Plutarchi Chaeronensis opuscula ed. H. Stephanus. Tom. II, p 241. 243), als Cicero (de divinatione I, 54) haben mehrere Geschichten über die Wirksamkeit dieses Dämonischen aufbewahrt; in ihnen allen aber äußert es sich lediglich warnend.

natürlich den Xenophon weit mehr angesprochen haben. Sein
XIII 245 Aufweichen kann man sich weit besser erklären als Platos Straffen; denn zu Ersterem gehört nichts als gutmütige Einfalt, zu Letzterem dagegen ein hohes Maß von Verwegenheit und Willkür. Es kommt hinzu, daß man aus der Stelle in Platos Apologie[197], an der Sokrates zur Verteidigung gegen die Anklage des Melitus sich auf dies Dämonische beruft, deutlich ersieht, er sei sich der Bedeutung der Tatsache, daß das Dämonische lediglich warnt, bewußt gewesen. Daraus erklärt er nämlich den auffallenden Umstand, daß er, welcher privatim jederzeit bereit war, Ratschläge zu erteilen („privatim herumgehend und mit vielerlei sich befassend" ἰδίᾳ περιϊὼν καὶ πολυπραγμονῶν), sich niemals um Staatsangelegenheiten gekümmert hatte. Dies aber ist gerade die sichtliche Bekundung des negativen Verhältnisses, welches das Dämonische zu Sokrates hatte; denn dadurch eben wurde es bewirkt, daß er sich auch seinerseits negativ verhalten mußte zur Wirklichkeit oder (im Sinne der Griechen) zum Staat. Wäre das Dämonische zugleich auch antreibend gewesen, so wäre er dadurch ja gerade tauglich geworden, sich mit der Wirklichkeit zu befassen*. Hiermit steht nun in wesentlichem Zusammenhang die Frage, inwiefern Sokrates mit der Annahme eines solchen Dämonischen, so wie seine Ankläger es behaupteten, *mit der Staatsreligion in Widerstreit* gewesen ist. Dies war er nun offensichtlich. Teils nämlich bedeutete es ein durchaus polemisches Verhältnis zur griechischen Staatsreligion, an die Stelle der konkreten Individualität der Götter etwas ganz und gar Abstraktes zu setzen**. Teils auch war es ein polemisches Verhältnis zur

* Es darf hier nicht aus dem Gesicht verloren werden, daß diese Stelle sich in der Apologie Platos findet, und daß man diese im Ganzen für geschichtlich zuverlässig zu halten hat. Dies darf nicht aus dem Gesicht verloren werden, damit man sich überzeugt halte, daß ich es hier nicht mit einer platonischen Deutung zu tun habe, sondern mich auf dem Boden der Tatsachen bewege.

** Der Versuch des Sokrates[198], sich zu verteidigen mit der Darlegung, daß er notwendig auch Dämonen annehmen müsse, wenn er etwas Dämonisches annehme, hat so gut wie überhaupt kein Gewicht, selbst dann nicht, wenn man absieht von der ironischen Einkleidung, die er der Darlegung gibt, und von der darin sich verbergenden indirekten Polemik. Denn allerdings muß man wohl im Allgemeinen und also auch in gegenwärtigem Falle (in casu) einräumen, daß der Theismus mit syllogistischer

Staatsreligion, wenn man an die Stelle des in allen, sogar den unbedeutendsten Äußerungen vom Gottesbewußtsein durchdrungenen griechischen Lebens, an die Stelle dieser allenthalben widerhallenden göttlichen Beredsamkeit ein Schweigen setzte, in dem nur gelegentlich eine warnende Stimme vernehmlich ward, eine Stimme, die da (und dies enthält nahezu die tiefste Polemik) sich niemals mit den substantiellen Interessen des Staatslebens befaßte, niemals über diese sich äußerte, sondern allein mit den durchaus privaten und partikularen Angelegenheiten des Sokrates und höchstens noch seiner Freunde zu tun hatte. XIII 246

Wenden wir uns nun von den vorhin erwähnten pharisäischen Gelehrten, welche die Mücke seihen und das Kamel verschlukken[200], zu den Bestrebungen, welche die neueste wissenschaftliche Entwicklung auch in dieser Richtung zeigt, so wird ein wesentlicher Unterschied unmittelbar darin sichtbar, daß diese sofort die Frage nach innen gekehrt hat und deshalb nicht so sehr zu erklären als vielmehr zu begreifen sucht. Solange die Schwierigkeit, welche das Dämonische bei Sokrates bietet, für sich allein behandelt wird, solange sie von außen her gesehen wird, bleibt sie natürlich unerklärlich, obwohl sie eben damit einer Menge von Konjekturenmachern notwendig und unentbehrlich wird; sieht man sie dagegen von innen her, so wird dasjenige, das sich als unübersteigliche Schranke in den Weg gestellt hatte, als notwendige Grenze sich erweisen, welche der geschwinden Flucht des Auges und damit des Gedankens Einhalt gebietet, diesen vom Peripherischen zum Zentralen und damit zum Begreifen zurückzwingt. Eine Äußerung Hegels* drückt ganz im Allgemeinen und doch mit überaus großer Prägnanz des Gedankens aus, wie die Sache mit diesem Dämonischen zu verstehen ist: „Socrates, indem er es der Einsicht, der Überzeugung anheimgestellt hat, den Menschen zum Handeln zu bestimmen, hat

Notwendigkeit sich durchaus richtig aus dem Pantheismus ableiten läßt[199]; daraus folgt jedoch keineswegs, daß Sokrates damit dem Staat gegenüber gerechtfertigt war; denn der Staat hatte seine Götter nicht auf dem Wege des Syllogismus bekommen, und Sokrates konnte sich ja recht gut indifferent, d. h. irreligiös zu dem Ergebnis verhalten, welches er auf Ersuchen jeden Augenblick zu erzielen imstande war.

* Vorlesungen über die Philosophie der Geschichte 2. Auflage S. 328 (Werke, Jub. Ausgb. XI 350f)

das Subject als entscheidend gegen Vaterland und Sitte gesetzt, und sich somit zum Orakel im griechischen Sinne gemacht. Er sagte, daß er ein δαιμόνιον in sich habe, das ihm rathe, was er thun solle, und ihm offenbare, was seinen Freunden nützlich sei." Rötscher (a. a. O. S. 254) versteht es ebenfalls, Hegel folgend, ganz richtig: „Mit diesem Prinzip der freien Entscheidung des Geistes aus sich selber, und dem großen Bewußtsein, daß alles vor das Forum des Denkens gezogen werden müsse, um dort seine Bestätigung zu empfangen, hängt auch die im Alterthum schon vielfach besprochene Erscheinung des Genius des Sokrates zusammen. In diesem Dämon ist uns der eben ausgesprochene Gedanke der inneren Entscheidung vor die Vorstellung gebracht." In seiner
XIII 247 Philosophie des Rechts spricht Hegel gleichfalls über den Dämon des Sokrates. Vgl. § 279[201]: „Im Dämon des Socrates können wir den Anfang sehen, daß der sich vorher nur *jenseits* seiner selbst versetzende Wille sich in sich verlegte und sich innerhalb seiner erkannte, — der Anfang der *sich wissenden* und damit wahrhaften Freiheit." Die Stelle indes, an welcher *Hegel* ausführlichst über diesen Dämon spricht, steht natürlich in seiner Geschichte der Philosophie (2. Bd. S. 94 ff 103 ff = Werke Jub. Ausgb. XVIII 94 ff 103 ff). Obwohl Hegel sich nun darauf einläßt, Analogien aufzustellen* und auf diesem Wege die Schwierigkeiten zu lösen, in die diese Erscheinung verstrickt ist, so hat doch seine ganze Untersuchung das zum Ziele und zum Ergebnis, daß die Erscheinung begriffen wird. Der Standpunkt des Sokrates ist also der der Subjektivität, der Innerlichkeit, welche das Bestehende in sich reflektiert und in ihrem Verhältnis zu sich selbst es auflöst und verflüchtigt in der Gedankenwelle, die sich darüber auftürmt und es fortspült, während die Subjektivität selber wieder zurücksinkt in den Gedanken. An die Stelle jener Scheu

* „Bei Sterbenden, im Zustande der Krankheit, der Katalepsie kann es kommen, daß der Mensch Zusammenhänge kennt, Zukünftiges oder Gleichzeitiges weiß, was nach dem verständigen Zusammenhang für ihn durchaus verschlossen ist ... Das Nähere in Ansehung des Dämonion des Socrates ist mithin eine an den Somnambulismus, an diese Gedoppeltheit des Bewußtseins hingehende Form; und bei Socrates scheint sich auch ausdrücklich etwas von der Art, was magnetischer Zustand ist, gefunden zu haben, da er öfter (im Lager) in Starrsucht, Katalepsie, Verzückung verfallen sein soll." (Hegel a.a.O. S. 95 f, 99).

(αἰδώς), welche mächtig aber geheimnisvoll das Individuum am Gängelband des Staats gehalten hatte, trat nunmehr die Entscheidung und innere Gewißheit der Subjektivität. Hegel sagt a. a. O. S. 96: „Der Standpunkt des griechischen Geistes ist nach der moralischen Seite als unbefangene Sittlichkeit bestimmt. Der Mensch hatte ein solches Verhältnis noch nicht, sich so in sich zu reflektieren, aus sich sich zu bestimmen.“ Im alten Griechentum hatten die Gesetze für das Individuum das Ehrwürdige der Überlieferung als die, welche von den Göttern geheiligt worden. Und dieser Überlieferung entsprach die durch den Lauf der Zeiten hin sich behauptende Gewohnheit. Während die Gesetze aber so das Allgemeine bestimmten, bedurfte das alte Griechentum auch in den partikularen Fällen einer Entscheidung, so hinsichtlich der Staatswie der Privatangelegenheiten. Dem diente das Orakel (Hegel a. a. O. S. 97: „Dies Moment ist wesentlich, daß das Volk so nicht das Beschließende ist, das Subjekt dieß noch nicht auf sich
nahm, sondern sich von einem Andern, Äußeren bestimmen ließ; XIII 248
wie denn Orakel überall nothwendig sind, wo der Mensch sein Inneres noch nicht so unabhängig, so frei weiß, daß er die Entschließung nur aus sich selbst nimmt, — und dies ist der Mangel der subjektiven Freiheit“). *Anstelle des Orakels* hat nun Sokrates *seinen Dämon*. Dies Dämonische liegt nun in dem Übergang von dem äußerlichen Verhältnis des Orakels zum Individuum, zur vollständigen Innerlichkeit der Freiheit, und es ist, als ein noch in diesem Übergang Begriffenes, eben für die Vorstellung[202]. (Hegel a. a. O. S. 95): „Das Innere des Subjekts weiß, entscheidet aus sich; dieß Innere hat bei Sokrates noch eine eigenthümliche Form gehabt. Der Genius ist noch das Bewußtlose, Äußerliche, das entscheidet; und doch ist es ein Subjectives. Der Genius ist nicht Sokrates selbst, nicht seine Meinung, Überzeugung, sondern ein Bewußtloses; Sokrates ist getrieben. Das Orakel ist zugleich nichts Äußerliches, sondern sein Orakel. Es hat die Gestalt gehabt von einem Wissen, das zugleich mit einer Bewußtlosigkeit verbunden ist.“ Hegel a. a. O. S. 96: „Dieß ist nun der Genius des Sokrates; es ist nothwendig, daß dieser Genius an Sokrates erschienen ist.“ Hegel a. a. O. S. 99: „Das Dämonion steht demnach in der Mitte zwischen dem Äußerlichen der Orakel und dem rein Innerlichen des Geistes; es ist etwas Innerliches,

aber so, daß es als ein eigener Genius, als vom menschlichen Willen unterschieden vorgestellt wird, — nicht als seine Klugheit, Willkür." Da dieser Dämon sich jedoch bloß mit den durchaus partikularen Verhältnissen des Sokrates abgab, so tut Hegel auch dar, daß die Offenbarungen des Dämons recht unbedeutend sind im Vergleich mit denen des Geistes und Denkens des Sokrates*. Hegel a. a. O. S. 106: „Dieß Dämonion des Sokrates hat übrigens auch nicht das Wahrhafte, Anundfürsichseyende betroffen, sondern nur Partikularitäten; und diese dämonischen Offenbarungen sind so weit geringfügiger, als die seines Geistes, seines Denkens."

XIII 249 Ich bin mit Hegels Darstellung nunmehr fertig und habe damit hier — wie immer, wenn man Hegel (Caesar und sein Glück) mit sich hat — einen festen Grund gewonnen, von dem aus ich mich getrost auf einen Exkurs begeben kann, um nach irgend einer etwa der Beachtung werten Einzelheit Umschau zu halten, und zu dem ich getrost zurückkehren kann, ob ich nun so etwas gefunden habe oder nicht. Wir haben im Vorhergehenden gesehen: der Standpunkt des Sokrates war freilich in so mancher Beziehung der der Subjektivität, dies jedoch so, daß die Subjektivität sich nicht in ihrem ganzen Reichtum kund tat, daß die Idee die Grenze blieb, von der Sokrates mit ironischer Befriedigung in sich selbst zurückkehrte. Denn das Dämonische ist, wie wir gesehen, auch im Verhältnis zum Griechentum eine Bestimmung der Subjektivität, die Subjektivität ist jedoch in ihm nicht vollendet, es hat noch etwas Äußerliches an sich (Hegel bemerkt, man dürfe dies Dämonische nicht etwa Gewissen nennen). Erinnern wir uns des weiteren, daß dies Dämonische sich bloß mit partikularen Verhältnis-

* Vgl. Hegel a.a.O. S. 98f: „Wenn Einer das Zukünftige voraus weiß im Somnambulismus oder im Sterben, so sieht man dieß für eine höhere Einsicht an; näher betrachtet sind es aber nur Interessen der Individuen, Particularitäten. Will Einer heirathen, oder ein Haus bauen u.s.f.: so ist der Erfolg nur für dieses Individuum wichtig; dieser Inhalt ist nur particular. Das wahrhaft Göttliche, Allgemeine ist die Institution des Ackerbaues selbst, der Staat, die Ehe, gesetzliche Einrichtungen; gegen dieß ist das etwas Geringes, daß ich weiß, daß, wenn ich zu Schiffe gehe, ich umkommen werde oder nicht. Es ist eine Verkehrung, die auch in unsrer Vorstellung leicht vorkommt; das zu wissen, was recht, was sittlich ist, ist viel etwas Höheres als solche Particularitäten zu wissen."

sen befaßte und sich lediglich warnend äußerte, so sehen wir auch hier, daß die Subjektivität in ihrem sich Ergießen zum Stehen gebracht wird, daß sie sich in einer partikularen Persönlichkeit verschließt. Das Dämonische war dem Sokrates genug, er konnte sich mit ihm behelfen; dies aber ist eine Bestimmung der Persönlichkeit, jedoch natürlich bloß das egoistische Befriedigtsein einer partikularen Persönlichkeit. Sokrates erweist sich hier abermals als derjenige, der im Sprunge zu Etwas begriffen ist, jedoch in jedem Augenblick es unterläßt, in dies Andere hineinzuspringen, sondern beiseite und zurück in sich selber springt. Nehmen wir hierzu nun das polemische Bewußtsein, in welches Sokrates sein ganzes Verhältnis zur Umwelt aufnahm, die, obzwar negative so doch unendliche Freiheit, in welcher er unter dem durch die Idee als Grenze angedeuteten ungeheuren Horizont leicht und frei atmete, die Sicherheit, die ihm das Dämonische verschaffte, daß ihn die mancherlei Zufälle des Lebens nicht in Verwirrung brachten, so erweist sich der Standpunkt des Sokrates abermals als Ironie. Man ist im Allgemeinen gewohnt, die Ironie ideal verstanden zu sehen, ihr als verschwindendes Moment im System einen Platz angewiesen und sie deshalb nur in Kürze beschrieben zu sehen; man vermag aus diesem Grunde nicht so ganz leicht zu begreifen, wie ein ganzes Leben in ihr hingehen könne, da ja alsdann dieses Lebens Inhalt für ein Nichts angesehen werden muß. Aber man erinnert sich nicht daran, daß ein Standpunkt im Leben sich niemals so ideal, wie er im Systeme ist, findet; man erinnert sich nicht daran, daß die Ironie, wie jeder andre Standpunkt im Leben, ihre Anfechtungen hat, ihre Kämpfe, ihre Rückfälle, ihre Siege. So ist z. B. auch Zweifel im System ein verschwindendes Moment; in der
Wirklichkeit aber vollbringt sich der Zweifel im ständigen Wider- XIII 250
streit mit allem, was da aufstehen und wider ihn Bestand haben will („verstörend alle Höhe, die sich erhebet ... und gefangen nehmend in den Gehorsam“ καθαιρῶν πᾶν ὕψωμα ἐπαιρόμενον... καὶ αἰχμαλωτίζων πᾶν νόημα εἰς τὴν ὑπακοὴν[203]), und so hat er denn in einem andern Sinne sehr viel Inhalt. Dies ist das rein persönliche Leben, mit welchem die Wissenschaft freilich nichts zu tun hat, obwohl sie durch eine ein wenig genauere Bekanntschaft mit ihm des tautologischen „Gleiches mit Gleichem sagen“ (idem per idem)

überhoben wäre, daran derartige Auffassungen oft leiden. Doch dem sei nun wie es wolle, möge die Wissenschaft recht tun, indem sie solche Dinge ignoriert: wer das individuelle Leben verstehen will, darf es nicht. Und da nun Hegel selber irgendwo[204] sagt, es handle sich bei Sokrates nicht so sehr um Spekulation als um individuelles Leben, so darf ich darin wohl eine Ermächtigung erblicken für das bei meinem ganzen Versuch eingeschlagene Verfahren, möge dieser Versuch bei meiner Schwachheit auch noch so unvollkommen ausfallen.

Die Verurteilung des Sokrates

Jedermann wird ohne weiteres einsehn, daß wir es hier mit etwas Tatsächlichem zu tun haben, und deshalb kann hier nicht die Rede sein von Auffassung in dem gleichen Sinne wie bei Xenophon, Plato, Aristophanes, denen die Wirklichkeit des Sokrates Anlaß und Gegenstand geworden ist für eine Darstellung, welche seine Person idealisch abzurunden, zu verklären suchte — eine Sache, darauf *der Ernst des Staates* sich unmöglich einlassen konnte, und darum ist *dessen Auffassung* des Sokrates ohne Zorn oder Vorliebe (sine ira atque studio[205]). Allerdings gründet sich die Auffassung des Staats in gewissem Maße wieder auf die der Ankläger; indes wie gehässig gegen Sokrates deren Gesinnung auch gewesen sein möge, sie müssen sich gleichwohl bemüht haben, möglichst an die Wahrheit sich zu halten. Außerdem ist die Klage in der Auffassung des Staats lediglich ein Moment, sie ist der äußere Anlaß, daß der Staat sich des Verhältnisses, welches dieses Individuum zu ihm hat, in bestimmterem Sinne bewußt wird*.
XIII 251
Ob der athenische Staat nun mit der Verurteilung des Sokrates ein himmelschreiendes Unrecht be-

* Dessen ist Sokrates sich auch sehr wohl bewußt geworden, und in der Apologie legt er die Frage nach seiner Tätigkeit als veranlaßt durch die
XIII 251
Klage seinen Richtern ins Bewußtsein. Vgl. § 20 c: „Vielleicht nun möchte jemand von euch einwenden: Aber Sokrates, was ist denn also dein Geschäft? Woher sind diese Verleumdungen dir entstanden? Denn gewiß, wenn du nichts Besonderes betriebest vor andern, es würde nicht solcher Ruf und Gerede entstanden sein, wenn du nicht ganz etwas anderes tätest als andere Leute. So sage uns doch, was es ist, damit wir uns nicht aufs Geratewohl unsere eigenen Gedanken machen

gangen hat, ob es von uns recht getan ist, uns als freiwilliges Gefolge den Scharen der gelehrten Klageweiber und geistesarmen, aber tränenreichen Menschenfreunde anzuschließen, von deren Heulen und Jammern darüber, daß so ein braver Mann, so ein rechtschaffener Mensch, Tugendmuster und Kosmopolit in einer Person, ein Opfer des allerschäbigsten Neides geworden, von deren Heulen und Jammern, sag ich, noch immer Jahrhunderte widerhallen, — oder ob der athenische Staat mit dem Urteil über Sokrates vollkommen recht getan hat, ob wir mit beruhigtem Gewissen uns der Freude hingeben dürfen über die kühnen und kraftvollen Pinselstriche neueren wissenschaftlichen Sinns[206], welche ein Bild von Sokrates als tragischem Heros entwerfen, der zugleich Unrecht und Recht gehabt, den griechischen Staat aber als eine wohlgegliederte Ordnung der Dinge darstellen, — darüber wollen wir an dieser Stelle nicht ausführlicher reden.

Die Anklage wider Sokrates ist eine geschichtliche Urkunde*. Sie zerfällt in zwei Teile, von denen jeder für sich hier Gegenstand einer näheren Betrachtung werden soll.

1. Sokrates nimmt nicht die Götter an, welche der Staat annimmt, und er führt neue Gottheiten ein XIII 252

Diese Klage enthält, wie man sieht, zwei Punkte, er nimmt nicht die Staatsgötter an und führt neue ein. Was nun

über dich" (ὑπολάβοι ἂν οὖν τις ὑμῶν ἴσως· ἀλλ', ὦ Σώκρατες, τὸ σὸν τί ἐστι πρᾶγμα; πόθεν αἱ διαβολαί σοι αὗται γεγόνασιν; οὐ γὰρ δήπου σοῦ γε οὐδὲν τῶν ἄλλων περιττότερον πραγματευομένου, ἔπειτα τοσαύτη φήμη τε καὶ λόγος γέγονεν, εἰ μή τι ἔπραττες ἀλλοῖον ἢ οἱ πολλοί· λέγε οὖν ἡμῖν, τί ἐστιν, ἵνα μὴ ἡμεῖς περὶ σοῦ αὐτοσχεδιάζωμεν).

* Nach Diogenes Laërtius hatte Phavorinus, Plutarchs Zeitgenosse und Freund, im Metroon die Klageschrift gelesen[207]: „Diese Klage hat schreiben lassen und mit Eid bekräftigt Melitos, des Melitos Sohn, der Pitteide, wider Sokrates, des Sophroniskos Sohn, den Alopeketiden; Sokrates frevelt, indem er an die Götter, an welche die Stadt glaubt, nicht glaubt, sondern andere und neue dämonische Wesen (= Gottheiten) einführt, er frevelt ferner auch, indem er die jungen Leute verführt; Strafe sei der Tod" (Τάδε ἐγράψατο καὶ ἀντωμόσατο Μέλιτος Μελίτου Πιτθεὺς Σωκράτει Σωφρονίσκου 'Αλωπεκῆθεν· ἀδικεῖ Σωκράτης οὓς μὲν ἡ πόλις νομίζει θεοὺς οὐ νομίζων, ἕτερα δὲ καινὰ δαιμόνια εἰσηγούμενος, ἀδικεῖ δὲ καὶ τοὺς νέους διαφθείρων· τίμημα θάνατος).

Letzteres angeht, so ist im Vorhergehenden davon die Rede gewesen anläßlich des Dämons des Sokrates. Es ist zugleich eine Bemerkung darüber gemacht worden, inwiefern man etwa der dialektischen Bewegung einen Wert beimessen könne, mit welcher Sokrates in seiner gerichtlichen Verteidigung von der Bestimmung der abstrakten Innerlichkeit (dem Dämonischen) her das Objektive unter der Bestimmung der Persönlichkeit erkonstruieren will. Was jedoch die Hauptsache ist, es ist, wie ich hoffe, einleuchtend geworden, daß das Dämonische das *ganz und gar negative* Verhältnis des Sokrates zum Bestehenden in religiöser Hinsicht bezeichnet, nicht so sehr dadurch, daß er etwas Neues einführte, denn alsdann würde sein negatives Verhältnis immer mehr sich als ein Schatten erweisen, der seiner Positivität folgte, als weit eher dadurch, daß er das Bestehende verwarf, sich in sich verschloß, sich egoistisch auf sich selber begrenzte. Was den *ersten* Punkt angeht, so darf man in dieser Verwerfung nicht die Frucht einer kalten, verständigen, prosaischen Naturbetrachtung erblicken, welche den Athenern nicht unbekannt war und in eben jenen Zeiten veranlaßt hatte, daß einige, als des Atheismus verdächtig, des Landes verwiesen wurden. Mit dergleichen befaßte Sokrates sich nicht, und wenn er auch ehedem sich von Anaxagoras hatte beeinflussen lassen, so machte er sich doch bald von diesem Einfluß frei, wie auch Plato an mehreren Orten berichtet und ließ die Naturbetrachtung fahren um der Betrachtung des Menschen willen. Wenn man darum von Sokrates sagt, er habe die vom Staat angenommenen Götter nicht angenommen, so folgt daraus nicht, daß er ein Gottesleugner gewesen ist. Dahingegen hängt der Umstand, daß Sokrates die Staatsgötter nicht annahm, wesentlich mit seinem ganzen Standpunkt zusammen, welcher in theoretischer Hinsicht von ihm selbst als *Unwissenheit* bezeichnet worden ist*. Unwissenheit aber ist ein
XIII 253 wirklich philosophischer Standpunkt und zugleich schlechthin ne-

* Man wird hier sofort auch bemerken, wie schwierig die Stellung der Ankläger war; denn es war für Sokrates ein leichtes Ding, jedesmal, wenn sie einen positiven Klagepunkt aufstellten, diesen mit Hilfe jener *Unwissenheit* zunichte zu machen, und eigentlich hätten die Ankläger ihn eben wohl wegen seiner Unwissenheit beschuldigen müssen, denn es gibt natürlich eine Unwissenheit, welche, vor allem im griechischen Staat und in gewissem Maße in jedem Staat, für ein Verbrechen gelten muß.

gativ. Die Unwissenheit des Sokrates ist nämlich keine empirische Unwissenheit gewesen, im Gegenteil, er war im Besitz vieler Kenntnisse, er hatte große Belesenheit sowohl in Dichtern wie in Philosophen, er war in den Verhältnissen des Lebens sehr erfahren, im empirischen Sinne ist er somit nicht unwissend gewesen. In philosophischer Hinsicht dagegen war er unwissend. Betreffs des allem zu Grunde Liegenden, betreffs des Ewigen, des Göttlichen war er unwissend, das will heißen, er wußte, daß es war, wußte aber nicht, was es war, er hatte es in seinem Bewußtsein und doch hatte er es nicht in seinem Bewußtsein, insofern das Einzige, das er darüber aussagen konnte, war, daß er darüber nichts wisse. Dies aber ist mit andern Worten ganz und gar das Gleiche, das wir im Vorhergehenden so ausgedrückt haben: Sokrates hatte die Idee als Grenze. Insofern mußte es ihm also recht leicht fallen, die Beschuldigung der Ankläger, daß er die vom Staat angenommenen Götter nicht annehme, abzuweisen. Darauf nämlich mußte er, sokratisch richtig, erwidern: ‚wieso kann man mich dessen beschuldigen? Da ich schlechthin nichts weiß, weiß ich natürlich auch nicht, ob ich die vom Staat angenommenen Götter annehme.' Damit sieht man nun auch, wie es mit der Frage bestellt ist, in wieweit sich nicht hinter dieser Unwissenheit ein positives Wissen aufgebaut habe. Schleiermacher macht in einer Abhandlung* auf Folgendes aufmerksam: ‚wenn Sokrates im Dienst des Orakels umhergegangen sei, um den Leuten zu zeigen, daß sie nichts wüßten, so habe er unmöglich bloß das Eine wissen können, daß er nichts wisse, sondern dahinter müsse notwendig gestanden haben, daß er wußte, was Wissen ist.' Darauf zeigt er, wieso Sokrates eigentlich der Stifter der Dialektik sei. Dies aber ist wiederum eine Positivität, die bei näherem Zusehn sich als Negativität erweist. Sokrates ist, um an eine frühere Bemerkung zu erinnern, bis zur Idee der Dialektik gelangt, hat jedoch die Dialektik der Idee nicht besessen. Und das ist sogar nach der Anschauung Platos ein negativer Standpunkt. Darum zeigt sich in Platos Staat[208] in jener Dichotomie (Zweigliederung), in welcher die Dialektik auftritt, als das entsprechende Positive das Gute, ebenso

* Abhandlungen der Königlichen Academie der Wissenschaften in Berlin, aus den Jahren 1814—15: Über den Werth des Sokrates als Philosophen. S. 51—68.

wie sich in jener Dichotomie[209], in welcher die Liebe als das Negative auftritt, das Schöne das entsprechende Positive ist. Nun ist es
XIII 254 freilich wahr, daß in dieser hier ständig angedeuteten, in jedem Moment gesetzten und im gleichen Moment widerrufenen Negativität eine inhaltsreiche und tiefe Positivität liegt, sobald sie dahin gelangt, sich auf sich selbst zu besinnen; Sokrates jedoch hat sie ständig bloß in jener Möglichkeit festgehalten, die niemals zu Wirklichkeit ward.

Davon wird man sich auch überzeugen, wenn man Platos Apologie mit Aufmerksamkeit durchliest; diese ist in ihrer Schilderung der Unwissenheit des Sokrates so prägnant, daß man nichts nötig hat als stille zu sein und ihren Worten zu lauschen. Sokrates[210] schildert das Verhältnis seiner Weisheit zu der des Pariers Euenos, der für seinen Unterricht 5 Minen nahm. Er preist ihn glücklich um der Positivität willen, in deren Besitz er gewesen sein müsse, sintemal er sich so hoch habe bezahlen lassen, und gibt nun auf die Frage nach seiner eignen Weisheit die Antwort (§ 20 d): „Durch was für eine Weisheit aber (hab ich den Namen eines Weisen erlangt)? Die eben vielleicht die menschliche Weisheit ist. Denn ich mag in der Tat wohl in dieser weise sein“ (ποίαν δὴ σοφίαν ταύτην; ἥπερ ἐστὶν ἴσως ἀνθρωπίνη σοφία τῷ ὄντι γὰρ κινδυνεύω ταύτην εἶναι σοφός). Die andern jedoch, meint er, müßten im Besitz einer höheren Weisheit sein: „jene aber, deren ich eben erwähnt, sind vielleicht weise in einer Weisheit, die nicht dem Menschen angemessen ist“ (οὗτοι δὲ τάχ᾽ ἄν, οὓς ἄρτι ἔλεγον, μείζω τινὰ ἢ κατ᾽ ἄνθρωπον σοφίαν σοφοὶ εἶεν). Hier ist nun das Prädikat „menschlich“*, welches der Weisheit im Gegensatz zu

* Hiermit kann nun Xenophons Apologie § 15 verglichen werden, wo ebenfalls von dem Ausspruch des Delphischen Orakels zu Chairephon die Rede ist, und es dann heißt: „Als aber die dies hörenden Richter natürlich noch mehr lärmten, da habe Sokrates wiederum gesagt: aber noch etwas Größeres als über mich, ihr Männer, hat der Gott im Orakel über Lykurgos, den Gesetzgeber der Lakedämonier, verkündet; es heißt nämlich, er habe ihn, als er in den Tempel ging, angeredet: ich überlege, ob ich dich einen Gott nennen soll oder einen Menschen. Mich aber hat er einem Gotte nicht gleichgeachtet, wohl aber mir den Vorzug zugesprochen, daß ich Menschen sonst um vieles überrage“ (Ὡς δ᾽αὖ ταῦτ᾽ ἀκούσαντες οἱ δικασταὶ ἔτι μᾶλλον ἐθορύβουν εἰκότως, αὖθις εἰπεῖν τὸν Σωκράτην· ἀλλὰ μείζω μέν, ὦ ἄνδρες, εἶπεν ὁ θεὸς ἐν χρησμοῖς περὶ Λυκούργου τοῦ Λακεδαιμονίοις νομοθετήσαντος ἢ περὶ ἐμοῦ. λέγεται γὰρ εἰς τὸν ναὸν εἰσιόντα προσειπεῖν

einer Weisheit, die mehr denn menschlich ist, beigelegt wird, von größter Bedeutung. Wenn die Subjektivität nämlich mit ihrer negativen Gewalt den Zauberbann gelöst hat, unter welchem das Menschenleben in der Gestalt der Substantialität gelegen hatte, wenn sie den Menschen, ebenso wie sie das Individuum des Verhältnisses zum Staat entledigt, von seinem Verhältnis zu Gott emanzipiert hat, so ist die erste Gestalt, in der dies sichtbar wird, Unwissenheit. Die Götter fliehen von dannen und mit ihnen die XIII 255
Fülle; der Mensch bleibt zurück als die Form, als das, was die Fülle in sich aufnehmen soll, dies Verhältnis aber ist auf dem Gebiet der Erkenntnis richtig als Unwissenheit verstanden. Diese Unwissenheit wiederum ist durchaus folgerichtig bezeichnet als menschliche Weisheit, sofern der Mensch hier zu seinem Rechte gekommen ist, dies Recht aber ist eben dies, nicht Weisheit zu sein[211]. Die Weisheit der anderen Lehrer enthielt nun in Vergleich hiermit weit mehr, wohingegen sie natürlich in andrer Hinsicht weit weniger umfaßten, und darum spricht Sokrates auch nicht ohne eine gewisse Ironie von der Vorzüglichkeit dieser andern. Und wie das Orakel überhaupt in einem Verhältnis zu dem jeweiligen menschlichen Bewußtsein gestanden hat, wie es in einer früheren Zeit mit göttlicher Vollmacht gewaltet, in einer späteren Zeit mit dem Vorlegen wissenschaftlicher Probleme sich beschäftigt hat*, ebenso sehen wir auch in der Aussage des Delphischen Orakels über Sokrates eine prästabilierte Harmonie. Auch das Mißverständnis, als ob er hinter dieser seiner Unwissenheit ein Wissen verberge, hat Sokrates eingesehen, es aber auch als

αὐτὸν· φροντίζω πότερα θεόν σε εἴπω ἢ ἄνθρωπον. ἐμὲ δὲ θεῷ μὲν οὐκ εἴκασεν, ἀνθρώπων δὲ πολλῷ προέκρινεν ὑπερφέρειν).

* Vgl. Hegel, Geschichte der Philosophie, 2. Bd. S. 173 (= Jub. Ausgb. XVIII 173): „Plato selbst brachte es in der Mathematik bald zu hoher Fertigkeit. Es wird ihm die Lösung des delischen oder delphischen Problems zugeschrieben, das vom Orakel aufgegeben wurde, und sich, ähnlich dem pythagoräischen Lehrsatze, auf den Kubus bezieht: Nämlich die Verzeichnung einer Linie anzugeben, deren Kubus gleich sey der Summe von zwei gegebenen Kubis. Dieses erfordert Konstruction durch zwei Kurven. Bemerkenswerth ist, welche Art von Aufgaben die Orakel jetzt gemacht haben. Es war bei einer Seuche, wo man sich an das Orakel wandte, und da gab es diese ganz wissenschaftliche Aufgabe; — es ist eine Veränderung im Geiste des Orakels, die höchst merkwürdig ist.“

XIII 256 ein Mißverständnis gepackt. Er erklärt nämlich, wie seine überführende Tätigkeit ihm mancherlei Feindschaften habe zuziehen können, und fügt hinzu[212]: „Es glauben nämlich jedesmal die Anwesenden, ich verstände mich selbst auf das, worin ich einen andern zuschanden mache“ (οἴονται γάρ με ἑκάστοτε οἱ παρόντες, ταῦτα αὐτὸν εἶναι σοφόν, ἃ ἂν ἄλλον ἐξελέγξω). Man sieht jedoch auch, wie er gegen dies Mißverständnis protestiert, und wie wenig richtig er den Schluß findet, daß er deshalb, weil er andre ihres Nichtwissens zu überführen vermöge, selber etwas wissen müsse. Was nun Sokrates von einer spekulativen Vertiefung in die hinter dieser Unwissenheit von ferne geahnte Positivität abgehalten hat, ist natürlich die göttliche Berufung gewesen, die er hatte, jeden Einzelnen von dem Gleichen zu überführen. Er war nicht gekommen, die Welt zu erlösen, sondern sie zu richten[213]. Dem war sein Leben geweiht, und diese Tätigkeit hielt ihn auch ab, an den Angelegenheiten des Staats teilzunehmen. Die Athener konnten ihm das Leben nehmen, darein müßte er sich finden; eine Freisprechung jedoch unter der Bedingung, daß er auf diese göttliche Sendung verzichte, wollte er auf keinen Fall annehmen[214], da dies einen Versuch, ihn in geistigem Sinne zu morden, bedeuten würde. Er war der ewige Ankläger, welcher in der Gottheit Namen unbeugsam das göttliche Guthaben bis auf den letzten Heller eintrieb[215]. Was ehedem die Nemesis gewesen, mit Beziehung auf das Ausgezeichnete, das Hervorragende, das war tief und vollständig durchgeführt in der Wirksamkeit des Sokrates als Ironiker mit Beziehung auf die Menschheit als solche. Nur daß Sokrates nicht bei einer philosophischen Betrachtung stehen blieb, sondern sich an einen jeden im besonderen wandte, ihnen alles entriß und sie mit leeren Händen fortschickte. Es war, als ob die erzürnten Götter* sich von den Menschen abgekehrt, alles mitgenommen hätten und sie nun sich selber überließen. In einem andern Sinne jedoch hatten umgekehrt die Menschen sich von den Göttern abgekehrt und sich in sich selber vertieft. Dies ist aber natürlich nur ein Durchgangsmo-

* Später wurden daher die Götter wieder gut, und daher leitet Plato im Timäus[216] die Entstehung der Welt von der Güte Gottes her, die da Neid nicht kenne, sondern die Welt Gott so ähnlich wie möglich zu machen begehre.

ment[217]. In vieler Beziehung war der Mensch indes auf dem rechten Wege, und man kann hiervon darum das sagen, was Augustin[218] von der Sünde sagt: o Glück bringende Schuld (beata culpa). Die himmlischen Scharen der Götter hoben sich von der Erde und entschwanden der Sterblichen Blick, indes eben dies XIII 257
Entschwinden war die Bedingung für ein tieferes Verhältnis. Rötscher sagt daher sehr mit Recht (a. a. O. S. 253): „Von hier aus erhellt es auch, welche Bewandniß es mit der so vielfältig gemißbrauchten Sokratischen Unwissenheit hat, deren man sich so häufig als eine gute Apologie der eigenen Ignoranz, wie als Wehr gegen die Anerkennung des wahrhaften Wissens bedient hat. Das Wissen, daß er nichts wisse, ist nämlich nicht etwa, wie es gewöhnlich vorgestellt wird, das reine leere Nichts, sondern das Nichts des bestimmten Inhalts der bestehenden Welt. Das Wissen der Negativität alles endlichen Inhalts ist seine Weisheit, durch welche getrieben er in sich geht, und dies Erforschen seiner Innerlichkeit als das absolute Ziel ausspricht, der Beginn des unendlichen Wissens, aber auch nur erst der Beginn, da sich noch keineswegs dies Bewußtsein erfüllt hat, sondern erst die Negation alles Endlichen und Bestehenden ist." Auch Hegel bemerkt (a. a. O. S. 60 = Jub. Ausgb. XVIII 60 f): „So lehrte also Sokrates die, mit denen er umging, wissen, daß sie nichts wissen; ja was noch mehr ist, er sagte selber, er wisse Nichts, docirte also auch nicht. Wirklich kann man auch sagen, daß Sokrates nichts wußte; denn er kam nicht dazu, eine Philosophie zu haben und eine Wissenschaft auszubilden. Dessen war er sich bewußt; und es war auch gar nicht sein Zweck, eine Wissenschaft zu haben." Sokrates wies nun freilich eine neue Richtung, er gab der Zeit *seine* Richtung (wenn man dies Wort nicht so sehr in philosophischem als vielmehr in militärischem Sinne nehmen will), er ging umher, zu einem jeden im besonderen, um sich zu überzeugen, daß er richtig Front genommen hatte; gleichwohl zielte diese seine Tätigkeit nicht so sehr darauf, die Aufmerksamkeit der Einzelnen auf das, was am Kommen war, zu lenken als weit eher darauf, ihnen zu entwinden, was sie hatten; und dies vollbrachte er dadurch, daß er während der Dauer der Operation dem Belagerten jegliche Verbindung abschnitt und dabei mit seinen Fragen die Besatzung der Meinungen, Vorstellungen, geltend gemachten Traditionen usw. aushungerte,

welche bis dahin dem betreffenden Individuum genügt hatte. Und wenn er dies an dem Einzelnen getan hatte, da war die zehrende Flamme des Neides[219] (dies Wort in metaphysischem Sinne genommen) für einen Augenblick gestillt, da war der vernichtende Enthusiasmus der Negativität für einen Augenblick befriedigt, da genoß er die Freude der Ironie in vollen Zügen, genoß sie zwiefach, weil er sich von der Gottheit ermächtigt fühlte, sich in dem Dienst fühlte, zu dem er berufen war. Doch dies währte na-
XIII 258 türlich nur einen Augenblick, bald war er wieder in seinem Dienst*. Die in seiner Unwissenheit liegende Negativität war ihm nicht ein festes Ergebnis, nicht ein Ausgangspunkt für tiefere Spekulation; sondern die spekulative Grundlage dieses Gedankens, mit dem er das gesamte Dasein umschifft hatte, war die göttliche Vollmacht, kraft deren er im Einzelnen sich betätigte. Diese Unwissenheit ist der ewige Sieg über die Erscheinung gewesen, welcher ihm weder von einer einzelnen Erscheinung noch von allen Erscheinungen insgesamt entrissen werden konnte, kraft dessen er vielmehr jeden Augenblick den Sieg über die Erscheinung gewann. Er entledigte dergestalt den Einzelnen freilich jeglicher Voraussetzung, entledigte ihn ganz so, wie er selber frei war; aber die andern konnten die Freiheit, die er selber in ironischer Befriedigung genoß, ihrerseits nicht genießen, und sie entwickelte in ihnen daher Sehnsucht und Verlangen. Während daher sein eigener Standpunkt sich in sich selbst abrundet, ist dieser Standpunkt, wo er in das Bewußtsein der andern aufgenommen wird, lediglich

* Doch dies ist natürlich die ideale Betrachtung seiner Tätigkeit. In seinem Leben kann diese Energie des Eiferns (dies Wort in metaphysischem Sinne genommen) gut und gern von einer gewissen matten Gleichgiltigkeit abgelöst worden sein, einem gewissen in sich selbst Versinken, und in diesen Augenblicken nahm er dann in abstracto den Genuß vorweg, welcher eigentlich in concreto hätte erworben werden müssen, bis daß dann abermals die Berufung durch die Gottheit in seinem Innern Widerhall fand, und er dann abermals bereit stand, der Gottheit bei der Überführung der Menschen Hilfe zu leisten. Dergestalt begreift man am besten das Sokrates eigentümliche Starren, welches so oft beredet worden ist, und welches wir ebenfalls berührt haben als einen Traumzustand, in dem ihm die Negativität anschaulich wurde und er von ihrer Leerheit gleichsam trunken ward. Während er darum ansonst umherging, und so mit Mitbürgern wie mit Fremden sich einließ, stand er in solchen Augenblicken stille und starrte.

die Bedingung für einen neuen. Somit liegt der Grund, weshalb Sokrates sich bei dieser Unwissenheit zu beruhigen vermochte, darin, daß es ihm an tieferem spekulativen Bedürfnis fehlte. Anstatt diese Negativität spekulativ zur Ruhe zu bringen, beruhigt er sie weit eher *in der ewigen Unruhe*, mit der er bei jedem einzelnen Individuum den gleichen Prozeß wiederholte. Dasjenige aber, das ihn bei alledem zu einer Persönlichkeit macht, ist eben die Ironie. –

Diese theoretische Unwissenheit, für welche das ewige Wesen der Gottheit ein Geheimnis blieb, muß natürlich ihre Entsprechung gehabt haben in einer gleichartigen religiösen Unwissenheit betreffs der göttlichen Lenkungen, Führungen mit dem Menschen, in einer religiösen Unwissenheit, welche in einer völligen Unwissenheit ihre Erbauung sucht und ihre Frömmigkeit bekundet, ebenso wie z. B. in einer weit konkreteren Entwicklung[220] Schleiermacher im Gefühl der schlechthinnigen Abhängigkeit das Erbauliche XIII 259
suchte. Auch das Letztere birgt in sich natürlich eine Polemik, und wird ein Schrecken für jedermann, der da in dem einen oder andern endlichen Verhältnis[221] zur Gottheit seine Ruhe gefunden. Hieran erinnert bereits jene oben[222] von uns angeführte Stelle aus Xenophons Memorabilien, an welcher Sokrates entwickelt, wie die Götter sich selbst das Wichtigste vorbehalten hätten, nämlich den Ausgang einer Sache, so daß alles menschliche Streben Eitelkeit, die nichts ausrichte, sei. Das Gleiche zeigt sich in dem platonischen Dialog, Alcibiades secundus[223], allwo Sokrates vom Sinn des Gebets spricht und einschärft, man müsse große Vorsicht dabei üben, die Götter um etwas zu bitten, damit nicht etwa die Götter dies Gebet erhörten und es sich hinterdrein zeige, daß dies dem Menschen ganz und gar nicht dienlich sei. Diese Vorsicht scheint nun allerdings die Möglichkeit in sich zu enthalten, daß in gewissen Fällen der Mensch das ihm Dienliche einzusehen vermöge und somit darum beten dürfe. Teils jedoch muß man sich daran erinnern: Sokrates nimmt keineswegs an, daß die Götter unter der Voraussetzung, der Mensch wisse, was sein Bestes sei und bete darum, rein deshalb schon das Erbetene gewähren würden, und dies deutet auf einen noch tieferen Zweifel, was denn eigentlich für den Menschen das Beste sei; teils muß man auch bedenken, daß diese Vorsicht zu Ängstlichkeit ausartet, die einzig in der

Neutralisierung des Gebets zur Ruhe kommt. Dies ersieht man auch daraus, daß er den Vers eines Dichters anpreist, der da lautet:

> Ob wir auch nicht darum bäten, o Zeus, gewähr' uns das Gute.
> Doch vor dem Bösen behüt uns, sogar, wo wir es erflehen.

Hiermit aber sehen wir das Göttliche vom Menschen in religiöser Hinsicht ebenso sehr ferngehalten, wie es sich in theoretischer Hinsicht gezeigt hat, und der Ausdruck dafür ist abermals: Unwissenheit*. Man pflegt, um den Standpunkt des Sokrates zu bezeichnen sonst auch an die bekannten Worte „Erkenne dich selbst" (γνῶθι σαυτόν)[225] zu erinnern. Und ganz unleugbar enthalten diese
XIII 260 Worte einen Zwiesinn, der eben zu ihrer Empfehlung dienen mußte, sofern sie gleich gut einen theoretischen und einen praktischen Standpunkt bezeichnen können, ungefähr ebenso wie im christlichen Sprachgebrauch das Wort Wahrheit. Indes sind diese Worte in der neueren Wissenschaftlichkeit[226] oft ganz und gar aus der Ideenverbindung gelöst worden, der sie zugehören, und haben darauf nun eine Zeitlang unaufgehalten in der Literatur herumvagabundiert. Hier also ein Versuch, sie zu ihrer Heimatstätte zurückzubringen, will heißen, ein Versuch zu zeigen, was sie mit Rücksicht auf Sokrates zu bedeuten hatten, oder wie Sokrates den in ihnen enthaltenen Gedanken fruchtbar gemacht hat. Nun ist freilich wahr, daß die Subjektivität in ihrer ganzen Fülle, die Innerlichkeit in ihrem gesamten unendlichen Reichtum ebenfalls mit den Worten „Erkenne dich selbst" (γνῶθι σαυτόν) bezeichnet werden kann; was jedoch Sokrates anlangt, so war diese Selbsterkenntnis nicht so inhaltsreich, sie enthielt eigentlich nicht mehr als die Abtrennung, Aussonderung dessen, was später Gegenstand der Erkenntnis geworden ist. Das Wort „*Erkenne dich selbst*" bedeutet: trenne dich selbst von allem andern ab. Eben deshalb, weil es vor Sokrates dies Selbst nicht gegeben hat, eben deshalb

---

* Um alles Mißverstehen zu verhüten und das Gesagte durch diese Bemerkung womöglich von einem ganz andern Standpunkt her zu beleuchten, möchte ich daran erinnern, daß im christlichen Bewußtsein das Gebet seine schlechthinnige Giltigkeit hat; denn der Christ weiß, worum er bitten soll, und er weiß: wenn darum er bittet, wird er unbedingt erhört; dies aber hat seinen Grund eben darin, daß er sich in einem realen[224] Verhältnis zu seinem Gott weiß.

war es wieder ein dem Bewußtsein des Sokrates gemäßer Orakelspruch, der ihm gebot, sich selbst zu erkennen. Erst einer späteren Zeit aber war es vorbehalten, sich in diese Selbsterkenntnis zu vertiefen. Aber versteht man es auf diese Art, so wie der Gegensatz des Sokrates gegen den substantiellen Gehalt Griechenlands es nötig macht, dann sieht man, daß Sokrates hier abermals ein ganz und gar *negatives Ergebnis* hat. Dieser Grundsatz ‚Erkenne dich selbst' ist daher völlig in Einklang mit der im Vorhergehenden beschriebenen Unwissenheit. Der Grund, weshalb Sokrates an diesem negativen Punkte Halt machen konnte, ist der gleiche wie im Vorhergehenden, denn seines Lebens Aufgabe und Interesse ist es gewesen, diesen Punkt geltend zu machen, nicht spekulativ, denn alsdann hätte er ja weiter gehen müssen, sondern praktisch gegen jeden einzelnen Menschen. Er brachte daher die Individuen unter seine dialektische Luftpumpe, beraubte sie der atmosphärischen Luft, die sie gewohnt waren einzuatmen, und ließ sie stehen. Nunmehr war alles für sie verloren, außer sofern sie etwa imstande waren, in einer rein ätherischen Luft zu atmen. Sokrates hingegen hatte mit ihnen nichts weiter zu schaffen, sondern hastete zu neuen Experimenten.

Indes, wir wollen für einen Augenblick uns wieder der Tatsache zuwenden, die uns zu dieser ganzen Untersuchung den Anlaß gegeben, nämlich der Anklage gegen Sokrates, und da dürfte es denn augenscheinlich sein, daß Sokrates mit *der Anschauung des Staats in Widerstreit* war, ja daß vom Standpunkt des Staates aus sein Attentat als eines der allergefährlichsten Unternehmen betrachtet werden mußte, als ein Versuch, dem Staat das Blut auszusaugen und ihn in einen Schemen zu verwandeln. Sodann ist ebenfalls klar, daß er die öffentliche Aufmerksamkeit auf sich ziehen mußte; denn er gab sich nicht etwa einem wissenschaftlichen Stilleben hin, nein, sondern mit der ungeheuren Fe- XIII 261
derkraft eines weltgeschichtlichen Standpunktes wippte er den einen nach dem andern heraus aus der substantiellen Wirklichkeit des Staats. War aber die Anklage erst einmal erhoben, so konnte der Staat sich nicht genügen lassen an der Verteidigung, welche etwa in der von Sokrates öffentlich zugestandenen Unwissenheit lag, da vom Standpunkt des Staates her diese Unwissenheit für ein Vergehen gelten mußte.

War aber sein Standpunkt in theoretischer Hinsicht negativ, so war er in praktischer Hinsicht nicht minder negativ, weil er nicht fähig war, irgend ein wirkliches Verhältnis zu dem Bestehenden einzugehn*. Dies hatte seinen Grund natürlich in seiner theoretischen Stellung. Er hatte sich selbst herausgefunden aus dem Andern (nach griechischer Betrachtung: dem Staate); zur Vergeltung aber konnte er sich auch nicht in den Staat finden. In der Apologie[228] berichtet er selbst, wie die ihm aufgetragene göttliche Sendung ihm Zeit und Gelegenheit nahm, sich mit den Staatsangelegenheiten zu befassen, und er erklärt es als notwendig für ihn, als Privatmann zu leben.

In unsern Staaten räumt der Staat nun wohl, gerade weil er eine weit tiefere Vermittlung durchlaufen hat, der Subjektivität einen ganz andern Spielraum ein, als der griechische Staat das vermochte; und wenn man da bedenkt, daß gleichwohl sogar in unsern Staaten ein reiner Privatmann immerhin doch eine zweideutige Person bleibt, so kann man daraus sich abnehmen, mit was für Augen der griechische Staat den Versuch des Sokrates betrachtet haben muß, auf eigene Hand seinen Weg zu gehn und als Privatmann zu leben. Und wenn Professor Heinsius[229] der Meinung ist, auf eine Bemerkung von Forchhammer eine hinreichende Erwiderung gegeben zu haben, indem er fragt, ob etwa jemand hierin es mit Forchhammer[230] halten wolle, so möchte ich mir erlauben, in aller Bescheidenheit Herrn
XIII 262 Professor Heinsius zu antworten, daß ich es sowohl gut beschrieben wie richtig als Ketzerei wider den Staat verstanden finde, wenn Forchhammer S. 6 über die Wirksamkeit des Sokrates Folgendes sagt: „Er zupfte in jeder Stoa, an jeder Straßenecke, auf jedem Spaziergang die Athenischen Jünglinge am Mantel, und

* Allerdings hatte er im Dienste des Staats an drei Schlachten teilgenommen (an der Belagerung von Potidäa, dem Feldzug in Böotien bei Delium, der Schlacht bei Amphipolis); er war späterhin Ratsmitglied und bekleidete die Würde eines Epistates, was jedoch nur einen Tag lang währte; nichtsdestoweniger aber hatte er sich von dem wahren bürgerlichen Leben des Staates durchaus emanzipiert. Und allerdings rechtfertigt Xenophon ihn in dieser Hinsicht, indem er ihn sagen läßt[227]: „wenn ich gute Bürger bilde, so vervielfältige ich die meinem Vaterlande geschuldeten Dienste“, indes dies gehört natürlich mit zu der Borniertheit Xenophons, mit der wir bereits vertraut geworden sind.

fragte so lange, bis sie mit dem beschämenden Gefühl des Nichtwissens, aber auch mit Zweifel an dem, was sie bisher für Göttlich gehalten, ihn verließen, oder sich gänzlich in seine Lehre begaben.“ Was ich an der Schilderung Forchhammers nun für gut halte, ist die Beschreibung, wie Sokrates sich auf Straßen und Gassen herumtrieb, anstatt seinen Platz im Staate auszufüllen oder Bürger in griechischem Sinne zu sein, sich davon dispensierte, die Lasten des Staats zu tragen und sich wohl befand beim Privatisieren. Seine Stellung im Leben *entzog sich daher ganz und gar einer Bezeichnung**, ich meine dies natürlich nicht in dem gehässigen Sinne, daß er nicht Kanzleirat oder Sekretär gewesen ist; sondern weil er in überhaupt keinem Verhältnis zum Staate stand, ließ sich vom Standpunkt des Staates aus über XIII 263
sein ganzes Leben und Wirken schlechterdings nichts aussagen. Nun sehen wir freilich, wie später Plato den Philosophen eben-

* Er rühmt sich dessen sogar in der Apologie, wo er hervorhebt, sein Leben sei voller Tätigkeit gewesen, zugleich jedoch an dem Maßstab des Staats überhaupt nicht meßbar (Letzteres spricht er natürlich auf eine wider den Staat polemische Weise aus, und indem er mit tiefer Ironie alles durcheinandermengt, täuscht er die flüchtige Betrachtung leicht). Er erzählt, er habe sich nicht um Gelderwerb gekümmert, nicht um den Hausstand, nicht um militärische, bürgerliche und andre Ehrenstellungen und Ämter (doch dies ist vom Standpunkt des Staates aus nicht gar so rühmenswert), nicht um Parteien und Verschwörungen (hier wird das Verwirrende sichtbar; denn daß er daran nicht teilgenommen hat, muß der Staat natürlich lobenswert finden, und im übrigen ist die Ironie augenfällig in der leichtsinnigen Art und Weise, in der er das echte bürgerliche Leben im Staate mit Aufläufen und Parteigängerei auf einen Haufen wirft); dahingegen hat er dem Einzelnen *privatim* die größte Wohltat zu erweisen gesucht, dies aber soll offenbar heißen, daß er zu den Individuen nur in ein rein persönliches Verhältnis getreten ist; vgl. Apologie § 36 b c. — Ein ähnliches Durcheinander findet sich auch an einer andern Stelle der Apologie[231], an der er überaus pathetisch davon spricht, daß ein jeder an dem Platze bleiben müsse, an den entweder *er selbst* sich gestellt habe in dem Gedanken, so sei es am besten für ihn, oder er vom Staate gestellt worden sei; denn eben der Spielraum der Willkür, den er hier postuliert, müßte vom Standpunkt des Staates aus natürlich bedeutend eingeschränkt werden. Noch größer wird die Verwirrung dadurch, daß er im Folgenden den Beweis aus den wenigen Fällen führt, in denen er im Dienste des Staates auf dem ihm angewiesenen Platz verblieben ist. Denn dies würde der Staat doch jederzeit anzuerkennen wissen; das Mißliche jedoch ist, daß er es selber unternommen hat, sich einen Platz zu wählen.

falls aus der Wirklichkeit fortgerufen hat, wie Plato es wünscht, daß der Ideen leichte Gestalten den Philosophen vom Handgreiflichen fortlocken und er dergestalt in Ferne vom Lärmen der Welt lebe. Indes so stand es mit Sokrates nicht. Freilich lebte in Sokrates etwas von einem Schwärmer der Erkenntnis, sintemal ja doch eben das Abstrakte[232] zu Schwärmerei verführt; indes dies hielt ihn vom Leben nicht fern, er stand vielmehr in der allerlebendigsten Berührung mit diesem; aber sein Verhältnis zum Leben war sein rein persönliches Verhältnis zu einzelnen Individuen, und seine Wechselwirkung mit ihnen vollendete sich als Ironie. Die Menschen waren ihm darum von unendlicher Wichtigkeit*; und ebenso widerspenstig wie er bei der Einordnung in den Staat war, ebenso biegsam, ebenso schmiegsam war er im Umgang mit Menschen, ebenso groß als Virtuose der zufälligen Berührung. Er sprach gleich gut mit Ackerleuten, Schneidern, Sophisten, Staatsmännern, Dichtern, mit Jung und Alt, sprach mit ihnen gleich gut über alles, weil er für seine Ironie überall eine Aufgabe fand**. Aber bei alledem war er kein guter Staatsbürger und machte sicherlich auch
XIII 264 andre nicht dazu***. Ob nun der von Sokrates dergestalt eingenom-

* Aller seiner Virtuosität zum Trotz kann es ihm aber — nicht so sehr, weil er, wie Cicero[233] meint, die Philosophie vom Himmel herniederholte und sie zu den Häusern der Menschen brachte, sondern eher, weil er die Leute aus den Häusern holte, sie aus der Unterwelt, in der sie lebten, emporholte, — sehr wohl widerfahren sein, daß er selber steckenblieb, selber bei dem weitläuftigen Geschwätz mit Krethi und Plethi der Ironie verlustig ging, den ironischen Leitfaden aus dem Gesicht verlor und vorübergehend in gewissem Maße sich in Alltäglichkeit verlor. So viel mit Beziehung auf eine früher[234] gemachte Bemerkung über Xenophons Auffassung.

** Als daher Phädros (in dem gleichnamigen platonischen Dialog[235]) sich wundert, daß Sokrates mit der Umgebung Athens so wenig bekannt ist, daß man ihn wie einen Fremden herumführen muß, ja, daß es beinahe so scheint, als ob er nie aus den Toren der Stadt herausgekommen wäre, erwidert Sokrates: „Dies verzeihe mir schon, o Bester. Ich bin eben lernbegierig, und Felder und Bäume wollen mich nichts lehren, wohl aber die Menschen in der Stadt" (ξυγγίγνωσκέ μοι, ὦ ἄριστε· φιλομαθὴς γάρ εἰμι· τὰ μὲν οὖν χωρία καὶ τὰ δένδρα οὐδέν μ'ἐθέλει διδάσκειν, οἱ δ'ἐν τῷ ἄστει ἄνθρωποι).

*** Denn das von ihm befolgte Verfahren — „... bemüht, jeden von euch zu bewegen, daß er weder für irgend etwas von dem seinigen eher sorge, bis er für sich selbst gesorgt habe ... noch auch für die Angelegenheiten

mene Standpunkt in Wirklichkeit ein höherer gewesen als der des Staates selber, ob Sokrates in Wahrheit göttliche Vollmacht besessen hat, darüber hat die Weltgeschichte zu urteilen; will sie indes billig urteilen, so muß sie zugleich gestehen, daß der Staat das Recht hatte, Sokrates zu richten. In gewissem Sinne war daher Sokrates revolutionär, jedoch nicht so sehr, indem er etwas tat, als vielmehr, indem er etwas unterließ; Parteigänger oder Haupt einer Verschwörung war er jedoch nicht, davor bewahrte ihn die Ironie; denn wie sie ihn der wahren bürgerlichen Sympathie für den Staat, des wahren bürgerlichen Pathos beraubte, so überhob sie ihn auch jener Kränklichkeit und Überspanntheit, die für einen Parteigänger die Voraussetzung sind. Seine Stellung war überhaupt allzu sehr die einer persönlichen Isolation; jedes Verhältnis, das er einging, war allzu lose geknüpft, als daß es mehr denn eine bedeutungsvolle Berührung hätte sein können. Er stand mit Ironie über jedem Verhältnis, und Gesetz für das Verhältnis war stetige Anziehung und Abstoßung, die Verbindung mit dem Einzelnen war nur flüchtig, und hoch über alledem schwebte er selber in ironischer Befriedigung. Hiermit hängt ein Vorwurf zusammen, den man in neuerer Zeit wider Sokrates geltend gemacht hat; man (Forchhammer) hat ihn des Aristokratismus beschuldigt. Dies muß natürlich in geistigem Sinne genommen werden, und alsdann wird man Sokrates hiervon auch nicht freisprechen können. Die ironische Freiheit, die ihm Genuß war, indem kein Verhältnis stark genug war, ihn zu binden, — vielmehr fühlte er sich stets darüber frei und erhaben — der Genuß, sich selbst genug zu sein, dem er sich hingab, dies alles deutet auf etwas Aristokratisches. Bekanntlich hat man Diogenes mit Sokrates verglichen, und ihn einen „rasenden Sokrates" genannt; Schleiermacher[237] hat gemeint, man solle ihn einen karikierten Sokrates

---

des Staates eher als für den Staat selbst" (ἐπιχειρῶν ἕκαστον ὑμῶν πειθεὶν μὴ πρότερον μήτε τῶν ἑαυτοῦ μηδενὸς ἐπιμελεῖσθαι, πρὶν ἑαυτοῦ ἐπιμεληθεὶν . . . μήτε τῶν τῆς πόλεως, πρὶν αὐτῆς τῆς πόλεως, Apologie § 36 c) — ist natürlich im Sinne des Griechentums durchaus verkehrt gewesen; dabei erinnert XIII 264
denn der Satz, daß man sich zuerst um den Staat bekümmern solle, bevor man sich um dessen einzelne Angelegenheiten kümmere, an die revolutionären Bestrebungen, die in unsrer Zeit sich äußern[236], nicht so sehr in Handgreiflichkeiten als in Gedanken (hier natürlich den Gedanken der einzelnen Individuen) und deren angemaßter Souveränität.

nennen, hat aber die Ähnlichkeit in jener Unabhängigkeit von sinnlichem Genuß gefunden, die beide zu erwerben suchten. Das ist indes sicherlich zu wenig gesagt. Wenn man sich hingegen daran erinnert, daß der Zynismus der negative Genuß ist, (im Gegensatz zum Epikuräismus), daß der Zynismus das Entbehren, den Mangel genießt, d. h. nicht unbekannt ist mit der Lust, seine
XIII 265 Befriedigung jedoch darin sucht, ihr nicht nachzugeben, und somit statt in der Lust aufzugehn, jeden Augenblick in sich selber zurückkehrt und das Entbehren des Genusses genießt — dieser Genuß erinnert recht lebhaft an das, was in intellektueller Hinsicht ironische Befriedigung ist —, wenn man, sag ich, dies alles bedenkt, und es dann in geistiger Hinsicht mit Beziehung auf die Mannigfaltigkeit des Staatslebens durchführt, so wird die Ähnlichkeit zwischen beiden sicherlich nicht ganz unbedeutend sein. Die wahre Freiheit besteht natürlich darin, sich im Genusse hinzugeben und gleichwohl seine Seele ohne Schaden zu bewahren. Im Staatsleben besteht die wahre Freiheit natürlich darin, in des Lebens Verhältnisse eingetreten zu sein, so daß diese für einen nun objektive Giltigkeit haben, und dabei gleichwohl das innerste tiefste persönliche Leben sich zu bewahren, welches sich zwar unter allen diesen Verhältnissen zu regen vermag, in einem gewissen Sinne aber mit ihnen keinen gemeinsamen Nenner hat.

Indes, wir wollen wieder für einen Augenblick uns der Tatsache zuwenden, die uns zu dieser Überlegung den Anlaß gegeben, nämlich der Anklage gegen Sokrates, und da ist denn Sokrates offensichtlich in staatsbürgerlicher Beziehung — anstatt in der Peripherie des Staates ein Punkt unter andern zu sein, welcher auf den Mittelpunkt zu gravitierte — eher eine Tangente gewesen, welche die peripherische Mannigfaltigkeit des Staates in einem fort anrührte. Fernerhin ist offen am Tage, daß man ihm in seinem Verhältnis zum Staat nicht die negative Tugend, nichts Böses zu tun, beilegen darf (in griechischem Sinne müßte diese Negativität für ein Verbrechen gehalten werden), sondern daß er, indem er andre in die gleiche Lage brachte, *wirklich Böses getan hat*. Und an Eines muß man sich auch noch erinnern. Mit den andern, welche er aus ihrer natürlichen Stellung herausgewippt hatte, ging er gleichfalls kein tieferes Verhältnis ein (er ist kein

Parteigänger gewesen), sondern er war im gleichen Augenblick schon ironisch über sie hinaus.

Indes, wenn es für Sokrates eine Unmöglichkeit gewesen ist, sich in die vielfältige konkrete Wirklichkeit des Staates zu finden, wenn es zweifelhaft blieb, inwiefern er bei dem Durchschnitt der athenischen Bürger etwas ausrichten konnte, deren Leben im Laufe der Jahre vom Staatsleben geformt worden war, so hatte er im Gegensatz dazu in der Jugend, welche der Staat, auf ihre Zukunft rechnend, umhegte, eine Pflanzschule, in welcher seine Ideen die klare Möglichkeit hatten zu wuchern, sofern die Jugend stets mehr universal lebt als das Mannesalter. Es war darum durchaus natürlich, daß Sokrates seine Aufmerksamkeit vornehmlich auf die Jugend richtete. Hiermit ist nun der Übergang gegeben zum zweiten Klagepunkt.

2. Sokrates verführt die Jugend

Sokrates führt in Platos Apologie (§ 26 a) folgende Verteidigung: er müsse dies entweder vorsätzlich tun oder unvorsätzlich XIII 266
(ἑκών – ἄκων); es sei jedoch eine Torheit, anzunehmen, daß er es vorsätzlich tue, sintemal er selber einsehen müßte, daß er alsdann früher oder später dafür zu leiden haben werde, und so müsse man denn annehmen, er tue es, ohne sich dessen bewußt zu sein, und alsdann sei es eine Ungereimtheit, seine Bestrafung zu verlangen, denn seine Ankläger müßten dann doch weit eher beantragen, daß er des Rechten belehrt und zum Rechten ermahnt werde; — daß aber diese Verteidigung nichts Sonderliches zu bedeuten hat, sieht wohl jedermann ein, denn auf diese Weise könnte man ja jedwedes Verbrechen forterklären und zu einem bloßen Irrtum machen*.

Eben diesen Klagepunkt indes hat Hegel[238] so vortrefflich behandelt, daß ich sachkundige Leser mit dem, was sie von ihm bereits wissen, nicht ermüden möchte und mich deshalb in allem, bei dem ich mich ihm anschließen kann, so kurz als möglich fassen

* Ich habe mit Absicht gerade dies Raisonnement hervorgehoben, weil es uns einen Wink gibt, wie die Sittenlehre des Sokrates beschaffen gewesen ist (dies wird weiter unten Gegenstand für andre Untersuchungen werden), weil es uns zeigt, daß seine Sittenlehre den Fehler hatte, auf eine gänzlich abstrakte Erkenntnistheorie gegründet zu sein.

werde. Wider des Melitus allgemeine Anklage, daß er die Jugend verderbe, setzt Sokrates sein ganzes Leben; die Anklage wird nun genauer die, daß er die Ehrerbietung der Kinder den Eltern gegenüber schwäche*. Dies wird weiterhin beleuchtet durch ein besonderes Vorkommnis zwischen Anytus und Sokrates betreffs des Sohns des Anytus**. Die Verteidigung des Sokrates läuft im Wesentlichen hinaus auf den allgemeinen Satz, daß *der Einsichtigere* vor dem weniger Einsichtigen den Vorzug verdiene. So gebe man bei der Wahl von Feldherren nicht den Eltern den Vorzug sondern den des Kriegswesens Kundigen***. Hegel macht darauf als das *Unverantwortliche* im Verfahren des Sokrates diese *moralische Einmischung eines Dritten* in das absolute Verhältnis zwischen Eltern und Kindern geltend, sofern dieser durch sein sich Eindrängen, um bei einem einzelnen tatsächlichen Beweisfall zu bleiben, veranlaßt zu haben scheint, daß der im Vorhergehenden erwähnte junge Mensch, der Sohn des
XIII 267 Anytus, mit seiner Stellung unzufrieden geworden ist****. Soweit Hegel und wir mit ihm; denn wir sind wirklich mit dieser Auffassung Hegels ziemlich weit gekommen. Die Sache kann aber auch noch von *einer andern Seite* her gesehen werden. Der Staat ist mit Sokrates natürlich darin ganz einig gewesen, daß der Einsichtigere vor dem weniger Einsichtigen den Vorzug verdient; daraus folgt jedoch nimmermehr, daß der Staat jedem für sich allein die Entscheidung überlassen kann, *ob* oder *inwieweit* er der *Einsichtsvollste* sei, geschweige denn, daß der Staat dem Einzelnen, weil dieser nach seiner eignen Meinung der Einsichtsvollste ist, es zugestehen könnte, die ihm eigene Einsicht unbekümmert um den Staat zu verbreiten. Der Staat vermag eben, weil er das Ganze ist, innerhalb dessen die Familie lebt und webt, in einem gewissen Maße das absolute Verhältnis zwischen Eltern und Kindern zu suspendieren, er kann in einem gewissen Maße seine Vollmacht brauchen, über den Unterricht der Kinder Bestim-

* Xenophons Mem. I 2 § 49. Xenophons Apol. § 20. Hiermit kann auch verglichen werden das Verhalten des Pheidippides gegen seinen Vater bei Aristophanes.

** Xenophon Apol. § 29–31.

*** Xenophon Apol. § 20–21. Mem. I 2 § 51.

**** Vgl. Hegel a. a. O. (Werke, Jub. Ausgb. XVIII) S. 109.

mungen zu treffen; dies hat aber seinen Grund eben darin, daß der Staat höher ist denn die Familie, die im Staate steht. Die Familie jedoch steht wiederum höher als der Einzelne, besonders was ihre eigenen Angelegenheiten betrifft. Der Familie gegenüber kann darum wieder der Einzelne auch nicht ohne weiteres deshalb, weil er sich für den Einsichtigsten hält, dazu ermächtigt sein, auf eigenste persönliche Verantwortung hin die ihm eigene Einsicht zu verbreiten. Dem Einzelnen gegenüber ist darum das Verhältnis des Kindes zu den Eltern absolut*. Ebenso wie er durch seine Ironie über die Giltigkeit des substantiellen Staatslebens hinausgekommen war, hatte *auch das Familienleben keine Giltigkeit* für ihn. Staat und Familie sind für ihn eine Summe von Individuen gewesen, und das Verhältnis, in das er zu den Gliedern von Staat und Familie trat, war daher ein Verhältnis zu Individuen, jedes andre Verhältnis war ihm gleichgiltig. Man sieht daher, wieso der Satz, daß der Einsichtigere vor dem weniger Einsichtigen den Vorzug verdiene (eigentlich sollte es bei ihm heißen: wer da meint, der Einsichtigste zu sein, soll sich vordrängen vor den, den er für weniger einsichtig hält; denn Sokrates war ja schlechterdings nicht vorgezogen worden, außer etwa von der Jugend, der doch keinerlei Stimme zugestanden werden konnte, eben weil sie den Unterricht empfangen sollte), eben vermöge seiner *vollständigen Abstraktion* eigentlich *unmoralisch* wird. Wir haben hier also wieder ein Beispiel dafür, welche Bewandtnis es mit der so berühmten Sittenlehre des Sokrates hatte. XIII 268
Der Fehler liegt mittlerweile sicherlich in dem abstrakten Erkenntnisstandpunkt, auf den Sokrates sich gestellt hatte.

Vielleicht hat Sokrates indes gemeint: damit, daß er für seinen Unterricht *kein Geld* nehme, mache er wieder gut, was er

---

* Ich habe hier das Verhältnis zwischen Sokrates und der Jugend, die er unterrichten wollte, ständig rein als solches genommen. Ich habe schlechterdings keine Rücksicht genommen auf das Schädliche, das sein Unterricht etwa haben mochte. Was darüber gesagt werden kann, ist im Vorhergehenden bereits dargelegt. Was ich hier dagegen hervorheben möchte, ist das *Unbefugte* darin, daß Sokrates sich solchermaßen ohne weiteres zum Lehrer aufwarf. Der göttlichen Ermächtigung, auf die er sich berief, kann man vom Standpunkt des Staates aus ebenfalls keinerlei Wert beimessen, da er sich auch hier wieder, indem er eine durchaus isolierte Stellung einnahm, der staatlichen Sanktion entzogen hatte.

durch seine unbefugte Einmischung verkehrt mache. Bekanntlich ist Sokrates darauf nicht wenig stolz gewesen, und er spricht oft mit großer Bravour davon, daß er für seinen Unterricht kein Geld nehme*. Unleugbar tut er dies nun meistens mit *tiefer Ironie über die Sophisten*, welche sich so teuer bezahlen ließen, daß ihr Unterricht beinahe in umgekehrtem Sinne ohne jedes Verhältnis zu Geld und Geldeswert war. Sieht man jedoch näher zu, so liegt vielleicht noch etwas mehr darin. Vielleicht hat es zugleich seinen Grund in der *Ironie*, mit welcher er *seinen eignen* Unterricht auffaßte. Denn gleich wie seine Weisheit nach seinem eignen Wort zweideutiger Art gewesen ist, ebenso war es auch sein Unterricht. Und wie er es selber im Gorgias[239] vom Seemann sagt: „und er selbst, der diese Kunst besitzt (die Seemannskunst) und dies geleistet (nämlich uns ohne Schaden übers Meer gebracht) hat, steigt aus und geht am Ufer auf und ab neben seinem Schiffe gar bescheidenen Ansehns. Er weiß nämlich, so denke ich, zu berechnen, daß ihm unbewußt ist, welchen der Schiffsgesellschaft er wirklich Nutzen gestiftet hat, indem er sie nicht ertrinken ließ, und welchen vielleicht Schaden", so könnte Sokrates vielleicht das Gleiche sagen von dem Unterricht, mit welchem er die Einzelnen von einem Weltteil in einen andern hinüberbrachte. Und wie er am gleichen Orte die Seemannskunst preist, weil sie in Vergleich mit der Redekunst, obwohl sie das Gleiche wie diese leistet, doch eine überaus geringe Bezahlung nehme, ebenso kann er auch in Vergleich mit den Sophisten sich selber rühmen, weil er keinerlei Bezahlung nimmt. Es kann darum an und für sich *durchaus nicht* für etwas so *außerordentlich Verdienstliches* gelten, daß er für seinen Unterricht kein Geld genommen hat, *auch* kann es *nicht* ohne weiteres als ein unbedingtes Zeichen für den *unbedingten Wert* seines Unterrichts genommen werden. Denn es ist allerdings wahr, daß aller wahre Unterricht ohne ein meßbares
XIII 269 Verhältnis zum Gelde ist, und es ist allerdings wahr, daß es unendlich lächerlich ist, der Bezahlung einen entscheidenden Einfluß auf den Unterricht zu gewähren, so wenn z. B. ein Lehrer der Logik etwa Logik zu drei Reichsthalern und Logik zu vier Reichs-

* Aristophanes ist andrer Meinung, er läßt Sokrates für seinen Unterricht nicht bloß Geld entgegennehmen, sondern sogar Säcke mit Mehl.

thalern anböte; daraus folgt jedoch nimmermehr, daß es an und für sich unrichtig ist, für seinen Unterricht Geld zu nehmen. Die Sitte, sich seinen Unterricht bezahlen zu lassen, war freilich erst durch die Sophisten richtig in Gang gekommen, und insofern *kann* man sich das Verhalten des Sokrates und seine ironische Polemik darwider recht gut erklären; indes, wie gesagt, es dürfte sich vielleicht im Verhalten des Sokrates in dieser Beziehung auch eine Ironie über seinen eignen Unterricht verstecken, ungefähr, wie wenn er sagte: ‚aufrichtig gesprochen hat es mit meinem Wissen eine absonderliche Bewandtnis; denn da ich nichts weiß, begreift man doch leicht, daß ich nicht gut Bezahlung dafür nehmen kann, andern diese Weisheit beizubringen.'

Indes, wir wollen für einen Augenblick uns wieder der Tatsache zuwenden, die uns zu dieser Untersuchung den Anlaß gegeben, nämlich der Anklage gegen Sokrates, und da sieht man denn leicht: vom Standpunkt des Staates aus betrachtet bestand sein Verbrechen darin, daß er *die Giltigkeit des Familienlebens neutralisierte* (unwirksam machte) und das Gesetz der Naturbestimmung auflöste, vermöge dessen das einzelne Familienmitglied in der ganzen Familie seinen Schwerpunkt fand, — nämlich die Pietät.

Hier dürfte man nun Halt machen, wenn man nichts anderes wollte als der Klage nachgehen; wer jedoch das Verständnis des Sokrates zum Gegenstande seiner Untersuchung macht, muß einen Schritt weiter gehen. Es ließe sich nämlich Folgendes denken: obwohl Sokrates ein Verbrechen gegen den Staat begangen, indem er dergestalt sich unbefugt in die Familien eindrängte, habe er doch das, was er durch seine unglückselige Einmischung Verkehrtes getan, vielleicht wiedergutgemacht durch die *absolute Bedeutung seines Unterrichts*, d. h. durch das innerliche Verhältnis, das er mit seinen Schülern, nichts als deren Bestes vor Augen, eingegangen sei. Wir wollen nun zusehn, ob sein Verhalten zu seinen Schülern einen solchen Ernst, ob sein Unterricht ein solches Pathos gehabt, wie man es bei einem solchen Lehrer fordern dürfte. Doch dies *vermissen* wir nun an Sokrates *ganz und gar*. Man möge in diesem Verhältnis Sokrates sich nicht etwa denken als einen, der da unter dem Himmelsbogen der Ideen die Schüler durch die Schau von dieser ewigem Wesen er-

hoben hätte, nicht als einen, der da die Jugend mit der ewigen Fülle einer Anschauung durchtränkte, nicht als einen, der da in moralischer Hinsicht die Last einer ungeheuren Verantwortung auf seine Schultern nahm, mit väterlicher Fürsorge über seinen Schülern wachte, sie ungern aus seinen Händen ließ, wobei sein Auge sie nie aus dem Gesicht verlor, nicht als einen, der da, um an einen früheren Ausdruck zu erinnern, sie liebte in der Idee. Die Person des Sokrates war in dem Verhältnis zu andern zu negativ abge-
XIII 270 rundet, als daß es zu dergleichen hätte kommen können. Erotiker ist er gewiß in höchstem Maße gewesen, die Schwärmerei der Erkenntnis besaß er nach einem außerordentlichen Maßstabe, kurz gesagt, er besaß alle verführerischen Gaben des Geistes; jedoch mitteilen, erfüllen, bereichern, das vermochte er nicht. In diesem Sinne dürfte man ihn vielleicht einen *Verführer* nennen, er betörte die jungen Leute, weckte Sehnen in ihnen, *stillte* ihnen aber das Sehnen *nicht*, ließ sie erglühen im üppigen Genuß der Berührung, starke und nährende Speise aber gab er ihnen nicht. Er trog sie alle, gleich wie er den Alkibiades trog, der ja (wie oben bereits bemerkt[240]), selber sagt, daß Sokrates, statt Liebhaber zu sein, Geliebter wurde. Und was will das anderes heißen als dieses: er zog die jungen Leute an sich, aber wenn sie nun zu ihm aufblickten, bei ihm Ruhe finden wollten, in seiner Liebe alles vergessend eine sichere Beruhigung finden wollten, selber aufhören wollten zu sein und bloß im von ihm Geliebtwerden sein wollten, so war er fort, so war der Zauber vergangen, so fühlten sie der unglücklichen Liebe tiefes Leid, so fühlten sie, daß sie betrogen waren, daß nicht Sokrates sie liebte, sondern sie Sokrates liebten und es doch nicht vermochten, sich von ihm zu lösen. Für reichere Naturen mochte dies natürlich nicht so spürbar und nicht so schmerzhaft werden. Er hatte den Blick der Schüler nach innen gekehrt, und die Begabten mußten daher mit Dankbarkeit empfinden, daß sie ihm dies zu verdanken hatten; sie mußten um so dankbarer werden, je mehr sie überschauten, daß für den Reichtum selber sie doch nicht Sokrates zu danken hatten. Sein Verhältnis zu den Schülern war daher sicherlich aufweckend, jedoch *auf keinen Fall persönlich* in positivem Sinne. Was ihn aber daran hinderte, war wiederum *seine Ironie*. Will man sich demgegenüber auf die Liebe berufen, mit

welcher Xenophon und Plato den Sokrates umfingen, so möchte ich teils erwidern, daß ich doch dargetan habe, wie die Schüler ihn sehr wohl zu lieben vermochten, ja, es noch nicht einmal vermochten, sich von dieser Liebe loszureißen, teils aber (und dies ist die bestimmtere Antwort) sagen, daß, um das Gesagte zu spüren, Xenophon zu beschränkt und Plato zu reich gewesen ist. Plato mußte in jedem Augenblick, da er empfand, wie viel er besaß, unwillkürlich an Sokrates denken; er liebte darum Sokrates in der Idee, die er freilich Sokrates nicht schuldete, zu der jedoch dieser ihm geholfen hatte. In Platos Apologie tut Sokrates daher die sehr richtige Bemerkung: „Eigentlich aber bin ich nie irgend jemandes Lehrer gewesen; wenn aber jemand, wie ich rede und mein Geschäft verrichte, Lust hat zu hören, jung oder alt, das habe ich nie jemandem mißgönnt“ (ἐγὼ δὲ διδάσκαλος μὲν οὐδενὸς πώποτ’ ἐγενόμην· εἰ δέ τις ἐμοῦ λέγοντος, καὶ τὰ ἐμαυτοῦ πράττοντος, ἐπιθυμοῖ ἀκούειν, εἴτε νεώτερος, εἴτε πρεσβύτερος, οὐδε- XIII 271
νὶ πώποτε ἐφθόνησα Apol. § 33 a)*.

Was das Nähere hinsichtlich des Verhältnisses des Sokrates zu den Schülern betrifft, so muß sein *Verhältnis zu Alkibiades* als ein Beispiel statt aller übrigen (instar omnium) dienen. Dieser leichtsinnige, sinnliche, ehrgeizige, geistreiche junge Mann mußte natürlich für die ironischen Feuerfunken des Sokrates ein leicht entzündlicher Stoff sein. Wir haben oben gesehen, wie dies Verhältnis eben dank der Ironie des Sokrates ständig auf dem gleichen Fleck geblieben ist, wie es festgehalten wurde in dem abstrakten haltlosen Anfang zu einem Verhältnis, auf dem Nullpunkte gehalten wurde, niemals an Kraft und Innigkeit gewann, und so war denn, während auf beiden Seiten die Kräfte zunahmen, diese Zunahme in so genauem Ebenmaß gehalten, daß das Verhältnis das gleiche blieb, und die steigende Heftigkeit des Alkibiades jederzeit in der Ironie des Sokrates ihren Meister fand. In geistigem Sinne darf man darum von Sokrates in seinem Verhältnis zu

* Allerdings sagt Sokrates dies zunächst, um dem Einwand entgegenzutreten, als ob er im vertrauten Schülerkreise ganz andre Dinge vorgetragen hätte, als wenn sonst jemand zugegen war. In dieser Beziehung darf man es Sokrates gerne zugestehen, daß er stets einer und der gleiche gewesen ist, seine Worte zeigen zugleich aber doch, wie lose sein Verhältnis zur Jugend war, da dies Verhältnis durch nichts anderes geknüpft war als durch zufällige Berührungen auf dem Gebiet der Erkenntnis.

den jungen Leuten sagen, er habe auf sie gesehen, ihrer zu begehren[241]. Gleich wie aber sein Begehren nicht darauf aus war, sie zu besitzen, so war auch die Art seines Vorgehens darauf nicht eingerichtet. Nicht mit großen Worten, nicht mit langen rednerischen Ergießungen, nicht mit marktschreierischem Ausposaunen seiner eigenen Weisheit ging er zu Werke; im Gegenteil, er ging so stille einher, er war *dem Anschein nach gleichgiltig* gegen die jungen Leute, seine Fragen betrafen nicht dies sein Verhältnis zur Jugend, er behandelte den einen oder andern Gegenstand, der ihnen persönlich wichtig war, er selbst aber verhielt sich dabei ganz und gar objektiv, und doch, unter dieser Gleichgiltigkeit ihnen gegenüber spürten sie, mehr als daß sie es gesehen hätten, jenen durchdringenden Seitenblick, der einen Augenblick lang, einem Dolchstich gleich, ihre Seele durchbohrte. Er ward ihr Vertrauter, ohne daß sie recht wußten, wie das zugegangen sei, und während sie so bei alledem ganz andere geworden, blieb er unerschütterlich der gleiche. Und wenn dann sämtliche Bande der Vor-
XIII 272 urteile gelöst waren, wenn alle geistigen Verhärtungen erweicht worden waren, wenn seine Fragen alles zurechtgerückt und die Wandlung ermöglicht hatten, so *erreichte das Verhältnis seinen Gipfel* in jenem bedeutungsvollen Augenblick, in jenem Silberblinken, dadurch in einem Nu Licht in ihre Bewußtseinswelt fiel, wo er alles vor ihnen umkehrte, so geschwinde wie ein Augenblick und so lang wie ein Augenblick, wo alles für sie anders ward „plötzlich, in einem einzigen Augenblick" (ἐν ἀτόμῳ, ἐν ῥιπῇ ὀφθαλμοῦ[242]). Man erzählt[243] von einem Engländer, welcher, um schöne Aussichten zu sehn, auf Reisen war, er habe, als er in einer mächtigen Waldgegend einen Punkt fand, von dem aus er durch Umhauenlassen des dazwischenliegenden Waldes sich eine überraschende Aussicht erschließen konnte, sich Leute gemietet, um die Bäume durchzusägen. Wie dann alles soweit gewesen sei, wie der Wald untersägt gewesen sei, sei er zu diesem Punkt emporgestiegen, habe sein Fernrohr hervorgeholt, das Signal gegeben – der Wald sei gefallen, und sein Auge habe sich einen Augenblick lang an dem Zauber der Aussicht ergötzt, der um so verführerischer gewesen, als er beinahe im gleichen Augenblick den Gegensatz gehabt. Ebenso mit Sokrates. Mit seinen Fragen untersägte er in aller Stille den Urwald des substantiellen Bewußtseins,

und wenn dann alles soweit war, siehe, da schwanden alle diese Gruppierungen, und das Seelenauge genoß eine Aussicht, wie es nie ihresgleichen gekannt hatte. Zunächst genoß der junge Mensch diese Freude, Sokrates aber stand dabei als der *ironische Beobachter*, welcher jenes Überraschung genoß. Aber diese Arbeit, den Wald zu untersägen, währte oft geraume Zeit. In dieser Hinsicht war Sokrates nun unermüdlich. Wenn sie aber vollbracht war, so hatte das Verhältnis im gleichen Augenblick seinen Gipfel erreicht. *Mehr* gab Sokrates *nicht*, und während der junge Mensch sich nun gerade nahezu unauflöslich an Sokrates gebunden fühlte, trat jenes von Alkibiades so treffend beschriebene Verhältnis ein, daß Sokrates aus einem Liebhaber der Geliebte ward. Wenn man sein Verhalten dergestalt auffaßt, wird man dadurch lebhaft an jene Kunst erinnert, in deren Besitz er selber zu sein erklärte, an die Hebammenkunst. Er half dem Individuum zu einer geistigen Entbindung, er durchschnitt die Nabelschnur der Substantialität. Als *Geburtshelfer* war er unübertrefflich, mehr aber war er auch nicht. Er übernahm darum auch keine eigentliche Verantwortung für das spätere Leben seiner Schüler, und Alkibiades gibt auch hier ein Beispiel statt aller übrigen ab*.

Man kann, wenn man das Wort in geistigem Sinne nehmen will, Sokrates einen Erotiker nennen, und die Sache noch wärmer ausdrücken mit der Erinnerung an die bekannten Worte im Phä- XIII 273
drus § 249 a „nicht unphilosophisch die Knaben lieben" (παιδεραστεῖν μετὰ φιλοσοφίας). Und hier können wir vielleicht mit ein paar Worten den gegen Sokrates erhobenen Vorwurf der *Päderastie* berühren, welcher niemals hat absterben dürfen im Laufe der Zeiten, weil es in jeder Generation immer wieder den oder jenen Forscher gegeben hat, der sich gemüßigt fühlte, in dieser Hinsicht die Ehre des Sokrates zu retten. Es ist nicht meine Absicht, irgend eine Verteidigung des Sokrates zu liefern, da es überhaupt nicht im Interesse meiner Arbeit liegt, den Vorwurf zu berücksichtigen; dahingegen glaube ich, daß man, wenn der Leser es bildlich verstehen wird**, darin einen neuen Beweis für die Ironie

* Man vergleiche hierzu Forchhammer, a.a.O. S. 42ff.

** Wer die Sache nicht geistig verstehen kann, sei betreffs dieses Punktes hingewiesen auf Joh. Matth. Gesners Socrates sanctus Paederasta, vgl. Commentarii societatis regiae scientarum Gottingensis. Tom. II ad annum MDCCLII.

des Sokrates finden darf. In der Lobrede, welche Pausanias im Symposion hält, findet sich folgende Äußerung[244]: „dieser Eros (der niedere, dessen Verehrer fürs Erste ebenso sehr Weiber wie Jünglinge lieben, ferner an denen, die sie lieben, mehr den Leib lieben als die Seele) stammt von der Göttin ab, welche teils weit jünger ist als die andere, teils auch ihren Ursprung schon beidem, Weiblichem wie Männlichem, verdankt. Der der himmlischen aber gehört zuerst einer, welche nicht von Weiblichem, sondern nur von Männlichem abstammt ... daher denn wenden sich zu dem Männlichen die von diesem Eros Angewehten, indem sie das von Natur Stärkere und mehr Vernunft in sich Habende lieben." Mit diesen Worten ist bereits zur Genüge bezeichnet die *intellektuelle Liebe*, welche bei einem ästhetisch so entwickelten Volk wie dem griechischen sich notwendig finden mußte, allwo die Individualität nicht unendlich in sich reflektiert, sondern — wie Hegel[245] so bezeichnend zu sagen weiß — „schöne Individualität" gewesen ist, allwo der Gegensatz der Individualitäten nicht tief genug aufgebrochen war, um die wahre Liebe die höhere Einheit sein zu lassen. Doch wenn nun diese intellektuelle Liebe ihren Gegenstand sich zunächst unter der Jugend sucht, so ist damit angedeutet, daß sie die Möglichkeit liebt, aber die Wirklichkeit flieht. Eben dies aber erweist ihr *negatives Gepräge*. Trotzdem kann ihr sehr wohl ein hohes Maß von Enthusiasmus eigen sein, ja, eben um ihres negativen Gepräges willen kann sie ihn besitzen. Denn Enthusiasmus ist nicht jederzeit mit Ausdauer verbunden, Enthusiasmus ist vielmehr gerade die im Dienst der
XIII 274 Möglichkeit sich verzehrende Begeisterung. Ein Ironiker ist darum stets Enthusiast, nur daß sein Enthusiasmus nichts ausrichtet, weil der Ironiker nie über die Bestimmung der Möglichkeit hinausgelangt. In diesem Sinne also liebte Sokrates die Jugend. Man wird jedoch nunmehr sehen, daß es sich um eine negative Liebe handelt. Allerdings war sein Verhältnis zu den jungen Leuten nicht ohne Bedeutung, indes, wie oben schon bemerkt, in dem Augenblick, da dies Verhältnis eine tiefere Bedeutung gewinnen sollte, war es schon vorüber, will heißen, das Verhältnis zu ihnen war der Anfang eines Verhältnisses. Daß mittlerweile dies Verhältnis sehr wohl eine gewisse Frist währen konnte, daß der junge Mensch sehr wohl sich mit Sokrates verknüpft fühlen konnte, nachdem

dieser sich von ihm gelöst hatte, hab ich im Vorhergehenden darzutun mich bemüht. Nun bedenke man aber, daß dies Verhältnis des Sokrates zur Jugend die letzte Möglichkeit darstellt, ein positives Verhältnis nachzuweisen, man bedenke weiter, wie viel in dieser Hinsicht man von dem Mann verlangen könnte, welcher nach seiner Emanzipation von jeglichem andern Wirklichkeitsverhältnis auf diesen Punkt sich gesammelt hatte; tut man dies, so wird man die hier beschriebene Negativität unerklärlich finden, es sei denn, man nehme an, daß der Standpunkt des Sokrates Ironie gewesen ist*.

Wir kehren zurück zu der Anklage gegen Sokrates und der dadurch bewirkten Verurteilung. Die Richter erklärten ihn für schuldig, und falls man, ohne allzu große Rücksichtnahme auf die Klagepunkte sein Verbrechen bezeichnen wollte, so könnte man es Indolenz (Apragmosyne) oder Indifferentismus nennen; denn er war freilich nicht untätig und freilich nicht gleichgiltig gegen alles, jedoch in seinem Verhältnis zum Staate war er es gerade vermöge seiner privaten Betätigung. So war Sokrates denn für schuldig erklärt worden, aber die Strafe war noch nicht festgesetzt. Mit griechischer Humanität[246] ward es dem Angeklagten überlassen, selber die Strafe zu bestimmen, natürlich innerhalb gewisser Grenzen. Hegel gibt hier von dem Verkehrten im Verhalten des Sokrates eine sehr ausführliche Darstellung, er tut dar, daß So- XIII 275
krates verdientermaßen zum Tode verurteilt ward; daß sein Verbrechen gewesen ist, die Souveränität des Volks nicht anerkennen zu wollen, sondern seine subjektive Überzeugung wider den objektiven Spruch des Staats geltend zu machen. Man darf seine Weigerung in dieser Beziehung wohl für moralische Größe erach-

* Die Geschichte hat noch ein andres Verhältnis zu einem andern Menschen aufbewahrt, in das Sokrates getreten ist, das zu Xantippe. Daß Sokrates nun nicht eben ein musterhafter Ehemann gewesen, empfindet sicherlich jedermann; und die Auffassung seines Verhältnisses zu ihr, die man Xenophon folgend Sokrates beilegt, daß er von diesem zänkischen Weibe den gleichen Nutzen gehabt habe wie Zureiter von störrischen Pferden, nämlich das Erlernen des Bändigens, daß sie ihm ein Übungsgegenstand in Menschenbeherrschung gewesen, sofern er nämlich, wenn er mit ihr fertig war, die andern Menschen leicht zu ertragen vermochte, — diese Auffassung, sag ich, bekundet nicht viel eheliche Liebe, wohl aber wieder ein hohes Maß von Ironie. Vgl. Forchhammer a.a.O. S. 49 und Anm. 43.

ten, aber sein Tod war dennoch selbstverschuldet, der Staat war ebenso berechtigt, ihn zu verurteilen wie Sokrates, sich zu emanzipieren, und Sokrates ist dadurch ein tragischer Heros geworden*. Soweit Hegel; wir wollen versuchen, unter ganz genauem Anschluß an Platos Apologie eine Darstellung vom *Verhalten des Sokrates* zu geben. Man sollte nun meinen, die Freiheit, selbst die Strafe zu bestimmen, hätte dem Sokrates durchaus willkommen sein müssen, denn gleich wie sein Lebenswandel sich als nach allgemeinen Bestimmungen nicht meßbar erwiesen hatte, so mußte es auch mit der Strafe sein, und es ist durchaus folgerichtig, wenn er meint, die einzige Strafe, zu der er sich selbst verurteilen könne, sei eine Geldbuße, weil es für ihn, falls er Geld hätte, kein Verlust wäre, es zu entbehren, mit andern Worten, weil die Strafe in diesem Falle sich selbst aufhöbe. Es ist darum auch durchaus folgerichtig, wenn er den Richtern vorschlägt, sich mit dem Wenigen zu begnügen, das er entrichten könne, ja, durchaus folgerichtig, denn da das Geld für ihn überhaupt nichts Wirkliches war, fiel die Strafe gleich groß aus, ob er nun viel oder wenig Geld entrichtete, d. h. die Strafe wurde zu nichts. Die einzige Strafe mithin, die er für angemessen hält, war die, welche *keine Strafe* war. Indes, wir wollen diesem ganzen so lehrreichen Abschnitt der Apologie im einzelnen nachgehn. Sokrates beginnt mit dem Ausdruck der Verwunderung, daß er mit so geringer Mehrheit verurteilt worden ist, und dies macht es einleuchtend, daß er im Spruch des Staates keine objektive Auffassung erblickt, der im Gegensatz zum einzelnen Subjekt Giltigkeit zukommt. Der Staat ist gewissermaßen für Sokrates gar nicht da, er hält sich lediglich bei dem Zahlenverhältnis auf. Daß eine quantitative Bestimmung in eine qualitative umschlagen kann[247], scheint er nicht geahnt zu haben. Er hält sich bei dem Wunderlichen auf, daß drei Stimmen den Ausschlag geben, und um das Wunderliche noch mehr hervorzuheben, stellt er die äußerste Spitze des Gegensatzes auf: falls (sagt er) Anytus und Lykon sich der Anklage nicht angeschlossen hätten, wäre Melitus seinerseits zu tausend Drachmen Geldstrafe verur-

* Vgl. Hegel a. a. O. (Geschichte der Philosophie, Werke Jub. Ausgb. XVIII) S. 113ff.

teilt worden. Hier sieht man abermals, wie die *Ironie* des Sokrates ihn dahin bringt, jeglicher objektiven Bestimmung seines Lebens die Anerkennung zu weigern. Die Richter sind eine Anzahl XIII 276
von Individuen, ihr Spruch hat lediglich Zahlenwert, und wenn die Mehrheit ihn schuldig spricht, so ist (meint Sokrates) weder mehr noch weniger gesagt, als daß eine so und so große Anzahl von Individuen ihn verurteilt hat. Jeder sieht hier nun deutlich die vollkommen *negative Auffassung des Staats*. Eine ironische Schickung will, Sokrates solle selber die Strafe bestimmen. Was dieser Lage eine so außerordentliche ironische Spannkraft verleiht, sind die ungeheuren Gegensätze: des Gesetzes Schwert hangt an einem seidenen Faden über des Sokrates Haupte, ein Menschenleben steht auf dem Spiel, das Volk ist ernst, teilnehmend gestimmt, der Himmel düster und verhangen — und nun Sokrates, er ist gleich einem alten Rechenmeister vertieft in die endliche Lösung der Aufgabe, sein Leben mit der Auffassung des Staats in Einklang zu bringen, einer Aufgabe, welche der Quadratur des Zirkels an Schwierigkeit gleicht, sintemal Sokrates und der Staat sich als schlechthin *ungleichartige Größen* erweisen. Komisch wäre es schon zu sehen, wie Sokrates sein Leben nach dem Paradigma des Staats konjugieren will, da sein Leben doch eben ganz und gar unregelmäßig gewesen ist; noch tiefere Komik jedoch gewinnt die Lage durch die harte Notwendigkeit (dira necessitas[248]), welche ihm bei Todesstrafe gebietet, in dieser Ungleichheit eine Gleichheit zu finden. Komisch ist es stets, wenn man zwei Dinge in Beziehung setzt, zwischen denen ein Verhältnis nicht gedacht werden kann, noch komischer aber wird es, wenn es heißt: ‚ja, falls du keine Beziehung findest, mußt du sterben.' Des Sokrates Leben mußte sich in seiner völligen Isoliertheit als ganz und gar ungleichartig erweisen mit jeglicher Bestimmung des Staats; daher weist denn auch die Gedankenoperation, die Dialektik, mit welcher Sokrates eine Beziehung zustande zu bringen sucht, die äußersten Gegensätze auf. Er ist vom Staat für schuldig erklärt worden. Die Frage ist nunmehr, welche Strafe er verdient hat. Weil Sokrates jedoch empfindet, daß sein Leben vom Staat überhaupt nicht verstanden werden kann, zeigt es sich, daß er ebenso gut eine *Belohnung* verdient haben könnte. Darum schlägt er vor, auf öffentliche Kosten im Prytaneum den Lebens-

unterhalt zu empfangen*. Sofern jedoch der Staat sich nicht veranlaßt sehen sollte, ihn solchermaßen zu belohnen, will er sich nun in ihn schicken und überlegen, welche Strafe er verdient haben könnte. Um einer Todesstrafe zu entgehen, auf welche ja Melitus
XIII 277 den Antrag gestellt habe, könnte er ja Geldbuße oder Landesverweisung wählen. Zu dieser Wahl vermag er sich indes nicht zu entschließen, denn was sollte ihn denn bewegen, eins von diesen beiden zu wählen? Etwa Furcht vor dem Tode? Das wäre ja ungereimt, denn er weiß ja nicht, ob der Tod ein Gutes oder ein Übel ist. So sieht es denn so aus, als ob er *selbst meint, der Tod* sei die schicklichste Strafe, eben weil niemand weiß, ob er ein Übel ist, das will heißen, weil die Strafe hier, ebenso wie bei der Geldbuße, sich selber aufhebt. Geldbuße oder Landesverweisung könne er nicht wählen, denn im ersten Falle würde er gefangengesetzt werden, weil ihm seine Vermögensumstände die Entrichtung nicht zuließen, im zweiten Falle aber begreife er recht gut, daß er zu einem Leben in einem andern Staate noch weniger tauge als zu dem in Athen und somit binnen kurzer Frist auch aus diesem Staate wieder verwiesen werden würde usw. Geldbuße oder Landesverweisung könne er mithin nicht wählen. Und warum nicht? Weil sie ihm ein Leiden eintragen würden, aber darein könne er sich nicht finden, weil es unverdient sei und (um seine eignen Worte zu brauchen) „ich bin auch nicht gewohnt, mich selbst etwas Üblem wert zu achten" (καὶ ἐγὼ ἅμ' οὐκ εἴθισμαι ἐμαυτὸν ἀξιοῦν κακοῦ οὐδενός).[249] Sofern es darum ganz allgemein um die Frage geht, welche Strafe er verdient habe, so ist seine Antwort folgende: diejenige, die *keine Strafe* ist, d. h. entweder der Tod, weil niemand weiß, ob dieser ein Gutes oder Übles ist, oder eine Geldbuße, soweit man mit einer Geldbuße in der Höhe, in der er sie entrichten kann, sich begnügt, weil nämlich Geld für ihn Wert nicht hat. Sofern dagegen in engerem Sinne von einer Strafe die Rede ist, nämlich von einer Strafe, die für ihn empfindlich sein würde, hält er dafür, daß jede *derartige Strafe unangemessen* sei.

---

* Da sein Leben ohne jedes Verhältnis zur Auffassung des Staates ist, und er somit von diesem ebenso wenig Belohnung wie Strafe verdienen kann, so nennt er aushilfsweise (subsidialiter) einen zweiten Grund; nämlich den, daß er arm ist und der Ruhe bedürftig.

Wir sehen also, wieso der Standpunkt des Sokrates ganz und gar negativ ist gegen den Staat, wieso er überhaupt nicht in den Staat paßte; aber wir sehen dies noch deutlicher in dem Augenblick, da er, wegen seines Lebenswandels angeklagt, noch am ehesten seines Mißverhältnisses zum Staate sich hätte bewußt werden müssen. Trotz alledem, mit dem Schwert über dem Haupte, führt er seinen Standpunkt unangefochten durch. Sein Vortrag zeigt indes nicht der Begeisterung machtvolles Pathos, sein Auftreten nicht die unbedingte Vollmacht einer Persönlichkeit, seine Gleichgiltigkeit hat nichts von einem seligen Ruhen in der eignen Fülle. Nichts von alledem finden wir, wohl aber eine bis zum Äußersten *durchgeführte Ironie*, welche des Staates objektive Macht sich brechen läßt an der starren Klippe ironischer Negativität. Des Staates objektive Macht, seine Ansprüche an des Einzelnen Tätigkeit, die Gesetze, die Gerichte, alles verliert für Sokrates die unbedingte Giltigkeit, alles dessen entledigt er sich als unvollkommener Formen, leichter und leichter hebt er sich in die Höhe, sieht XIII 278 alles unter sich hinschwinden von seiner ironischen Vogelperspektive her, und er selber schwebt darüber in ironischer Selbstbefriedigung, getragen von der schlechthinnigen inneren Folgerichtigkeit der unendlichen Negativität. Dergestalt bleibt er der ganzen Welt, der er zugehört, fremd (wie sehr er ihr auch in einem andern Sinne gehören möge), das zeitgenössische Bewußtsein hat für ihn keine Bezeichnung, ohne Namen und Begriff gehört er einer andern Epoche[250] an. Was ihn jedoch trägt, ist *die Negativität*, die noch keine Positivität hervorgebracht hat. Von daher wird es erklärlich, daß sogar Leben und Tod für ihn ihre unbedingte Giltigkeit verlieren. Wir haben jedoch in Sokrates die wirkliche, nicht die scheinbare Polhöhe[251] der Ironie, weil Sokrates vorerst nur bis zur Idee des Guten, des Schönen, des Wahren als Grenze *hingekommen* ist, d. h. hingekommen ist zur idealen Unendlichkeit als Möglichkeit. Wenn jedoch in einer weit späteren Zeit, nachdem diese Ideen ihre Wirklichkeit, die Persönlichkeit ihre schlechthinnige Fülle (Pleroma) gewonnen, wenn alsdann die Subjektivität sich abermals isolieren will, wenn die unendliche Negativität abermals ihren Abgrund entriegeln will, um diese Geisteswirklichkeit darin zu verschlingen, so zeigt die Ironie sich in einer bedenklicheren Gestalt[252].

XIII 279

DRITTES KAPITEL

Die Erhebung des Verständnisses zur Notwendigkeit

Das Leben des Sokrates ist für den Beobachter wie eine großartige Pause im Gange der Geschichte: man vernimmt ihn schlechterdings nicht, tiefe Stille herrscht, bis daß sie schließlich unterbrochen wird von den lärmenden Versuchen, mit denen die vielen und recht verschiedenen Schulen von Jüngern ihren Ursprung aus dieser versteckten und geheimnisvollen Quelle herleiten. Mit Sokrates stürzt sich der Strom der Geschichtserzählung gleichermaßen wie der Fluß Guadalquivir für eine Strecke unter die Erde, um alsdann mit neuer Kraft ans Tageslicht zu brausen[253]. Er ist wie ein Gedankenstrich in der Weltgeschichte, und die Unwissenheit über ihn, welche ihren Grund in der mangelnden Gelegenheit zu unmittelbarer Beobachtung hat, lädt nicht so sehr dazu ein, ihn zu überspringen als vielmehr dazu, ihn mit Hilfe der Idee ans Licht zu beschwören, ihn sichtbar werden zu lassen in seiner idealen Gestalt, mit andern Worten: sich des Gedankens bewußt zu werden, welches der Sinn seines Daseins in der Welt ist, des Moments in der Entwicklung des Weltgeistes, das symbolisch durch das ganz Eigentümliche seines geschichtlichen Daseins bezeichnet ist; denn gleich wie er selber in der Weltgeschichte gewissermaßen ist und doch wieder nicht ist, ebenso ist seine Bedeutung in der Entwicklung des Weltgeistes[254] eben die, zu sein und doch nicht zu sein, oder nicht zu sein und doch zu sein: er ist das Nichts, mit welchem gleichwohl begonnen werden muß. Er ist nicht; denn er ist nicht für das unmittelbare Verständnis, dem entspricht im geistigen Sinne die Negation der Unmittelbarkeit der Substantialität; er ist, denn er ist für den Gedanken, dem entspricht in der Welt des Geistes das Hervortreten der Idee, jedoch wohl zu merken in ihrer abstrakten Gestalt, in ihrer unendlichen Negativität; insofern ist

die Form seines Daseins in der Geschichte eine nicht vollständig angemessene bildliche Bezeichnung seiner geistigen Bedeutung. XIII 280
Wenn ich darum im ersten Teil dieser Abhandlung auf dem Wege der Verneinung (via negationis) Sokrates zu packen suchte, so wird dieser letzte Teil der Abhandlung versuchen, ihn auf dem Wege der Steigerung (via eminentiae)[255] festzuhalten. Hierbei kann es natürlich nicht die Meinung sein, Sokrates aus seinem geschichtlichen Zusammenhang herausreißen zu wollen, vielmehr gilt es, ihn richtig in ihm zu sehen; auch ist die Meinung nicht, daß Sokrates so göttlich wäre, daß er nicht festen Fuß auf dieser Erde zu fassen vermöchte; mit so luftigen Personen wäre einem Historiker, der zu Jahren und Verstand gekommen ist, ebenso wenig gedient wie indischen Mädchen mit so luftigen Liebhabern*. „Sokrates ist aber nicht wie ein Pilz aus der Erde gewachsen, sondern er steht in der bestimmten Kontinuität mit seiner Zeit", sagt ein weiser Mann[256]; dieser Kontinuität zum Trotz jedoch hat man daran zu denken, daß Sokrates sich nicht schlechthin aus der Zeit vor ihm erklären läßt, daß da in ihm — falls man nach der einen Seite hin ihn als eine Schlußfolgerung aus den Praemissen der Zeit vor ihm betrachten will — mehr ist, als in den Praemissen gelegen hat, das „Ursprüngliche"[257], das notwendig ist, damit er in Wahrheit ein „Wendepunkt" sei. Plato drückt dies an mehreren Stellen dahin aus, daß Sokrates eine göttliche Gabe sei. Auch Sokrates selber sagt es in der Apologie § 30 d: „Daher ich auch jetzt, ihr Athener, weit davon entfernt bin, um meiner selbst willen mich zu verteidigen, wie einer wohl denken könnte, sondern um euretwillen, damit ihr nicht gegen des Gottes Gabe an euch etwas sündigt durch meine Verurtheilung" (νῦν οὖν, ὦ ἄνδρες Ἀθηναῖοι, πολλοῦ δέω ἐγὼ ὑπὲρ ἐμαυτοῦ ἀπολογεῖσθαι, ὥς τις ἂν οἴοιτο, ἀλλ' ὑπὲρ ὑμῶν, μὴ ἐξαμάρτητε περὶ τὴν τοῦ θεοῦ δόσιν ὑμῖν, ἐμοῦ καταψηφισάμενοι) und § 31 a: „Daß ich aber ein solcher bin, der

* „In der Episode Nala aus dem Gedichte Mahabharata wird erzählt, wie eine Jungfrau in ihrem 21sten Jahre, in dem Alter, in welchem die Mädchen selbst das Recht haben, einen Mann zu wählen, unter ihren Freiern sich einen aussucht. Es sind ihrer fünf; die Jungfrau bemerkt aber, daß vier nicht fest auf ihren Füßen stehen, und schließt ganz richtig daraus, daß es Götter seien. Sie wählt also den fünften, der ein wirklicher Mensch ist". Vgl. Hegel, Philosophie der Geschichte S. 185 (= Werke, Jub. Ausgb. XI 207).

wohl von dem Gotte der Stadt mag geschenkt sein" usw. (ὅτι δ'ἐγὼ τυγχάνω ὢν τοιοῦτος, οἷος ὑπὸ τοῦ θεοῦ τῇ πόλει δεδόσθαι κτλ.). Dieser Ausdruck, daß Sokrates eine göttliche Gabe gewesen, ist nun sicherlich außerordentlich bezeichnend, sofern er sowohl darauf deutet, daß er seiner Zeit durchaus angemessen war (denn wie könnten etwa die Götter andre als
XIII 281 gute Gaben geben), als auch zugleich daran erinnert, daß er mehr gewesen ist, als die Zeit sich selber zu beschaffen vermochte.

Wenn aber Sokrates solchermaßen einen Wendepunkt[258] ausmacht, so wird es notwendig, die Zeit vor ihm und die Zeit nach ihm zu betrachten.

Es scheint mir ziemlich überflüssig, hier eine geschichtliche Übersicht über den Verfall des athenischen Staats zu geben, und darin wird mir sicherlich auch jedermann beistimmen, welcher nicht von dem Wahnsinn angesteckt worden ist, an welchem auch ein größerer Teil der jüngeren Diener der Wissenschaft zu leiden scheint, von jenem Wahnsinn, welcher nicht auf komische sondern tragische Weise sich darin äußert, daß er in einem fort die gleiche Geschichte erzählt[259]. Eben weil es sich um einen Wendepunkt in der Geschichte handelt, kommt Hegel immer wieder darauf zurück, über die Sache zu reden, bald so, daß es seine Aufgabe ist, sie darzustellen, bald so, daß er sie als Beispiel benutzt. Ein jeder also, der auch nur einige Belesenheit in Hegel hat, muß mit seiner Anschauung von der Sache notwendig vertraut sein, und ich will die Menschen nicht plagen mit Wiederholung dessen, was doch niemand so gut wie Hegel selber zu sagen vermag[260]. Hat der Leser den Wunsch nach einer geschmackvollen und mehr ins Einzelne gehenden Darstellung, welche zeigt, wie Athen — nachdem Perikles, der doch in gewissem Sinne eine abnorme Erscheinung war, während seiner Lebenszeit das Böse hintangehalten und zurückgedämmt hatte — mehr und mehr verfallen ist, und zwar einer Darstellung, welche das Prinzip dieses Verfalls durch die verschiedenen Bereiche des Staatslebens durchführt, so möchte ich ihn auf Rötscher a. a. O. S. 85 ff verweisen. Nur eine Bemerkung vermag ich nicht zurückzuhalten. Athen erinnert in dieser Periode offensichtlich in vieler Beziehung an das, was in einer späteren Zeit Rom gewesen ist. In geistiger Hinsicht ist Athen das Herz des griechischen Staatenwesens gewesen.

Darum strömte jetzt, als das Griechentum seiner Auflösung entgegenging, alles Blut mit Heftigkeit in die Herzkammer zurück. Alles sammelte sich in Athen, Reichtum, Luxus, Üppigkeit, Kunst, Wissenschaft, Leichtsinn, Lebensgenuß*, kurz alles, was da, indem es den Untergang des Griechentums beschleunigte, zugleich dazu dienen konnte, diesen Untergang herrlich zu machen und eines der glänzendsten Schauspiele, welches man sich in geistiger Hinsicht denken kann, zu beleuchten. Es ist da im athenischen Leben eine Unruhe, ein Herzklopfen, welches darauf deutet, daß die Stunde der Auflösung nahe ist. Was aber dergestalt Bedingung und Anlaß für den Untergang des Staats geworden ist, zeigt sich anderseits als dasjenige, was unendliche Bedeutung hat für das neue Prinzip, das in Erscheinung treten soll, und Auflösung und Verwesung werden gerade zum fruchtbaren Boden des neuen Prinzips. Das böse Prinzip im griechischen Staate ist nun gewesen der endlichen Subjektivität (d. h. der unberechtigten Subjektivität[261]) Willkür in deren vielfältigen buntscheckigen Erschei- XIII 282
nungsformen. Lediglich eine dieser Gestalten soll hier Gegenstand näherer Untersuchung sein, nämlich die Sophistik. Diese ist nämlich der Kobold, der im Gebiet des Denkens sich herumtreibt, und sein Name ist Legion[262]. Mit diesen Sophisten haben wir uns zu beschäftigen, und an ihnen hatte Sokrates die Mitwelt oder Vorwelt, die vernichtet werden sollte. Wir wollen zusehen, wie sie beschaffen gewesen, und sodann überlegen, wie Sokrates gewesen sein muß, um sie so recht tief vernichten zu können. Mit den Sophisten hebt die Reflexion an, und insofern wird Sokrates stets mit ihnen etwas Gemeinsames haben, und nach der Beziehung auf Sokrates könnte man die Sophisten die falschen Messiasse nennen.

Die Sophisten** repräsentieren das durch die erwachende

---

* „Wo aber ein Aas ist, da sammeln sich die Adler“ (Ὅπου γὰρ ἐὰν ᾖ τὸ πτῶμα, ἐχεῖ συναχθήσονται οἱ ἀετοί.) Mtth. 24,28.

** Hier hat Hegel wiederum vortreffliche Darstellungen gegeben. Die ausführlichere Darstellung, die sich in seiner Geschichte der Philosophie findet, ist jedoch, wie mich bedünkt nicht überall in Übereinstimmung mit sich selbst und trägt bisweilen das Gepräge einer Sammlung verstreuter Bemerkungen, welche öfter der durch Buchstaben angedeuteten Einteilung gegenüber Mangel an Subordination bekunden. Dahingegen kann auf die kurze Skizze, welche in Hegels Philosophie der Geschichte[263] sich findet,

Reflexion von der substantiellen Sittlichkeit[265] sich los-
XIII 283 reißende Wissen in seiner bunten Mannigfaltigkeit; sie repräsentierten überhaupt die losgerissene Bildung, nach welcher jedermann ein Bedürfnis fühlte, für den der Zauber der Unmittelbarkeit geschwunden war. Ihre Weisheit war „ein fliegendes Blatt“[266], das weder durch eine bedeutungsvolle Persönlichkeit, noch durch die Einordnung in ein zusammenhängendes Wissen am Flattern gehindert ward. Dem entspricht auch durchaus ihr äußeres Auftreten. Sie waren überall und nirgends, wie man zu sagen

---

nach deren Beziehung zu der ausführlicheren Darstellung eine Bemerkung, welche Hegel selber irgendwo[264] gemacht hat, angewandt werden, daß nämlich der Geist der beste Epitomator sei. Diese Skizze ist so treffend und so anschaulich, daß ich sie hier abdrucken lassen will. Sie findet sich S. 327 (= Jub. Ausgb. XI 349f): „Mit den Sophisten hat das Reflectieren über das Vorhandene und das Räsonieren seinen Anfang genommen. Eben diese Betriebsamkeit und Thätigkeit, die wir bei den Griechen im practischen Leben und in der Kunstausübung sahen, zeigte sich bei ihnen in dem Hin- und Hergehen und Wenden in den Vorstellungen, so daß, wie die sinnlichen Dinge von der menschlichen Thätigkeit verändert, verarbeitet, verkehrt werden, ebenso der Inhalt des Geistes, das Gemeinte, das Gewußte hin- und herbewegt, Object der Beschäftigung und diese Beschäftigung ein Interesse für sich wird. Die Bewegung des Gedankens, und das innerliche Ergehen darin, dieß interesselose Spiel wird nun selbst zum Interesse. Die gebildeten Sophisten, nicht Gelehrte oder wissenschaftliche Männer, sondern Meister der Gedankenwendung setzten die Griechen in Erstaunen. Auf alle Fragen hatten sie eine Antwort, für alle Interessen politischen und religiösen Inhalts hatten sie allgemeine Gesichtspunkte, und die weitere Ausbildung bestand darin, Alles beweisen zu können, in Allem eine zu
XIII 283 rechtfertigende Seite auszufinden. In der Demokratie ist es das besondere Bedürfnis, vor dem Volke zu sprechen, ihm etwas vorstellig zu machen, und dazu gehört, daß ihm der Gesichtspunkt, den es als wesentlichen ansehen soll, gehörig vor die Augen geführt werde. Hier ist die Bildung des Geistes nothwendig, und diese Gymnastik haben die Griechen sich bei ihren Sophisten erworben. Es wurde aber nun diese Gedankenbildung das Mittel, seine Absichten und Interessen bei dem Volke durchzusetzen: der geübte Sophist wußte den Gegenstand nach dieser und jener Seite hin zu wenden, und so war den Leidenschaften Thür und Thor geöffnet. Ein Hauptprincip der Sophisten hieß: „Der Mensch ist das Maß aller Dinge“; hierin, wie in allen Aussprüchen derselben, liegt aber die Zweideutigkeit, daß der Mensch der Geist in seiner Tiefe und Wahrhaftigkeit, oder auch in seinem Belieben und besonderen Interessen seyn kann. Die Sophisten meinten den bloß subjektiven Menschen, und erklärten hiemit das Belieben für das Princip dessen, was recht ist, und das dem Subjecte Nützliche für den letzten Bestimmungsgrund.“

pflegt, gleich falschen Pfennigen. Sie wanderten umher von Stadt zu Stadt, ähnlich den Troubadouren und den fahrenden Scholastikern des Mittelalters, machten ihre Schulen auf, zogen die Jugend an sich, die angelockt ward durch Ausposaunen der Kunde, daß diese Männer alles wüßten und beweisen könnten*. Was sie überhaupt den Menschen beibringen wollten, war *allgemeine Bildung*, nicht so sehr Einsicht in die einzelnen Wissenschaften, und die Ankündigung des Protagoras erinnert recht sehr an die Warnung vor Fakultätsstudien, die Mephistopheles in Goethes Faust gibt. Protagoras[267] versichert nämlich, die jungen Menschen brauchten nicht zu befürchten, daß er ebenso wie andere Sophisten sie wider ihren Willen zurückholen werde zu den Kenntnissen, denen sie gerade zu entgehen wünschten. Er werde sie somit nicht in Arithmetik, Astronomie usw. unterrichten, nein, er werde sie zu gebildeten Männern machen, er werde ihnen den rechten Unterricht geben, wie sie fähige Politiker und nicht minder fähige XIII 284
Verwalter ihrer eignen Angelegenheiten werden könnten. So sehen wir denn auch im Gorgias, wie diese allgemeine Bildung sich im öffentlichen Leben klar im Stande zeigt, alle Wissenschaften zu überflügeln, so daß der Besitzer dieser allgemeinen Bildung einen Hauptschlüssel, mit dem er alle Türen öffnen kann, in Händen hat. Diese allgemeine Bildung erinnert an dasjenige, was in unsern Zeiten von wissenschaftlichen Ablaßkrämern so oft unter dem Namen der *Aufklärung* feilgehalten wird, und sofern das wesentliche Interesse der Sophisten außer auf das Geldverdienen vor allem auf den Gewinn politischen Einflusses gegangen ist, erinnern ihre Wanderungen an die Wallfahrten und frommen Aufzüge, welche gegenwärtig in der politischen Welt mit zur Tagesordnung gehören, und mit denen die politischen Musterreiter in der kürzesten nur möglichen Frist den Menschen die zum Mitreden erforderliche politische Bildung beizubringen suchen. Daß das Leben voll von Widersprüchen ist, wird vom unmittelbaren Bewußtsein überhaupt nicht bemerkt, sofern es getrost und zutraulich sich auf das stützt, was es von einer vorhergehenden Zeit als heiligen Schatz überkommt. Von der Reflexion hingegen wird das Widerspruchsvolle unverzüglich entdeckt. Sie entdeckt,

* Die Einleitung zu Platos Protagoras gibt eine bühnenmäßige Darstellung vom Auftreten einiger Sophisten.

daß das, was für die Menschen das schlechthin Verläßliche, das Bestimmende sein sollte (die Gesetze, die Sitten usw.) das Individuum mit sich selbst in Widerstreit bringt, und zugleich entdeckt sie, daß dies alles für den Menschen etwas Äußerliches ist, welches er als solches nicht annehmen kann. Sie weist mithin den Fehler auf, sie hält zugleich aber auch das Gegenmittel in Bereitschaft; sie lehrt, für alles *Gründe zu geben*. Sie bringt dem Menschen daher eine Geschmeidigkeit, eine Fähigkeit bei, alle besonderen Fälle auf allgemeine Fälle zurückzuführen, sie händigt jedem Einzelnen einen Rosenkranz von allgemeinen Redensarten (loci communes) aus, mit dessen häufigem Herbeten er imstande ist, jederzeit über die einzelne Sache etwas zu sagen, einige Betrachtungen darüber anzustellen, einige Gründe dafür oder darwider anzuführen. Je größer nun die Zahl solcher Kategorien ist, die jemand besitzt, je geübter er in ihrer Anwendung ist, um so gebildeter ist er. Dies nun ist die Bildung gewesen, welche die Sophisten den Leuten beibrachten. Obwohl sie sich nun mit Unterricht in einzelnen Wissenschaften nicht abgaben, so scheint doch die von ihnen eingeübte allgemeine Bildung, die von ihnen den Menschen eingedrillte Dressur am ehesten dem Gesamtwissen vergleichbar zu sein, welches ein Repetitor seinen Kunden beizubringen sucht. Diese allgemeine Bildung ist in einem gewissen Sinne sehr reichhaltig und in einem andern Sinne überaus dürftig: sie täuscht sich selbst und die andern und merkt überhaupt nicht, daß sie fortwährend die gleichen Größen ins Feld führt, sie täuscht so sich selbst wie andre auf die gleiche Art, auf die Tordenskjöld
XIII 285 andre täuschte, als er die gleichen Truppen, nachdem sie in der einen Straße paradiert hatten, in der nächsten noch einmal paradieren ließ. In Vergleich mit einem unmittelbaren Bewußtsein, welches in aller Unschuld mit kindlicher Einfalt das Dargebotene hinnimmt, ist diese Bildung darum *negativ*, und sie ist zu gescheit, um unschuldig zu sein; dahingegen ist sie in Vergleich mit dem Denken *in hohem Maße positiv*. In ihrer ersten Gestalt bringt diese Bildung alles ins Wanken, in ihrer zweiten Gestalt dagegen setzt sie jeden rechtschaffenen Jünger in den Stand, alles fest zu machen. Daher beweist der Sophist, daß *alles wahr ist*. Auch im alten Griechentum galt es in gewissem Sinne, daß alles wahr ist; das Wirkliche hatte unbedingte Giltigkeit.

Doch in der Sophistik ist die Reflexion erwacht, sie bringt alles miteinander ins Wanken, und alsdann lullt die Sophistik sie mit Gründen wieder in den Schlaf: dies hungrige Ungeheuer wird mit Verstandesgründen gefüttert, und so sieht sich der Denker denn mit den Sophisten imstande, alles zu beweisen; denn diese vermochten es, für alles Gründe anzugeben, und mit diesen Gründen wurde in jedem Augenblick dasjenige, das man gerade beliebte, zu dem Wahren gemacht.

Nun ist es allerdings wahr: der Satz, daß alles wahr ist, wenn er im Bereich der Reflexion aufgestellt wird, schlägt im nächsten Augenblick in seinen Gegensatz um[268], daß n i c h t s w a h r i s t; dieser nächste Augenblick indes kam für die Sophistik nicht, eben weil sie im Augenblick lebte. Was der Sophistik es möglich machte, bei der Aussage zu verweilen, war der Mangel an einem umfassenden Bewußtsein, der Mangel des ewigen Augenblicks, in welchem sie sich von dem Ganzen Rechenschaft geben konnte. Als die Reflexion alles ins Wanken gebracht hatte, nahm die Sophistik es auf sich, der augenblicklichen Not abzuhelfen. Die Reflexion wurde so in der Sophistik in ihrem bedenklichen Ausströmen zum Halten gebracht, sie wurde in jedem Augenblick beherrscht; das Feste jedoch, mit dem sie gebunden wurde, war das einzelne Subjekt. Deshalb gewann es das Aussehen, als ob die Sophistik imstande wäre, den „Geist“[269] zu zwingen, den sie selbst heraufbeschworen hatte. Wenn alles wankend geworden, was kann dann d a s F e s t e werden, das Rettung bringt? Entweder ist es das Allgemeine (das Gute usw.), oder es ist das einzelne Subjekt, dessen Willkür, Gelüste usw. Letzteren Ausweg ergriffen die Sophisten. Der freie Gedanke, welcher in der Reflexion in einem gewissen Maße sich schon ankündigt, wenn diese nicht willkürlich zum Halten gebracht wird, lebt daher in der Sophistik wie ein Fronknecht, und jedesmal, wenn er sein Haupt heben will, um frei umherzuschauen, wird er v o m I n d i v i d u u m i m D i e n s t d e s A u g e n b l i c k s g e b u n d e n. Der Sophist hat ihm gleichsam die Sehnen durchschnitten, damit er ihm nicht entlaufe, und die Reflexion muß nun Ziegel streichen[270], Gebäude aufführen und andere Fronden verrichten, sie lebt unterdrückt und verknechtet unter der dreißig Tyrannen (der Sophisten) Joch. H e g e l bemerkt Geschichte der Philosophie 2. Band S. 5 (= Werke, Jub.

Ausgb. XVIII 5): „Der Begriff, den die Vernunft im Anaxagoras
XIII 286 als das Wesen gefunden, ist das einfach Negative, in welches alle Bestimmtheit, alles Seiende und Einzelne sich versenkt. Vor dem Begriffe kann nichts bestehen; er ist eben das prädikatlose Absolute, ihm ist schlechthin Alles nur Moment; für ihn giebt es, um sich so auszudrücken, nichts Niet- und Nagelfestes. Eben der Begriff ist dieß fließende Übergehen Heraklits, dieß Bewegen, — diese Kaustizität, der nichts widerstehen kann. Der Begriff also, der sich selbst findet, findet sich als die absolute Macht, welcher Alles verschwindet; — und jetzt werden alle Dinge, alles Bestehen, alles für fest Gehaltene flüssig. Dieß Feste — sei es nun eine Festigkeit des Seins, oder Festigkeit von bestimmten Begriffen, Grundsätzen, Sitten, Gesetzen — geräth in Schwanken und verliert seinen Halt. Grundsätze u. s. f. gehören selbst dem Begriffe, sind als Allgemeines gesetzt; aber die Allgemeinheit ist nur ihre Form, der Inhalt, den sie haben, geräth, als etwas Bestimmtes, in Bewegung. Diese Bewegung sehen wir in den sogenannten Sophisten werden ...“ Es scheint indes, als ob Hegel die sophistische Bewegung zu etwas *gar zu Großartigem* machte, und das Mißtrauen, das man infolgedessen gegen die Richtigkeit seiner Darstellung haben mag, wird dadurch noch verstärkt, daß in dem folgenden Teil seiner Erörterung der Sophistik sich einiges findet, das sich hiermit nicht gut in Einklang bringen läßt; ebenso findet sich auch in seiner Sokratesauffassung manches, welches, falls dies Verständnis der Sophistik richtig wäre, es unvermeidlich machte, Sokrates mit ihr in eins zu setzen. Es ist nun allerdings wahr, daß die Sophistik in sich ein für sie selbst recht bedenkliches Geheimnis hegt, indes sie *will* sich dessen *nicht* bewußt werden und das pompöse selbstsichere Auftreten der Sophisten, ihre maßlose Suffisance (wie wir das alles aus Plato kennen lernen), tut hinreichend dar, daß sie sich imstande wähnen, den Forderungen der Zeit genugzutun, nicht dadurch, daß sie alles ins Wanken bringen, sondern dadurch, daß sie es, nachdem sie es ins Wanken gebracht, wieder fest machen. Der so oft wiederholte sophistische Satz, „daß der Mensch das Maß aller Dinge sei“ (πάντων χρημάτων μέτρον ἄνθρωπον εἶναι*), enthält für die end-

* Dieser sophistische Satz kann einen recht lehrreichen Beitrag zum Schicksal der Zitate abgeben, zu deren oft weiter und beschwerlicher Wan-

liche Betrachtung eine Positivität, wohingegen eine tiefere Betrachtung ihn als endlich negativ ansieht. *Die Sophisten* hielten sich überhaupt für *die Ärzte der Zeit*. Darum sieht man bei Plato auch allenthalben, daß die Sophisten, wenn sie gezwungen werden, sich darüber zu erklären, was für eine Kunst von ihnen besessen werde, ständig die eine Antwort geben: *die Redekunst*. Auf diesem Gebiet aber zeigt sich eben die Positivität, in deren Besitz die Sophistik gewesen ist. Der Redner hat es jederzeit mit einem bestimmten Einzelfalle zu tun, hier gilt es, die Sache von vorne, von hinten zu sehen, hin und her zu schwatzen über sie. Anderseits hat er es mit einer großen Zahl von Einzelpersonen zu tun. Hier lehrten nun die Sophisten, wie man auf die Leidenschaften und Affekte zu wirken habe. Es handelte sich hier stets um den *Einzelfall* und um den Sieg im Einzelfalle, und dieses Siegs fühlte der Sophist sich sicher. Eine Entsprechung wird vielleicht dazu dienen, diese Positivität der Sophistik näher zu erhellen. Die *Kasuistik*[272] birgt in sich ein Geheimnis, welches dem in der Sophistik versteckten Geheimnis ganz und gar entspricht. In der Kasuistik ist die anhebende Reflexion zum Halten gebracht. Sobald diese Reflexion nämlich die Erlaubnis loszustür- XIII 287

derung durchs Leben. Es gibt gewisse Zitate, welche den ständig wiederkehrenden Charakteren in der Komödie gleichen: man braucht lediglich flüchtig im Vorübergehen ihr Dasein angedeutet zu bekommen, so erkennt man sie sofort wieder. Wer nun seine Weisheit aus Zeitschriften, Journalen, Vorreden zu Werken und buchhändlerischen Empfehlungsschreiben schöpft, erwirbt leicht eine große Anzahl von — so kann man es nennen — XIII 287
Straßenbekanntschaften. Wie es aber mit diesen zu gehen pflegt: man kennt die äußere Erscheinung, aber mit Herkunft, Geschichte, Verhältnissen usw. des Betreffenden ist man meist ganz unbekannt. — Jener sophistische Satz ist nun eine stehende Figur in der Zitatenwelt der neueren Literatur. Hegel[271] nahm sich mittlerweile einmal die Freiheit, ihn so aufzufassen, als ob sein Sinn der wäre, daß der Mensch der Zweck sei, dem alle Dinge zustreben. Dies war nun ein kühner Gewaltstreich, den man Hegel immerhin verzeihen kann, sintemal er selber auch des öfteren an den Sinn erinnert, welchen der Satz im Munde der Sophisten hatte. Zahlreiche Hegelianer dagegen, welche mangels einer Mitwisserschaft im Guten es vorgezogen haben, Mitwisser im Bösen zu sein, haben diese falsche Münze weithin in Umlauf gebracht. Im Dänischen ist die Zweideutigkeit des Wortes „Maal“ (Maß, Zweck, Mal) für den, welcher nicht weiß, daß es sich um einen sophistischen Satz handelt, versucherisch; ich habe mich daher dafür entschieden, ihn griechisch nach Platos Theätetus § 152a zu zitieren.

men erhält, rennt sie augenblicklich die Kasuistik über den Haufen. Gleichwohl ist die Kasuistik gerade eine Positivität, wenn auch eine tiefere Betrachtung ihre Negativität gewahrt. Der Kasuistiker ist still und getrost, er meint nicht nur, sich selber helfen zu können, sondern auch andern. Wenn jemand unschlüssig ist
XIII 288 und sich nun an einen Kasuistiker wendet, so hat dieser jederzeit sieben Ratschläge, sieben Antworten griffbereit. Dies ist doch ein hohes Maß von Positivität. Daß es sich dabei um eine Einbildung handelt und der Kasuistiker die Krankheit, die er heilen will, gerade füttert, ist freilich wahr, jedoch dessen ist er sich nicht bewußt. Oben[273] bei der Besprechung des Dialogs Protagoras habe ich das Verhältnis zwischen der Auffassung des Sophisten und der des Sokrates zur Genüge hervorgehoben. Protagoras hat eine große Menge von Tugenden, ein positives Assortiment, für Sokrates ist die Tugend nur eine. In Vergleich mit dem Reichtum des Protagoras ist dieser Satz des Sokrates nun sicherlich negativ, zugleich aber ist er spekulativ, er ist die negative Unendlichkeit, in welcher jede einzelne Tugend frei ist. Der Satz des Protagoras, daß die Tugend lehrbar sei, ist nun sicherlich positiv, er enthält ein hohes Maß von Zutrauen zum Dasein und zur sophistischen Kunst, dahingegen ist der sokratische Satz, daß die Tugend nicht lehrbar sei, negativ, zugleich aber ist er spekulativ, denn er ist eine Bezeichnung der ewig sich voraussetzenden Unendlichkeit, in welcher alle Gelehrsamkeit mit umfaßt ist. Protagoras ist daher *in einem fort positiv*, aber das ist *bloßer Schein*, Sokrates ist *beharrlich negativ*, aber auch dies ist in gewissem Maße *bloßer Schein*. Er ist positiv, sofern die unendliche Negativität in sich eine Unendlichkeit enthält, er ist negativ, weil die Unendlichkeit ihm nicht Offenbarung sondern Grenze ist*.

* Auch Gorgias, der im übrigen sich den Titel Sophist verbeten hat, ist doch, obwohl seine Dialektik die sophistische Skepsis noch weiter treibt, in einem gewissen Maße *positiver* als Sokrates. Die drei bekannten Sätze, die er in seinem Werk über die Natur aufstellt[274], enthalten allerdings Skepsis, die sich nicht bloß damit abgibt, die Relativität des Seienden darzutun, oder daß es nicht an und für sich sei, daß es für ein Anderes sei, sondern die auch in die Bestimmungen des Seienden selber eindringt; gleichwohl aber ist die Art, auf die er das Seiende auffaßt, immer noch angesteckt von einer Positivität in Vergleich mit der unendlichen absoluten

Von dieser Positivität also, welche in theoretischer Hinsicht ebenso fade gewesen ist, wie sie in praktischer Hinsicht verderblich war, *sollte* Griechenland *befreit werden*. Sollte dies aber gründlich geschehen, so war eine Radikalkur unvermeidlich, und dazu war es nötig, daß der Krankheit Freiheit gegeben wurde, sich auszutoben, damit keine Disposition im Leibe zurückbleibe. Diese Sophisten waren nun des Sokrates Erbfeinde, und fragen wir, wie er beschaffen sein mußte, um so recht Hand an sie legen zu können, so muß man unbedingt für einen Augenblick sich der Freude hingeben über das Sinnvolle der Weltgeschichte, denn Sokrates und die Sophisten sind, wie man so sagt, füreinander geschaffen in einem Maße, wie man es nur selten findet. *Sokrates* ist auf eine Art *gerüstet und gewappnet*, die es unmöglich macht zu verkennen, daß er *zum Kampf gegen die Sophisten* antritt. Hätte Sokrates eine Positivität besessen, die er geltend machen konnte, so wäre die Folge gewesen, daß er und die Sophisten in ein ständiges Hin- und Herreden geraten wären, denn die Weisheit der Sophisten war ebenso tolerant wie die Gottesverehrung der Römer und hatte nichts dagegen, daß es einen Sophisten mehr, einen Kramladen mehr gab. So aber durfte es nicht sein. Das Heilige sollte nicht eitel genommen werden, der Tempel mußte erst gereinigt werden, ehe das

---

Negativität; denn, wie Hegel von der Dialektik des Gorgias im allgemeinen sagt: „Diese Dialektik ist allerdings unüberwindbar für denjenigen, der das (sinnliche) Seyende als Reelles behauptet" (S. 41). Freilich hat die Positivität, die ich den Sophisten im allgemeinen zuschreibe, hier eine etwas veränderte Bedeutung erhalten; man erinnere sich jedoch daran: Gorgias ist zwar derjenige gewesen, der unter den Sophisten am höchsten stand, so daß man ihm eine gewisse Wissenschaftlichkeit nicht absprechen darf, aber in Vergleich mit Sokrates bleibt er doch positiv, eben weil er eine Voraussetzung besessen hat; dahingegen ist die unendliche Negativität XIII 289
der Druck, welcher der Subjektivität jene Spannkraft verleiht, welche Bedingung für die ideale Positivität ist. Die Sätze, welche in Platos Gorgias durch Gorgias, Polos und Kallikles „mit sich steigernder Dreistigkeit" geltend gemacht werden, sind in Vergleich mit Sokrates ebenfalls positiv, und zwar positiv in jenem Sinne, in dem ich das Wort von den Sophisten im allgemeinen gebraucht habe. Der Satz, daß das Gerechte das sei, was der Stärkere wolle, ist positiv in Vergleich mit der Negativität, in welcher des Guten innere Unendlichkeit erahnt wird. Der Satz, daß es besser sei, Unrecht zu tun als Unrecht zu leiden, ist positiv in Vergleich mit der Negativität, in welcher die göttliche Vorsehung schlummert.

Heilige seinen Platz darin wieder einnahm. Die Wahrheit heischt Schweigen, bevor sie ihre Stimme erhebt, und dies Schweigen mußte von Sokrates erwirkt werden. Deshalb ist er *reinweg negativ* gewesen. Und hätte er eine Positivität besessen, so wäre er nie dermaßen unbarmherzig, nie ein derartiger Menschenfresser gewesen, wie er es wirklich war, und wie er es notwendig sein mußte, wenn er seine Sendung in der Welt nicht verfehlen sollte. *Dazu* war er denn auch *gerüstet*. Vermochten die Sophisten auf alles Antwort zu geben, so verstand er es zu fragen; wußten die Sophisten alles, so wußte er schlechthin nichts,
XIII 290 konnten die Sophisten unaufhörlich reden, so konnte er schweigen, d. h. er war fähig zum Zwiegespräch*. War der Aufzug der Sophisten pompös und anspruchsvoll, so war das Auftreten des Sokrates still und bescheiden; war der Lebenswandel der Sophisten üppig und genießerisch, so war der seine ärmlich und enthaltsam; ging die Absicht der Sophisten auf politischen Einfluß, so war Sokrates abgeneigt, sich mit Staatsangelegenheiten zu befassen; war der Unterricht der Sophisten nicht zu bezahlen, so war der des Sokrates es ebenfalls, nur im umgekehrten Sinne; war es der Sophisten Begehren, zu oberst am Tische zu sitzen, so war Sokrates damit zufrieden, untenan zu sitzen[275]; wünschten die Sophisten, Ansehen zu haben, so wollte Sokrates am liebsten schlechthin nichts sein. Dies könnte nun auch als Beispiel für die moralische Stärke des Sokrates genommen werden; richtiger dürfte es jedoch am Ende sein, darin vielmehr eine von der inneren Unendlichkeit der *Ironie* getragene *mittelbare Polemik* wider das Unwesen der Sophisten zu erblicken. In gewissem Sinne kann allerdings von der moralischen Stärke des Sokrates die Rede sein; aber der Punkt, zu dem er in dieser Beziehung gelangte, ist doch weit eher die negative Bestimmung gewesen, daß die Subjektivität in sich sich selber bestimme; es fehlte Sokrates jedoch an der Objektivität[276], in welcher die Subjektivität vermöge ihrer inneren Freiheit frei ist, an der Objektivität, welche nicht die einengende sondern die ausweitende Begrenzung der Subjektivität ist. Überhaupt gelangte er zu der der idealen Unendlichkeit eige-

---

* Die Geschwätzigkeit und Langatmigkeit der Sophisten ist gleichsam eine Kennzeichnung derjenigen *Positivität*, in deren Besitz sie waren.

nen inneren Folgerichtigkeit in sich eben in jener Abstraktheit, in welcher dies ebenso sehr eine metaphysische wie eine ästhetische und moralische Bestimmung ist. Der von Sokrates so oft behauptete Satz, daß Sünde Unwissenheit sei, weist hierauf schon zur Genüge hin. Es ist der Subjektivität unendliche übermütige Freiheit, die wir in Sokrates erblicken, dies aber ist eben die Ironie.

Hier wird es sich, hoffe ich, nunmehr zeigen, sowohl daß die Ironie weltgeschichtliche Giltigkeit hat, als auch, daß Sokrates durch meine Art der Auffassung nicht verkleinert wird, sondern daß er dadurch recht eigentlich ein Heros[277] wird, man ihn somit am Werke sieht: er wird anschaubar für den, der da Augen hat zu sehen, hörbar für den, der da Ohren hat zu hören[278]. Das alte Griechentum hatte sich selbst überlebt, ein neues Prinzip sollte erscheinen; damit es aber nach seiner Wahrheit erscheinen konnte, mußte alles wuchernde Unkraut der verderblichen Vorwegnahmen dieses Prinzips durch das Mißverständnis untergepflügt, bis in die tiefste Wurzel hinein ausgerottet werden. Das neue Prinzip muß sich durchringen, die Weltgeschichte braucht einen Geburtshelfer. Diesen Platz füllt nun Sokrates aus. Er war nicht
selber der, welcher das neue Prinzip in seiner Fülle bringen sollte: XIII 291
es war in ihm allein heimlich (κατὰ κρύψιν[279]) gegenwärtig, er sollte dessen Erscheinen ermöglichen. Dies Zwischenstadium aber, welches das neue Prinzip noch nicht ist und es doch (der Möglichkeit, nicht der Wirklichkeit nach — potentia non actu) ist, es ist eben die Ironie. Die Ironie aber ist wiederum der Flamberg[280], das zweischneidige Schwert, das Sokrates als ein Mordengel über Griechenland schwang. Dies hat er selber ironisch richtig erfaßt an jener Stelle der Apologie[281], an der er sagt, er sei gleichsam eine Gabe der Götter und dies näher dahin bestimmt: er sei eine Bremsfliege, wie sie der griechische Staat gleich einem großen und edlen aber trägen Pferde nötig habe. Wieso auch seine Praxis ganz und gar dem gemäß war, ist im Vorhergehenden schon zur Genüge dargelegt worden. Die Ironie aber ist gerade ein Reizmittel für die Subjektivität, und die Ironie ist in Sokrates eine in Wahrheit weltgeschichtliche Leidenschaft. In Sokrates findet eine Entwicklungsreihe ihr Ende, und mit ihm hebt eine neue an. Er ist

die letzte klassische Gestalt; aber diese seine Gediegenheit und natürliche Fülle zehrt er auf in dem Gottesdienst, mit welchem er die Klassizität zerstört. Doch ermöglicht es ihm seine eigne *Klassizität* Träger der *Ironie* zu sein. Dies hab ich oben bezeichnet als die göttliche Gesundheit[282], in deren Besitz Sokrates
XIII 292 gewesen sein muß. Für die reflektierte Individualität* ist jegliche

---

* Es könnte freilich so scheinen, als ob Sokrates eine reflektierte Individualität gewesen, und die bedenklichen Anlagen, auf welche seine Organe gedeutet haben sollen, geben anscheinend zu verstehen, daß er nicht so sehr das *war*, was er gewesen als vielmehr das *ward*, was er gewesen. Es dürfte mittlerweile doch möglich sein, daß dies eher entsprechend seinem häßlichen Äußeren verstanden werden muß, welches er selbst mit so vieler Ironie schildert. Bekanntlich hat Zopyrus[283] über Sokrates physiognomische Studien geliefert. Alle Wahrheit der Physiognomie hängt indes von dem Satze ab, daß das Wesen ist und nur ist, soweit es in der Erscheinung ist, oder daß die Erscheinung die Wahrheit des Wesens, das Wesen die Wahrheit der Erscheinung ist. Nun ist freilich das Wesen die Negation der Erscheinung, es ist jedoch nicht ihre schlechthinnige Negation, denn damit wäre das Wesen selbst ja eigentlich verschwunden. Eine solche Negation indes ist in gewissem Maße die Ironie, diese negiert das der Erscheinung Zugehörende, nicht um durch diese Negation zu „setzen", nein, sie negiert das Erscheinende überhaupt, sie flüchtet zurück anstatt vorwärts zu gehen, sie ist nicht in der Erscheinung, sie sucht mittels der Erscheinung zu täuschen, die Erscheinung ist nicht dazu da, das Wesen zu offenbaren, sondern es zu verstecken. Erinnert man sich nun daran, daß in dem glücklichen Griechenland das Wesen mit der Erscheinung als unmittelbare Naturbe-
XIII 292 stimmung in Einheit stand, so ersieht man zugleich, daß mit dem Aufheben dieser Harmonie die Trennung zur tiefen Kluft werden mußte, bis daß eine Einheit unter höherer Gestalt zustandegebracht wurde. Insofern dürfte es möglich sein, daß Sokrates jenen Gegensatz, der zwischen seinem Wesen und seiner Erscheinung war, ironisch verstand. Er fand es durchaus in der Ordnung, daß sein Äußeres auf ganz etwas anderes deutete, als sein Inneres war. Denn möge man auch die moralische Freiheit hervorheben, welche alle diese verkehrten natürlichen Anlagen verneinte: es bleibt gleichwohl ein Mißverhältnis übrig, sofern das moralische Streben des Sokrates ihn niemals in die Lage versetzte, sein Äußeres wiedergebären zu können. Darum wird Sokrates jederzeit für die Physiognomik eine recht schwierige Aufgabe darstellen; denn wenn man das Moment der Selbstbestimmung hervorheben will, so bleibt die Schwierigkeit bestehen, daß das Äußere des Sokrates im Wesentlichen doch nicht verwandelt worden ist; will man aber die Bestimmung durch Vererbung hervorheben, so bleibt Sokrates doch für die ganze Physiognomik ein Stein des Anstoßes. (*Mehring*, Ideen zur wissenschaftlichen Begründung der Physiognomik

Naturbestimmung nichts als eine Aufgabe, und durch die Dialektik des Lebens hindurch, sowie aus ihr hervor ersteht die verklärte Individualität als die Persönlichkeit, die da in einem jeden Augenblick den Sieg gewonnen hat und doch im Kampfe ist. Die reflektierte Individualität erlangt niemals die Ruhe, welche über der schönen Individualität weilt, weil diese in gewissem Maße Naturprodukt ist und das Sinnliche als notwendiges Moment an sich hat. Die harmonische Einheit der schönen Individualität wird von der Ironie gestört, und in gewissem Maße wird sie auch in Sokrates gestört, in jeglichem Moment wird sie in ihm vernichtet, verneint. Hieraus läßt auch die von uns oben dargelegte[284] Anschauung vom Tode sich erklären. Über diese Vernichtung aber erhebt sich die ironische Unerschütterlichkeit, Ataraxi[285] (um an einen Ausdruck aus dem Skeptizismus zu erinnern) höher und höher.

Gleich wie darum bei den Juden, die doch das Volk der Verheißung gewesen sind, *die Skepsis des Gesetzes* die Bahn brechen mußte, mit ihrer Negativität den natürlichen Menschen gleichsam verzehren und ausglühen mußte, auf daß die Gnade nicht eitel genommen würde, gleichermaßen mußte bei den Griechen, dem Volke, das man im weltlichen Sinne wohl das aus- XIII 293
erwählte, das glückliche Volk nennen dürfte, dessen Vaterland das der Harmonie und Schönheit gewesen ist, das Volk, in dessen Entwicklung das rein Menschliche seine Bestimmungen durchlaufen hat, das Volk der Freiheit, — also gleichermaßen mußte bei den Griechen in ihrer von Sorgen freien geistigen Welt *das Schweigen der Ironie* diejenige Negativität sein, welche es verhinderte, daß die Subjektivität eitel genommen würde. Denn die Ironie ist gleich dem Gesetze eine Forderung, und die Ironie ist eine ungeheure Forderung. Denn sie verschmäht die Realität

---

in J. H. Fichtes Zeitschrift für Philosophie und spekulative Theologie 2. Bd. 2. Heft 1840 S. 244 hebt das Moment der Selbstbestimmung hervor, die Schwierigkeit aber hebt er nicht hervor.) Heftet man dagegen den Blick mehr auf die ironische Freude, welche Sokrates darüber empfunden hat, von der Natur dergestalt ausgestattet worden zu sein, daß jedermann sich betreffs seiner irren mußte, so wird man es nicht nötig haben, sich des Näheren auf physiognomischen Tiefsinn einzulassen.

und heischt die Idealität*. Daß die Idealität nun bereits in diesem Verlangen nach ihr da ist, wenngleich allein als Möglichkeit, das ist klar, denn in geistiger Hinsicht ist das Begehrte stets schon im Begehren da, sofern das Begehren genommen wird als eben die Regungen selbst des Begehrten in dem Begehrenden. Und gleich wie die Ironie an das Gesetz erinnert, ebenso erinnern die *Sophisten* an die *Pharisäer*, welche auf dem Gebiet des Willens genau auf die gleiche Weise vorgingen wie die Sophisten auf dem der Erkenntnis. Was Sokrates mit den Sophisten tat, war dies, daß er ihnen den nächstfolgenden Augenblick gab, in welchem das momentan Wahre sich in Nichts auflöste, das will heißen, er ließ die Endlichkeit von der Unendlichkeit verschlungen werden. Aber die Ironie des Sokrates richtete sich nicht bloß wider die Sophisten, sie richtete sich wider das Bestehende insgesamt; von dem allem forderte er Idealität, und diese Forderung war das Gericht, welches dem Griechentum das Urteil sprach und es verdammte. Seine Ironie aber ist nicht etwa bloß das von ihm im Dienst der Idee gebrauchte Werkzeug gewesen, *die Ironie ist sein Standpunkt*, mehr als sie besaß er nicht. Hätte er die Idee besessen, so wäre seine vernichtende Wirkung niemals so durchgreifend geworden. Der das Gesetz verkündigt hat, er ist nicht zugleich der gewesen, welcher die Gnade gebracht; der, welcher die Forderung in aller ihrer Strenge geltend gemacht, ist nicht etwa der gewesen, welcher der Forderung genugzutun vermochte. Man hat sich jedoch zu erinnern, daß zwischen der Forderung des Sokrates und deren Erfüllung *nicht die tiefe Kluft* befestigt[287] gewesen ist wie zwischen dem Gesetz und der Gnade. In der Forderung des Sokrates war der Möglichkeit nach (κατὰ δύναμιν) die Erfüllung enthalten. Hiermit empfängt denn jene weltgeschichtliche Formation ein hohes Maß von Abrundung. Schleiermacher bemerkt in der oben zitierten[288] Abhandlung über Sokrates (S. 54), Plato sei viel zu vollendet für einen ersten An-
XIII 294 fang, und er macht diese Bemerkung im Gegensatz zu Krug und

* Eben deshalb aber, weil diese Forderung in jenem Zeitpunkt der Weltgeschichte wahr gewesen ist, eben deshalb besitzt die Ironie des Sokrates weltgeschichtliche Vollmacht, und hat nicht das Kränkliche und Egoistische, das ihr in einer weit späteren Zeit eigen ist, allwo sie, nachdem die Idealität im vollsten Maße gegeben ist, eine überspannte Verfeinerung (Sublimat) dieser begehrt[286].

Ast, welche Sokrates übersehen und mit Plato den Anfang gemacht haben. Aber *die Ironie* ist *der Anfang*, jedoch auch nicht mehr denn der Anfang, sie ist und ist nicht, und ihre Polemik ist ein Anfang, der da ebenso sehr ein Abschluß ist, denn das Vernichten der vorhergehenden Entwicklung ist ebenso sehr deren Abschluß als der Anfang der neuen Entwicklung, weil das Vernichten allein dadurch möglich wird, daß das neue Prinzip allbereits als Möglichkeit vorhanden ist.

Von dem Zweigesichtigen aus, das jedem geschichtlichen Anfang eigen ist, gehen wir nun dazu über, *die andere* Seite an Sokrates aufzuweisen, wir müssen *sein Verhältnis zu der Entwicklung* betrachten, die *ihren Anfang* auf ihn zurückführt*. — Bekanntlich hat nicht bloß Plato, sondern *eine Vielzahl von Schulen* den Ursprung ihrer Weisheit an dieser Stelle gesehen**. Es könnte nun so aussehen, als ob zur Erklärung dieser Erscheinung die Annahme gemacht werden müßte, daß in Sokrates ein hohes Maß von Positivität gewesen sei. Ich habe nun bereits oben darzutun gesucht, wie das Verhältnis besonders zu Alkibiades sich vortrefflich erklären läßt, ohne daß
man solch eine Positivität annimmt, ja, wie es sich eigentlich erst XIII 295
erklären läßt bei der Annahme, eine solche Positivität sei nicht vorhanden gewesen. Ich habe zugleich zu zeigen gesucht, welche Zaubermittel zur Bestrickung des Gemüts die Ironie besitze. Zu

---

* Sein Verhältnis zu Sokrates hat *Plato* mit ebenso viel Schönheit wie Pietät in die bekannte Äußerung[289] gefaßt, er danke den Göttern für viererlei, daß er ein Mensch geworden sei und nicht ein Tier, ein Mann und nicht ein Weib, ein Hellene und nicht ein Barbar, vor allem aber dafür, daß er Bürger Athens und Zeitgenosse des Sokrates geworden sei.

** Vgl. Rheinisches Musäum. Bonn 1827. Grundlinien der Lehre des Sokrates von Ch. A. *Brandis* S. 119: „Aber eine so große Anzahl sehr begabter Männer hat kein Philosoph des Alterthums in dem Maße für sich und für Erforschung der Wahrheit gewonnen, wie Sokrates, keiner wie er eine *Mannichfaltigkeit von Schulen* veranlaßt, die in Lehre und Lehrweise höchst verschieden unter einander, sich in der Überzeugung vereinigten, dem Sokrates ihre leitenden Grundsätze zu verdanken. Unter den philosophischen Schulen, deren von einigen zehn, von andern neun, als ethische, d. h. Sokratische bezeichnet wurden, fand sich außer der Epicuräischen schwerlich eine, die solche Bezeichnung verschmäht haben würde." (Die akademische, megarische, eretrische, eleische, peripatetische, kyrenaische, kynische, stoische, epikureische).

ähnlichen Betrachtungen habe ich nun überzugehen, um zu zeigen, wie wiederum die Ironie jene Erscheinung zu erklären vermag, ja, wie jene Erscheinung zu ihrer Erklärung die Ironie erfordert. Hegel macht (Geschichte der Philosophie 2ter Bd. S. 126 = Werke, Jub. Ausgb. XVIII 126) die Bemerkung, man habe Sokrates einen Vorwurf daraus gemacht, daß aus seiner Lehre so verschiedenartige Philosophien hervorgegangen seien, und erwidert darauf, dies liege an der Unbestimmtheit und Abstraktheit des Prinzips des Sokrates. Daß man Sokrates daraus einen Vorwurf hat machen können, zeigt eben, daß man wünschte, er möge anders gewesen sein, als er wirklich war. Hätte nämlich des Sokrates Standpunkt jene Begrenztheit gehabt, die jeder zwischen Gegensätzen vermittelnden (intermediären) Positivität unvermeidlich eigen ist, so wäre es sicherlich in alle Ewigkeit unmöglich geblieben, daß so viele Abkömmlinge ihr Erstgeburtsrecht zu erhärten gesucht haben. Ist hingegen sein Standpunkt die unendliche Negativität gewesen, so läßt sich dies leicht erklären, denn eine solche Negativität enthält in sich die Möglichkeit zu allem, die Möglichkeit zur ganzen Unendlichkeit der Subjektivität. Hegel a. a. O. S. 127 bemerkt bei der Besprechung der drei sokratischen Schulen (der megarischen, der kyrenaischen, der kynischen), daß diese drei Schulen sämtlich recht sehr voneinander abweichen, und fügt hinzu, schon dies tue deutlich dar, daß Sokrates ohne positives System gewesen. Indes, Sokrates ist nicht bloß ohne positives System gewesen, sondern ohne Positivität. Dies werde ich später zu zeigen versuchen im Hinblick auf die Art und Weise, in welcher Hegel Sokrates die Idee des Guten zuzueignen sucht: hier sei bloß die Bemerkung gemacht, daß Sokrates sogar das Gute lediglich als die unendliche Negativität hatte. Im Guten ist die Subjektivität rechtmäßige Eigentümerin eines schlechthin giltigen Ziels für ihr Streben, Sokrates aber ist von dem Guten nicht ausgegangen, sondern er gelangte hin bis zum Guten, endigte bei dem Guten, und deshalb ist dieses für ihn auch ganz und gar abstrakt*. Wenn man

* Hiermit scheint auch Hegel am angeführten Ort S. 124 einig zu gehen, aber er ist nicht immer durchaus beständig: „Sokrates selbst war nicht darüber hinausgekommen, daß er für das Bewußtsein überhaupt das einfache Wesen des Sichselbstdenkens, das Gute aussprach und die bestimmten

aber Hegels Äußerungen dergestalt einschränkt, so muß man sie anderseits auch wieder erweitern, indem man die ungeheure Spannkraft hervorhebt, die in dieser unendlichen Negativität gelegen hat. Es reicht nicht hin, wenn man sagt, man könne aus der Verschiedenheit der sokratischen Schulen schließen, daß Sokrates kein positives System gehabt habe; man muß vielmehr hinzufügen, daß die unendliche Negativität mit ihrem Druck die gesamte Positivität möglich gemacht hat, unendliches Reizmittel und unendlicher Antrieb gewesen ist für die Positivität. Gleich wie Sokrates im Leben des Alltags mit etwas ganz Beliebigem anfangen konnte, ebenso ist seine Bedeutung in der weltgeschichtlichen Entwicklung die, daß er der unendliche Anfang ist, der da eine Vielzahl von Anfängen in sich trägt. Als Anfang ist er daher positiv, als nichts denn Anfang jedoch negativ. Sein Verhältnis ist hier daher die Umkehrung des Verhältnisses, das er den Sophisten gegenüber hatte. *Die Einheit beider* aber ist eben *die Ironie*. Man wird deshalb auch sehen, daß die drei sokratischen Schulen eben einig sind in dem abstrakt Allgemeinen*, wie verschieden sie dieses im übrigen auch verstehen. Dies hat jedoch eben die Zweideutigkeit an sich, daß es sich teils polemisch wider das Endliche richten kann, teils anspornend sein kann für das Unendliche. Gleich wie deshalb Sokrates im Umgang mit seinen Jüngern — wenn anders ich diesen Ausdruck brauchen darf — diesen unentbehrlich gewesen ist, um die Untersuchung ständig im Gang zu halten, ebenso hat er in weltgeschichtlicher Hinsicht die Bedeutung, das Schiff der Spekulation flott gemacht zu haben. Dazu aber gehört eben eine *unendliche Polemik*, eine Kraft, welche jedes Hindernis aus dem Wege räumt, das sich der Fahrt entgegenstellt. Sokrates selber indes geht nicht an Bord, er besorgt nur die Ausfahrt. Er selbst gehört noch einer älteren Ge- XIII 296

Begriffe vom Guten untersuchte, ob sie das, dessen Wesen sie ausdrücken sollten, gehörig ausdrückten, die Sache durch sie in der That bestimmt sei. Das Gute wurde als Zweck für den handelnden Menschen gemacht. Dabei ließ er die ganze Welt der Vorstellung, überhaupt das gegenständliche Wesen, für sich liegen, ohne einen Übergang von dem Guten, dem Wesen XIII 296
des Bewußten als eines solchen, zu dem Ding zu suchen, und das Wesen als Wesen der Dinge zu erkennen."

* Man lese *Hegels* Darstellung der Prinzipien dieser Schulen a.a.O.S. 127f nach.

schichtsepoche zu, und gleichwohl beginnt mit ihm eine neue*. Er entdeckt in sich selber den andern Erdteil, in dem gleichen Sinne, in welchem Columbus Amerika entdeckt hatte, bevor er an Bord ging und es wirklich entdeckte. Seine Negativität verhindert darum ebensosehr jeglichen Rückfall, wie sie die wirkliche Ent-
XIII 297 deckung beschleunigt. Und gleich wie seine geistige Rührigkeit und sein Enthusiasmus im täglichen Umgang für seine Jünger begeisternd gewesen, ebenso ist der Enthusiasmus seines Standpunkts die Tatkraft, die in der auf ihn folgenden Positivität sich regt.

Es hat im Vorhergehenden sich gezeigt, daß das Verhältnis des Sokrates zum Bestehenden ganz und gar n e g a t i v gewesen ist, daß er in i r o n i s c h e r Selbstbefriedigung über allen Bestimmungen des substantiellen Lebens geschwebt hat; zugleich hat sich gezeigt, daß er jener Positivität gegenüber, welche die Sophisten geltend machten und mit der Vielzahl ihrer Gründe zu vertauen und zu einem Bestehenden zu machen suchten, sich abermals n e g a t i v verhielt und in i r o n i s c h e r Freiheit sich jenseits derselben auch wußte. Sein g a n z e r S t a n d p u n k t rundet sich daher ab in der u n e n d l i c h e n N e g a t i v i t ä t, welche sich in Beziehung auf eine vorhergehende Entwicklung als negativ erweist und in Beziehung auf eine nachfolgende gleichfalls als negativ, wiewohl sie in einem andern Sinne in beiden Beziehungen positiv ist, will heißen u n e n d l i c h z w e i d e u t i g ist. Wider das Bestehende, wider das substantielle Leben im Staate ist sein ganzes Leben ein Einspruch gewesen; mit den Sophisten machte er sich zu schaffen bei deren Versuch, ein Surrogat für das Bestehende zustande zu bringen. Deren Gründe vermochten es nun nicht, wider den Sturmwind seiner unendlichen Negativität den Kurs zu halten; dieser Sturmwind verwehte in einem einzigen Augenblick alle die vielverschlungenen Polypenarme, mit denen das partiku-

* Hiermit vergleiche man die Schlußbemerkung, die wir oben S. V. XIII 278 gemacht haben: „Dergestalt bleibt er (Sokrates) der ganzen Welt, der er zugehört, fremd, ... das zeitgenössische Bewußtsein hat für ihn keine Bezeichnung, ohne Namen und Begriff gehört er einer andern Epoche an."

lare und empirische Subjekt sich festzuhalten suchte und riß nun die Sophisten hinaus in den unendlichen Ozean, in welchem das Gute, das Wahre, das Schöne usw. sich begrenzten in unendlicher Negativität. So viel denn also im Hinblick auf die Verhältnisse, unter denen die Ironie des Sokrates sich geäußert hat. Was die Art und Weise, in der sie sich kundgetan hat, betrifft, so hat sie sich einerseits partiell gezeigt als beherrschtes Moment im Laufe der Rede, anderseits aber total und in ihrer ganzen Unendlichkeit, und dadurch hat sie zuletzt Sokrates selbst mit sich fortgerissen.

XIII 298

BEILAGE

Hegels Sokratesverständnis

Es bleibt noch übrig zu zeigen, in welchem Verhältnis das in dieser Abhandlung enthaltene Sokratesverständnis zu früheren Auffassungen steht; es bleibt noch übrig, es sich in der Welt versuchen zu lassen. Es ist indes darum durchaus nicht meine Absicht, alle möglichen Auffassungen herzuzählen, oder mit einer solchen geschichtlichen Übersicht mich nach dem Muster der jüngsten Schüler einer neueren Richtung zu bilden, welche ihrerseits zum Vorbild die im Märchen übliche Form[290] gewählt haben, indem sie bei jedem neu hinzukommenden Glied die ganze bisherige Lektion wieder aufsagen. So weit zurückzugreifen, daß man sich mit den Auffassungen *Bruckers* oder eines Tychsen einlassen müßte, oder gar von so gewissenhafter Ausführlichkeit zu sein, daß man *Krugs* Reminiszenzen mitnähme, das wird gewiß jedermann als ungereimt empfinden[291]. Mit Schleiermachers be-
XIII 299 kannter Abhandlung* anzufangen hieße doch schon mit einem

---

* Schon die Aufgabe, die *Schleiermacher* sich gesetzt hat, den Wert des Sokrates als Philosophen darzulegen, zeigt zur Genüge, daß man nicht erwarten darf, hier ein unbedingt befriedigendes Ergebnis zu finden. Bei Sokrates ist — um noch einmal an eine oben bereits angeführte[292] Äußerung Hegels zu erinnern, die sonderbar genug von Hegel stammt — nicht so sehr von Philosophie die Rede als vielmehr von individuellem Leben. Was
XIII 299 Schleiermacher[293] dem Sokrates nun zuspricht, ist *die Idee des Wissens*, und dies ist, wie bereits oben bemerkt, zugleich diejenige Positivität, welche nach Schleiermachers Urteil hinter der Unwissenheit des Sokrates sich verbirgt. Schleiermacher bemerkt a.a.O. S. 61: „Denn woher anders konnte er auch, was Andere zu wissen glaubten, für ein Nichtwissen erklären, als nur vermöge einer richtigeren Vorstellung vom Wissen und vermöge eines darauf beruhenden richtigeren Verfahrens. Und überall, wo er das Nichtwissen darlegt, sieht man, er geht von diesen beiden Merkmalen aus, zuerst daß das Wissen in allen wahren Gedanken dasselbe sei, also auch jeder solche Gedanke die eigenthümliche Form desselben an sich tragen

Anfang anfangen, wenn ich auch nicht mit *Brandis*[295] darin einig zu sein vermag, daß es Schleiermacher sei, der zuerst hindurchgebrochen ist.

---

müsse, und dann daß alles Wissen Ein Ganzes bilde. Denn seine Beweise
beruhen immer darauf, daß man von Einem wahren Gedanken aus nicht
könne in Widerspruch verwickelt werden mit einem andern, und daß auch
ein von Einem Punkte aus abgeleitetes durch richtige Verknüpfung ge-
fundenes Wissen nicht dürfe widersprechen einem von einem andern
Punkte auf gleiche Weise gefundenen, und indem er an den gangbaren
Vorstellungen der Menschen solche Widersprüche aufdeckte, suchte er in
Allen, die irgend verstehen oder auch nur ahnen konnten, jene Grund-
gedanken aufzuregen.“ Und etwas weiter unten legt er ihm *das Verfah-
ren* bei, und versteht dies im Anschluß an Platos Phädrus als die doppelte
Aufgabe habend: „zu wissen, wie man richtig vieles zur Einheit zusammen-
fasse, und eine große Einheit auch wieder ihrer Natur gemäß in mannig-
faltiges theile“ (S.63). Sehen wir nun zu, was hiermit wohl angedeutet sein
mag, so liegt in dieser Darstellung nicht mehr, als mit unserm ganzen
Sokratesverständnis sehr wohl bestehen kann. Was nämlich von Schleier-
macher hervorgehoben ist, das ist die Idee der Folgerichtigkeit, das Gesetz,
das über dem Wissensreiche steht; diese Idee jedoch ist so *negativ* ver-
standen, daß das darin enthaltene Prinzip, das von Sokrates auch gebraucht
worden ist, der Grundsatz des ausgeschlossenen Dritten zwischen zwei
Widersprechenden (principium exclusi medii inter duo contradictoria) ist.
Das Ganze, das von allem Wissen gebildet werden soll, ist wiederum so
negativ verstanden, daß es eigentlich die unendliche Negativität ist. Die
beiden Aufgaben des Verfahrens sind gleichfalls *negativ*; denn die Ein-
heit, unter welcher das Mannigfaltige zusammengefaßt wird, ist die negative
Einheit, in der es untergeht, und die Trennung, durch welche die Einheit
aufgelöst wird, ist die Negativität des Diskursiven. Dies aber haben auch
wir als das Wesentliche an der Dialektik des Sokrates verstanden, daß sie
die unendliche innere Folgerichtigkeit des Idealen zustandebringt. Dahin-
gegen fehlt bei Schleiermacher — man kann es freilich gewissermaßen von
ihm billigerweise auch nicht verlangen, da er sich die Aufgabe selber be- XIII 300
grenzt hat — das Bewußtsein von der Bedeutung, die Sokrates *als Per-
sönlichkeit* hat. In dieser Hinsicht hat nun Ferd. Chr. *Baur* in seiner so
oft angeführten Schrift große Verdienste, und die ganze Ansicht, daß die
Ähnlichkeit zwischen Sokrates und Christus zunächst in der Giltigkeit, die
sie beide als Persönlichkeit hatten, gesucht werden müsse, ist eine sehr
fruchtbare Betrachtung. Nur kommt es darauf an, daß man die unendliche
Ungleichheit festhalte, welche doch auch innerhalb dieser Ähnlichkeit be-
stehen bleibt. Daß nun *die Ironie* eine auf *die Persönlichkeit* gehende
Bestimmung ist, daran habe ich im Vorhergehenden des öfteren erinnert.
Sie hat nämlich jene Einkehr in sich selbst, welche für eine Persönlichkeit
das Charakteristische ist; sie sucht den Weg zu sich selbst zurück, schließt
sich in sich selber ab. Nur daß die Ironie in dieser Bewegung mit leeren

XIII 300 Hegel bedeutet nun offensichtlich einen Wendepunkt des Sokratesverständnisses. Darum will ich mit Hegel anfangen und mit Hegel schließen, ohne daß ich einerseits seine Vorgänger beachte, da diese, sofern sie etwas zu bedeuten haben, in seiner Auffassung ihre Bestätigung gefunden, oder anderseits um seine Nachfolger mich kümmere, da diesen in Vergleich mit Hegel doch nur bedingt ein Wert zukommt. Seiner Darstellung des Geschichtlichen kann nirgends der Vorwurf gemacht werden, die Zeit mit Quengeleien über Kleinigkeiten zu vergeuden, und sie sammelt sich mit einer ungeheuren geistigen Anspannung auf einzelne Hauptschlachten. Hegel ergreift und begreift die Geschichte in ihren großen Epochen (Formationen). So hat denn Sokrates auch nicht die Freiheit bekommen wie „ein Ding an sich"[296] im Dunkel zu bleiben, sondern er muß hervor, er wolle es oder wolle es nicht[297].

Die Schwierigkeit, die damit verknüpft ist, über die erscheinende Seite im Dasein des Sokrates sich Gewißheit zu verschaffen, beunruhigt Hegel nicht. Derartige Kleinsorgen kennt er überhaupt nicht. Und wenn die besorgten Wahrschauer (Haruspices) in ihren Berichten melden, die heiligen Hühner wollten nicht
XIII 301 fressen, so erwidert er mit Appius Claudius Pulcher[298]: dann müssen sie saufen und wirft sie damit über Bord. In der Sokratesdarstellung seiner Geschichte der Philosophie[299] findet sich — trotz seiner eigenen Bemerkung, daß es sich bei Sokrates nicht so sehr um Philosophie handle als vielmehr um individuelles Leben — schlechterdings keine Aufklärung über das Verhältnis zwischen den drei verschiedenen zeitgenössischen Auffassungen des So-

---

Händen in sich einkehrt. Ihr Verhältnis zur Welt ist nicht von der Art, daß es ein Moment im Gehalt der Persönlichkeit wäre; ihr Verhältnis zur Welt besteht darin, daß sie in jeglichem Augenblick ohne ein Verhältnis zur Welt ist, ihr Verhältnis besteht darin, daß sie in dem Augenblick, da das Verhältnis anheben soll, sich daraus zurückzieht mit einer skeptischen Zurückhaltung (ἐποχή); diese Zurückhaltung aber ist der Reflex der Persönlichkeit in sich selbst, der sicherlich abstrakt und inhaltslos ist. Die ironische Persönlichkeit ist darum eigentlich nur der Umriß einer Persönlichkeit. Insofern sieht man, daß zwischen Sokrates und Christus eine schlechthinnige Ungleichheit besteht; denn in Christus wohnte die Fülle der Gottheit[294] unmittelbar, und sein Verhältnis zur Welt ist ein schlechthin wirkliches, so daß die Gemeinde sich bewußt ist, Glieder an seinem Leibe zu sein.

krates*. Er benutzt einen einzelnen platonischen Dialog (Menon)** als Beispiel für die sokratische Methode, ohne indes Rechenschaft zu geben, weshalb er gerade diesen Dialog wähle. Er benutzt die Memorabilien und die Apologie des Xenophon, ebenso wie auch des Plato Apologie, ganz und gar ohne weiteres. Er hält überhaupt nicht viel von Umständlichkeiten; und *noch nicht einmal Schleiermachers Bemühungen*, die platonischen Dialoge so zu ordnen, daß durch sie alle hin *eine* große Idee in allmählicher Entfaltung sich bewegt, finden Gnade vor seinen Augen. „Das Literarische, das Kritische Herrn Schleiermachers, die kritische Sonderung, ob die einen oder die andern Neben-Dialoge ächt seien, — (über die großen kann ohnehin nach den Zeugnissen der Alten kein Zweifel sein), — ist für Philosophie ganz überflüssig, und gehört der Hyper-Kritik unsrer Zeit an" (a. a. O. S. 179). Alles Derartige ist nun Hegel gegenüber verlorene Liebesmüh, und wenn die Erscheinungen zur Parade angetreten sind, so hat er zuviel Eile und fühlt auch zu sehr die Bedeutung seiner Stellung als kommandierender General der Weltgeschichte, um zu mehr Zeit zu haben als zu dem königlichen Blick, den er über sie hingleiten läßt. Dadurch ist er nun freilich mancher Weitläuftigkeit überhoben, doch er geht so auch des einen oder andern Umstands verlustig, welcher in einer durchaus vollständigen Darstellung ein unentbehrliches Moment wäre. Daher kommt es auch wieder, daß Dinge, die dergestalt zu Unrecht übersehen worden sind, ihr Recht geltend machen, indem sie sich bei gegebener Gelegenheit an andrer Stelle eindrängen. XIII 302
Man findet daher in Hegels Darlegung von Platos System allerhand *lose hingeworfene Bemerkungen*, die hier dann mit dem Anspruch auftreten, unbedingt zu sein, weil der

---

* *Aristophanes* bildet eine Ausnahme, darüber Weiteres an gegebenem Ort.

** Anläßlich dieses Dialogs macht er eine ganz *allgemeine* Bemerkung (Werke, Jub. Ausgb. XVIII 69): „So in der Art endigen sich eine Menge xenophontischer und platonischer Dialoge, und lassen uns in Ansehung des Resultats (Inhalts) ganz unbefriedigt. So der Lysis: Was Liebe und Freundschaft unter den Menschen verschaffe; so wird die Republik eingeleitet mit der Untersuchung, was das Gerechte sei. Diese Verwirrung hat nun die Wirkung, zum Nachdenken zu führen; und dieß ist der Zweck des Sokrates. Diese bloß *negative* Seite ist die Hauptsache."

ganze Zusammenhang zerstört ist, in dem sie sich in ihrer bedingten, dafür aber um so mehr begründeten Wahrheit gezeigt hätten. A. a. O. S. 184: „Was von dem in den Dialogen Dargestellten dem Sokrates oder dem Platon angehöre, bedarf keiner weiteren Untersuchung. So viel ist gewiß, daß wir aus Platos Dialogen sein System vollkommen zu erkennen im Stande sind." A. a. O. S. 222: „Diese Dialektik (diejenige nämlich, deren Ergebnis lediglich negativ ist) sehen wir bei Plato häufig, Theils in den mehr eigentlich sokratischen*, moralischen Dialogen, Theils auch in den vielen Dialogen, welche sich auf die Vorstellung der Sophisten von der Wissenschaft beziehen." A. a. O. S. 226: „Die Dialektik in dieser höheren Bestimmung (als diejenige, welche die Gegensätze in das Allgemeine aufhebt, so daß diese Aufhebung des Widerspruchs das Affirmative ist) ist die eigentlich platonische"**. A. a. O. S. 230: „Viele Dialoge enthalten so nur negative Dialektik; das ist die sokratische Unterredung." Diese vereinzelten Bemerkungen stimmen nun ganz mit dem überein, was ich im ersten Teil der Untersuchung[300] geltend zu machen gesucht habe. Indes kann ich mich nicht weiter auf diese Bemerkungen berufen, da sie ganz lose hingeworfen dastehen.

Die eigentliche Sokratesdarstellung findet sich Geschichte der Philosophie 2. Bd. (= Werke, Jub. Ausgb. XVIII) S. 42—122. Zu dieser werde ich nunmehr übergehen. — Diese Darstellung Hegels hat nun das Bemerkenswerte, daß sie ihr Ende wie ihren Anfang in der Person des Sokrates hat. Denn wiewohl Hegel an mehreren Stellen dem Sokrates eine Positivität zusprechen zu wollen scheint, und wiewohl er ihm die Idee des Guten zuschreibt, zeigt es sich doch, daß das Individuum das in Beziehung auf das Gute sich willkürlich Bestimmende wird, und daß das Gute als solches keinerlei unbedingt verpflichtende Gewalt hat. Hegel bemerkt a. a. O. S. 93: „Das Subjekt ist das Bestimmende, das Entscheidende. Ob guter oder schlechter Geist entscheide, bestimmt jetzt das Subjekt" (Das will heißen: das Sub-

* Hier macht Hegel mit der Bezeichnung „mehr eigentlich sokratisch" eine Unterscheidung unter den Dialogen, ohne jedoch näher anzudeuten, inwiefern er mit den philologischen Bemühungen zufrieden ist oder nicht.

** Wenn Hegel diese Dialektik „die eigentlich platonische" nennt, so bildet er damit einen Gegensatz gegen eine andre Dialektik, welche nicht ebenso eigentlich die platonische ist.

jekt steht frei über dem, welches eigentlich für das es bestimmen Sollende zu gelten hätte, das Subjekt steht frei darüber, nicht bloß in einem Augenblick der Wahl[301], sondern in jedwedem Moment; denn die Willkür begründet kein Gesetz, keine Beständigkeit, keinen Inhalt). „Der Punkt der Entscheidung aus sich selbst fing an, bei Sokrates aufzugehen; dieses war bei den Griechen bewußtloses Bestimmen. Bei Sokrates wird dieser entscheidende Geist in das subjektive Bewußtseyn des Menschen verlegt; und die Frage ist nun zunächst, wie diese Subjektivität an Sokrates selbst erscheint. Indem die Person, das Individuum zum Entscheidenden wird, so kommen wir auf diese Weise auf Sokrates *als Person*, als Subjekt zurück; und das Folgende ist nun eine Entwickelung seiner persönlichen Verhältnisse." Die Gestalt nun, in der die Subjektivität sich in Sokrates zeigt, ist das Dämonische; da aber Hegel selber mit Recht einschärft, das Dämonische sei doch noch nicht Gewissen, sieht man, wie bei Sokrates die Subjektivität zwischen der endlichen und der unendlichen Subjektivität vibriert; denn im Gewissen verunendlicht sich das endliche Subjekt. A. a. O. S. 95: „Gewissen ist die Vorstellung allgemeiner Individualität, des seiner selbst gewissen Geistes, der zugleich allgemeine Wahrheit ist. Der Dämon des Sokrates ist die ganz nothwendige andere Seite zu seiner Allgemeinheit; wie ihm diese zum Bewußtsein kam, so auch die andere Seite, die Einzelnheit des Geistes. Sein *reines Bewußtseyn* stand *über beiden Seiten*. Welcher Mangel in dieser Seite, werden wir sogleich bestimmen: nämlich der Mangel des Allgemeinen ist ersetzt selbst mangelhaft, auf eine einzelne Weise, nicht Wiederherstellung des Verdorbenen für das Negative." Daß aber sein reines Bewußtsein über beiden Seiten gestanden hat, ist offensichtlich dasjenige, das ich folgendermaßen ausgedrückt habe: er hatte die Idee des Guten als die unendliche Negativität. XIII 303

Von den vielen vortrefflichen Einzelbemerkungen, die sich bei Hegel in diesem Abschnitt finden, von der Hegel eigentümlichen Prägnanz der Gedanken eine zusammenhängende Darstellung zu geben, würde schwierig sein, da oft so viel zusammengebracht ist, daß das Finden des Zusammenhanges mühsam ist[302]. Verschiedenes daraus ist im vorhergehenden Teil meiner Abhandlung schon benutzt worden. Betrachte ich dagegen das Ganze der hegelischen

Darstellung und betrachte ich dieses nach der Beziehung zu der von mir geltend gemachten Modifikation, so glaube ich alles am
XIII 304 besten unter *einem* Gesichtspunkte abhandeln zu können: *In welchem Sinne ist Sokrates Stifter der Moral?* Unter diesem Gesichtspunkt werden auch die wichtigsten Momente der Auffassung Hegels zur Besprechung kommen.

In welchem Sinne ist Sokrates Stifter der Moral?

Ganz *im Allgemeinen* kennzeichnet *Hegel* die Bedeutung des Sokrates in der Erörterung a. a. O. S. 43 folgendermaßen: „Sokrates spricht nun das Wesen als das allgemeine Ich aus, *als das Gute*, das in sich selbst ruhende Bewußtseyn; das Gute, als solches, frei von der seyenden Realität, frei gegen das Verhältniß des Bewußtseyns zu seyender Realität — es sey einzelnes sinnliches Bewußtseyn (Gefühl und Neigungen), — oder endlich frei von dem theoretisch über die Natur spekulierenden Gedanken, der ob zwar er Gedanke, doch noch die Form des Seyns hat, Ich bin darin nicht als meiner gewiß.“ Sokrates ist dergestalt gelangt zu dem an und für sich Seienden, als dem für den Gedanken an und für sich Seienden. Dies ist das eine Moment, das andere ist, daß dies Gute, dies Allgemeine von mir erkannt werden muß.

Um indes in das Gesagte nicht mehr hineinzulegen, als nach Hegels Meinung darin liegt, wird es notwendig, ein wenig vom *Unterricht des Sokrates* zu sprechen. Daß nach *Hegels* Meinung der Unterricht des Sokrates negativ gewesen ist, in dem Negativen seinen Zweck gehabt hat, darauf gerichtet gewesen ist, ins Wanken zu bringen und nicht etwa fest zu machen, daß bei Sokrates *das Negative* nicht etwa immanent in einer Positivität ist, sondern *Selbstzweck*, das geht bereits aus den einzelnen zerstreuten Äußerungen hervor, die ich oben[303] in Kürze angeführt habe, ebenso denn auch aus einer Vielzahl einzelner Bemerkungen, die sich in dem eigentlich von Sokrates handelnden Abschnitt finden; noch klarer wird es indes aus der Art und Weise, in welcher Hegel die Auffassung, die Aristophanes

von Sokrates hat, bespricht. Er bemerkt a. a. O. S. 85, durch Aristophanes sei da die sokratische Philosophie von ihrer negativen Seite her aufgefaßt worden, vermöge deren alles Bestehende in dem unbestimmten Allgemeinen sich verliere. Er bemerkt, es könne ihm nicht beikommen, Aristophanes zu rechtfertigen oder auch nur zu entschuldigen. A. a. O. S. 89: „Die Übertreibung, die man dem Aristophanes zuschieben könnte, ist, daß er diese Dialektik zur ganzen Bitterkeit der Konsequenz fortgetrieben hat; es kann jedoch nicht gesagt werden, daß dem Sokrates Unrecht geschehen mit dieser Darstellung. *Aristophanes* hat durchaus *nicht Unrecht*, ja man muß sogar seine Tiefe bewundern, die Seite des Dialektischen des Sokrates als eines Negativen erkannt und (nach seiner Weise freilich) mit so festem Pinsel dargestellt zu haben ... Sokrates' Allgemeinheit hat die negative XIII 305
Seite des Aufhebens der Wahrheit (Gesetze), wie sie im unbefangenen Bewußtseyn ist; — dieß Bewußtseyn wird so die reine Freiheit über den bestimmten Inhalt, der ihm als an sich galt." Daß der Unterricht des Sokrates negativ gewesen ist, drückt sich bei Hegel auch auf andre Weise aus in der Bemerkung, seine Philosophie sei nicht eigentliche spekulative Philosophie, sondern „*ein individuelles Thun*" (a. a. O. S. 53). Um diese individuelle Handlung hervorzubringen, *moralisierte er*; „es ist aber nicht eine Art und Weise von Predigen, Ermahnen, Doziren, düsteres Moralisiren" usf. (a. a. O. S. 58), alles von der Art stimmt nicht überein mit der griechischen Urbanität. Dahingegen äußerte sich dies Moralisieren darin, daß er einen jeden zum Nachdenken über seine Pflichten brachte. Mit Jung und Alt, mit Schustern, Schmieden, Sophisten, Politikern, Bürgern aller Art ließ er sich auf ihre Interessen ein, ganz gleich ob es sich um häusliche Interessen (Kindererziehung) oder Wissensinteressen handelte, und lenkte das Denken seiner Hörer *vom bestimmten Einzelfall* hinüber zum Allgemeinen, zum an und für sich geltenden Wahren und Schönen (a. a. O. S. 59).

Hier haben wir denn die *Bedeutung, welche das Moralisieren des Sokrates hatte*, und hier muß sich nun auch zeigen, was Hegel meint, wenn er, unter Anknüpfung an die Überlieferung des Altertums, Sokrates *Stifter der Moral* nennt. — Mittlerweile darf hier nicht der zur Genüge bekannte

Sinn des Worts ‚Moral‘ bei Hegel übersehen werden. Hegel unterscheidet *zwischen Moralität und Sittlichkeit*. Sittlichkeit aber ist teils die unbefangene Sittlichkeit, so z. B. die alte griechische Sittlichkeit, teils eine höhere Bestimmung von ihr, so, wie sie sich wieder bekundet, nachdem sie sich in der Moralität über sich selbst besonnen hat. Daher behandelt Hegel in seiner Philosophie des Rechts die Moralität, bevor er zur Sittlichkeit übergeht. Und in dem Teil über die Moralität (§ 105 bis § 141) erörtert er im dritten Abschnitt ‚Das Gute und das Gewissen‘ (§ 129 — § 141) auch (§ 140 mit Anm. und Zusatz) die moralischen Formen des Bösen, Heuchelei, Probabilismus, Jesuitismus, Berufung auf sein Gewissen, Ironie[304]. Das moralische Individuum ist nun das negativ freie Individuum. Es ist frei, weil es durch etwas Anderes nicht gebunden ist; es ist jedoch negativ frei, eben weil es nicht begrenzt ist in etwas Anderm. Erst dann nämlich, wenn das Individuum, sofern es in seinem Andern ist, in seinem Eignen ist, erst dann ist es in Wahrheit, d. h. positiv frei, affirmativ frei. Die *moralische Freiheit* ist darum *Willkür*, sie ist die Möglichkeit zum Guten und zum Bösen, und darum bemerkt
XIII Hegel selber in seiner Philosophie des Rechts S. 184 (= Werke,
306 Jub. Ausgb. VII 200): „Das Gewissen ist als formelle Subjektivität schlechthin dieß auf dem Sprunge zu seyn, ins Böse umzuschlagen.“ Im alten Griechentum ist das Individuum in diesem Sinne keineswegs frei gewesen, es war in der substantiellen Sittlichkeit gefangen, es hatte sich selbst noch nicht aus diesem unmittelbaren Verhältnis herausgenommen, ausgesondert, es hatte sich selbst noch nicht erkannt. Dahin hat Sokrates nun das Individuum gebracht, nicht im Sinne der Sophisten, welche das Individuum lehrten, sich in seine partikularen Interessen einzuschnüren, nein, er brachte das Individuum dahin, indem er die Subjektivität zum Universalen erhob, und *insofern ist er der Stifter der Moral*. Er machte die Bedeutung des Selbstbewußtseins nicht auf sophistische sondern auf spekulative Weise geltend. Er gelangte zu dem an und für sich Seienden als dem für den Gedanken an und für sich Seienden, er gelangte zur Bestimmung jenes Wissens, welches das Individuum nun der Unmittelbarkeit, in der es bis dahin gelebt, entfremdete. Das Individuum sollte fortan nun nicht mehr aus Scheu vor dem Gesetz handeln, sondern mit Be-

wußtsein ein Wissen davon haben, aus welchem Grunde es handele. Dies aber ist, wie man wohl sieht, eine *negative Bestimmung*, ist sowohl wider das Bestehende negativ, wie negativ wider die tiefere Positivität, die von ihm als einem spekulativ Negativen bedingt ist.

Das zeigt sich nun auch mit Rücksicht auf die Bestimmung des Begriffs der Tugend. Hegel nimmt die Auffassung durch, welche *Aristoteles* von der sokratischen Bestimmung *der Tugend* hat, wir wollen ihm folgen. In der Geschichte der Philosophie a. a. O. S. 77 führt er es als Äußerung des Aristoteles an: „Sokrates hat besser von der Tugend gesprochen, als Pythagoras, aber auch nicht ganz richtig, da er die Tugenden zu einem Wissen (ἐπιστήμας) machte. Dieß ist nämlich unmöglich. Denn alles Wissen ist mit einem Grunde (λόγος) verbunden, der Grund aber ist nur im Denken; mithin setzt er alle Tugenden in die Einsicht (Erkenntniß). Es widerfährt ihm daher, daß er die alogische — empfindende — Seite der Seele aufhebt: nämlich die Leidenschaft (πάθος) und die Sitte (ἦθος)." Und hierüber bemerkt Hegel alsdann, daß dies eine gute Kritik sei: „Wir sehen, daß dasjenige, was Aristoteles an der Bestimmung der Tugend bei Sokrates vermißt, die Seite der subjektiven Wirklichkeit — heutigen Tages Herz — ist." Was der Tugend *fehlt*, ist mithin eine *Seinsbestimmung*, möge sie nun entweder mit Rücksicht auf das einzelne Subjekt verstanden werden, oder in höherem Sinne als im Staat verwirklicht betrachtet werden. Sokrates aber vernichtete das unmittelbare, substantielle Staatsbewußtsein, und gelangte nicht zur Idee des Staats, und infolgedessen kann die Tugend bloß auf diese abstrakte Weise bestimmt werden, und die Tugend hat ihre Wirklichkeit so weder im Staate, noch in der erst mit dem Staat gegebnen erfüllten Persönlichkeit*. Fernerhin wird es a. a. O. XIII 307

* Man pflegt Sokrates als Tugendmuster aufzuführen, auch Hegel hält an dieser Anschauung fest und bemerkt a.a.O. S. 55: „Sokrates war ein Musterbild moralischer Tugenden: Weisheit, Bescheidenheit, Enthaltsamkeit, Mäßigung, Gerechtigkeit, Tapferkeit, Unbeugsamkeit, feste Rechtlichkeit gegen Tyrannen und δῆμος, entfernt von Habsucht, Herrschsucht." Dies ist nun allerdings wahr; doch bereits die von Hegel betreffs dieser Tugenden gebrauchte Bezeichnung „moralische" deutet darauf hin, daß es ihnen gleichwohl an dem tiefen *Ernst fehlte*, den eine jede Tugend erst mit der Einordnung in eine höhere Ganzheit gewinnt. Da jedoch der Staat

S. 78 als eine Äußerung von Aristoteles angeführt, „Sokrates habe einer Seits ganz richtig geforscht, anderer Seits aber unrichtig. Daß die Tugend Wissenschaft sey, sey unwahr, aber daß sie nicht ohne Einsicht (ohne Wissen) sey, darin habe er recht. Er habe die Tugend zum Logos gemacht, wir aber sagen sie ist mit dem Logos."*

---

für Sokrates seine Bedeutung verloren hatte, sind seine Tugenden nicht bürgerliche Tugenden sondern persönliche Tugenden, ja, sie sind, wenn man sie mit größter Schärfe bezeichnen will, experimentierende Tugenden. Das Individuum steht frei über ihnen; und wenn Sokrates dadurch auch frei ist von der Engigkeit, die bei strengen Moralisten oft zutage tritt, und wenn wir auch Hegel darin Recht geben müssen, „daß wir uns Sokrates durchaus nicht in der Weise von der Litanei der moralischen Tugend zu denken haben" (a.a.O. S. 56), so wird es doch ebenso sicher sein, daß alle solche Tugenden für das Individuum lediglich als *Experiment* Wirklichkeit haben. Sokrates steht frei über ihnen, kann sich von ihnen dispensieren, sobald er will, und sofern er das nicht tut, hat das seinen Grund darin, daß er es *nicht will*; aber daß er es nicht will, hat wiederum seinen Grund darin, *daß er* es nicht will, eine tiefere Verpflichtung gewinnt es für ihn nie. Insofern darf man gut und gern sagen, es sei dem Individuum mit diesen Tugenden nicht Ernst, und möge es die Sache noch so ernst nehmen, – es sei denn daß man leugnen wollte, daß jegliche willkürliche Übung eigentlich des Ernstes entbehrt und nichts anderes ist als Sophistik auf dem Gebiet des Tuns.

* Der Satz, daß Tugend Wissen sei, kann im Hinblick auf Sokrates auch noch von einer andern Seite her erläutert werden, wenn man sich jenes andern Satzes erinnert, daß Sünde Unwissenheit ist, eines sokratischen Satzes, auf den wir im Vorhergehenden des öfteren hingedeutet haben[805]. Der Satz, daß Tugend Wissen ist, enthält nämlich nicht bloß, wie es oben dargelegt worden ist, eine negative Bestimmung wider die unbefangene Sittlichkeit, die da in aller Unschuld nicht weiß, was sie tut, sondern zugleich eine Bezeichnung jener *unendlichen* inneren *Folgerichtigkeit* des Guten, vermöge deren es in seiner abstrakten Bewegung über jegliche Bestimmung der Endlichkeit hinausgeht. Dies ersieht man noch deutlicher aus dem Satz, daß Sünde Unwissenheit ist; denn darin liegt, daß Sünde *Mangel an Folgerichtigkeit* ist. Die Sünde macht irgendwo Halt, sie
XIII 308 gleitet ab von der Unendlichkeit, die das Gute hat, verharrt nicht in ihr. Indem die Tugend in der Bestimmung als Wissen sich von der unmittelbaren Sittlichkeit losreißt, nimmt sie eine ideenhafte Gestalt an, welche der Unendlichkeit des Guten als Idee entspricht. In der substantiellen Sittlichkeit ist die Tugend in jedwedem Augenblick umgrenzt, in der Sittlichkeit der Idealität weiß die Tugend sich in die Unendlichkeit des Guten aufgenommen, weiß sich in eben der Unendlichkeit, in der das Gute sich weiß. Dies alles sind indes stets *abstrakte negative Bestimmungen*, solange man rein bei der Bestimmung des Wissens stehen bleibt, wenn es sich frei-

Hierüber sagt Hegel abermals[306], daß dies eine sehr richtige Bestimmung sei. Die eine Seite der Sache ist, daß das Allgemeine mit Denken *anhebt*; aber zur Tugend, als Charakter, gehört, daß *der Mensch das sei*, und dazu gehört Herz, Gemüt usw. Es sind somit zwei Seiten vorhanden: das Allgemeine und die es betätigende Individualität, der reale Geist. XIII 308

Hier sind wir abermals zu der Stelle gelangt, an der es sich zeigen wird, in welchem Sinne Sokrates eine Positivität besessen hat. Wir sind nämlich nun zu dem Punkt zurückgekehrt, den wir verlassen haben, als von seinem Unterricht die Rede war. Dieser Unterricht zielte darauf, das Allgemeine sich in Gegensatz zum Partikularen zeigen zu lassen. Die erste Bestimmung somit in Rücksicht auf das sokratische Prinzip ist die große Bestimmung, die jedoch nur formell ist, daß das Bewußtsein aus sich selbst das schöpfe, was das Wahre sei (Hegel a. a. O. S. 71). Dies ist das *Prinzip der subjektiven Freiheit*, daß man das Bewußtsein in sich selbst führt. Hiermit ist nun das Allgemeine zum Vorschein gekommen. Das Allgemeine aber hat eine positive und eine negative Seite (vgl. Hegel a. a. O. S. 79). Wir müssen nun zusehen, wieweit es Hegel gelingt, eine positive Seite an der Auffassung des Sokrates vom Allgemeinen nachzuweisen, oder ob wir nicht vielmehr zurückkehren müssen zu einer Bemerkung Hegels (a. a. O. S. 70), welche mit einer Art von Überschrift: „Dieß ist kurz die Manier — (und die Philosophie) — des Sokrates" allbereits sich selber empfohlen hat als eine Betrachtung, der ein besonderer Wert zukommt. Hegel fügt alsdann bei: „Es scheint, als hätten wir noch nicht viel von der sokratischen Philosophie dargelegt, indem wir uns nur an das Prinzip gehalten haben, dieß ist aber die Hauptsache, daß das Bewußtseyn des Sokrates selbst erst zu diesem Abstrakten gekommen ist. Das *Gute* ist das Allgemeine ... Es ist ein in sich konkretes Prinzip, das aber in seiner konkreten Bestimmung noch nicht dargestellt ist; und in dieser abstrakten Haltung liegt der Mangel des sokratischen Prinzips. XIII 309
Affirmatives läßt sich *nicht* angeben, denn es hat keine weitere

---

lich auch um die unendliche schlechthinnige Negativität handelt. Daß Sünde Unwissenheit und Folgewidrigkeit ist, das ist wahr von einem ganz und gar abstrakten metaphysischen Standpunkt aus, der alles lediglich im Hinblick auf dessen innere Folgerichtigkeit betrachtet.

Entwickelung." In Vergleich mit den Sophisten hat Sokrates einen Riesenschritt getan, sofern er zu dem an und für sich Guten gelangt ist. Die Sophisten sind stehen geblieben bei der unendlichen Brechung des Guten in der Mannigfaltigkeit des Nützlichen und des Vorteilhaften. Doch wohl zu merken: Sokrates gelangte dahin, er ging nicht aus davon. Das Universale hat somit eine positive und eine negative Seite. Die Wirklichkeit des Sittlichen war ins Wanken geraten, dies kam in Sokrates zum Bewußtsein. Er erhob nun die Sittlichkeit zur Einsicht, dies eben aber heißt es zum Bewußtsein bringen, daß Sitten, sittliche Gesetze in ihrer Bestimmtheit, ihrer Unmittelbarkeit etwas Schwankendes sind; es „ist die Macht des Begriffs, welche dieß unmittelbare Seyn und Gelten derselben, die Heiligkeit ihres Ansichseyns aufhebt" (Hegel a. a. O. S. 79). Als Beispiel dafür, daß das Universale bei Sokrates eine positive Seite hat — „er zeigte ihnen" (den jungen Menschen) „das Gute und Wahre in dem Bestimmten, in das er zurückging, da er es nicht bei dem bloß Abstrakten bewenden lassen wollte" —, führt Hegel (a. a. O. S. 81) die Unterredung des Sokrates mit dem Sophisten Hippias an (Xenophon, Memorabilien IV 4 § 12—16 § 25). Hier macht Sokrates den Satz, daß der Gerechte den Gesetzen gehorcht, unbedingt geltend auch wider den Einwand, daß dies doch nicht das Absolute sein könne, da Volk und Regierende die Gesetze doch oft ändern, und er stellt zu diesem Behuf die Entsprechung auf, daß die, welche Krieg führen, doch auch wieder Frieden schließen. Er spricht hier überhaupt davon, daß der beste und der glücklichste Staat der sei, in dem die Bürger eines Sinnes sind und den Gesetzen gehorchen. Hierin erblickt nun Hegel einen affirmativen Inhalt. Der Grund, daß Sokrates hier etwas Affirmatives hat, liegt doch aber darin, daß er seinen Standpunkt nicht wirklich durchführt, nicht wirklich hingeht zu dem, zu dem er eigentlich kommt, zu dem an und für sich Guten. Er läßt hier das Bestehende bestehen, und dies ist somit nicht jene Positivität, welche seiner unendlichen Negation hinterdrein nachfolgt, sondern eine dieser vorausgehende Positivität. Er ist mit dieser Bewegung zwar über das unmittelbare Griechentum hinausgekommen, denn er nimmt die Gesetze ja in eine Reflexion auf und nimmt sie damit aus ihrem unmittelbaren Gegebensein heraus; eigentlich aber ist dies

doch bloß eine vorgetäuschte Bewegung und auf keinen Fall die echte sokratische Bewegung. Die Positivität, von der hier die Rede sein kann, bedeutet darum keinerlei Entscheidung der Frage, inwieweit Sokrates eine Positivität geltend gemacht hat, oder inwieweit ihm das Universale (Allgemeine) konkret geworden ist. Dies hat Hegel auch empfunden, wie man ersieht aus seinen Äußerungen a. a. O. S. 79 Mitte und S. 81 unten, sowie S. 82 oben. XIII 310
Auch für die negative Seite führt Hegel nun Beispiele an, und da wir nun erkannt haben, daß die positive Seite doch wohl nicht in dem gleichen Sinne positiv ist wie die andre negativ, so sehen wir, daß Sokrates das Universale (Allgemeine) lediglich als das Negative geltend gemacht hat. Hegel führt ein Beispiel aus Xenophon an und fügt (a. a. O. S. 83) bei: „Hier sehen wir die negative Seite, daß Sokrates das wankend macht, was der Vorstellung sonst fest war. Nicht lügen, nicht betrügen, nicht rauben gilt in der unbefangenen Vorstellung für recht, — dieß ist ihr das Feste; aber durch die Vergleichung dieses für fest Gehaltenen mit Anderem, das ihr ebenso fest als wahr gilt, zeigt sich, daß sie sich widersprechen, — und jenes Feste wird wankend, es gilt nicht mehr für fest. Das Positive, was Sokrates an die Stelle des Festen setzt, ist eines Theils im Gegensatze wieder dieses, den Gesetzen zu gehorchen: wir sehen ganz das Allgemeine, Unbestimmte, und ‚den Gesetzen gehorchen' versteht nun jeder, der dieß hört, eben die Gesetze ausgedrückt, wie die allgemeine Vorstellung derselben sich bewußt ist, nicht lügen, nicht betrügen; aber diese Gesetze sind eben dieß, daß sie so im Allgemeinen Lügen, Betrügen, Rauben als Unrecht aufstellen, — Bestimmungen, die für den Begriff nicht aushalten." A. a. O. S. 85: „Hier sehen wir also das Allgemeine so bestimmt, realisirt: allgemeines Nennen der Gesetze; in Wahrheit aber, da diese verschwindende Momente sind: das unbestimmte Allgemeine, und den Mangel seiner Unbestimmtheit noch nicht ergänzt." Darnach zeigt dann Hegel (a. a. O. S. 90 oben ff) „wie dem Sokrates selbst das Realisirende des Allgemeinen erschien". Hier zeigt sich nun das Subjekt als das Entscheidende, als dasjenige, welches sich mit Willkür in sich selbst bestimmt. Die Begrenzung jedoch, welche dem Universalen (Allgemeinen) dergestalt zuteil wird, ist vom Subjekte in jedem Augenblick willkürlich gesetzt. Daß diese Einschränkung des Uni-

versalen (Allgemeinen) fest werde und nicht zufällig bleibe, daß das Universale (Allgemeine) in seiner Bestimmtheit erkannt werde, ist nur möglich in einem Gesamtsystem der Wirklichkeit. Dies aber fehlt Sokrates. Er verneinte den Staat, aber er gelangte nicht zurück zum Staate in dessen höherer Gestalt, in welcher die von ihm negativ geforderte Unendlichkeit affirmiert wird.

Wir sehen mithin: Sokrates kann recht gut der *Stifter der Moral* heißen in dem Sinne, wie Hegel das Wort nimmt, und *sein Standpunkt* kann deshalb doch Ironie gewesen sein. Dem moralischen, d. h. negativ freien Subjekt entspricht das Gute als Aufgabe, wenn das Gute als das unendlich Negative verstan-
XIII 311 den wird. Das moralische Individuum vermag nie das Gute zu verwirklichen, erst das positiv freie Subjekt kann das Gute als das unendlich Positive, als seine Aufgabe, besitzen und es verwirklichen. Will man *jene Bestimmung* der Ironie mitnehmen, die Hegel so oft hervorhebt[307], daß es für die Ironie mit *nichts Ernst* ist, so kann diese auch geltend gemacht werden in Rücksicht auf das negativ freie Subjekt; denn sogar mit den Tugenden, die dies Subjekt ausübt, ist es nicht Ernst, wenn anders — was Hegel doch sicherlich billigen wird — der wahre Ernst erst in einem Ganzen möglich ist, allwo denn das Subjekt nicht mehr länger in jedwedem Augenblick sich willkürlich dazu bestimmt, sein Experiment fortzusetzen, vielmehr die Aufgabe nicht als eine von ihm selber sich gesetzte empfindet, sondern als eine, die ihm gesetzt worden ist*.

Auf diesen Punkt, auf den Nachweis, daß Sokrates der Stifter der Moral sei, läßt Hegel sein Sokratesverständnis *einseitig* sich sammeln. Er will *die Idee des Guten* für Sokrates in Anspruch nehmen, aber er kommt dabei in Verlegenheit, sofern er zeigen muß, *auf welche Weise* Sokrates das Gute verstanden hat. Darin eigentlich liegt das Mühselige, das Hegels Sokratesverständnis hat: es wird fort und fort der Versuch gemacht zu zeigen, wie Sokrates das Gute verstanden hat, und das weniger

* In Platos Staat entspricht dem Guten die Dialektik (ebenso wie dem Schönen die Liebe). Es ist daher auch ganz in der Ordnung, daß Aristoteles dem Sokrates die Dialektik abspricht[308]. Jene Dialektik nämlich, welche den Gegensatz bestehen lassen kann, fehlte Sokrates, diese aber ist gerade nötig, wenn das Gute sich als das unendlich Positive zeigen soll.

Richtige daran ist, soviel ich verstehe, daß die Hauptrichtung der Strömung im Leben des Sokrates nicht mit Genauigkeit festgehalten wird. Die Bewegung in Sokrates ist die, zum Guten hinzugelangen. Seine Bedeutung in der Entwicklung der Welt ist die, dahin zu kommen (noch nicht einmal die, dahin gekommen zu sein). Seine Bedeutung für die Zeitgenossen ist die, daß sie dahin gekommen sind. Die Meinung dabei ist nun nicht etwa die, daß er gleichsam am Ende seines Lebens dahin gekommen sei, vielmehr war sein Leben eben dies, fort und fort dahin *zu kommen* und andre *dahin kommen zu lassen*. Insofern aber ist er auch gelangt zum Wahren, d. h. dem an und für sich Wahren, dem Schönen, d. h. dem an und für sich Schönen, überhaupt zu dem an und für sich Seienden, als dem für den Gedanken an und für sich Seienden. Er kam dahin, er kam fort und fort dahin. Darum gab er sich nicht bloß mit Moralisieren ab, sondern er ließ überhaupt das an und für sich Seiende zum Vorschein kommen aus der Bestimmung des Mannigfaltigen heraus. Er sprach mit Künstlern über das Schöne, ließ das an und für sich Schöne (auf XIII 312
dem Wege der Verneinung, via negationis) sich an den Tag arbeiten aus den Seinsbestimmungen, in denen man es bis dahin besessen. Und ebenso denn auch mit dem Wahren. Und dies tat er nicht ein für allemal, sondern er tat es mit jedem Einzelnen. Er fing mit etwas durchaus Beliebigem an, und alsbald war er in voller Fahrt damit, einen jeden für sich besonders auszuklarieren. Sobald er aber einen übergesetzt hatte, kehrte er im gleichen Augenblick um. Keine Wirklichkeit vermochte ihm zu widerstehen; was jedoch zum Vorschein kam, war *die Idealität* in der am meisten verschwindenden Andeutung der schwächsten Umgrenzung, d. h. *unendlich* Abstraktes. Gleich wie Charon die Leute übersetzte aus des Lebens Fülle ins unterirdische Schattenreich, gleich wie er, um seinen leichten Nachen nicht zu schwer zu belasten, die Reisenden veranlaßte, alle vielfältigen Bestimmungen des konkreten Lebens, Titel, Würden, Purpur, große Worte, Sorgen, Kümmernisse usw. von sich zu tun, so daß nichts denn rein der Mensch übrig blieb, ganz ebenso setzte auch Sokrates die Individuen von der Realität über in die Idealität, und das Unendliche der Idealität als die unendliche Negativität war das Nichts, in welchem er die ganze Mannigfaltigkeit des Wirklichen verschwinden

ließ. Sofern Sokrates nun fort und fort das an und für sich Seiende zum Vorschein kommen ließ, könnte es so aussehn, als ob wenigstens damit es ihm ein Ernst gewesen wäre; eben deshalb aber, weil er bloß zu ihm hingelangte, das an und für sich Seiende bloß als das unendlich Abstrakte besaß, hatte er das Absolute unter der Form des Nichts. Die Wirklichkeit ward durch das Absolute zum Nichts, aber das Absolute war abermals ein Nichts. Indes, um ihn auf diesem Punkte festhalten zu können, um es nie zu vergessen, daß es seines Lebens Inhalt war, in jeglichem Augenblick diese Bewegung vorzunehmen, muß man sich seiner Bedeutung als eines Sendboten der Gottheit erinnern. Diese seine göttliche Sendung ist von Hegel nicht beachtet worden, obwohl denn doch Sokrates selbst auf sie so starken Nachdruck legt. Und insofern man etwa noch immer sich versucht fühlen sollte, ihm ein Mehreres beizulegen, hat dies Streben darin seinen Grund, daß man übersieht: weltgeschichtliche Individualitäten sind groß eben dadurch, daß ihr gesamtes Leben der Welt gehört, und sie gleichsam nichts bloß für sich selber haben. Darum aber hat die Welt ihnen auch um so mehr zu danken.

In der von Hegel gelieferten Darstellung vom Verfahren des Sokrates[309] werden insbesondere zwei Formen dieses Verfahrens Gegenstand der Besprechung: seine Ironie und seine Hebammenkunst. Bereits der damit der Ironie zugewiesene Platz
XIII 313 deutet zur Genüge darauf hin, daß Hegel die Ironie bei Sokrates eher versteht als ein beherrschtes Moment, als eine Art und Weise des Umgangs mit den Leuten, und dies wird überdies durch ausdrückliche Aussagen bestätigt. Wie dies zu verstehen ist, und wieweit Hegel Recht damit gehabt hat, das wird nun Gegenstand einer Untersuchung werden. Indes damit nehme ich den Übergang zum zweiten Teil der Abhandlung, nämlich zu dem über den Begriff der Ironie.

ZWEITER TEIL

Über den Begriff der Ironie

Einleitung XIII 317

Was eigentlich den Gegenstand dieses Teils der Untersuchung ausmachen soll, ist in gewissem Maße allbereits enthalten im Vorhergehenden, sofern dort in der Gestalt der Kontemplation[310] eine Seite des Begriffs schon sichtbar geworden ist. Ich habe daher im vorhergehenden Teil der Abhandlung den Begriff der Ironie nicht so sehr vorausgesetzt als vielmehr ihn entstehen lassen, indem ich mir über die Erscheinung klar zu werden suchte. Ich habe dabei eine unbekannte Größe gefunden, einen *Standpunkt*, der sich als derjenige erzeigte, welcher *dem Sokrates eigentümlich* gewesen sein muß. Ich habe diesen Standpunkt Ironie genannt; indes der Name dafür ist im ersten Teil der Abhandlung das weniger Wichtige: Hauptsache ist, daß kein Moment, kein Zug übersehen worden ist, sowie daß sämtliche Momente, sämtliche Züge sich zu einem Ganzen zusammengefügt haben. *Ob dieser Standpunkt wirklich Ironie ist*, soll erst jetzt entschieden werden, sofern ich in der Entwicklung des Begriffs auch zu demjenigen Moment kommen werde, zu welchem Sokrates passen muß, wenn anders sein Standpunkt in Wahrheit Ironie ist. Indes gleich wie ich im ersten Teil der Abhandlung allein mit Sokrates zu tun hatte, ebenso wird es sich in der Entwicklung des Begriffs zeigen, in welchem Sinne Sokrates ein Moment in der Entwicklung des Begriffs ist, mit andern Worten, es wird sich zeigen, ob der Begriff der Ironie in ihm *schlechthin erschöpft* ist, oder ob es *nicht andre* Erscheinungsformen des Begriffs gibt, auf welche man gleichfalls Rücksicht zu nehmen hat, bevor man sagen darf, der Begriff sei hinreichend verstanden. Während daher im ersten Teil der Abhandlung der Begriff ständig im Hintergrund schwebte, mit einem andauernden Trieb, in der Erscheinung Gestalt anzunehmen, wird in diesem zweiten Teil der Abhandlung das Hervortreten des Begriffs in der Erscheinung,

XIII 318 als eine andauernde Möglichkeit unter uns Wohnung zu nehmen, die Entwicklung begleiten. Diese beiden Momente sind nicht zu scheiden; denn falls der Begriff nicht in der Erscheinung wäre, oder richtiger, die Erscheinung nicht erst verständlich, nicht erst wirklich würde in und mit dem Begriff und umgekehrt, falls die Erscheinung nicht im Begriff wäre, oder richtiger, der Begriff erst verständlich, erst wirklich würde in und mit der Erscheinung, so wäre alle Erkenntnis unmöglich, sofern ich in dem einen Falle der Wahrheit, in dem andern Falle der Wirklichkeit entbehren würde. Ist nun die Ironie eine Bestimmung der Subjektivität, so wird man sofort die *Notwendigkeit zweier Erscheinungsformen* dieses Begriffs einsehen; und die Wirklichkeit hat an beide auch einen Namen geknüpft. Die erste Erscheinungsform ist natürlich diejenige, in welcher *die Subjektivität zum ersten Mal* in der Weltgeschichte ihr Recht geltend macht. Hier haben wir *Sokrates*, das will heißen, hiermit ist uns Weisung gegeben, wo wir den Begriff in seinem geschichtlichen Auftreten zu suchen haben. Als aber die Subjektivität in der Welt sich kundgetan hatte, verschwand sie nicht wieder ohne Spur, die Welt sank nicht wieder zurück in die frühere Entwicklungsform, im Gegenteil, das Alte schwand dahin, und alles ward neu. Soll es nunmehr möglich sein, daß eine neue Erscheinungsform der Ironie sich zeigt, so muß es geschehen, indem die Subjektivität in einer noch höheren Form sich geltend macht. Es muß da also sein *eine zweite Potenz der Subjektivität*, eine Subjektivität der Subjektivität, entsprechend der Reflexion der Reflexion. Hiermit sind wir nun abermals weltgeschichtlich orientiert, wir sind nämlich hingewiesen auf die Entwicklung, welche der neueren Philosophie in *Kant* widerfahren ist und sich in *Fichte* vollendet hat, und des Näheren dann auf die Standpunkte, welche im Gefolge Fichtes die Subjektivität in zweiter Potenz geltend gemacht haben. Daß dies nun in der Tat der Fall ist, zeigt auch die Wirklichkeit, denn hier begegnen wir der Ironie abermals. Weil dieser Standpunkt aber ein potenziertes subjektives Bewußtsein ist, so ist die Folge, daß dies Bewußtsein sich der Ironie deutlich und bestimmt bewußt wird, daß es die Ironie als seinen Standpunkt ausspricht. Dies geschah denn auch in *Friedrich Schle-*

gel, welcher die Ironie in der Wirklichkeit geltend zu machen suchte, in *Ludwig Tieck*, der sie in der Dichtung geltend zu machen suchte, in K. W. F. *Solger*, welcher sich des Standpunkts ästhetisch und philosophisch bewußt ward. Endlich stieß die Ironie auch hier in Hegel auf ihren Meister. Während die erste Form der Ironie nicht bekämpft wurde, sondern dadurch, daß der Subjektivität *ihr Recht* widerfuhr, *zur Ruhe kam*, ward die zweite Form der Ironie bekämpft und *vernichtet*; denn da sie unberechtigt war, konnte ihr allein dadurch, daß sie aufgehoben ward, *ihr Recht* widerfahren[311].

Ist man nun auch mit diesen Betrachtungen hinreichend über die Geschichte dieses Begriffs unterrichtet, so soll damit doch noch keineswegs behauptet sein, daß ein Verständnis dieses Begriffs, insofern es Stütze und Anhalt in der früheren Entwicklungsgeschichte sucht, ohne Schwierigkeit wäre. Sobald man nämlich eine vollständige und zusammenhängende *Entwicklung dieses* XIII 319
Begriffs begehrt, wird man sich rasch überzeugen, daß er eine sonderbare oder richtiger gesagt überhaupt *keine Geschichte* hat. In der auf Fichte folgenden Periode, in welcher der Begriff der Ironie ganz besonders geltend gemacht worden ist, findet man ihn immer wieder genannt, immer wieder angedeutet, immer wieder vorausgesetzt. Sucht man dagegen eine klare Entwicklung, so sucht man vergebens*. Solger klagt darüber, daß A. W. v. Schlegel in seinen Vorlesungen über dramatische Kunst und Literatur, allwo man die hinreichende Aufklärung am ehesten erwarten sollte, der Ironie nur flüchtig an einer einzigen Stelle ge-

* Es heißt in Solgers nachgelassenen Schriften und Briefwechsel, herausgegeben von L. Tieck und Fr. v. Raumer, Leipzig 1826, 2. Bd. S. 514 (in einer Beurteilung von A. W. v. Schlegels Vorlesungen über dramatische Kunst und Literatur[312]): „Es war dem Rez. höchst auffallend, der Ironie, in welcher er den wahren Mittelpunct der ganzen dramatischen Kunst erkennt, so daß sie auch beim philosophischen Dialog, wenn er einigermaßen dramatisch seyn soll, nicht zu entbehren ist, in dem ganzen Werke nur Einmal erwähnt zu finden, Ph. II Abth. 2, S. 72, und noch dazu um ihr alle Einmischung in das eigentliche Tragische zu untersagen; und doch erinnert er sich an frühere Äußerungen des Verfassers, welche sich an diese Ideen wenigstens sehr anzunähern schienen. Die Ironie ist aber auch das gerade Gegentheil jener Ansicht des Lebens, in welcher Ernst und Scherz, wie sie der Verfasser annimmt, wurzeln."

denkt. Hegel* klagt darüber, daß es Solger ebenso ergangen sei und Tieck nicht besser. Und da alle klagen, warum sollte ich es dann nicht auch tun? Ich klage darüber, daß es Hegel umgekehrt ergangen ist. Jeweils an der Stelle in allen seinen Systemen, an der man erwarten könnte, die Ironie entwickelt zu finden, findet man sie besprochen[314]; obwohl man aber, falls man das alles abdrucken lassen wollte, zugeben müßte, es sei von Hegel durchaus nicht wenig über die Ironie gesagt worden, ist es doch in einem
XIII 320 andern Sinne auch nicht viel; denn er sagt an allen Stellen so ungefähr dasselbe. Hierzu kommt, daß er seinen Angriff wider die oft recht verschiedenartigen Gedanken richtet, die man mit diesem Worte verbunden hat, und die Folge davon ist, daß, weil der Sprachgebrauch nicht sich gleich bleibend ist, seine Polemik nicht überall vollständig klar wird. Mittlerweile ist es doch weit davon, daß ich über Hegel in dem gleichen Sinne klagen dürfte, in welchem Hegel über seine Vorgänger klagt. Vor allen Dingen finden sich in der Anzeige von Solgers nachgelassenen Schriften vortreffliche Bemerkungen (zu finden im sechzehnten Band — Jub. Ausgb. Bd. XX — seiner sämtlichen Werke). Nun mag freilich nicht überall die Darstellung und Schilderung negativer Standpunkte (denn bei diesen gilt es vor allem von der Schilderung: „sprich, daß ich dich sehen möge" loquere ut videam te[315]) so erschöpfend, so inhaltsreich sein, wie man es wünschen möchte; dafür aber versteht es Hegel um so besser, diese zu meistern, und insofern wird man in der von ihm geltend gemachten Positivität mittelbar einen Beitrag zur Schilderung haben. Während die Brüder Schlegel und Tieck ihre größte Bedeutung durch die Polemik hatten, mit der sie eine vorhergehende Entwicklung vernichteten, und während eben aus diesem Grunde ihr Standpunkt etwas zerfahren wurde, weil sie nicht

---

* Hegel, Anzeige von Solgers nachgelassenen Schriften, Werke XVI 492 (= Jub. Ausgb. XX 188): „Dasselbe ist Solger'n begegnet; in den spekulativen Expositionen der höchsten Idee, die er in der oben angeführten Abhandlung mit dem innersten Geistesernste giebt, erwähnt er der Ironie gar nicht, sie, welche mit der Begeisterung auf's Innigste vereint, und in deren Tiefe Kunst, Religion und Philosophie identisch seyen. Gerade dort, hätte man geglaubt, müsse der Ort seyn, wo man in's Klare gesetzt finden werde, was es denn mit dem vornehmen Geheimnisse, dem großen Unbekannten — der Ironie — für eine philosophische Bewandtniß habe." — Ebenda siehe auch über Tieck[313].

eine Hauptschlacht gewannen, sondern eine Vielzahl von kleinen Treffen, so hat im Gegensatz dazu Hegel unbedingte Bedeutung dadurch, daß er in seiner positiven Gesamtanschauung die polemische Schnippischkeit überwindet, welche wie die Jungfräulichkeit der Königin Brunhild eines mehr als gewöhnlichen Ehemanns bedurfte, eines Recken wie Siegfried bedurfte, um bezwungen zu werden. Auch bei J. Paul ist oft von Ironie die Rede, und in seiner Ästhetik findet sich dies und jenes, jedoch ohne philosophische oder echte ästhetische Vollmacht. Er redet überhaupt als Ästhetiker mehr aus einer reichen künstlerischen Erfahrung heraus, als daß er seinen ästhetischen Standpunkt eigentlich begründete. Für ihn sind Ironie, Humor, Laune gleichsam verschiedene Sprachen, und seine Schilderung beschränkt sich darauf, daß er den gleichen Gedanken ironisch, humoristisch und in der Sprache der Laune ausdrückt, ebenso wie etwa Fr. Baader gelegentlich, nachdem er eine Darstellung einzelner mystischer Sätze gegeben hat, nunmehr diese Darlegung ins Mystische übersetzt.

Da nun aber der Begriff der Ironie dergestalt sehr oft eine verschiedene Bedeutung erhalten hat, kommt es darauf an, daß man nicht mit oder ohne Wissen dahin gelange, ihn ganz und
gar willkürlich zu gebrauchen, kommt es darauf an, daß man, in- XIII 321
dem man sich dem allgemeinen Sprachgebrauch anschließt, zusehe, daß die verschiedenen Bedeutungen, die der Begriff im Lauf der Zeit angenommen hat, doch sämtlich diesem eingeordnet bleiben.

Orientierende Betrachtungen

Es war einmal eine Zeit, und sie liegt nicht eben weit zurück, da man auch hierzulande sein Glück machen konnte mit einem Bröcklein Ironie, die da für alle Mängel sonst hinreichend Ersatz leistete und einem mit Ehren durchs Leben half, einem das Ansehen gab, gebildet zu sein, das Leben zu kennen, sich auf die Welt zu verstehen, und einen für die Eingeweihten kennzeichnete als Mitglied einer weitverbreiteten geistigen Freimaurerei. Man trifft ab und an noch auf einen Vertreter dieser entschwundenen Zeit, welcher sich dies feine, bedeutungsvolle, zweideutig so viel verratende Lächeln erhalten hat, diesen geistigen Höflingston, mit

dem er in seiner Jugend Fortüne gemacht, und darauf er seine ganze Zukunft gebaut hatte in der Hoffnung, die Welt überwunden[316] zu haben. Aber ach, es war eine Täuschung! Vergeblich sucht sein spähendes Auge nach einer gleichgestimmten Seele, und falls die Epoche seines Glanzes für den oder jenen nicht noch in frischer Erinnerung wäre, so würde seines Antlitzes Mienenspiel eine rätselhafte Hieroglyphe bleiben für eine Mitwelt, in der er als ein Gast und Fremdling[317] lebt. Denn unsre Zeit, die verlangt mehr, sie verlangt wo nicht ein hohes so doch ein *hochtönendes Pathos*, wo nicht Spekulation so doch Ergebnisse, wo nicht Wahrheit so doch Überzeugtheit, wo nicht Redlichkeit so doch Redlichkeitsbeteuerungen, wo nicht Empfindung so doch umständliches Reden über sie. Sie prägt daher auch eine ganz andere Sorte privilegierter Gesichter aus. Sie erlaubt nicht, daß der Mund sich trotzig schließe, oder daß die Oberlippe in Ausgelassenheit bebe, sie verlangt, daß der Mund offen stehe: denn wie könnte man sich wohl einen wahrhaften und echten Vaterlandsfreund anders denken als redend, wie das dogmatische Gesicht eines tiefsinnigen Denkers anders als mit einem Munde, der da imstande wäre, die ganze Welt zu verschlingen, wie könnte man sich einen Virtuosen auf dem überquellenden Horn des lebendigen Wortes anders vorstellen als mit aufgesperrtem Munde? Sie erlaubt nicht, daß man stille stehe und sich vertiefe; langsam gehen weckt bereits Verdacht, und wie könnte man sich auch mit so etwas abfinden in dem bewegten Augenblick, in dem wir leben, in der schicksalsträchtigen
XIII 322 Zeit, welche nach jedermanns einhelliger Meinung schwanger geht mit dem Außerordentlichen? Unsre Zeit haßt Isolierung, und wie dürfte sie auch dulden, daß ein Mensch auf die verzweifelte Idee verfällt, für sich allein durchs Leben zu gehn, diese Zeit, die da Hand in Hand und Arm in Arm (gleich wandernden Handwerksburschen und Landwehrmännern) für die Idee der Gesamtheit lebt*.

So ist es denn freilich weit davon, daß Ironie ein Merkmal unsrer Zeit ist; aber daraus folgt doch *nimmermehr*, daß die *Ironie ganz und gar verschwunden* wäre. Ebenso ist

---

* Damit soll das ernsthafte Streben der Zeit um keinen Preis verkannt oder verkleinert sein, indes es wäre zweifellos zu wünschen, daß sie in ihrem Ernste ein wenig ernsthafter wäre.

unsre Zeit auch keine zweifelnde Zeit, immerhin sind doch viele Äußerungen von Zweifel übrig geblieben, an denen man den Zweifel sozusagen studieren kann, wiewohl ein qualitativer Unterschied bleibt zwischen einem spekulativen Zweifel und einem vulgären Zweifel an dem oder jenem. So kommt im rednerischen Vortrag häufig eine Figur, welche den Namen der Ironie trägt, vor; ihr Kennzeichen ist, daß man das Gegenteil dessen sagt, was man meint. Hier haben wir nun schon eine Bestimmung, welche durch alle Ironie hindurchgeht, nämlich die, daß die *Erscheinung nicht das Wesen, sondern das Gegenteil* des Wesens ist. Wenn ich rede, ist der Gedanke, der gemeinte Sinn das Wesen, und das Wort die Erscheinung. Diese beiden Momente sind schlechthin unentbehrlich, und in diesem Sinne hat Plato[318] bemerkt, alles Denken sei ein Sprechen. Die Wahrheit heischt nun die Identität beider; denn wo ich den Gedanken ohne das Wort hätte, hätte ich den Gedanken nicht, und wo ich das Wort ohne den Gedanken hätte, hätte ich auch das Wort nicht, wie man denn von Kindern und Wahnsinnigen auch nicht sagen kann, daß sie sprechen. Sehe ich nächstdem auf das sprechende Subjekt, so habe ich abermals eine durch alle Ironie hindurchgehende Bestimmung, *das Subjekt* ist nämlich *negativ frei*. Wenn ich mir beim Sprechen bewußt bin, daß das von mir Gesagte meine Meinung ist, und daß die Aussage ein angemessener Ausdruck meiner Meinung ist, und wenn ich voraussetze, daß der, zu dem ich spreche, in der Aussage meine Meinung vollständig habe, so bin ich durch die Aussage gebunden, d. h. ich bin in ihr positiv frei. Hier gilt der alte Dichterspruch[319]:

Et semel emissum volat irrevocabile verbum.
‚Und, einmal entsandt, fliegt unwiderruflich das Wort hin.'

Auch hinsichtlich meiner selbst bin ich gebunden, und kann mich nicht jeden Augenblick, den ich will, von dem Gesagten losmachen. Wo dagegen die Aussage nicht meiner Meinung entspricht, oder das Gegenteil meiner Meinung darstellt, bin ich frei in Beziehung auf andere und auf mich selbst.

Die ironische Redefigur hebt nun mittlerweile XIII 323
sich selber auf, sofern der Redner voraussetzt, daß die Hörer ihn verstehen, und dergestalt tritt doch, durch eine Verneinung

der unmittelbaren Erscheinung hindurch, das Wesen in die Identität mit der Erscheinung. Wenn es zuweilen sich so trifft, daß solch eine ironische Rede mißverstanden wird, ist dies nicht des Redners Schuld, außer insofern er sich mit so einem arglistigen Patron wie der Ironie eingelassen hat, welche ihren Freunden ebenso gern einen Possen spielt wie ihren Feinden. Von solch einer ironischen Wendung der Rede sagt man wohl: ‚d e r Ernst ist nicht ernst gemeint.' Die Äußerung klingt ganz schauderhaft ernst, aber der kundige Hörer ist in das Geheimnis eingeweiht, das dahintersteckt. Eben damit aber ist die Ironie wieder aufgehoben. Es ist die allergewöhnlichste Form der Ironie, daß man mit ernster Miene etwas sagt, das doch nicht ernst gemeint ist. Die andre Form, daß man etwas zum Scherz, scherzend sagt, das ernst gemeint ist, kommt seltener vor*. Indes wie gesagt, die ironische Redefigur hebt sich selber auf, sie gleicht einem Rätsel, für das man im Augenblick des Hörens die Auflösung hat. Mittlerweile hat die ironische Redefigur eine Eigenschaft, welche gleichfalls für alle Ironie bezeichnend ist, nämlich e i n e g e w i s s e V o r n e h m h e i t, die daher kommt, daß sie, obzwar verstanden, doch nicht geradezu verstanden sein möchte; und diese Vornehmheit bewirkt, daß diese Redefigur gleichsam herabblickt auf die schlichte und einfältige Rede, welche jedermann ohne Umstände verstehen kann; sie reist gleichsam in der vornehmen Kutsche des Inkognito, und sieht von diesem erhabenen Ort herab auf die gewöhnliche zu Fuß gehende Rede. Im täglichen Umgang kommt die ironische Redefigur hauptsächlich bei den höheren Klassen vor als Standesvorrecht, das unter die gleiche Kategorie gehört wie der ‚gute Ton', der da fordert, daß man über Unschuld lächele und Tugend für Beschränktheit halte, obwohl man doch in gewissem Maße daran glaubt.

Soweit nun die höheren Klassen (dies Wort natürlich im Sinne einer geistigen Rangordnung genommen), in der gleichen Absicht, in der Könige und Fürsten französisch sprechen, sich der ironischen Redeweise bedienen, damit Laien sie nicht verstehen, insoweit ist

---

* Wo sie sehr häufig vorkommt, besteht gern Verbindung mit einer gewissen Verzweiflung, und daher findet sie sich oft bei Humoristen, so z. B. wenn H e i n e im scherzhaftesten Tone überlegt, was schlimmer sei, Zahnschmerz oder ein böses Gewissen und sich für ersteren entscheidet[320].

Ironie im Begriff, *sich zu isolieren*; sie wünscht da nicht, allgemein verstanden zu werden. *Hier hebt* mithin *die Ironie sich selber nicht auf.* Es ist überhaupt nur eine untergeordnete Gestalt der ironischen Eitelkeit[321], wenn man Zeugen wünscht, um seiner selbst gewiß und sicher zu sein; ebenso ist XIII 324
es auch bloß eine Folgewidrigkeit, welche die Ironie mit jedem negativen Standpunkt gemein hat, daß sie, die da ihrem Begriff zufolge Isoliertheit ist, eine Gemeinschaft zu begründen sucht und sich, da sie sich zur Idee der Gemeinde nicht zu erheben vermag, in Konventikeln verwirklichen möchte. Es ist aber in Wahrheit auch ebenso wenig Einheit der Gemeinschaft in einem Klüngel von Ironikern, wie in Wahrheit Redlichkeit ist in einem Räuberstaat. Doch sehen wir nun ab von jener Seite, nach welcher die Ironie sich den Mitverschworenen öffnet, und betrachten wir sie nach der Beziehung zu den Nichteingeweihten, nach der Beziehung zu denen, wider die ihre Polemik sich richtet, nach der Beziehung auf das Dasein, das von ihr ironisch aufgefaßt wird, so pflegt sie sich *auf zweierlei Art* zu äußern. Entweder *setzt sich* der Ironiker mit dem Unwesen, das er bekämpfen möchte, *gleich,* oder er nimmt zu ihm *ein Verhältnis der Entgegensetzung* ein, natürlich jedoch stets so, daß er sich bewußt ist, seine Erscheinung sei der Gegensatz zu dem, daran er selbst festhält, und daß er die Freude über dies Mißverhältnis genießt.

Im Verhältnis zu einem törichten und aufgeblasenen Wissen, welches über alles Bescheid weiß, ist es ironisch richtig, *mitzugehn,* hingerissen zu sein von aller dieser Weisheit, sie mit seinem jubelnden Beifall zu reizen, daß sie sich immer noch höher erhebe in immer noch höherer Narrheit, obwohl der Ironiker sich bei alledem bewußt ist, daß das Ganze leer und inhaltslos ist. Einer faden und unangebrachten Begeisterung gegenüber ist es ironisch richtig, sie noch *zu überbieten* in sich stets noch steigerndem, himmelhochjauchzendem Beifall, obwohl der Ironiker sich bewußt ist, diese Begeisterung sei die größte Albernheit von der Welt. Und je mehr dem Ironiker das Täuschen gelingt, je besseren Fortgang seine Falschmünzerei hat, um so größer ist seine Freude. Diese Freude aber genießt er in völliger Einsamkeit, und es ist ihm gerade darum zu tun, daß niemand seinen Trug merkt. – Diese Gestalt der Ironie kommt nur seltener vor, obwohl

sie ebenso tief ist und leichter durchführbar als jene Ironie, die in der Gestalt einer Entgegensetzung auftritt. In kleinerem Maßstabe sieht man sie wohl mitunter angewandt wider einen Menschen, der drauf und dran ist, an einer fixen Idee zu leiden; wider einen Menschen, der sich einbildet, daß er schön sei und z. B. insbesondere einen schönen Backenbart habe; oder wider einen, der sich einbildet, er sei witzig oder habe doch einmal einen Witz gemacht, der nicht oft genug wiederholt werden könne; oder wider einen Menschen, dessen Leben gleichsam aufgegangen ist in einem einzigen Ereignis, auf das er immer wieder zurückkommt, und zu dessen Erzählung man ihn jeden Augenblick bringen kann, wenn man es nur versteht, auf die richtige Feder zu drücken usf. In allen diesen Fällen ist es des Ironikers Freude, selber *scheinbar be-*
XIII 325 *strickt* zu sein von eben der Verstrickung, die den andern in Fesseln hält. Es ist eine von des Ironikers großen Freuden, allenthalben solche schwachen Seiten zu entdecken; und je vortrefflicher der Mensch ist, an dem dergleichen sich findet, um so größere Freude macht es ihm, ihn zu düpieren, ihn in der Gewalt zu haben, obwohl dem andern davon nichts ahnt, so daß sogar ein hervorragender Mensch in einzelnen Augenblicken für den Ironiker ein Püppchen wird, das er tanzen läßt, ein Hampelmann, den er dahin bringen kann, die Bewegungen, die er ihn machen lassen will, zu machen, je nachdem, wie er an der Schnur zieht; und sonderbar genug sind des Menschen schwache Seiten viel näher daran, Klangfiguren zu sein, die bei richtigem Anstreichen stets richtig auf der Glasplatte erscheinen, als die guten Seiten des Menschen; sie scheinen gleichsam eine Naturnotwendigkeit in sich zu tragen, während man so oft darüber betrübt sein muß, daß die guten Seiten Folgewidrigkeiten erliegen.

Auf der andern Seite aber ist es der Ironie ebenso eigentümlich, in der Gestalt eines Gegensatzverhältnisses aufzutreten. Einem Überfluß von Weisheit gegenüber so unwissend, so dumm, so *komplett* der *dumme August*[322] zu sein als nur möglich, jedoch zugleich ständig so lernwillig und so gutmütig, daß die Weisheitspächter so recht ihre Freude daran haben, einen mit auf ihre fetten Weiden zu lassen; einer sentimentalen, schmachtenden Begeisterung gegenüber *viel zu beschränkt* zu sein, um das Erhabene fassen zu können, das andre in Begeisterung versetzt, doch jederzeit den guten Willen an den Tag zu legen, der da so gerne fassen und begreifen möchte, was einem bisher ein Rätsel geblieben, — das sind vollkommen normale Äußerungen von Ironie. Und je treuherziger des Ironikers Dummheit sich zeigt, je unverfälschter sein redliches und aufrichtiges Streben zu sein scheint, um so größer ist seine Freude. Man ersieht daraus: es kann ebenso ironisch sein, wissend zu tun, wo man weiß, daß man unwissend ist, als unwissend zu tun, wo man weiß, daß man wissend ist. — Auch noch auf eine mehr mittelbare Art kann die Ironie sich durch ein Gegensatzverhältnis hindurch bekunden, wenn nämlich die Ironie sich die einfältigsten und beschränktesten Menschen erkiest, nicht, um ihrer zu spotten, sondern um der Weisen zu spotten.

In allen diesen Fällen erweist sich die Ironie als diejenige, die da die Welt versteht, und die da die umgebende Welt zu mystifizieren sucht, nicht so sehr um sich zu verstecken als vielmehr *um andre dahin zu bringen*, sich zu offenbaren. Die Ironie kann sich aber auch zeigen, indem der Ironiker versucht, *die Umgebung* betreffs seiner eigenen Person *auf falsche Fährte zu bringen*. In unsrer Zeit, wo die bürgerlichen und gesellschaftlichen Verhältnisse jedwede *heimliche Liebesgeschichte* beinahe unmöglich machen, wo die Stadt XIII 326
oder die Nachbarschaft allermeist schon zu vielen Malen von der Kanzel her das glückliche Paar abgekündigt haben, bevor der Pfarrer es zum ersten Male getan; in unsrer Zeit, wo das gesellschaftliche Leben sich eines seiner liebsten Vorrechte beraubt sähe, wenn es nicht die Gewalt hätte, Liebesbande zu knüpfen, und zugleich auf eigenes (nicht des Pfarrers) Ersuchen darwider ernstlichen Einspruch[323] zu erheben, so daß das öffentliche Gerede erst einer Liebe ihre Rechtmäßigkeit verschafft und also eine Verbindung, die ohne Mitwissen der Stadt geschlossen wird, nahezu als rechtsunwirksam betrachtet wird oder zumindest als schändlicher Eingriff in die Rechte der Stadt gilt, gleichwie die Leichenbitter den Selbstmord für eine unzulässige Art, sich aus der Welt zu stehlen, halten, — in unsrer Zeit, sag ich, mag es wohl ab und an dem oder jenem notwendig scheinen, falsches Spiel zu treiben, wenn er nicht den Wunsch hegt, daß die Stadt sich des ehrsamen Gewerbes, für ihn den Freier zu machen, annehme, so daß er selber nichts andres

nötig hat, als zu erscheinen mit der gewöhnlichen Freiermiene nach Art von Peter Erik Madsen[324], in weißen Handschuhen und mit einer eigenhändigen Niederschrift über seine Lebensaussichten in der Hand, zugleich mit andern verführerischen Zaubermitteln (ein allerergebenstes Ansuchen nicht zu vergessen), wie sie beim letzten Angriff üblich sind. Sind es nun mehr äußerliche Umstände, die da eine gewisse Geheimniskrämerei nötig machen, so wird die angewandte Mystifikation schlecht und recht *Verstellung* sein. Je mehr aber der Betreffende die Mystifikationen als Episoden seiner eignen Liebesgeschichte versteht, je ausgelassener er in der Freude ist, die Aufmerksamkeit der Leute auf einen ganz andern Punkt zu lenken, um so mehr kommt *die Ironie* zum Vorschein. Der Ironiker genießt der Liebe ganze Unendlichkeit; und die Ausweitung, die andere in dem Besitz von Vertrauten suchen, verschafft er sich, indem er Männer seines allerhöchsten Vertrauens hat, die doch nichts wissen. Derartige Mystifikationen sind unter Umständen auch in der *Literatur* unvermeidlich, in der man allenthalben umlauert wird von einer Unzahl wachsamer Literaten, welche Verfasser entdecken, etwa ebenso wie Christine Liebetraut[325] Ehen stiftet. Je weniger es nun äußerliche Gründe sind (Familienrücksichten, Rücksichten auf die Karriere, Furchtsamkeit usw.), die einen zum Versteckspielen veranlassen, je mehr eine gewisse *innere Unendlichkeit* im Schriftsteller den Wunsch erweckt, sein Werk von jeder endlichen Beziehung auf seine Person frei zu halten, den Wunsch erweckt, aller Beileidsbekundung durch die Unglücksgefährten überhoben zu sein und ebenso aller Beglückwünschung durch die zärtliche Schriftstellerbruderschaft, —
XIII 327 um so mehr kommt die Ironie zum Vorschein. Geht es nun so weit, daß man den einen oder andern kakelnden Hahn, der so unendlich gerne ein Ei legen möchte, dahin kriegt, mit halbem Ausweichen und halbem Bestätigen des Irrtums der Leute sich die Erzeugerschaft anhängen zu lassen, so hat der Ironiker gewonnen Spiel. Hegt man (wozu in unsrer Zeit der eine oder andre sich leicht versucht fühlen könnte) zuweilen den Wunsch, die Tracht abzulegen, die jedermann nach Maßgabe seiner *Stellung in der Gemeinschaft* laut Rangverordnung alleruntertänigst anzulegen und zu tragen hat, hegt einer zwischendurch einmal wenigstens den Wunsch zu wissen, daß er vor verurteilten Per-

sonen den Vorzug hat, in anderer als Anstaltskleidung sich zeigen zu dürfen, so wird auch hier eine gewisse Mystifikation nötig werden. Je mehr nun das, was einen zu solch einer Mystifikation bestimmt, ein endlicher Zweck ist, so wenn ein Kaufmann incognito reist, um den glücklichen Ausgang einer Spekulation zu betreiben, ein König, um Finanzbeamte zu überraschen, ein Polizeiagent, um zur Abwechslung einmal selber zu erscheinen als Dieb — in der Nacht[326], ein Mann in einer untergeordneten staatlichen Stellung aus Furcht vor höheren Vorgesetzten usw., um so mehr nähert sich die Sache schlecht und recht einer Verstellung. Dahingegen, je mehr es sich um ein Bedürfnis handelt, zwischendurch einmal Mensch zu sein und nicht immer und ewig Kanzleirat, je mehr poetische Unendlichkeit darin liegt, je größer die Kunst ist, mit der die Mystifikation durchgeführt wird, um so mehr kommt die Ironie zum Vorschein. Ja, gelingt es gar, die Leute blank in die Irre zu führen, vielleicht als verdächtige Person sistiert oder in interessante Familienverhältnisse hereingezogen zu werden, so hat der Ironiker, was er wünscht, erreicht.

Indes, was in allen diesen und in ähnlichen Fällen das an der Ironie zum Vorschein Kommende ist, das ist die *subjektive Freiheit*, welche in jedem Augenblick *die Möglichkeit zu neuem Anfang* in der Gewalt hat und nicht durch vorhergehende Verhältnisse beengt wird. Allem Anfang ist etwas Verführerisches eigen, weil das Subjekt noch seine Freiheit hat, und *diesen Genuß* eben begehrt der Ironiker. Die Wirklichkeit verliert in solchen Augenblicken für ihn ihre Giltigkeit, er steht frei über ihr. Dessen ist sich die römisch katholische Kirche an einzelnen bestimmten Punkten bewußt geworden, und darum pflegte sie im Mittelalter zu gewissen Zeiten sich über ihre eigene unbedingte Wirklichkeit zu erheben, und sich selbst ironisch zu nehmen, so z. B. beim Eselsfest, beim Narrenfest, beim Ostergelächter[327] usw. Ein ähnliches Empfinden war der Grund der den XIII 328
römischen Soldaten gegebenen Erlaubnis, auf den Triumphator Spottlieder zu singen. Hier ward man sich zugleich des Glanzes des Lebens und der Wirklichkeit des Ruhms bewußt und war doch im gleichen Augenblick ironisch hinaus über sie. Ebenso verbarg sich (auch ohne daß es dazu erst der Spöttereien eines Lukian bedurft hätte) viel Ironie in den griechischen Göttergeschichten, in

denen auch die himmlische Wirklichkeit der Götter nicht verschont geblieben ist vom scharfen Luftzug der Ironie. So gewiß es nun viel Dasein gibt, das nicht Wirklichkeit ist, und so gewiß an der Persönlichkeit etwas ist, das mindestens augenblicksweise dem Maßstab der Wirklichkeit sich entzieht, so gewiß ist es auch, daß in der Ironie eine Wahrheit liegt. Hinzu kommt Folgendes: so wie wir bislang die Ironie genommen haben, ist sie eher als eine Äußerung im Augenblick verstanden worden, so daß wir in allen erwähnten Fällen noch nicht von der reinen Ironie sprechen dürfen, oder von Ironie als Standpunkt. Je mehr hingegen die Betrachtung des zwischen Wirklichkeit und Subjekt bestehenden Verhältnisses, die hier gelegentlich geltend gemacht wurde, um sich greift, um so näher kommen wir an den Punkt, an welchem die Ironie in ihrer angemaßten Totalität sich zeigt.

Die Auffassung, die ein Diplomat von der Welt hat, ist in vieler Beziehung ironisch, und die bekannte Äußerung Talleyrands[328], der Mensch habe die Sprache nicht um seine Gedanken kund zu tun, sondern um sie zu verbergen, enthält eine tiefe Ironie über die Welt, und paßt vom Gesichtspunkt der Staatsklugheit aus ganz und gar zu einem andern echt diplomatischen Satze: ‚Die Welt will betrogen sein, so sei sie denn betrogen' (mundus vult decipi, decipiatur ergo[329]). Daraus folgt jedoch noch keineswegs, daß die diplomatische Welt etwa das Dasein ironisch betrachte, sie hat vielmehr vieles, das sie mit Ernst geltend zu machen wünscht. — Der Unterschied zwischen allen diesen hier angedeuteten Äußerungen von Ironie ist darum bloß quantitativ, betrifft ein Mehr oder Minder; dahingegen unterscheidet die Ironie in strengerem Sinne (sensu eminentiori) sich qualitativ von der hier beschriebenen Ironie, ebenso wie der spekulative Zweifel sich von dem vulgären und empirischen qualitativ unterscheidet. Die Ironie im strengeren Sinn richtet sich nicht wider das eine oder andre einzelne Daseiende, sie richtet sich wider die ganze zu einer gewissen Zeit und unter gewissen Verhältnissen gegebene Wirklichkeit. Sie trägt daher in sich eine Apriorität, und sie gelangt zu ihrer Gesamtansicht nicht dadurch, daß sie allmählich ein Stück der Wirklichkeit nach dem andern vernichtet, sondern kraft ihrer Gesamtansicht richtet sie Zerstörungen an im einzelnen. Nicht diese oder jene Einzelerscheinung, sondern das Ganze des Daseins wird von ihr sub specie ironiae[330] betrachtet. Insofern ersieht man, daß Hegel die Ironie mit Recht als „die *unendliche absolute Negativität*“[331] bezeichnet. XIII 329

Bevor wir indes dazu übergehen, dies näher zu entwickeln, scheint es richtig, daß wir uns in der Begriffsumgebung orientieren, in welcher die Ironie zu Hause ist. Zu diesem Behuf muß man unterscheiden zwischen dem, was man eine exekutive Ironie* nennen könnte und einer kontemplativen Ironie.

---

* Zur exekutiven oder wie man sie auch nennen könnte, dramatischen Ironie gehört auch *die Ironie der Natur*, sofern nämlich die Ironie in der Natur ohne Bewußtsein ist, vielmehr allein für den ist, der ein Auge für sie hat; für diesen ist es alsdann, als treibe die Natur, wie eine lebendige Person, mit ihm Scherz oder vertraue ihm ihren Kummer und ihr Leid an. In der Natur liegt nicht dies Mißverhältnis, dafür ist sie zu natürlich und allzu naiv, für den aber, der ironisch entwickelt ist, zeigt jenes Mißverhältnis sich in der Natur. *Schubert* (in seiner Symbolik des Traumes, Bamberg 1821) bietet eine Fülle solcher ironischen Züge in der Natur zur gefälligen Auswahl an. Er bemerkt, daß die Natur in tiefem Spotte „Klage mit Lust, Fröhlichkeit mit Trauer wunderlich paart, gleich jener Naturstimme, der Luftmusik auf Ceylon, welche im Tone einer tiefklagenden, herzzerschneidenden Stimme, furchtbar lustige Menuetten singt“ (S. 38). Er macht aufmerksam auf die *von der Natur beliebte ironische Zusammenstellung* der am weitesten voneinander entfernten Gegensätze, vgl. S. 41: „Unmittelbar auf den vernünftigen gemäßigten Menschen, folgt in der Ideenassociation der Natur der tolle Affe, auf den weisen, keuschen Elephanten das unreine Schwein, auf das Pferd der Esel, auf das häßliche Cameel die schlanken Reharten, auf die mit dem gewöhnlichen Loos der Säugethiere unzufriedne, dem Vogel nachäffende Fledermaus, folgt in verschiedener Hinsicht die Maus, die sich kaum aus der Tiefe herauswagt.“ Dies alles ist indes nicht in der Natur, sondern *das ironische Subjekt* erblickt es in ihr. Je polemischer ein Individuum entwickelt ist, um so mehr Ironie wird es auch in der Natur finden. Eine solche Betrachtung der Natur ist darum der *romantischen* Entwicklung weit *mehr* eigen als der *klassischen*. Die griechische Harmonie hat schwerlich derartige Spitzigkeiten in der Natur gefunden. Dies will ich an einem Beispiel erläutern. In dem glücklichen Griechenland war die Natur nur selten für andres Zeuge als für die zarten und sanften Harmonien einer ebenmäßig gestimmten Seele, denn selbst die griechische Trauer ist schön gewesen, daher war Echo eine freundliche *Nymphe*. In der Mythologie des Nordens hingegen, allwo die Natur von wilden Klageschreien widergehallt, wo die Nacht nicht licht und klar, sondern düster und verhangen, voll von Angst und Grauen gewesen, XIII 330
wo das Leid nicht gesänftigt ward durch stilles Gedenken, sondern durch

XIII 330 Zuerst betrachten wir das, was wir die exekutive Ironie zu nennen gewagt. Insoweit die Ironie das Verhältnis der Entgegensetzung in allen seinen verschiedenen Spielarten geltend macht, insoweit könnte es so aussehen, als ob Ironie mit Verstellung eines und das gleiche wäre*. Im allgemeinen pflegt man der Kürze halben Ironie mit Verstellung zu übersetzen. Aber Verstellung bezeichnet mehr den objektiven Akt, durch den das Mißverhältnis zwischen Wesen und Erscheinung vollzogen wird; Ironie bezeichnet zugleich den subjektiven Genuß, sofern das Subjekt in der Ironie sich aus der Gebundenheit losmacht, in der es von der fortlaufenden Kette der Lebensverhältnisse gehalten wird; daher kann man ja auch vom Ironiker sagen, er sei ausgelassen (losgelassen). Hierzu kommt, daß Verstellung, wenn man sie in Beziehung zum Subjekt setzt, einen Zweck, eine Absicht hat, diese Absicht jedoch ist äußerlicher Art, hat mit der Verstellung als solcher nichts zu tun; dahingegen hat die Ironie keine Absicht, ihr Zweck ist ihr innerlich einwohnend (immanent), es ist ein metaphysischer Zweck. Zweck und Absicht sind nichts andres als die Ironie selbst. Wenn der Ironiker sich also als ein anderer zeigt als er wirklich ist, so könnte es gewiß so scheinen, als ob seine Absicht wäre, andre dies glauben zu machen; seine eigentliche Absicht ist jedoch, sich frei zu fühlen, dies aber ist er eben kraft der Ironie, und so hat denn die Ironie keinen andern Zweck, sondern ist Selbstzweck. Daraus ersieht man leicht, daß die Ironie sich von dem Jesuitismus[333] unterscheidet, in welchem das Subjekt wohl frei ist in der Wahl der Mittel zur Ausführung

---

ein tiefes Seufzen und ewiges Vergessen, da war Echo ein Troll. Im nordischen Volksglauben heißt Echo darum Zwergmund oder Bergmund, vgl. Grimm: Irische Elfenmärchen 1826 S. LXXVIII, wo auf Faerøiske Qvaeder (Färöische Volkslieder), Randers 1822 S. 464 verwiesen wird. Dieser Ironie in der Natur ist hier in einer Anmerkung der Platz angewiesen worden, weil sie doch eigentlich erst dem humoristischen Individuum aufgeht; denn eigentlich kommt das ironische Verständnis der Natur recht erst zum Vorschein vermittelst einer Betrachtung der in der Welt waltenden Sünde.[332]

* Dergestalt ist die Ironie von Theophrast verstanden, vgl. Theophrasti Characteres ed. Astius (Lipsiae 1816) S. 4 Cap. I: „Über die Ironie" (περὶ ειρωνείας). Hier wird Ironie folgendermaßen definiert: „Verstellung zum Schlechteren hin in Wort und Tat" (προσποίησις ἐπὶ χεῖρον πράξεων καὶ λόγων, simulatio dissimulatioque fallax et fraudulenta).

seines Zwecks, jedoch keineswegs frei ist im Sinne der Ironie, in der das Subjekt einen Zweck nicht hat.

Insoweit es der Ironie wesentlich ist, ein dem Inneren entgegengesetztes Äußeres zu besitzen, könnte es so scheinen, als ob sie mit Heuchelei in eins zusammenfiele. Im Dänischen hat man XIII 331
Ironie zuweilen wohl auch mit „Schalkheit“ übersetzt, und einen Heuchler pflegt man ja wohl einen „Augenschalk“[334] zu nennen. Aber Heuchelei gehört eigentlich in das Gebiet des Moralischen. Der Heuchler müht sich ständig gut zu scheinen, obwohl er böse ist. Die Ironie hingegen liegt auf einem metaphysischen Gebiet, und es ist dem Ironiker stets allein darum zu tun, ein andrer zu scheinen, als er wirklich ist; daher kann der Ironiker, ebenso wie er seinen Scherz in Ernst versteckt, seinen Ernst in Scherz (ungefähr so wie die Naturlaute auf Ceylon), ganz ebenso auch darauf verfallen, böse zu scheinen, obwohl er gut ist. Nur muß man sich daran erinnern, daß die moralischen Bestimmungen eigentlich zu konkret für die Ironie sind.

Indes die Ironie hat auch eine theoretische oder komtemplative Seite. Betrachten wir die Ironie als ein untergeordnetes Moment, so ist die Ironie doch der sichere Blick für das Schiefe, das Verkehrte, das Eitle am Dasein. Indem sie dies nun zu fassen weiß, könnte es so scheinen, als ob Ironie in eins zusammenfiele mit Spott, Satire, Persiflage usw. Eine Ähnlichkeit hat sie natürlich damit, sofern sie ebenfalls das Eitle sieht; aber indem sie ihre Wahrnehmung zur Darstellung bringen will, weicht sie ab, sofern sie das Eitle nicht vernichtet, sich dazu nicht verhält wie die strafende Gerechtigkeit zum Laster, nicht etwas Versöhnliches an sich hat wie das Komische, sondern eher das Eitle in seiner Eitelkeit bestärkt, das Verkehrte noch verkehrter macht. Dies könnte man nennen den Versuch der Ironie, die auseinandergetretenen Momente zu vermitteln, nicht in höherer Einheit, sondern in höherer Narrheit.

Betrachten wir die Ironie, wo sie sich wider das ganze Dasein kehrt, so hält sie auch hier wieder fest an dem Gegensatz zwischen Wesen und Erscheinung, zwischen dem Inneren und dem Äußeren. Es könnte nun so scheinen, wie wenn sie als die absolute Negativität in eins zusammenfiele mit dem Zweifel. Teils aber muß man sich erinnern, daß Zweifel eine Begriffsbestim-

mung ist, Ironie ein Fürsichsein der *Subjektivität*; teils, daß die Ironie wesentlich *praktisch* ist, und daß sie nur theoretisch ist, um abermals praktisch zu sein, mit andern Worten, daß es der Ironie nicht um die Sache, sondern um sich selber zu tun ist. Wenn darum die Ironie Witterung davon bekommt, daß hinter der Erscheinung etwas andres als das in dieser Liegende stecken müsse, so ist das der Ironie stets am Herzen Liegende dies, daß das Subjekt sich frei fühle, so daß die Erscheinung fort und fort nicht dahin gelangt, für das Subjekt Wirklichkeit zu erhalten. Die Bewegung geht daher auch ganz und gar in entgegengesetzter Richtung[335]. Im Zweifel nämlich möchte das Subjekt immerzu in den Gegenstand hinein, und das Unglück des Menschen ist, daß der Gegenstand fort und fort vor ihm flieht. In der Ironie will das Subjekt immerzu aus dem Gegenstand heraus, und dies erreicht
XIII 332 der Mensch dadurch, daß er in jedwedem Augenblick sich bewußt ist, daß der Gegenstand keine Realität hat. Im Zweifel ist das Subjekt Zeuge eines Eroberungskrieges, in welchem jede Erscheinung vernichtet wird, weil das Wesen stets dahinter liegen müsse. In der Ironie ist das Subjekt auf einem dauernden Rückzuge, bestreitet jeder Erscheinung die Wirklichkeit, um sich selber zu retten, d. h. um sich selber zu bewahren in der negativen Unabhängigkeit von allem.

Insofern endlich die Ironie vermöge des Bewußtseins, daß die Erscheinung keine Wirklichkeit hat, den gleichen Satz ausspricht wie das fromme Gemüt, könnte es so scheinen, als ob die Ironie eine Art von *Andacht* wäre. Auch in der Andacht verliert, wenn ich so sagen darf, die niedere Wirklichkeit — will heißen die Weltbeziehungen — ihre Giltigkeit; dies aber geschieht doch nur, sofern die *Gottesbeziehungen* im gleichen Augenblick ihre unbedingte Wirklichkeit geltend machen. Der andächtige Sinn sagt gleichfalls, daß alles Eitelkeit ist; dies aber geschieht doch nur insoweit, als durch dies Nein hindurch alles, was aufhält und stört, beiseite geschafft wird, und das, was ewig besteht, sichtbar wird. Hinzu kommt, daß der andächtige Sinn, wenn er sagt, daß alles Eitelkeit ist, mit der eignen Person keine Ausnahme macht, von ihr nicht Aufhebens macht, vielmehr, auch sie muß überseit, auf daß das Göttliche nicht von ihrem Widerstehen zurückgestoßen werde, sondern sich in den andächtig sich auftuenden Sinn ergieße. Ja, in den tiefer gehenden Erbauungsschriften gewahren wir, daß der fromme Sinn gerade die eigene endliche Persönlichkeit für das Elendigste von allem hält. Dahingegen wird in der Ironie, indem alles zu Eitelkeit gemacht wird, die Subjektivität frei. Je mehr alles eitel wird, um so leichter, um so inhaltsleerer, um so flüchtiger wird die Subjektivität. Und während alles zu Eitelkeit wird, wird das ironische Subjekt *in seinen eigenen Augen* nicht eitel, sondern rettet seine eigene Eitelkeit heraus. Für die Ironie wird alles ein Nichts; das Wort Nichts aber kann in mehrfachem Sinne genommen werden. Das spekulative Nichts ist das in jedem Augenblick vor der Konkretion Verschwindende, da es selber des Konkreten Trieb, des Konkreten nisus formativus[336] ist; das mystische Nichts ist ein Nichts für die Vorstellung, ein Nichts, welches doch ebenso inhaltsreich ist, als das Schweigen der Nacht Stimme hat für den, der Ohren hat zu hören; das ironische Nichts endlich ist die Totenstille, in welcher die Ironie als Wiedergängerin Spuk macht (man nehme den letzten Ausdruck durchaus doppeldeutig).

Weltgeschichtliche Giltigkeit der Ironie, die Ironie des Sokrates XIII 333

Kehren wir nun aber zurück zu der im Vorhergehenden gegebenen allgemeinen Kennzeichnung der Ironie, als *der unendlichen absoluten Negativität*, so ist mit ihr zur Genüge angedeutet, daß die Ironie sich nunmehr nicht mehr länger wider diese oder jene einzelne Erscheinung kehrt, wider ein einzelnes Daseiendes, sondern daß *das gesamte Dasein* dem ironischen Subjekt fremd und dieses wiederum dem Dasein fremd geworden ist, daß das ironische Subjekt selber, indem die *Wirklichkeit* für es ihre Giltigkeit verloren hat, in gewissem Maße zu etwas Unwirklichem geworden ist. Das Wort „Wirklichkeit" indes muß hier fürs Erste im Sinne der geschichtlichen Wirklichkeit genommen werden, will heißen, der zu einer gewissen Zeit unter gewissen Verhältnissen gegebenen Wirklichkeit. Teils nämlich kann dies Wort in metaphysischem Sinne genommen werden, so z. B. wenn man die metaphysische Frage vom Verhältnis der

Idee zur Wirklichkeit behandelt, wobei es denn nicht um diese oder jene Wirklichkeit geht sondern um die Konkretheit der Idee, d. h. um deren Wirklichkeit; teils kann das Wort Wirklichkeit gebraucht werden von der geschichtlich verwirklichten Idee. Die letztgenannte Wirklichkeit ist nun zu verschiedenen Zeiten jeweils eine andere. Hiermit soll keineswegs geleugnet sein, daß die geschichtliche Wirklichkeit in der Gesamtsumme ihres Daseins einen ewigen Zusammenhang in sich selber hat, jedoch für die durch Zeit und Raum geschiedenen Generationen ist die gegebene Wirklichkeit je eine verschiedene. Wenn nun auch der Weltgeist in jeglicher Entwicklung stets in sich selber ist, so ist dies doch nicht ebenso der Fall mit der Menschheit zu einer gewissen Zeit und mit den in ihr zu einer gewissen Zeit gegebenen Individuen. Diesen bietet sich eine gegebene Wirklichkeit dar, und sie haben es nicht in der Macht, sie zu verwerfen; denn die Weltentwicklung führt den, der selber mitwill und schleift den mit sich fort, der nicht will[337]. Sofern aber die Idee konkret in sich ist, ist es ihr notwendig, fort und fort das zu werden, was sie ist, d. h. — konkret zu werden. Dies kann sie jedoch nur werden durch Geschlecht und Individuum hindurch.

Hierbei zeigt sich ein *Widerspruch*, durch den hindurch die *Weltentwicklung* vor sich geht. Die zu einer gewissen Zeit gegebene Wirklichkeit ist die für das Geschlecht und die Individuen giltige, und gleichwohl muß, sofern man nicht sagen will, es sei mit aller Entwicklung vorüber, diese Wirklichkeit von einer andern Wirklichkeit verdrängt werden, und dies muß geschehen durch die Individuen und das Geschlecht und ihr Wollen hindurch. So war für das mit der Reformation gleichzeitige Geschlecht der Katholizismus die gegebene Wirklichkeit, und dennoch war er zugleich die Wirklichkeit, die als solche keine Giltig-
XIII 334 keit mehr hatte. Hier stößt also eine Wirklichkeit mit einer andern Wirklichkeit zusammen. Hierin liegt das tief *Tragische* der Weltgeschichte. Ein Individuum vermag zu gleicher Zeit welthistorisch berechtigt und doch unbefugt zu sein. Sofern der einzelne Mensch Letzteres ist, muß er ein Opfer werden, sofern er Ersteres ist, muß er siegen, will heißen, er muß dadurch siegen, daß er ein *Opfer* wird. Man sieht hier, wie folgerichtig in sich die Weltentwicklung ist; denn indem die wahrere Wirklichkeit an

den Tag soll, findet doch die vergangene ihren Respekt; es geschieht keine Revolution, sondern eine Evolution; die vergangene Wirklichkeit erweist sich als annoch berechtigt dadurch, daß sie ein Opfer heischt, die neue Wirklichkeit dadurch, daß sie ein Opfer bringt. Ein Opfer aber gehört dazu, weil wirklich ein neues Moment zutage treten soll, weil die neue Wirklichkeit keine bloße Schlußfolgerung aus dem Vergangenen ist, sondern ein Mehr in sich enthält, nicht bloß ein Korrektiv des Vergangenen ist, sondern ein neuer Anfang.

An einem jeden solchen Wendepunkt der Geschichte sind zwei Bewegungen da, die beachtet werden müssen. Einerseits soll das Neue an den Tag, anderseits soll das Alte verdrängt werden. Sofern das Neue an den Tag soll, begegnen wir hier dem prophetischen Individuum, welches das Neue in der Ferne erschaut, in dunklen und unbestimmten Umrissen. Der prophetische Mensch hat das Künftige nicht zu eigen, er erahnt es bloß. Er vermag es nicht geltend zu machen, aber der Wirklichkeit, der er zugehört, ist er ebenfalls verloren. Sein Verhältnis zu dieser ist indes ein friedliches Verhältnis; denn die gegebne Wirklichkeit empfindet keine Entgegensetzung. Darauf folgt der eigentlich tragische Held. Er kämpft für das Neue, er müht sich, dasjenige zu vernichten, das für ihn ein im Schwinden Begriffenes ist, seine Aufgabe ist jedoch nicht so sehr das Vernichten, er soll vielmehr das Neue geltend machen und dadurch mittelbar das Vergangene vernichten. Auf der andern Seite aber soll das Alte verdrängt werden, das Alte muß in seiner ganzen Unvollkommenheit gesehen werden. Hier begegnen wir dem ironischen Subjekt. Für den Ironiker hat die gegebene Wirklichkeit ihre Giltigkeit ganz und gar verloren, sie ist ihm eine unvollkommene Form geworden, die allenthalben lästig wirkt. Das Neue anderseits hat der Ironiker nicht zu eigen. Er weiß lediglich das Eine, daß das Gegenwärtige nicht der Idee entspricht. Er ist derjenige, der da Gericht halten soll. In gewissem Sinne freilich ist der Ironiker prophetisch, denn er weist fort und fort hin auf etwas im Kommen Begriffenes, aber er weiß nicht, was es ist. Er ist prophetisch, aber seine Stellung und Lage ist das Gegenteil der des Propheten. Der Prophet geht mit seiner eigenen Zeit Hand in Hand, und von diesem Standort her erschaut er das im Kommen

Begriffene. Der Prophet ist, wie oben bemerkt, für sein eigenes Zeitalter verloren, aber er ist dies eigentlich nur deshalb, weil er in seine Gesichte versinkt. Der Ironiker hingegen ist aus den XIII 335 Reihen seiner eigenen Zeit herausgetreten, hat wider diese Stellung bezogen. Was da kommen wird, ist ihm verborgen, liegt hinter seinem Rücken; die Wirklichkeit jedoch, der er feindlich gegenübergetreten ist, ist das, was er vernichten soll, wider sie kehrt sich sein verzehrender Blick, auf sein Verhältnis zu seiner eignen Zeit darf man das Bibelwort[338] anwenden: ‚Siehe die Füße derer, die dich forttragen werden, sind vor der Tür.' Auch der Ironiker ist ein von der Weltentwicklung gefordertes Opfer, nicht etwa, als ob der Ironiker stets im strengeren Sinne als ein Opfer fallen müßte, sondern Eifer in des Weltgeists Dienste verzehrt ihn[339].

Hier haben wir somit die Ironie als *die unendliche absolute Negativität*. Sie ist *Negativität*, denn sie tut nichts als verneinen; sie ist *unendlich*, denn sie verneint nicht diese oder jene Erscheinung; sie ist *absolut*, denn dasjenige, kraft dessen sie verneint, ist ein Höheres, das jedoch nicht ist. Die Ironie richtet nichts auf; denn dasjenige, das errichtet werden soll, liegt hinter ihrem Rücken. Sie ist ein göttlicher Wahnsinn, der gleich einem Tamerlan wütet, und keinen Stein auf dem andern läßt. Hier haben wir mithin die Ironie. In gewissem Maße muß denn auch jeder geschichtliche Wendepunkt diese Formation besitzen, und es dürfte sicherlich nicht ohne geschichtliches Interesse sein, dieser Formation durch die Weltgeschichte hin nachzugehn. Ich möchte mich indes darauf nicht einlassen, sondern lediglich aus der der Reformation am nächsten liegenden Zeit *Cardanus, Campanella und Bruno* als Beispiele herausgreifen. Auch *Erasmus von Rotterdam* ist in gewissem Maße Ironie gewesen. Ich meine, man hat bislang die Bedeutung dieser Formation nicht genügend beachtet; und das ist insofern um so absonderlicher, als Hegel doch das Negative mit so entschiedener Vorliebe behandelt hat. Dem Negativen im System aber entspricht in der geschichtlichen Wirklichkeit die Ironie. In der geschichtlichen Wirklichkeit ist das Negative da, und das ist es im System niemals.

Die Ironie ist eine *Bestimmung der Subjektivität*.

In der Ironie ist das Subjekt *negativ frei*; denn die Wirklichkeit, welche ihm Inhalt geben soll, ist nicht vorhanden, das Subjekt ist frei von der Gebundenheit, in welcher die gegebene Wirklichkeit das Subjekt hält, aber es ist negativ frei und als solches in der Schwebe, weil nichts da ist, das es hielte. Eben diese Freiheit aber, dieses Schweben verleiht dem Ironiker einen gewissen Enthusiasmus, indem er sich an der Unendlichkeit der Möglichkeiten gleichsam berauscht, indem er, soweit er wegen alles
des Untergehenden eines Trostes bedarf, zu dem ungeheuren Re- XIII 336
servefonds der Möglichkeit seine Zuflucht nehmen kann. Diesem Enthusiasmus gibt er sich indes nicht hin, dieser begeistert und nährt lediglich den Enthusiasmus der Vernichtung in ihm. — Da aber der Ironiker das Neue nicht in der Gewalt hat, so könnte man fragen, womit er denn das Alte vernichte, und darauf muß man antworten, daß er die gegebene Wirklichkeit mit der gegebenen Wirklichkeit *selbst vernichtet*, muß sich jedoch zugleich daran erinnern, daß das neue Prinzip in ihm κατὰ δύναμιν, als Möglichkeit, gegenwärtig ist*. Indem er aber die Wirklichkeit mit der Wirklichkeit selbst vernichtet, tritt er in den Dienst der Weltironie. Hegel bemerkt in seiner Geschichte der Philosophie Bd. II S. 62 (= Werke, Jub. Ausgb. XVIII 62): „Alle Dialektik läßt das gelten, was gelten soll, als ob es gelte, läßt die innere Zerstörung selbst sich daran entwickeln, — allgemeine Ironie der Welt", und hierin ist die Weltironie sehr richtig verstanden. Eben weil jede einzelne geschichtliche Wirklichkeit stets doch nur Moment ist in der Verwirklichung der Idee, trägt sie in sich selber den Keim ihres Untergangs. Dies zeigt sich vor allem sehr deutlich am *Judentum*, dessen Bedeutung als Durchgangsmoment besonders auffallend ist. So war es z. B. eine tiefe Ironie über die Welt, wenn das Gesetz, nachdem es die Gebote verkündigt hatte, die Verheißung hinzufügte: ‚so du diese Gebote tust, so wirst du selig werden'[340], da es sich ja eben erwies, daß die Menschen das Gesetz nicht erfüllen konnten, und somit eine Seligkeit, die an diese Bedingung geknüpft ward, mehr als hypothetisch wurde. Daß

---

* Ähnlich wie das Wasser sich zu dem, das sich darin spiegelt, verhält, ähnlich hat das Negative die Eigenschaft, daß es das, was es erzeugt, ebenso hoch über sich zeigt, wie es das tief unter sich zeigt, was es bekämpft; dies aber weiß das Negative ebenso wenig wie das Wasser.

aber das Judentum sich mit sich selber vernichtete, das zeigt sich eben an seinem geschichtlichen Verhältnis zum Christentum. Wenn wir, ohne weiter auf eine Untersuchung der Bedeutung von Christi Erscheinen einzugehn, dieses lediglich als einen Wendepunkt der Weltgeschichte festhalten, so wird man doch allda die ironische Formation ebenfalls nicht missen können. Diese ist nun auch gegeben mit *Johannes dem Täufer*. Er war nicht, der da kommen sollte, er war nicht wissend von dem, was da kommen sollte, und gleichwohl vernichtete er das Judentum. Er vernichtete es also nicht mit dem Neuen, sondern er vernichtete es mit dem Judentum selbst. Er heischte vom Judentum, was das Judentum leisten wollte — Gerechtigkeit; aber diese zu leisten, war das Ju-
XIII 337 dentum nicht imstande, und dadurch verfiel es dem Untergang. Johannes ließ also das Judentum bestehen und entwickelte in ihm zugleich den Keim des Untergangs. In Johannes dem Täufer tritt indes seine Persönlichkeit ganz und gar in den Schatten, man erblickt in ihm gewissermaßen die Weltironie in ihrer objektiven Gestalt, so daß er zu nichts anderem wird als zu einem Werkzeug in ihrer Hand. Soll aber die ironische Formation völlig entwickelt sein, so ist dazu erforderlich, daß *das Subjekt* zugleich *seiner Ironie* sich *bewußt* werde, sich in seinem Verurteilen der gegebenen Wirklichkeit negativ frei fühle und diese negative Freiheit genieße. Damit dies geschehen kann, muß die Subjektivität entwickelt sein, oder richtiger: indem die Subjektivität sich geltend macht, kommt die Ironie zum Vorschein. Die Subjektivität *fühlt* sich der gegebenen Wirklichkeit gegenüber, fühlt ihre Kraft, ihre Giltigkeit und Bedeutung. Indem sie aber dies fühlt, rettet sie sich gleichsam heraus aus der Relativität, in der die gegebene Wirklichkeit sie festhalten will. Insofern diese Ironie nun weltgeschichtlich berechtigt ist, ist die Befreiung der Subjektivität im Dienst der Idee unternommen, wenngleich das ironische Subjekt sich dessen nicht deutlich bewußt ist. Dies ist das Geniale an der berechtigten Ironie. Von der unberechtigten Ironie gilt es, daß sie, indem sie ihre Seele zu erhalten sucht, diese verliert[341]. Ob aber die Ironie berechtigt oder nicht berechtigt ist, darüber kann allein die Geschichte urteilen.

Indes daraus, daß der einzelne Mensch die Wirklichkeit ironisch betrachtet, folgt noch keineswegs, daß er sich, indem er diese seine

Auffassung der Wirklichkeit geltend macht, ironisch verhält. So ist z. B. in der neueren Zeit reichlich von Ironie und von der ironischen Auffassung der Wirklichkeit gesprochen worden; diese Auffassung aber hat sich nur ziemlich selten ironisch „gestaltet“[342]. Je mehr das aber geschieht, um so sicherer und unvermeidlicher ist auch der Untergang der Wirklichkeit, um so größeres Übergewicht hat der ironische Einzelne über die Wirklichkeit, die er vernichten will, und um so freier ist er auch. Hier unternimmt er nun in aller Stille die gleiche Operation wie die Weltironie. Er läßt das Bestehende bestehen, aber für ihn hat es keine Giltigkeit; mittlerweile tut er doch so, als ob es für ihn Giltigkeit hätte, und unter dieser Maske führt er es dem sicheren Untergang entgegen. Insofern der ironische Einzelne weltgeschichtlich berechtigt ist, zeigt sich hier eine *Einheit* des *Genialen* und der künstlerischen *Besonnenheit*.

Indes, ist die Ironie eine Bestimmung der Subjektivität, so muß sie sich auch da zeigen, wo die Subjektivität zum ersten Male weltgeschichtlich in Erscheinung tritt. *Die Ironie* ist nämlich *die erste und abstrakteste Bestimmung der Subjektivität*. Dies weist hin auf jenen geschichtlichen Wendepunkt, an dem die Subjektivität zum ersten Mal in Erscheinung trat und damit sind wir denn zu Sokrates gekommen.

Wie es nun mit *der Ironie des Sokrates* beschaffen XIII 338
gewesen ist, das ist in dem früheren Teil dieser Untersuchung zur Genüge geklärt worden. Die gesamte gegebene Wirklichkeit hatte für ihn ihre Giltigkeit verloren, er war *der gesamten Wirklichkeit der Substantialität*[343] *fremd* geworden. Dies ist die eine Seite der Ironie; auf der andern Seite *brauchte Sokrates die Ironie*, indem er das Griechentum vernichtete; sein Verhalten gegen dieses war ständig ironisch; er war unwissend und wußte nichts, sondern suchte ständig bei andern Aufklärung; indem er aber auf diese Art das Bestehende bestehen ließ, verfiel es dem Untergang. Diese Taktik führte er bis zum Äußersten durch, und das zeigte sich besonders, als er angeklagt worden war. Aber der Eifer in diesem Dienst hat ihn verzehrt, und *zuletzt packte die Ironie ihn*, es schwindelt ihm, alles verliert seine Wirklichkeit. Diese Anschauung von Sokrates und der weltgeschichtlichen Bedeutung seines Standpunkts rundet sich

meines Bedünkens so natürlich in sich selber ab, daß sie sich (so hoffe ich) bei dem einen oder andern Leser Eingang verschaffen wird. Da Hegel sich indes darwider erklärt, den Standpunkt des Sokrates als Ironie zu verstehen, wird es notwendig, die Einwände darwider zu berücksichtigen, die sich hin und her in seinen Schriften finden.

Zuvor möchte ich indes, so gut es mir möglich ist, eine Schwäche zu beleuchten suchen, welche Hegels ganzem Verständnis des Begriffs der Ironie anzuhaften scheint. Hegel spricht von der Ironie stets sehr abweisend, die Ironie ist in seinen Augen etwas Widerwärtiges. In die gleiche Zeit wie das Auftreten Hegels fällt Friedrich Schlegels glänzendste Periode. Gleich wie aber die Ironie der Brüder Schlegel auf ästhetischem Gebiet über eine um sich greifende Sentimentalität Gericht gehalten hatte, ebenso wurde Hegel derjenige, welcher die in der Ironie liegende Fehlweisung berichtigen sollte. Es ist überhaupt eines von Hegels großen Verdiensten, daß er den verlorenen Söhnen der Spekulation auf dem Wege des Verderbens Einhalt getan hat oder doch wenigstens Einhalt hat tun wollen. Hierbei aber wandte er nicht immer die glimpflichsten Mittel an, und seine Stimme hatte, wenn er warnte, nicht eben stets einen milden und väterlichen Ton, sondern hatte oft etwas Barsches und Schulmeisterliches an sich. Die Anhänger der Ironie waren die, welche ihm die meiste Verdrießlichkeit verursachten, und er hat daher recht bald die Hoffnung auf ihre Rettung preisgegeben und behandelt sie fortan als unverbesserliche und verstockte Sünder. Bei jeder Gelegenheit kommt
XIII 339 Hegel darauf zurück, von diesen Ironikern zu sprechen, und überall werden sie in der absprechendsten Weise vorgenommen, ja, Hegel blickt mit gewaltigem Hohn und Vornehmheit nieder auf diese von ihm oft genug „vornehme Leute“[344] gescholtenen Männer. Doch hat der Umstand, daß Hegel dergestalt an der ihm am nächsten liegenden Gestalt der Ironie sich „versehen“ hat, natürlich seiner Erfassung des Begriffs geschadet. Eine wirkliche Darlegung kriegt man meist nicht — dafür kriegt Friedrich Schlegel stets Schelte. Hiermit soll nun keineswegs geleugnet sein, daß Hegel wider die Brüder Schlegel Recht hat, und daß die Schlegel-Schlegelische Ironie ein sehr bedenklicher Abweg ist; auch soll hiermit nicht dem widersprochen sein, daß Hegel sicher-

lich großen Nutzen gestiftet hat mit dem Ernst, in dem er wider jegliche Isoliertheit auftritt, einem Ernst, der es macht, daß man so manche Darlegung mit viel Erbauung und Stärkung lesen kann; wohl aber soll damit gesagt sein, daß Hegel, indem er sich einseitig wider die nachfichtische Ironie wandte, *die Wahrheit der Ironie* übersehen hat, und daß er der Ironie Unrecht getan hat, indem er alle Ironie mit der nachfichtischen Ironie gleichsetzte. Sobald Hegel das Wort Ironie nennt, kommt er sofort dazu, an Schlegel und Tieck zu denken, und sein Stil trägt dann im gleichen Augenblick das Gepräge einer gewissen Erbitterung. Worin das Verkehrte und Unberechtigte der Ironie Friedrich Schlegels gelegen hat, wird an gegebenem Ort geklärt werden, ebenso wie das Verdienst Hegels in dieser Beziehung. Wir kehren jetzt zurück zu der Art, in der er die Ironie des Sokrates betrachtet.

Im Vorhergehenden[345] haben wir darauf aufmerksam gemacht, daß *Hegel* bei der Darstellung *des Verfahrens des Sokrates* insbesondere zwei Formen hervorhebt, seine Ironie und seine Hebammenkunst. Hegels Darstellung davon findet sich Geschichte der Philosophie, 2. Bd. (= Werke, Jub. Ausgb. XVIII) S. 59—67. Die Darstellung der sokratischen Ironie ist mittlerweile recht kurz, dagegen benutzt Hegel die Gelegenheit, wider die Ironie als allgemeines Prinzip zu eifern, und fügt S. 62 bei: „Friedrich von Schlegel ist es, der diese Gedanken zuerst aufgebracht, Ast hat es nachgesprochen"; und darauf folgen die ernsten Reden, die Hegel bei diesem Anlaß herzusagen pflegt. Sokrates tut, als ob er unwissend wäre, und unter dem Schein, daß er sich belehren läßt, belehrt er andre. Hegel a. a. O. S. 60: „Dieses ist dann die Seite der berühmten *sokratischen Ironie*. Sie hat bei ihm die subjektive Gestalt der Dialektik, sie ist Benehmungsweise im Umgang; die Dialektik ist Gründe der Sache, die Ironie ist besondere Benehmungsweise von Person zu Person". Da es jedoch kurz zuvor heißt, Sokrates brauche die gleiche Ironie, „wenn er die Manier der Sophisten zu Schanden machen will", so taucht hier sofort eine Schwierigkeit auf; denn in dem einen Fall will Sokrates ja beleh- XIII 340
ren, in dem andern bloß beschämen. Hegel macht nun darauf aufmerksam, daß diese sokratische Ironie etwas Unwahres zu enthalten scheine, tut aber alsdann die Richtigkeit des sokratischen Verhaltens dar. Endlich zeigt er die eigentliche Bedeutung der

sokratischen Ironie, das Große an ihr. Dies besteht darin, daß sie dazu anleitet, die abstrakten Vorstellungen konkret zu machen und zu explizieren. Darauf fügt er a. a. O. S. 62 bei: „Wenn ich sage, ich weiß, was Vernunft, was Glaube ist, so sind dieß nur ganz abstrakte Vorstellungen; daß sie nun konkret werden, dazu gehört, daß sie explicirt werden, daß vorausgesetzt werde, es sey nicht bekannt, was es eigentlich sey. Diese Explikation solcher Vorstellungen bewirkt nun Sokrates; und dieß ist das Wahrhafte der sokratischen Ironie." Damit aber ist nun alles verwirrt, die Darstellung der sokratischen Ironie verliert durchaus ihr historisches Gewicht, und der von mir zitierte Passus ist so modern, daß er kaum noch an Sokrates erinnert. Es ist nämlich ganz und gar nicht Sache des Sokrates gewesen, das Abstrakte konkret zu machen, und die angeführten Beispiele sind sicherlich ziemlich unglücklich gewählt; denn ich glaube nicht, daß Hegel hierzu Entsprechungen beizubringen vermöchte, es sei denn, er nähme den gesamten Plato und versteckte sich dahinter, daß der Name des Sokrates bei Plato ständig weiter gebraucht wird, wodurch er sich mit sich selbst und mit allen in Widerstreit brächte. Es ist nicht des Sokrates Sache gewesen, das Abstrakte konkret zu machen, sondern gerade durch das unmittelbar Konkrete hindurch das Abstrakte zum Vorschein kommen zu lassen[346]. Darum ist es diesen hegelischen Betrachtungen gegenüber ausreichend, daß man teils an die zwiefache Art der Ironie, die wir in Plato gefunden, erinnert (denn Hegel hat offenbar diejenige Ironie gemeint, die wir die platonische genannt haben, womit er denn auch a. a. O. S. 64 die sokratische Ironie gleichsetzt), teils auch an das Bewegungsgesetz im ganzen Leben des Sokrates erinnert, welches nicht darin bestand, vom Abstrakten zum Konkreten zu kommen, sondern vom Konkreten zum Abstrakten zu gelangen und fortwährend im dahin Gelangen zu bleiben. Wenn darum die ganze Untersuchung der sokratischen Ironie bei Hegel damit endet, daß die sokratische Ironie mit der platonischen in eins zusammenfällt, und so die sokratische wie die platonische Ironie „mehr Manier der Konversation, die gesellige Heiterkeit", werden, „als daß jene reine Negation, jenes negative Verhalten darunter verstanden wäre" (a. a. O. S. 64), so hat auch diese Bemerkung in dem früher Gesagten ihre Beantwortung gefunden. –

Auch mit der Darstellung der *Hebammenkunst* des Sokrates geht es Hegel nicht eben viel besser. Hier legt er die Bedeutung des Fragens des Sokrates dar, und diese Darlegung ist ebenso schön wie wahr; es wird aber dabei übersehen der von uns im Vorhergehenden gemachte Unterschied, ob man fragt, um Antwort zu bekommen oder fragt, um zu beschämen. Das von Hegel XIII 341
zum Schluß ausgewählte Beispiel, das den Begriff des ‚Werdens' betrifft, ist wiederum ganz und gar unsokratisch, es sei denn, daß er in Platos Parmenides eine sokratische Darlegung finden wollte. — Sofern Hegel endlich von der *tragischen* Ironie[347] des Sokrates spricht, muß man sich erinnern, daß dies doch *nicht* die Ironie des Sokrates ist, sondern die Ironie der Welt Sokrates gegenüber.

In *der Anzeige von Solgers Nachgelassenen Schriften* S. 488 (= Werke, Jub. Ausgb. XX 184) macht Hegel abermals auf den Unterschied zwischen der schlegelischen Ironie und der sokratischen aufmerksam. Daß da ein Unterschied ist, haben wir allbereits zugegeben, und er wird von uns am gegebenen Ort noch weiter aufgezeigt werden; daraus folgt jedoch keineswegs, daß der Standpunkt des Sokrates nicht Ironie gewesen. Hegel wirft Fr. Schlegel vor, daß er, ohne Verständnis für das Spekulative und unter Beiseitesetzen desselben den Satz Fichtes über die grundlegende Giltigkeit des Ich aus seinem metaphysischen Zusammenhang herausgerissen habe, ihn aus dem Gebiet des Denkens herausgerissen und unmittelbar auf die Wirklichkeit angewandt habe, daß er ihn gebraucht habe „zum Verneinen der Lebendigkeit und Wahrheit, und zur Herabsetzung derselben zum Schein im Subjekt und zum Scheinen für Andere." Hegel macht nun darauf aufmerksam, daß man, um für diese Verfälschung der Wahrheit zu Schein eine Bezeichnung zu haben, es sich erlaubt habe, den Namen der unschuldigen sokratischen Ironie zu verfälschen. Wenn man nämlich die Ähnlichkeit vornehmlich darein gesetzt hat, daß Sokrates auf seine Untersuchung stets mit der Versicherung, nichts zu wissen, sich eingelassen habe, um so die Sophisten zu beschämen, so ist der Erfolg dieses Vorgehens stets etwas Negatives, das ohne wissenschaftliches Ergebnis bleibt. Demnach muß also die Versicherung des Sokrates, nichts zu wissen, für blanken Ernst gelten, und ist mithin *nicht ironisch*. Ich werde mich nun hier nicht darauf einlassen, wie aus dem von Hegel hier Gezeigten, daß der Unterricht des Sokrates ohne Ergebnis geendet habe, eine Schwierigkeit entsteht, wenn man damit vergleicht, was oben als Hegels Aussage berichtet worden ist, daß Sokrates mit seinem ironischen Unterricht das Abstrakte konkret gemacht habe; dahingegen werde ich ein wenig ausführlicher untersuchen, *inwiefern* es *Sokrates* mit seiner Unwissenheit *Ernst* gewesen ist.

Im Vorhergehenden hat sich Folgendes gezeigt: Sokrates ist, wenn er erklärte, nichts zu wissen, gleichwohl wissend gewesen, da er von seiner Unwissenheit ein Wissen hatte, obwohl auf der andern Seite dies Wissen doch kein Wissen von ‚etwas' war, das will heißen, keinerlei positiven Inhalt hatte, und insofern also ist
XIII 342 seine Unwissenheit ironisch gewesen; und da nun Hegel, wie mich bedünkt, sich vergeblich bemüht hat, Sokrates einen positiven Inhalt zuzuschreiben, so glaube ich, daß hier der Leser mir Recht geben muß. Wäre sein Wissen ein Wissen von ‚etwas' gewesen, so wäre seine Unwissenheit lediglich eine Form der Gesprächsführung gewesen. Jetzt hingegen ist *seine Ironie vollendet in sich selbst.* Insofern ist es mithin *zu gleicher Zeit* mit der Unwissenheit des Sokrates ein *Ernst* und *doch hinwiederum kein Ernst,* und *auf dieser Spitze* muß man Sokrates festhalten. Daß man von seiner Unwissenheit weiß, ist der Anfang zum Wissendwerden; weiß man jedoch nicht mehr, so ist es eben bloß ein Anfang. Dies Wissen ist es, welches den Sokrates ironisch aufrechterhält. Wenn also Hegel dadurch, daß er darauf aufmerksam macht, es sei Sokrates mit seiner Unwissenheit ein Ernst gewesen, zu zeigen meint, daß seine Unwissenheit nicht Ironie war, so scheint es hier wiederum so, daß Hegel nicht sich gleich bleibend ist. Wenn die Ironie nämlich einen obersten Satz aufstellen soll, so ergeht es ihr, wie es jedem negativen *Standpunkte* ergeht: sie sagt dann etwas Positives aus, es ist ihr ein Ernst mit dem, was sie sagt. Für die Ironie gibt es kein Beständiges, sie schaltet und waltet mit allem nach Belieben (ad libitum); will sie dies aber zu einer Aussage machen, so sagt sie etwas Positives, womit denn ihre Selbstherrlichkeit insoweit ein Ende hat. Wenn darum Friedrich Schlegel oder Solger sagt: ‚Die Wirklichkeit ist nur Schein, nur Erscheinung, nur Eitelkeit, ein

Nichts', so meint er es damit offenbar ernst, und gleichwohl nimmt Hegel an, dies sei Ironie. Die hier begegnende Schwierigkeit ist eigentlich die, daß die Ironie in strengerem Sinne nie einen Satz aufstellen kann, weil die Ironie *eine Bestimmung des für sich seienden Subjekts* ist, welches in lauter Agilität nichts bestehen läßt, und auf Grund dieser Agilität sich nicht zu sammeln vermag in der Gesamtanschauung, daß sie nichts bestehen läßt. Friedrich Schlegels und Solgers Bewußtsein, daß die Endlichkeit ein Nichts ist, ist offenbar ebenso ernsthaft gemeint wie die Unwissenheit des Sokrates. In letzter Instanz muß der Ironiker stets etwas ‚setzen', aber das von ihm so ‚Gesetzte' ist das Nichts. Nun aber ist es unmöglich, daß man das Nichts ernst nehme, ohne entweder zu etwas zu kommen (dies geschieht, wenn man es spekulativ ernst nimmt), oder zu verzweifeln (wenn man es persönlich ernst nimmt). Keines von beiden indes tut der Ironiker, und insofern darf man auch sagen, es sei ihm damit nicht ernst. Die Ironie ist das unendlich leichte Spiel mit dem Nichts, ein Spiel, das sich durch das Nichts nicht erschrecken läßt, sondern noch einmal mehr den Kopf hochreckt. Wenn man nun das Nichts nicht spekulativ oder persönlich ernst nimmt, so nimmt man es offenbar leichtsinnig, und *insofern* nimmt man es nicht ernst. Wofern XIII 343
Hegel meint, es sei Friedrich Schlegel nicht ernst damit gewesen, daß das Dasein ein Nichts ohne Wirklichkeit sei, so muß da doch etwas gewesen sein, das für Schlegel Giltigkeit hatte, alsdann aber wäre seine Ironie doch bloße Form. Man kann darum von der Ironie sagen, es sei ihr ein *Ernst mit ‚Nichts'*, sofern das nicht der *Ernst mit ‚etwas'* ist. Sie faßt das Nichts fort und fort in Richtung auf ‚etwas' auf, und, um sich von dem Ernst mit ‚etwas' zu befreien, greift sie ‚Nichts'. Aber auch mit dem Nichts wird es ihr kein Ernst, außer insofern als es nicht der Ernst mit ‚etwas' ist. Ebenso verhält es sich auch mit der Unwissenheit des Sokrates, seine Unwissenheit ist das Nichts, mit dem er jedes Wissen vernichtet. Dies kann man am besten sehen an seiner Auffassung des Todes. Er hat kein Wissen von dem, was der Tod ist, und von dem, was nach dem Tode ist, ob da etwas ist oder schlechterdings nichts, er ist mithin unwissend; aber er nimmt sich diese Unwissenheit nicht weiter zu Herzen, im Gegenteil, er fühlt sich in dieser Unwissenheit recht eigentlich frei, es ist ihm also mit dieser

Unwissenheit kein Ernst, und dennoch ist es sein blanker Ernst, daß er unwissend ist. – Ich meine darum, man wird mir Recht damit geben, daß mit diesen hegelischen Betrachtungen nichts aufgestellt ist, welches es verböte anzunehmen, daß der Standpunkt des Sokrates Ironie gewesen ist.

Wir fassen zusammen. Es ist im ersten Teil dieser Abhandlung als das Eigentümliche des Standpunkts des Sokrates hervorgehoben worden, daß das gesamte substantielle Leben des Griechentums für ihn seine Giltigkeit verloren hatte, daß also (das heißt dies doch) die bestehende Wirklichkeit für ihn unwirklich war, und dies nicht etwa in dieser oder jener einzelnen Richtung, sondern in ihrer umfassenden Ganzheit als solcher, daß er hinsichtlich dieser ungiltigen Wirklichkeit das Bestehende nur unernsthaft bestehen ließ und es dadurch dem Untergang entgegenführte, daß er bei alledem ständig leichter und leichter ward, ständig in immer noch höherem Maße negativ frei ward; daraus aber ersehen wir ja, daß *dieser Standpunkt des Sokrates* zufolge der jetzt gegebenen Erörterung, als *die unendliche absolute Negativität, Ironie* gewesen ist. Indes, nicht die Wirklichkeit überhaupt ist von ihm verneint worden, sondern die zu einer gewissen Zeit gegebene Wirklichkeit, die der Substantialität so wie diese in Griechenland war, und das, was seine Ironie heischte, war die Wirklichkeit der Subjektivität, der Idealität. Hierüber hat die Geschichte nun das Urteil gefällt, daß Sokrates weltgeschichtlich berechtigt gewesen ist. Er ist ein Opfer geworden. Dies ist nun gewiß ein tragisches Schicksal, gleichwohl aber ist der Tod des Sokrates nicht eigentlich tragisch; im Grunde kommt der griechische Staat mit seinem Todesurteil hintennach, und hat auf der andern Seite an dem Vollzug der Todesstrafe auch nicht eben viel
XIII 344 Erbauung, denn für Sokrates hat der Tod nicht Wirklichkeit. Für den tragischen Helden hat der Tod Giltigkeit, für ihn ist der Tod in Wahrheit der letzte Streit und das letzte Leiden. Hier kann darum die Mitwelt, die er hat vernichten wollen, den Rachezorn befriedigt bekommen. Mit dem Tode des Sokrates aber konnte der griechische Staat diese Befriedigung offensichtlich nicht erhalten; denn Sokrates hatte mit seiner Unwissenheit jegliche bedeutungsvollere Verbindung (Kommunikation) mit dem Gedanken des Todes verhindert. Allerdings hat der tragische Held keine Todes-

furcht, doch weiß er vom Tode als einem Schmerz, einem schweren und mühseligen Gang, und insofern hat es Giltigkeit, wenn er zum Tode verurteilt wird; Sokrates aber weiß schlechthin nichts, und insofern ist es *Ironie über den Staat*, daß der ihn zum Tode verurteilt und deshalb wähnt, *über ihn eine Strafe* verhängt zu haben.

Nachfichtische Ironie

Es ist, um nur an zur Genüge bekannte Dinge zu erinnern, in *Kant* gewesen, daß die moderne Spekulation, welche sich nunmehr erwachsen und mündig fühlte, der Vormundschaft des *Dogmatismus*, darunter sie bis dahin gelebt, überdrüssig wurde und gleich dem verlorenen Sohne zu ihrem Vater ging und von ihm verlangte, er solle mit ihr das Erbe teilen[348]. Es ist bekannt, welchen Ausgang diese Teilung hatte, sowie, daß die Spekulation nicht erst in fremde Lande zu reisen brauchte, um ihr Vermögen zu verprassen, denn es fand sich in keiner Weise Wohlhabenheit vor. Je mehr im Kritizismus das Ich in die Betrachtung des Ich versank, um so magerer und dürrer ward dieses Ich, bis daß es damit endete, daß das Ich ein Gespenst[349] ward, unsterblich gleich Auroras Mann[350]. Es erging dem Ich wie dem Raben, welcher, betört von des Fuchses Lobreden über seine Person, den Käse fallen ließ. Indem die Reflexion in einem fort über die Reflexion reflektierte, war das Denken auf einen Abweg geraten und jeder Schritt, den es vorwärts tat, führte es natürlich immer noch weiter fort von allem Gehalt. Hier zeigte sich, was zu allen Zeiten sich zeigen wird: wenn man spekulieren soll, kommt es vor allem darauf an, daß man richtig gestellt sei. Das Denken merkte gar nicht, daß das von ihm Gesuchte in seinem Suchen selber lag, und wenn es das Gesuchte nicht dort suchen wollte, war dieses in alle Ewigkeit nicht zu finden. Es erging der Philosophie wie einem Manne, der seine XIII 345
Brille aufhat und gleichwohl nach seiner Brille sucht, er sucht nämlich nach dem, was er dicht vor der Nase hat, sucht es aber nicht dicht vor der Nase, und darum findet er es nimmermehr.

Indes das für die Erfahrung Äußerliche, das wie ein harter Körper mit dem erfahrenden Subjekt zusammenstieß, worauf mit der

Kraft der Zusammenstoßgeschwindigkeit jedes Teil seinen Weg nahm, — „das Ding an sich“[351], das ständig fortfuhr, das erfahrende Subjekt zu versuchen (ebenso wie eine gewisse Schule[352] im Mittelalter glaubte, die sichtbaren Zeichen im Abendmahl seien dazu da, den Glauben zu versuchen), — dies Äußerliche, „dies Ding an sich“ war der schwache Punkt in Kants System[353]. Ja, es ward eine Frage, ob nicht das Ich selber ein „Ding an sich“ werde. Diese Frage wurde von *Fichte*[354] aufgeworfen und beantwortet. Er beseitigte die Schwierigkeit mit diesem „An=sich“, indem er es in das Denken hineinsetzte, er verunendlichte das Ich im Ich = Ich. Das hervorbringende Ich ist das gleiche wie das hervorgebrachte Ich. Das Ich=Ich ist die abstrakte Identität. Hierdurch machte Fichte das Denken unendlich frei. Aber diese *Unendlichkeit des Denkens* bei Fichte ist wie alle Unendlichkeit Fichtes eine *negative Unendlichkeit* (seine moralische Unendlichkeit ist fortwährendes Streben um des Strebens willen; seine ästhetische Unendlichkeit ist fortwährendes Hervorbringen um dieses Hervorbringens selber willen. Gottes Unendlichkeit ist fortwährende Entwicklung um der Entwicklung willen), d. h. sie ist eine Unendlichkeit, in der keine Endlichkeit ist, eine Unendlichkeit ohne allen Inhalt. Indem Fichte dergestalt das Ich verunendlichte, machte er einen Idealismus geltend, in Beziehung auf den alle Wirklichkeit verblich, einen Akosmismus, in Beziehung auf den sein Idealismus Wirklichkeit wurde, obwohl er Doketismus war. Bei Fichte wurde das Denken verunendlicht, die Subjektivität wurde die unendliche, absolute Negativität, die unendliche Spannung, der unendliche Trieb. Dadurch hat Fichte seine Bedeutung in der Wissenschaft. Seine Wissenschaftslehre verunendlichte das Wissen. Aber er verunendlichte es negativ, und dergestalt erhielt er statt der Wahrheit die Gewißheit, erhielt er nicht positive sondern negative Unendlichkeit in der unendlichen Identität des Ich mit sich selber; anstelle des positiven Strebens, d. h. der Seligkeit, erhielt er negatives Streben, d. h. ein Sollen. Doch eben weil Fichte das Negative hatte, war seinem Standpunkt ein unendlicher Enthusiasmus eigen, eine unendliche Spannkraft. Kant ermangelt der negativen Unendlichkeit, Fichte der positiven. Fichte hat daher unbedingt Verdienst hinsichtlich der Methode, durch ihn ist die
XIII 346 Wissenschaft ein Ganzes aus einem Stück geworden. Aber indem

Fichte dergestalt im Ich = Ich die abstrakte Identität festhielt, indem er in seinem idealistischen Reich mit der Wirklichkeit nichts zu schaffen haben wollte, hatte er den absoluten Anfang erworben, und unter Ausgehen von diesem wollte er, worüber man so oft gesprochen hat, die Welt konstruieren. Das Ich wurde das Allbegründende. Da indes das Ich lediglich formell, mithin negativ verstanden war, blieb Fichte eigentlich bei den unendlich geschmeidigen Bemühungen (molimina) um einen Anfang stehen. Er hat des Negativen unendlichen Trieb, dessen nisus formativus, hat ihn aber als eine Sprungkraft, die doch nicht von Ort kommt, hat ihn als eine göttliche und absolute Ungeduld, als eine unendliche Kraft, die jedoch nichts ausrichtet, weil da nichts ist, daran sie gewendet werden könnte. Es ist eine Übersteigerung, eine Exaltation mit der Stärke eines Gottes, imstande, die ganze Welt aus den Angeln zu heben, aber schlechthin nichts zum Anpacken habend. Die Frage des Anfangspunktes der Philosophie ist hiermit zum Bewußtsein gebracht; es soll mit dem Voraussetzungslosen angefangen werden, aber die ungeheure Energie dieses Anfangs kommt nicht weiter. Damit nämlich das Denken — die Subjektivität — Fülle und Wahrheit gewinne, muß es sich nähren lassen, es muß in die Tiefe des substantiellen Lebens sich versenken, sich darin bergen lassen gleich wie die Gemeinde in Christus geborgen ist; es muß — halb ängstlich, halb sympathetisch, halb zurückschaudernd, halb sich hingebend — die Wogen des substantiellen Lebens über sich zusammenschlagen lassen, gleich wie in der Begeisterung Augenblick das Subjekt beinahe sich selber entrückt wird, in das es Begeisternde hinsinkt und einsinkt und dennoch einen sanften Schauder verspürt, weil es um sein Leben geht. Hierzu aber gehört Mut, jedoch es ist notwendig; denn ein jeder, der da seine Seele zu erhalten sucht, wird sie verlieren. Aber es ist nicht der Verzweiflung Mut; sondern wie Tauler[355] bei einem noch konkreteren Verhältnis so schön sagt:

> „Doch dieses Verlieren, dies Entschwinden
> Ist eben das echte und rechte Finden."

Bekanntlich hat Fichte später diesen Standpunkt aufgegeben, der da viele Bewunderer und wenige Anhänger gefunden hatte; er suchte in einzelnen Schriften auf eine mehr erbauliche Weise die

frühere Zuversichtlichkeit (πληροφορία) zu beruhigen und herab-
XIII 347 zustimmen. Auf der andern Seite suchte er auch – wie aus den von seinem Sohn herausgegebnen nachgelassenen Schriften[356] hervorgeht – über jene negative Unendlichkeit Herr und Meister zu werden, indem er sich in das eigene Wesen des Bewußtseins vertiefte, dies geht indes diese Untersuchung nichts an; dahingegen werde ich es hier mit einem der Standpunkte zu tun bekommen, welcher sich *an den früheren Fichte* anschloß, nämlich mit der Ironie Friedrich Schlegels und Ludwig Tiecks.

In Fichte war nun die Subjektivität frei, unendlich, negativ geworden. Damit sie aber herauskam aus diesem Bewegtwerden in Inhaltslosigkeit, in welchem sie in unendlicher Abstraktheit sich regte, mußte sie negiert werden; damit das Denken wirklich wurde, mußte es konkret werden. Hiermit kommt die Frage nach der metaphysischen Wirklichkeit zum Vorschein. Dies fichtesche Prinzip, daß die Subjektivität, das *Ich*, *allbegründende Giltigkeit* hat, das eine Allmächtige ist, ergriff *Schlegel* und *Tieck*, und von da her operierten sie in der Welt. Dadurch entstand eine zwiefache Schwierigkeit. Erstens verwechselte man das empirische und endliche Ich mit dem ewigen Ich; zweitens verwechselte man die metaphysische Wirklichkeit mit der geschichtlichen Wirklichkeit. Man wandte also einen unausgereiften *metaphysischen* Standpunkt ohne weiteres auf die *Wirklichkeit* an. Fichte wollte die Welt konstruieren; das von ihm Gemeinte aber war ein systematisches Konstruieren. Schlegel und Tieck wollten eine Welt erschaffen*.

Man ersieht hieraus, daß diese Ironie nicht im Dienste des Weltgeistes gestanden hat. Es ging nicht darum, ein Moment der gegebenen Wirklichkeit durch ein neues Moment zu verneinen und zu verdrängen; vielmehr wurde die gesamte *geschichtliche Wirklichkeit* verneint, um Platz zu schaffen für eine selbstgeschaffene Wirklichkeit. Es ging hier nicht darum, die Subjektivität in Erscheinung treten zu lassen, denn die Subjek-

---

* Dies ironische Streben hat indes mit Tieck und Schlegel keineswegs sein Ende gefunden, es hat vielmehr in dem „jungen Deutschland" eine umfangreiche Pflanzschule. So ist denn hier in der allgemeinen Darlegung dieses Standpunktes auf das junge Deutschland vielfach Rücksicht genommen worden.

tivität war in den Weltverhältnissen allbereits vorhanden; es ging vielmehr um eine überspannte Subjektivität, *eine zweite Potenz der Subjektivität.* Daraus ersieht man zugleich, daß diese Ironie durchaus unberechtigt gewesen ist, sowie daß Hegels Verhalten wider sie ganz und gar in der Ordnung ist.

*Die Ironie** trat nun auf als diejenige, für die es kein Bestehendes gab, als diejenige, welche mit allem fertig geworden XIII 348
war, und zugleich als diejenige, welche Machtvollkommenheit hatte, alles zu tun. Ließ sie etwas bestehen, so wußte sie, daß sie Macht hatte, es zu vernichten, und das wußte sie in dem gleichen Augenblick, in dem sie es bestehen ließ. Setzte sie etwas, so wußte sie, daß sie Vollmacht hatte, es aufzuheben, und das wußte sie in dem gleichen Augenblick, in dem sie es setzte. Sie wußte sich überhaupt im Besitz *der unbedingten Gewalt zu binden und zu lösen*[357]. Sie war gleichermaßen Herr über die Idee und über die Erscheinung, und sie vernichtete das eine durch das andre. Die Erscheinung wurde von ihr vernichtet durch den Nachweis, daß sie der Idee nicht gemäß sei; die Idee wurde von ihr vernichtet durch den Nachweis, daß sie der Erscheinung nicht gemäß sei. Beides sehr mit Recht, sintemal die Idee und die Erscheinung nur in und miteinander sind. Und unter alledem bewahrte sich die Ironie ihr sorgenfreies Leben; denn dies alles zu tun, dazu war das Subjekt Manns genug; denn wer ist groß wie Allah, und wer vermag vor ihm zu bestehen?

Indes, die Wirklichkeit (die geschichtliche Wirklichkeit) tritt zum Subjekt *auf zwiefache Art ins Verhältnis:* teils als *eine Gabe,* die sich nicht verschmähen läßt, teils als *eine Aufgabe,* die verwirklicht werden will. *Das Mißverhältnis,* in welches die Ironie wider die Wirklichkeit trat, ist zur Genüge bereits dadurch angedeutet, daß *die ironische Richtung wesentlich kritisch ist.* Sowohl ihr Philosoph (Schlegel) wie ihr Dichter (Tieck) ist kritisch. Man verwandte da-

---

* Ich benütze in dieser ganzen Darstellung die Ausdrücke ‚die Ironie und der Ironiker'; ebenso gut könnte ich ‚die Romantik und der Romantiker' sagen. Beide Ausdrucksweisen bezeichnen wesentlich *das Gleiche,* XIII 348
die eine erinnert mehr an den Namen, auf den die Partei sich selber getauft hat, die andre an den Namen, auf den Hegel sie getauft hat.

her den „Weltfeiertag"[358], welcher (wie man in unsrer Zeit so vielfältig will) doch endlich gekommen sein muß, nicht zum Ausruhen vom geschichtlichen Wirken, sondern zum Kritisieren. Kritik aber schließt im allgemeinen Sympathie aus, und es gibt eine Kritik, für die ebenso wenig etwas Bestehendes da ist, als Unschuld für polizeiliches Mißtrauen. Man kritisierte indes nicht die alten Klassiker, man kritisierte nicht wie Kant das Bewußtsein, sondern man kritisierte die Wirklichkeit selbst. Nun mag da freilich viel an der Wirklichkeit gewesen sein, das der Kritik bedürftig war, und das Böse im Sinne Fichtes, die Trägheit und Schlaffheit, mag freilich überhand genommen haben, und das Beharrungsvermögen (vis inertiae) dieses Bösen mag freilich einer Züchtigung bedurft haben, mit andern Worten, es kann sehr viel Daseiendes gegeben haben, welches weggeschnitten werden mußte, eben weil
XIII 349 es nicht Wirklichkeit war; doch deswegen wird es nimmermehr verantwortbar, seinen kritischen Angriff wider die gesamte Wirklichkeit zu richten. Daß Friedrich Schlegel ein Kritikus gewesen ist, daran brauche ich wohl nur zu erinnern; daß aber auch Tieck ein Kritikus war, darin wird man mir wohl ebenfalls Recht geben, wenn man mir nicht abstreiten will, daß Tieck in seinen Dramen seine Kritik an der Welt beurkundet hat, und daß diese, um verstanden zu werden, eine polemisch entwickelte Individualität voraussetzen, und dieser Umstand hat denn auch bewirkt, daß sie vergleichsweise weniger populär geworden sind, als sie es um ihrer Genialität willen verdient hätten.

Wenn ich aber im Vorhergehenden gesagt habe, *die Wirklichkeit biete sich* zum Teil *als eine Gabe dar*, so ist damit das Verhältnis des Individuums zu einer Vergangenheit ausgedrückt. Diese Vergangenheit beansprucht nun Giltigkeit dem Individuum gegenüber, sie will nicht übersehen oder ignoriert werden. Für die Ironie dagegen ist eigentlich *keine Vergangenheit* geblieben. Dies kam daher, daß die Ironie metaphysischen Untersuchungen entsprungen ist. Sie hatte das zeitliche Ich mit dem ewigen Ich verwechselt. Das ewige Ich aber hat keine Vergangenheit, und somit hat das zeitliche Ich sie ebenfalls nicht. Insofern jedoch die Ironie so wohlerzogen sein soll, eine Vergangenheit anzunehmen, muß diese Vergangenheit *so beschaffen sein*, daß die Ironie ihre Freiheit an ihr üben, ihr Spiel mit

ihr treiben darf. Daher hat denn vornehmlich der mythische Teil der Geschichte, Sage und Märchen, Gnade vor den Augen der Ironie gefunden. Die eigentliche Geschichte hingegen, in welcher das wahre Individuum seine positive Freiheit hat, weil es in ihr seine Voraussetzungen besitzt, mußte überseit gebracht werden. Zu diesem Behuf machte es die Ironie ebenso wie Herkules, als er mit Antäus rang, der nicht überwunden werden konnte, solange er fest auf der Erde stand. Herkules hob bekanntlich Antäus vom Boden hoch, und damit überwand er ihn. Ebenso tat die Ironie mit der geschichtlichen Wirklichkeit. Im Handumdrehen war aus aller Geschichte Mythe geworden — Dichtung — Sage — Märchen. Damit war die Ironie denn abermals frei. Nun tat sie wiederum ihre Wahl und schaltete und waltete nach Gutdünken. Insbesondere an Griechenland und am Mittelalter fand sie Gefallen. Sie verlor sich jedoch nicht an eine Erfassung des Geschichtlichen; was sie wußte, war ‚Dichtung und Wahrheit'[359]. Bald lebte sie in *Griechenland* unter dem schönen griechischen Himmel, verloren im gegenwartsbestimmten Genuß des harmonischen griechischen Lebens, lebte darin so, daß sie allda ihre Wirklichkeit hatte. War sie aber dessen leid, so schob sie diese willkürlich gesetzte Wirklichkeit so weit von sich weg, daß sie ihr gänzlich entschwand. Nicht als ein weltgeschichtliches Moment hatte das Griechentum für sie Giltigkeit, nein, es hatte für sie Giltigkeit und zwar schlechthinnige Giltigkeit, weil es ihr, der Ironie, so beliebte. Bald versteckte sie sich in des *Mittelalters* Urwäldern, lauschte der Bäume heimlichem Wispern und baute Nester in deren belaubten Wipfeln, oder XIII 350
barg sich in deren dunklen Höhlen, kurz gesagt, sie suchte im Mittelalter ihre Wirklichkeit im Umgang mit Rittern und Troubadouren, verliebte sich in ein adliges Fräulein auf schnaubendem Rosse mit einem Jagdfalken auf der ausgestreckten Rechten. Hatte aber diese Liebesgeschichte ihre Giltigkeit verloren, so wurde das Mittelalter in unendlich weite Ferne gerückt und verlor sich mehr und mehr in immer schwächeren und schwächeren Umrissen auf des Bewußtseins Hintergrundskulisse. Nicht als ein weltgeschichtliches Moment hatte das Mittelalter für sie Giltigkeit, nein, es hatte Giltigkeit, und zwar schlechthinnige Giltigkeit, weil es ihr, der Ironie, so beliebte. Das Gleiche wiederholt sich auf allen theoretischen *Gebieten*. Ein Weilchen war *diese oder jene*

Religion für sie das Absolute; sie wußte jedoch zugleich sehr wohl: der Grund, warum sie für sie das Absolute sei, sei eben der, daß sie, die Ironie, es so wolle, und damit Punktum. Im nächsten Augenblick wollte sie etwas andres. Sie dozierte daher, wie in Lessings Nathan dem Weisen doziert wird, daß alle Religionen gleich gut sind, das Christentum vielleicht die schlechteste; zur Abwechslung beliebte es ihr dann, selber eine Christin zu sein. Ebenso war es in wissenschaftlicher Hinsicht. Die Ironie beurteilte und verurteilte jeglichen wissenschaftlichen Standpunkt, war jederzeit richtend, saß jederzeit auf dem Richtstuhl; untersuchen dagegen tat sie nicht. Sie stand ständig über dem Gegenstand, und das war ja auch ganz natürlich; denn jetzt sollte mit der Wirklichkeit erst der Anfang gemacht werden. Die Ironie war nämlich entsprungen aus der metaphysischen Frage nach dem Verhältnis der Idee zur Wirklichkeit; die metaphysische Wirklichkeit aber liegt über die Zeit hinaus, und so konnte denn unmöglich die von der Ironie begehrte Wirklichkeit in der Zeit gegeben sein. Wider dies rein urteilende und aburteilende Verhalten eifert Hegel (in seiner Anzeige von Solgers Schriften 16. Bd. S. 465 = Werke, Jub. Ausgb. XX 161) insbesondere im Blick auf Fr. Schlegel. In dieser Beziehung kann man Hegels große Verdienste im Verständnis der geschichtlichen Vergangenheit gar nicht genug anerkennen. Er bemäkelt die Vergangenheit nicht, sondern er begreift sie, er weist andre wissenschaftliche Standpunkte nicht ab, sondern überwindet sie. Mit Hegel ist darum eine Sperre errichtet wider das ewige Geschwätz, daß nun erst die Weltgeschichte anheben werde, so als ob sie nun pünktlich um vier Uhr oder doch jedenfalls vor fünf Uhr anheben werde. Hat der eine oder andre Hegelianer einen so gewaltigen weltgeschichtlichen Anlauf genommen, daß er seine Fahrt nicht stoppen kann, sondern in grausiger Geschwindigkeit koppheister steuert, so trägt Hegel daran nicht die Schuld; und mag auch hinsichtlich geschichtlicher Kontemplation noch etwas mehr als Hegel getan ge-
XIII 351 leistet werden können, so wird doch sicherlich niemand, der von der Bedeutung der Wirklichkeit einen Begriff hat, undankbar genug sein, um über Hegel dermaßen geschwinde hinauszukommen, daß er vergißt, was er ihm zu danken hat, wenn anders er je in Hegel drin gewesen ist[360]. Sollte man nun angeben, wodurch denn

die Ironie zu dem besprochenen Verhalten ermächtigt werde, so müßte man wohl antworten: dadurch, daß die Ironie weiß, daß die Erscheinung nicht das Wesen ist. Die Idee ist konkret und muß deshalb konkret werden, aber dies Konkretwerden der Idee ist eben die geschichtliche Wirklichkeit. In dieser geschichtlichen Wirklichkeit hat nun jedes einzelne Glied als Moment seine Giltigkeit. Doch diese relative Giltigkeit wird von der Ironie nicht anerkannt. Für die Ironie hat die geschichtliche Wirklichkeit bald absolute Giltigkeit, bald überhaupt keine; denn sie hat ja das bedeutungsvolle Geschäft übernommen, die Wirklichkeit zustande zu bringen.

Indes die Wirklichkeit ist für das Individuum ferner auch eine Aufgabe, die verwirklicht werden will. Hier müßte nun, sollte man meinen, die Ironie sich so recht von ihrer vorteilhaften Seite zeigen; denn da sie über alle gegebene Wirklichkeit hinausgekommen ist, sollte man meinen, sie müsse etwas Gutes haben, um es an deren Stelle zu setzen. Dies ist indes ganz und gar nicht der Fall; denn wie es der Ironie gelang, die geschichtliche Wirklichkeit zu überwinden, indem sie sie in den Schwebezustand versetzte, ebenso ist zum Entgelt die Ironie selber ins Schweben geraten. Die Wirklichkeit der Ironie ist bloße Möglichkeit. Soll nämlich das handelnde Individuum imstande sein, seine Aufgabe zu lösen und die Wirklichkeit zu realisieren, so muß es sich in einen größeren Zusammenhang eingeordnet fühlen, muß es der Verantwortung Ernst fühlen, muß es Gefühl und Achtung haben für jede vernünftige Konsequenz. Dessen ist die Ironie ledig. Sie weiß sich im Besitz der Gewalt, ganz nach Gutdünken von vorne anzufangen; nichts Vorhergehendes hat irgendwie etwas Bindendes an sich, und ebenso wie die Ironie in theoretischer Hinsicht mit unendlicher Freiheit ihre Freude an der Kritik genießt, ebenso genießt sie in praktischer Hinsicht eine gleichartige göttliche Freiheit, die da kein Band, keine Fessel kennt, und ohne Zügel und ausgelassen spielt, sich gleich einem Leviathan im Meere tummelt. Frei ist die Ironie allerdings, frei von den Kümmernissen der Wirklichkeit, frei aber auch von deren Freuden, frei von deren Segen; denn da sie nichts Höheres denn sich selber besitzt, kann sie keinerlei Segen empfangen; denn stets wird da der Geringere von dem Größeren ge-

segnet[361]. Diese Freiheit ist das von der Ironie Begehrte. Die Ironie wacht darum über sich selbst und fürchtet nichts mehr, als daß der eine oder andere Eindruck sie überwältigen könnte; denn erst dann, wenn man auf solche Art frei ist, lebt man poetisch, und bekanntlich ist es der Ironie große Forderung gewesen, daß man
XIII 352 *poetisch leben* solle. Aber unter ‚poetisch leben' verstand die Ironie etwas anderes und etwas mehr, als was jeder vernünftige Mensch unter dieser Wendung sich denkt, der da einige Achtung für den Wert eines Menschen besitzt, einigen Sinn für das Ursprüngliche, das einem Menschen eigen ist. Sie verstand darunter *nicht* den künstlerischen Ernst, welcher dem Göttlichen im Menschen zu Hilfe kommt und schweigsam und stille auf die Stimme des der Individualität Eigentümlichen lauscht, die Bewegungen dieses Eigentümlichen erspäht, um dieses nun im Individuum so recht zur Herrschaft gelangen zu lassen und die gesamte Individualität sich harmonisch zu einer plastisch in sich abgerundeten Gestalt entwickeln zu lassen. Sie verstand darunter *nicht* das, woran der fromme Christ denkt, wenn er es sich bewußt wird, das Leben sei ein Erzogen-, ein Gebildetwerden, wodurch er jedoch wohl zu merken nicht zu etwas ganz anderm werden soll — denn der Gott der Christen besitzt nicht die unendliche negative Allmacht des Gottes der Mohammedaner, für welchen ein Mensch von der Größe eines Berges und eine Fliege von der Größe eines Elephanten ebenso möglich ist wie ein Berg von der Kleinheit eines Menschen und ein Elephant von der Kleinheit einer Fliege, sintemal alles ebenso gut ganz anders sein kann als es ist —, sondern wodurch gerade die Keime, die Gott selbst in den Menschen gelegt hat, entwickelt werden sollen, denn der Christ weiß sich als einen, der da Wirklichkeit hat für Gott. Hier kommt der Christ Gott ebenfalls zu Hilfe, wird gleichsam Gottes Mitarbeiter im Vollbringen des guten Werks, das Gott selber angefangen hat[362]. Die Ironie erhob dergestalt *nicht* allein einen Einspruch wider alle die Erbärmlichkeit, die nichts andres ist als ein jämmerliches Erzeugnis ihrer Umgebung, wider alle die Dutzendmenschen, an denen die Welt leider so reich ist, sondern sie wollte etwas mehr. Ein Ding nämlich ist es, sich selbst zu dichten und ein ander Ding, sich dichten zu lassen. Der Christ läßt sich dichten, und in dieser Hinsicht lebt ein einfältiger Christ weit poetischer als so mancher hochbe-

gabte Kopf[363]. Doch auch der, welcher in griechischem Sinne sich selbst dichtet, erkennt an, daß ihm eine Aufgabe gesetzt ist. Es liegt ihm darum in hohem Maße am Herzen, sich des Ursprünglichen, das in ihm ist, bewußt zu werden, und dies Ursprüngliche ist die Grenze, innerhalb deren er dichtet, innerhalb deren er poetisch frei ist. Die *Individualität* hat somit ein *Ziel*, welches ihr unbedingtes Ziel ist, und ihre Tätigkeit geht eben darauf aus, dies Ziel zu verwirklichen, und bei und in dieser Verwirklichung sich selbst zu genießen, will heißen, ihre Tätigkeit ist die, ‚für sich' zu werden, was sie ‚an sich' ist[364]. Ebenso wenig aber wie die Dutzendmenschen irgend ein ‚An-sich' besitzen, sondern alles Beliebige werden können, ebenso wenig hat auch der Ironiker solch ‚An-sich'. Dies kommt indes nicht daher, daß er lediglich ein Erzeugnis seiner Umgebung ist, vielmehr er steht über seiner ganzen Umgebung; aber um so recht poetisch leben zu können, um sich selbst so recht gründlich dichterisch erschaffen zu können, *möchte der Ironiker kein ‚An-sich' haben.* XIII 353
Dergestalt versinkt die Ironie in dem von ihr am meisten Bekämpften; denn ein Ironiker bekommt eine gewisse Ähnlichkeit mit einem vollendeten Prosamenschen, nur daß der Ironiker die negative Freiheit hat, mit der er dichterisch schaffend über ihm selber steht. Darum wird der Ironiker allermeist zu einem Nichts; denn für den Menschen hat Giltigkeit, was für Gott nicht gilt, daß nichts wird aus Nichts. Aber der Ironiker bewahrt sich stets seine dichterische Freiheit, und wenn er spürt, daß er zu einem Nichts wird, so dichtet er dies mit; und bekanntlich gehört es mit zu den poetischen Stellungen und Anstellungen im Leben, die von der Ironie geltend gemacht sind, ja, es ist von ihnen allen die vornehmste, daß man schlechthin zu einem Nichts wird. Ein ‚Taugenichts'[365] ist daher in der Dichtung der romantischen Schule stets die poetischste Person, und dasjenige, davon die Christen, besonders in bewegten Zeiten, so häufig sprechen, nämlich, daß man ein Narr in dieser Welt werde[366], das hat der Ironiker auf seine Weise verwirklicht, nur daß er nichts dem Martyrium Ähnliches empfindet, denn für ihn ist es der höchste poetische Genuß. Die unendliche dichterische Freiheit, die schon damit angedeutet ist, daß das schlechthin zu einem Nichts Werden mitgenommen wird, äußert sich indes auch auf eine mehr positive Weise, denn

das ironische Individuum hat allermeist *in der Gestalt der Möglichkeit* eine Vielzahl von Bestimmungen *durchlaufen*, sich in diesen dichterisch erlebt, bevor die Sache im Nichts endet. In der Ironie ist die Seele fortwährend auf Wanderschaft, ähnlich wie dies nach der Lehre des Pythagoras ihr Schicksal in der Welt ist, nur daß sie dazu nicht so lange Zeit braucht. Bleibt sie jedoch derart hinsichtlich der Zeiträume zurück, so hat sie vielleicht dafür eine Überlegenheit im Hinblick auf die Vielzahl der durchlaufenen Bestimmungen, und es gibt sicherlich so manchen Ironiker, welcher, ehedenn er Ruhe fand im Nichts, weit merkwürdigere Schicksale durchlaufen hat als der bei Lukian[367] vorkommende Hahn, der da zuerst Pythagoras selber gewesen war, darauf Aspasia, die zweideutige Schönheit von Milet, darauf der Kyniker Krates, darauf ein König, ein Bettler, ein Satrap, ein Pferd, eine Dohle, ein Frosch, und tausend andre Dinge, die aufzuzählen zu umständlich wäre, schließlich ein Hahn, und dies öfter als einmal, weil er daran am meisten Gefallen fand. Für den Ironiker sind alle Dinge möglich. Unser Gott ist im Himmel, er kann schaffen, was er will[368]; der Ironiker ist auf Erden, er tut alles, was ihn gelüstet. Mittlerweile darf man es dem Ironiker nicht übelnehmen, daß es ihm so schwer fällt, etwas Bestimmtes zu werden; denn wenn man solch eine ungeheure Möglichkeit vor sich hat, ist die Wahl nicht
XIII 354 leicht. Zur Abwechslung findet der Ironiker es richtig, *Schicksal und Zufall* entscheiden zu lassen. Er zählt darum wie die Kinder an den Fingern ab: ‚Edelmann, Bettelmann‘ usw. Weil jedoch alle derartigen Bestimmungen für ihn lediglich die Giltigkeit der Möglichkeit haben, kann er beinah ebenso rasch wie die Kinder die ganze Reihe durchlaufen. Was indes den Ironiker Zeit kostet, ist die Sorgfalt, die er darauf verwendet, daß er im Hinblick auf die poetische Person, in die er sich hineingedichtet hat, *sich auch richtig kostümiere*. In dieser Beziehung besitzt der Ironiker Kenntnisse und hat daher eine erhebliche Partie von Maskentrachten zur gefälligen Auswahl. Bald geht er einher mit der stolzen Miene eines römischen Patriziers, eingehüllt in eine rot gerandete Toga, oder er sitzt mit römisch imponierendem Ernst auf einem Würdenstuhl (sella curulis), bald birgt er sich in eines bußfertigen Pilgrims demütiger Tracht, bald sitzt er mit gekreuzten Beinen wie ein türkischer Pascha in seinem Harem; bald

streift er mit der Leichtigkeit und Freiheit eines Vogels umher wie
ein verzärtelter Zitherspieler[369]. Dies ist es, was der Ironiker
meint, wenn er sagt, daß man *poetisch leben* solle, und dies
erreicht er, indem er sich selber dichtet.

Indes, wir kehren zurück zu der oben gemachten Bemerkung:
ein Ding ist es, *sich dichten zu lassen* und ein ander
Ding, *sich selber zu dichten*. Derjenige nämlich, der sich
dichten läßt, hat auch einen bestimmt gegebenen Zusammenhang,
in den er hineinpassen soll, und wird dergestalt nicht zu einem
Worte, das keinen Sinn hat, weil es aus seinen Verbindungen her-
ausgerissen worden ist. Für den Ironiker aber hat dieser Zusam-
menhang, den er etwas ihm Aufgehängtes nennen würde, keiner-
lei Giltigkeit, und da er nicht dazu gemacht ist, sich so zu bilden,
daß er in seine Umgebungen hineinpaßt, so müssen sich die Um-
gebungen nach ihm bilden, d. h., er dichtet nicht bloß sich selbst,
er dichtet auch seine Umwelt. Stolz verschlossen in
sich selbst steht der Ironiker da, er läßt — ebenso wie Adam[370] es
mit den Tieren tat — die Menschen an sich vorüberziehen und fin-
det keine ihm angemessene Gesellschaft. Dadurch gerät er nun
fortwährend in Widerstreit mit der Wirklichkeit, der er zugehört.
Deshalb wird es ihm wichtig, dasjenige, das da das die Wirklich-
keit Begründende ist, das sie ordnet und trägt, nämlich *Moral
und Sittlichkeit, zu suspendieren*. Und hier stehen
wir nun bei dem Punkte, der vor allem der Gegenstand von *He-
gels* Angriff geworden ist. Alles in der gegebenen Wirklichkeit
Bestehende hat für den Ironiker *lediglich poetische Gil-
tigkeit*; denn er lebt ja poetisch. Wenn nun aber die gegebene
Wirklichkeit dergestalt für den Ironiker ihre Giltigkeit verliert,
so liegt dies nicht daran, daß sie eine überlebte Wirklichkeit wäre,
die von einer wahreren abgelöst werden muß, sondern daran, daß
der Ironiker das ewige Ich ist, welchem keine Wirklichkeit die an- XIII 355
gemessene ist[371]. Hieraus ersieht man nun auch, wie es damit zu-
sammenhängt, daß der Ironiker sich über Moral und Sittlichkeit
hinwegsetzt, etwas, wogegen sogar *Solger*[372] eifert, indem er
zugleich darauf aufmerksam macht, daß dies nicht das von ihm
selbst mit der Ironie Gemeinte sei. Eigentlich kann man nicht sa-
gen, daß der Ironiker sich über Moral und Sittlichkeit hinweg-
setzt; er lebt vielmehr allzu abstrakt, allzu metaphysisch und

ästhetisch, als daß er zu der Konkretheit des Moralischen und des Sittlichen zu gelangen vermöchte. Das Leben ist für ihn ein Drama, und das ihn Beschäftigende ist die sinnreiche Verwicklung dieses Dramas. Er selbst ist Zuschauer, sogar dann, wenn er selber der Handelnde ist. Er verunendlicht daher sein Ich, verflüchtigt es metaphysisch und ästhetisch, und während es sich unterweilen so egoistisch und eng als nur möglich zusammenzieht, taumelt es zu andern Zeiten so lose und aufgelöst, daß die ganze Welt darin Raum findet. Er begeistert sich an aufopfernder Tugend, so wie ein Zuschauer im Theater sich daran begeistert; er ist ein gestrenger Kritiker, der sehr wohl weiß, wo diese Tugend fade und unwahr wird. Er bereut sogar, aber er bereut ästhetisch, nicht moralisch. Er ist im Augenblick der Reue ästhetisch über seine Reue hinweg, prüft, ob sie poetisch richtig sei, ob sie geeignet sei zur dramatischen Erwiderung im Munde einer poetischen Figur.

Indem nun der Ironiker dergestalt, mit größtmöglicher poetischer Freiheit, sich selbst und seine Umwelt dichtet, indem er solchermaßen ganz und gar hypothetisch und konjunktivisch lebt, *verliert* sein Leben *alles Stetige und Zusammenhängende*. Hierdurch versinkt er ganz und gar im Abgrund der Stimmung. Sein Leben besteht aus *lauter Stimmungen*. Nun kann allerdings das Stimmunghaben etwas sehr Wahres sein, und kein irdisches Leben ist so absolut, daß es mit dem darin liegenden Gegensatz unbekannt wäre. Doch in einem gesunden Leben ist Stimmung lediglich eine Steigerung desjenigen Lebens, das sich ansonst in einem regt und rührt. So weiß z. B. ein ernster Christ sehr wohl, daß es Augenblicke gibt, in denen er tiefer und lebendiger vom christlichen Leben ergriffen ist als gewöhnlich; deswegen aber wird er nicht gleich ein Heide, wenn die Stimmung vorüber ist. Je gesunder und ernster er lebt, um so mehr wird er auch Herr über die Stimmung werden, will heißen, um so mehr wird er sich unter sie demütigen[373] und dadurch seine Seele bewahren. Im Ironiker jedoch lösen, da in ihm kein fester innerer Zusammenhang ist, die entgegengesetztesten Stimmungen einander ab. Bald ist er ein Gott, bald ein Körnlein Sand. Seine Stimmungen sind ebenso zufällig wie Brahmas Inkarnationen. Und der
XIII Ironiker, der *sich frei wähnt*, fällt damit unter das grauen-
356 volle Gesetz der Weltironie und frönert in der *fürchterlich-*

sten *Knechtschaft*. Aber der Ironiker ist ein Dichter, und daher kommt es, daß es, obwohl er wahrlich ein Spielball der Laune der Weltironie ist, doch nicht immer den Anschein davon hat. Er dichtet alles, dichtet Stimmungen mit. Um recht frei zu sein, muß er die Stimmung in der Gewalt haben, deswegen muß die eine Stimmung unverzüglich von der andern abgelöst werden. Insofern es nun zuweilen geschieht, daß die Stimmungen einander gar zu verzweifelt ablösen und er also merkt, es gehe nicht ganz mit rechten Dingen zu, so dichtet er. *Er dichtet*, er sei es selber, der da die Stimmung hervorrufe; er dichtet so lange, bis er geistig so gelähmt und gebrochen ist, daß er das Dichten bleiben läßt. Deshalb hat die Stimmung selbst für den Ironiker keinerlei Wirklichkeit, und er macht seiner Stimmung nur selten anders Luft als in *Kontrastgestalt*. Seine Trauer birgt sich in des Scherzes vornehmem Inkognito, seine Fröhlichkeit ist eingehüllt in Klagelauten. Bald ist er auf dem Wege zum Kloster, unterwegs besucht er den Venusberg; bald auf dem Wege zum Venusberg, unterwegs betet er in einem Kloster. Auch das wissenschaftliche Streben der Ironie geht in Stimmung auf. Dies tadelt Hegel[374] insbesondere an *Tieck*, und es geht so auch aus Tiecks Briefwechsel mit *Solger* hervor: bald ist er durchaus im Reinen, bald sucht er, bald ist er Dogmatiker, bald Zweifler, bald ist es Jakob Böhme, bald die Griechen usw., nichts als Stimmungen. Da indes doch stets ein Band vorhanden sein muß, welches diese Gegensätze verknüpft, eine Einheit, in welcher sich diese ungeheuren Stimmungsdissonanzen auflösen, so wird man bei näherem Zusehn auch beim Ironiker diese Einheit finden. *Langeweile* ist das *einzige* Stetige und *Zusammenhängende*, das der Ironiker besitzt. Langeweile, diese inhaltslose Ewigkeit, diese genußlose Seligkeit, diese oberflächliche Tiefe, diese hungrige Übersättigung. Langeweile aber ist eben die in ein persönliches Bewußtsein aufgenommene negative Einheit, in welcher die Gegensätze untergehen. Daß sowohl Deutschland wie Frankreich im gegenwärtigen Augenblick eine nur allzu große Zahl solcher Ironiker besitzen, und es nicht weiter nötig haben, sich in die Mysterien der Langenweile von dem einen oder andern englischen Lord, dem reisenden Mitgliede eines Spleenklubs, einweihen zu lassen, ferner auch, daß der eine oder andere aus der Aufzucht des jungen

Deutschland oder des jungen Frankreich schon längst vor Langerweile gestorben wäre, falls die betreffenden Regierungen nicht so väterlich gewesen wären, ihn verhaften zu lassen und ihm dadurch
XIII 357 Stoff zum Drandenken zu geben, das wird gewiß niemand bestreiten. Will man ein großartiges Bild von solch einem Ironiker haben, der eben vermöge der Zwiefältigkeit seines Daseins des Daseins ermangelte, so brauche ich nur an den *Asen Loki* zu erinnern.

Wir sehen hier, inwiefern *die Ironie ganz und gar negativ bleibt*, indem sie in theoretischer Hinsicht ein Mißverhältnis zwischen Idee und Wirklichkeit, Wirklichkeit und Idee, und in praktischer Hinsicht ein solches zwischen Möglichkeit und Wirklichkeit, Wirklichkeit und Möglichkeit aufrichtet. — Um dies des weiteren am geschichtlichen Auftreten der Ironie nachzuweisen, werde ich die wichtigsten Vertreter der Ironie ein wenig näher durchnehmen.

Friedrich Schlegel

Von *Friedrich Schlegel* soll hier Gegenstand der Besprechung werden sein sattsam bekannter Roman Lucinde*, welcher das Evangelium des jungen Deutschland geworden ist, das System für dessen ‚Rehabilitation des Fleisches'[375], für Hegel[376] eine Widerwärtigkeit. Diese Besprechung ist mittlerweile nicht ohne einige Schwierigkeit; denn da die Lucinde bekanntlich ein recht schlüpfriges Buch ist, so laufe ich, indem ich dies oder das daraus zur näheren Betrachtung hervorziehe, leicht die Gefahr, daß ich es selbst dem reinsten Leser unmöglich mache, gänzlich unbeschädigt zu entschlüpfen. Ich werde indes so vorsichtig und schonend wie möglich sein.

Um Schlegel nicht Unrecht zu tun, muß man sich *der vielen Verkehrtheiten* erinnern, welche sich in so mancherlei Lebensverhältnisse eingeschlichen haben, und vor allem unermüdlich gewesen sind, *die Liebe* so zahm, so wohl abgerichtet, so schleppend, so schläfrig, so nützlich und brauchbar wie sonst ein Haustier, kurz gesagt, so unerotisch als möglich zu machen. Inso-

---

* Lucinde. Ein Roman von Fr. v. Schlegel. Zweite unveränderte Ausgabe. Stuttgart 1835.

fern müßte man Schlegel sehr verbunden sein, falls es ihm gelingen
sollte, einen Ausweg zu finden; leider jedoch ist das von ihm ent-
deckte Klima, unter welchem die Liebe erst richtig gedeihen kann,
nicht etwa in Vergleich mit unserm nördlicheren ein etwas süd-
licheres, sondern ein idealisches Klima, das es nirgendwo gibt.
Daher sind es nicht allein der häuslichen Liebe zahme Gänse und
Enten, die mit den Flügeln schlagen und ein entsetzliches Ge-
schnatter erheben, wenn sie der Liebe wilde Vögel über ihren
Köpfen dahinbrausen hören, vielmehr muß ein jeder tiefer poe- XIII 358
tische Mensch, dessen Sehnsüchte stärker sind, als daß sie mit
romantischen Spinnweben gebunden werden könnten, dessen An-
sprüche ans Leben machtvoller sind, als daß sie mit dem Schrei-
ben eines Romans befriedigt werden könnten, hier eben um der
Poesie willen seinen Einspruch bekunden und muß darzutun
suchen, daß Friedrich Schlegel keineswegs einen Ausweg gefunden,
sondern sich auf einem Abwege verirrt hat, muß darzutun suchen,
daß leben etwas andres als träumen heißt. Sehen wir nun näher
zu, was denn eigentlich von Schlegel mit seiner Ironie bekämpft
worden ist, so wird gewiß niemand es leugnen: es war und ist in
Eingang, Fortgang und Ausgang des ehelichen Verhältnisses so
manches, das eine solche Züchtigung (Correction) verdient und es
dem Subjekt natürlich macht, sich davon zu befreien. Da ist eine
überaus beschränkte Ernsthaftigkeit, eine Absichtlichkeit, eine
jämmerliche Teleologie, die von vielen Menschen als
Götze angebetet wird, welcher jedes Streben unendlicher Art als
ein ihm zustehendes Opfer heischt. Solchermaßen ist die Liebe
nichts an und für sich selbst, sondern ist erst etwas
vermöge der Absicht, mit der sie in jenen Kleingeist eingeordnet
wird, welcher auf dem Privattheater der Familien Furore macht.
„Absichten haben, nach Absichten handeln, und Absichten mit
Absichten zu neuer Absicht künstlich verweben; diese Unart ist so
tief in die närrische Natur des gottähnlichen Menschen eingewur-
zelt, daß er sich's nun ordentlich vorsetzen und zur Absicht
machen muß, wenn er sich einmahl ohne alle Absicht, auf dem
innern Strom ewig fließender Bilder und Gefühle frei bewegen
will" (S. 153)[377] ... „Freilich wie die Menschen so lieben, ist es
etwas anders. Da liebt der Mann in der Frau nur die Gattung und
die Frau im Mann nur den Grad seiner natürlichen Qualitäten und

seiner bürgerlichen Existenz und beide in den Kindern nur ihr Machwerk und ihr Eigenthum" (S. 55) ... „O! es ist wahr, meine Freundin, der Mensch ist von Natur eine ernsthafte Bestie" (S. 57). Es gibt eine moralische Sprödigkeit, eine Zwangsjacke, darin kein vernünftiger Mensch sich regen kann. In Gottes Namen, laß sie platzen. Im Gegensatz dazu gibt es in überspannter Romantik mondscheinhafte Theater-Ehen, mit denen die Natur zum mindesten eine Absicht nicht verfolgen kann, und mit ihren unfruchtbaren Wehen und kraftlosen Umarmungen ist christlichen Staaten ebenso wenig gedient wie heidnischen. Möge die Ironie sich getrost wider alles von der Art tummeln. Indes, der Angriff Schlegels richtet sich nicht einzig und allein wider alle diese Unwahrheit.

Es gibt eine christliche Anschauung von der Ehe, welche Muts genug gehabt, sogar in der Stunde der Trauung den Fluch zu verkün-
XIII 359 digen, bevor sie den Segen spricht[378]. Es gibt eine christliche Anschauung, welche alles unter die Sünde tut und welche keine Ausnahme kennt, nichts verschont, nicht das Kind im Mutterleibe, nicht ‚die Schönste unter den Weibern'[379]. Es ist ein Ernst in dieser Anschauung, zu tief, als daß er von den emsigen Arbeitern des prosaischen Alltagslebens begriffen werden könnte, zu streng, als daß er seiner spotten ließe von ehelichen Improvisatoren. – So sind sie denn vorüber, die Zeiten, da die Menschen so glücklich dahingelebt, ohne Kummer und Sorgen, so unschuldig, da alles so menschlich gewesen, da die Götter selber den Ton angaben, ab und an ihre himmlische Würde ablegten, um sich irdischer Frauen Liebe zu erlisten; da ein Mensch, wenn er sich leise und heimlich zu einem Stelldichein schlich, fürchten mußte oder sich schmeicheln durfte, einen Gott unter seinen Mitbewerbern zu finden; die Zeiten, da der Himmel hoch und schön über glücklicher Liebe sich wölbte als ein freundlicher Zeuge, oder sie still und ernst barg in der Nacht festlicher Ruhe; da alles nur für Liebe lebte, und alles für die Liebenden wiederum eine Mythe von glücklicher Liebe war. Hier liegt die Schwierigkeit, und von diesem Gesichtspunkt aus muß man das Urteil fällen über die Bestrebungen Schlegels und der gesamten älteren und jüngeren Romantik. *Jene Zeiten sind vorüber*, gleichwohl verlangt *der Romantik Sehnsucht* nach ihnen *zurück* und zu ihnen unternimmt sie nicht

eben heilige Pilgerfahrten (peregrinationes sacras) sondern weltliche (profanas). Gesetzt nun, es wäre möglich, eine entschwundene Zeit wiederherzustellen, so müßte man sie doch wiederherstellen in aller ihrer Reinheit, und so z. B. das Griechentum in aller seiner Naivität. Das tut die Romantik jedoch nicht. Eigentlich stellt sie nicht das Griechentum wieder her, sondern einen von ihr entdeckten unbekannten Weltteil. Und nicht allein dies, sondern ihr Genuß ist in hohem Maße raffiniert; denn sie will nicht bloß naiv genießen, sondern sie will im Genießen sich der Vernichtung der gegebenen Sittlichkeit bewußt werden; die Pointe in ihrem Genuß ist es gleichsam, über die Sittlichkeit zu lächeln, unter der nach ihrer Meinung andre seufzen, und hierin liegt der ironischen Willkür freies Spiel. Das Christentum hat durch den Geist Zwietracht gesetzt zwischen dem Fleisch und dem Geist*, und entweder muß der Geist das Fleisch verneinen oder das Fleisch den Geist verneinen. Letzteres ist das von der Romantik Gewollte, und sie ist vom Griechentum dadurch unterschieden, daß XIII 360
sie im fleischlichen Genießen zugleich die Verneinung des Geistes genießt. Hierdurch wähnt sie nun *poetisch zu leben*, ich hoffe jedoch, es wird sich zeigen, daß sie des Poetischen gerade verlustig geht, denn erst im Durchgang durch die Resignation wird die wahre innere Unendlichkeit, und erst diese innere Unendlichkeit ist in Wahrheit unendlich und in Wahrheit poetisch.

Schlegels Lucinde will alle Sittlichkeit suspendieren, oder wie *Erdmann* sich nicht unglücklich ausdrückt: „Alle sittlichen Bestimmungen sind nur Spiel, es ist willkührlich für die Liebenden, ob die Ehe Monogamie, ob Ehe en quatre ist" usf.** Wofern es nun denkbar wäre, daß die ganze Lucinde lediglich eine Caprice ist, ein Kind launischer Willkür, welches ebenso wie die kleine Wilhelmine mit den Beinen gestikulierte, ohne sich um ihr Röckchen oder um das Urteil der Welt zu kümmern; wofern die Lucinde also bloß eine ausgelassene Tollheit wäre, die sich daran freut, alles auf den Kopf zu stellen, das Unterste zuoberst zu

* Dadurch will das Christentum keineswegs die Sinnlichkeit vernichten, denn es lehrt, erst in der Toten Auferstehung werde man nicht freien noch sich freien lassen[380]; es erinnert zugleich aber an jenen Mann, der nicht Zeit hatte, zur großen Hochzeit zu kommen, weil er selber Hochzeit hielt[381].

** Vorlesungen über Glauben und Wissen. Berlin 1837 (S. 86).

kehren; wofern sie bloß eine witzige Ironie wäre über jene ganze
Sittlichkeit, die nichts andres als Sitte und Gewohnheit ist: ja,
wer möchte dann wohl so lächerlich sein, darüber nicht zu lachen,
wer möchte dann wohl ein solcher Querkopf sein, daß er sich
dabei nicht kostbar amüsierte? Dies ist indes ganz und gar nicht
der Fall, die Lucinde hat im Gegenteil einen äußerst *doktri-
nären Charakter*; und eine gewisse durch sie hingehende
schwermütige Ernsthaftigkeit scheint daher zu kommen, daß ihr
Held so spät zu dieser herrlichen Wahrheitserkenntnis gelangt ist,
und daß somit ein Teil seines Lebens ungenutzt verstrichen ist.
Die „Frechheit", auf die dieser Roman so oft zurückkommt und
auf die er gleichsam pocht, ist daher keine launige vorüber-
gehende Suspension des objektiv Giltigen, so daß der Gebrauch
des Wortes Frechheit hierfür selber eine Tollheit wäre, welche aus
purem Übermut absichtlich einen so starken Ausdruck brauchte,
nein, diese Frechheit ist wirklich das, was man schlecht und recht
Frechheit nennt, die jedoch so liebenswürdig und interessant ist,
daß *Sittsamkeit, Bescheidenheit und Anstand*,
die beim ersten Augenschein etwas Anziehendes hatten, an ihrer
Seite sich als *recht unbedeutende Personen* ausneh-
men. Daß die Lucinde nun wirklich solch einen doktrinären Cha-
rakter hat, wird jeder, der sie durchgelesen, gewiß zugeben.
Möchte etwa jemand das leugnen, so bäte ich ihn, mir die Schwie-
rigkeit zu erklären, die darin liegt, daß das junge Deutschland sie
so ganz und gar verkehrt aufgefaßt hätte. Sollte auch das ihm ge-
lingen, so würde ich ihn daran erinnern, daß Friedrich Schlegel be-
XIII 361 kanntlich später Katholik geworden ist und als solcher entdeckt
hat, die Reformation sei der zweite Sündenfall: dies deutet doch
zur Genüge darauf hin, daß es ihm mit der Lucinde ein Ernst ge-
wesen ist.

Was die Lucinde will, ist mithin *die Aufhebung* aller
Sittlichkeit, nicht etwa bloß der Sittlichkeit im Sinne von Sitte
und Gewohnheit, sondern auch aller jener Sittlichkeit, welche des
Geistes Giltigkeit ist, *des Geistes Herrschaft über
das Fleisch*. Es wird sich deshalb auch erweisen, daß sie ganz
und gar dem gemäß ist, was wir im Vorhergehenden als das der
Ironie eigentümliche Bestreben bezeichnet haben, alle Wirklich-
keit aufzuheben und an ihre Stelle eine Wirklichkeit zu setzen,

die keine Wirklichkeit ist; deshalb ist es denn auch ganz in der Ordnung, daß das Mädchen, oder richtiger Weib, in dessen Armen Julius Ruhe findet, also Lucinde, eine von denen war, welche „einen entschiedenen Hang zum Romantischen" hatten, und „nicht in der gemeinen Welt leben, sondern in einer eigenen selbstgedachten und selbstgebildeten" (S. 96), eine von denen also, die eigentlich keine andre Wirklichkeit als die sinnliche Wirklichkeit haben, sowie daß es eine der großen Aufgaben von Julius ist, sich eine ewige Umarmung vorzustellen, vermutlich als die einzige wahre Wirklichkeit.

Betrachten wir nun die Lucinde als solch einen Liebeskatechismus, so verlangt dieser von seinen Schülern, „was Diderot die Empfindung des Fleisches nennt", „eine seltene Gabe", und verpflichtet sich diese zu entwickeln zu „jenem höheren Kunstsinn der Wollust" (S. 29 und 30), und Julius tritt als Priester dieser Gottesverehrung „nicht ohne Salbung" auf, als derjenige, „zu dem der Witz selbst durch eine Stimme vom geöffneten Himmel herab sprach: Du bist mein lieber Sohn, an dem ich Wohlgefallen habe" (S. 35); als der, welcher sich selbst und andern zuruft: „Weihe dich selbst ein und verkündige es, daß die Natur allein ehrwürdig und die Gesundheit allein liebenswürdig ist" (S. 27). Was die Lucinde will, ist *die nackte Sinnlichkeit*, in welcher der Geist ein *verneintes Moment* ist; was sie als ihren Gegensatz hinstellt, ist *jene Geistigkeit*, in welcher die Sinnlichkeit ein *nicht aufgenommenes Moment* ist. Es ist insofern unrichtig, wenn die kleine zweijährige Wilhelmine, „die geistreichste Person ihrer Zeit oder ihres Alters" (S. 15), dargestellt wird als das Ideal; denn in deren Sinnlichkeit wird der Geist nicht verneint, sintemal er noch nicht vorhanden ist. Die Lucinde will überhaupt Nacktheit und haßt deshalb die Kälte des Nordens; sie will spotten über die Beschränktheit, welche Nacktheit nicht zu ertragen vermag. Ob dies nun Borniertheit ist, oder ob nicht vielmehr der Schleier der Kleidung ein schönes Bild dafür
ist, wie alle Sinnlichkeit sein soll (denn wenn die Sinnlichkeit XIII 362
geistig beherrscht ist, so ist sie auch nicht nackt), darauf möchte ich mich nicht weiter einlassen, sondern nur daran erinnern, daß man es noch immer dem Archimedes verzeiht, daß er splitterfasernackt durch die Straßen von Syrakus lief, und dies sicherlich nicht

des milden südlichen Klimas halben, sondern weil seine geistige Freude, sein Heureka, Heureka (ich hab's gefunden) hinreichende Bekleidung war.

Die Verwirrung und Unordnung in allem Bestehenden, die durch die Lucinde zustandegebracht werden würde, sucht sie selber zu veranschaulichen durch die vollendetste Verwirrung der Anlage. Julius erzählt darum sofort am Anfang, daß er zusammen mit den übrigen Regeln der Vernunft und Sittlichkeit auch die Zeitrechnung habe fahren lassen (S. 3), und S. 5 sagt er: „Für mich und für diese Schrift, für meine Liebe zu ihr und für ihre Bildung in sich, ist aber kein Zweck zweckmäßiger, als der, daß ich gleich Anfangs das was wir Ordnung nennen vernichte, weit von ihr entferne und mir das Recht einer reizenden Verwirrung deutlich zueigne und durch die That behaupte." Hiermit will er nun das wahre Poetische erreichen, und indem er allem Verstand Valet sagt und einzig die Phantasie walten läßt*, mag es ihm und, falls dieser so tun will, auch dem Leser etwa gelingen, dies Durcheinander für die Einbildungskraft in einem einzigen ewig sich bewegenden Bilde festzuhalten. – Dieser Verwirrung zum Trotz möchte ich mich doch bemühen, in meine Darstellung eine Art von Ordnung zu bringen und das Ganze sich auf einen bestimmten Punkt sammeln zu lassen.

Der Held dieses Romans, Julius, ist kein Don Juan (der da vermöge seiner sinnlichen Genialität als ein Zauberer alles be-

---

* Diese Entschlossenheit, einzig die Phantasie walten zu lassen, ist überhaupt etwas, das durch die ganze Lucinde hin sich wiederholt. Wer möchte nun wohl ein solcher Unmensch sein, daß er sich nicht an dem leichten Spiel der Phantasie freuen könnte; daraus folgt jedoch nicht, daß das ganze Leben in Phantasieanschauung aufgehen soll. Wenn dergestalt die Phantasie dahin gelangt, die einzig Waltende zu sein, so erschöpft und betäubt sie die Seele, raubt ihr alle moralische Spannkraft, macht das Leben zu einem Traum. Jedoch eben dies ist das von der Lucinde eigentlich Gewollte, und ihr Standpunkt ist S. 153 im Grunde mit folgenden Worten bezeichnet: „Es ist der Gipfel des Verstandes, aus eigner Wahl zu schweigen, die Seele der Phantasie wieder zu geben und die süßen Tändeleien der jungen Mutter mit ihrem Schooßkinde nicht zu stören"; denn der Sinn ist offensichtlich der, daß die Formation des Verstandes, wenn dieser seinen Höhepunkt erreicht hat, der Phantasie weichen soll, die nunmehr einzig herrschen und nicht bloßes Zwischenspiel im Vollbringen des Lebens sein soll.

rückt; der da auftritt mit unmittelbarer Vollmacht, welche zeigt, XIII 363
daß er Herr und Gebieter ist, einer Vollmacht, die mit Worten nicht beschrieben werden kann, von der jedoch ein paar schlechthin gebieterische Bogenstriche Mozarts eine Vorstellung geben können; der da nicht verführt, sondern von dem alle verführt sein wollen, und wenn ihre Unschuld ihnen zurückgegeben würde, so begehrten sie nichts als noch einmal verführt zu werden; ein Dämon, der da keine Vergangenheit, keine Entwicklungsgeschichte besitzt, sondern wie Athene gleich vollgerüstet ins Leben springt), sondern er ist eine *in Reflexion gefesselte Persönlichkeit*, die sich erst allmählich entwickelt. In dem Abschnitt „Lehrjahre der Männlichkeit" lernen wir diese seine Geschichte näher kennen. „Pharao zu spielen mit dem Anscheine der heftigsten Leidenschaft und doch zerstreut und abwesend zu seyn; in einem Augenblick von Hitze alles zu wagen und, sobald es verloren war, sich gleichgültig wegzuwenden: das war nur eine von den schlimmen Gewohnheiten, unter denen Julius seine wilde Jugend verstürmte" (S. 59). Der Verfasser meint, *mit diesem einen Zuge das Leben von Julius hinreichend geschildert* zu haben. Hierin sind wir mit ihm durchaus einig. Julius ist ein junger Mensch, der innerlich in sich zerrissen ist und eben vermöge dieser Zerrissenheit eine lebhafte Vorstellung von jener Zauberkunst empfangen hat, die in einigen wenigen Augenblicken einen Menschen viele viele Jahre älter zu machen imstande ist; ein junger Mensch, der vermöge seiner Zerrissenheit in scheinbarem Besitz einer ungeheuren Kraftfülle ist, so gewiß die Begeisterung der Verzweiflung Hünenkräfte verleiht; ein junger Mensch, der bereits seit langem mit dem großen Finale begonnen hat, jedoch noch immer nicht ohne Anstand und Anmut mit einer geistigen Leichtigkeit in der Welt den Pokal schwingt und in einem einzigen Atemzuge seine ganze Kraft sammelt, um durch einen glänzenden Abgang ein verherrlichendes Licht über ein Leben zu werfen, welches einen Wert nicht gehabt hat und eine Lücke nicht hinter sich lassen wird; ein junger Mensch, der lange mit dem Gedanken an einen Selbstmord vertraut gewesen ist, dem jedoch die Stürme seiner Seele nicht Zeit gönnen, einen Entschluß zu fassen. Liebe muß nun das sein, was ihn erlösen soll. Nachdem er nahe daran gewesen, ein unschuldiges junges Mädchen zu verführen (ein Aben-

teuer, das jedoch für ihn eine weitere Bedeutung überhaupt nicht besitzt; denn offensichtlich war sie zu unschuldig, um seine Wißbegierde befriedigen zu können), findet er in Lisette die Lehrmeisterin, deren er bedarf, eine Lehrerin, die bereits seit langem in die nächtlichen Mysterien der Liebe eingeweiht ist, und deren öffentlichen Unterricht Julius vergeblich auf einen Privatunterricht für ihn allein zu beschränken sucht.

XIII 364 Das Bild von Lisette ist in dem ganzen Roman vielleicht etwas von dem am ausführlichsten Dargestellten, und der Verfasser hat es mit sichtlicher Vorliebe behandelt und alles getan, um ein poetisches Licht darauf fallen zu lassen. Als Kind war sie eher schwermütig denn leichtsinnig gewesen, jedoch bereits dazumal dämonisch begeistert von der Sinnlichkeit (S. 78). Späterhin war sie Schauspielerin geworden, indes nur für kurze Zeit, und sie machte sich stets lustig über ihre Unfähigkeit und über die Langeweile, die sie ausgestanden. Endlich hatte sie sich ganz und gar dem Dienst der Sinnlichkeit geweiht. Nächst der Unabhängigkeit liebte sie Geld über die Maßen, das sie jedoch mit Geschmack zu verwenden wußte. Ihre Gunsterweisungen ließ sie sich bald mit Geldsummen bezahlen, bald mit der Befriedigung ihrer launischen Vorliebe für einen Einzelnen. Ihr Boudoir war einfach und ohne alle gewöhnlichen Möbel, nur von allen Seiten große kostbare Spiegel, und zwischen diesen wollüstige Gemälde von Coreggio und Titian. Statt der Stühle echte orientalische Teppiche und einige Gruppen aus Marmor in halber Lebensgröße. Hier saß sie oft auf türkische Sitte tagelang allein und die Hände müßig im Schoß, denn sie verabscheute alle weiblichen Arbeiten. Sie erfrischte sich nur von Zeit zu Zeit mit Wohlgerüchen und ließ sich dabei von ihrem Jockei, einem bildschönen Knaben, den sie sich in seinem vierzehnten Jahre eigens verführt hatte, Geschichten, Reisebeschreibungen und Märchen vorlesen. Sie gab wenig darauf acht, außer wenn etwas Lächerliches vorkam, oder eine allgemeine Bemerkung, die sie auch wahr fand; denn sie achtete nichts und hatte Sinn für nichts als für Realität und fand alle Poesie lächerlich. Dies ist Schlegels Schilderung eines Lebens, welches, so verdorben es auch ist, doch Anspruch darauf zu erheben scheint, poetisch zu sein. Das besonders Hervortretende ist die vornehme Lässigkeit, die schlechthin

nichts mag; nicht arbeiten mag, vielmehr jegliche weibliche Tätigkeit verachtet, den Geist nicht beschäftigen sondern allein ihn beschäftigen lassen mag, eine Lässigkeit, welche alle Kraft der Seele in *weichlichem Genuß* verzehrt und erschöpft, das Bewußtsein selber in einer widerlichen Dämmerung verdunsten läßt[382]. Genuß aber war es gleichwohl und genießen heißt ja poetisch leben. Der Verfasser scheint etwas Poetisches auch hineinlegen zu wollen in den Umstand, daß sie beim Austeilen ihrer Gunsterweisungen nicht immer an Geld dachte, er scheint betreffs der Augenblicke, in denen sie sich in ihrer Wahl durch andres als Geld bestimmen ließ, ihre jämmerliche Liebe verherrlicht sein lassen zu wollen durch einen Abglanz jener Hingabe, die allein unschuldiger Liebe eigen ist, so als ob es poetischer wäre, ein Knecht XIII 365
seiner Laune zu sein, als ein Sklave des Geldes. Da sitzt sie denn in diesem üppigen Raum und *selbstverloren* ist das äußere *Bewußtsein*, welches die großen Spiegel, indem sie ihr Bild von allen Seiten zurückstrahlen, zustandebringen, das einzige Bewußtsein, das ihr noch übrig geblieben ist. Sie pflegte daher auch, wenn sie von sich selber sprach, sich die Lisette zu nennen und sagte öfters: wenn sie schreiben könnte, so würde sie ihre Geschichte schreiben, *als wäre es die einer andern*, sie sprach überhaupt von sich am liebsten in der dritten Person. Dies geschah indes keineswegs, weil ihre Taten auf Erden so weltgeschichtlich bedeutsam wie die eines Cäsar gewesen wären, so daß ihr Leben nicht ihr, sondern der Welt gehörte; es geschah vielmehr, weil dies Vorleben (vita ante acta) zu schwer drückte, als daß sie sein Gewicht hätte ertragen können. Sich darauf zu besinnen, seine drohenden Gestalten über sie Gericht halten zu lassen, das würde ja *zu ernst* sein, als daß es poetisch sein könnte. Dies jämmerliche Leben aber in unbestimmten Umrissen sich verlieren lassen, darauf starren, *als ginge es sie selber nichts an*, das wollte sie. Sie wollte über dies unglückliche verlorene Mädchen trauern, sie wollte vielleicht ihr eine Träne weihen; doch daß dies Mädchen sie selber war, das wollte sie vergessen. Vergessen wollen ist eine Schwachheit, es kann sich jedoch in solch einem Bemühen zuweilen eine Tatkraft regen, die auf etwas Besseres hindeutet; indes sich selber auf eine Weise wiedererleben wollen, bei welcher die Reue keinen Stachel empfangen

kann, weil ja von einem gleichgiltigen Andern die Rede ist, und bei der gleichwohl der Genuß durch die heimliche Mitwisserschaft gesteigert werden kann, das ist grauenhafte, *weichliche Feigheit*. Gleichwohl tritt eben *dies Versinken in*
XIII 366 *ästhetische Betäubung** doch eigentlich in der ganzen Lucinde als eine Bezeichnung für das, was *poetisch leben* heißt, auf und gibt eben, indem es das tiefere Ich in einen schlafwandelnden Zustand einlullt, dem willkürlichen Ich freien Spielraum in ironischer Selbstgefälligkeit.

Dies soll hier Gegenstand einer etwas näheren Untersuchung werden. Man hat oft genug darzutun gesucht, daß die Art von Büchern, zu denen die Lucinde gehört, unmoralisch ist, man hat oft genug Ach und Weh über sie geschrieen: indes, solange man es dem Verfasser gestattet, öffentlich zu behaupten, und dem Leser gestattet, insgeheim zu glauben, daß sie poetisch seien, so lange ist damit nicht eben viel ausgerichtet, und dies um so weniger, als der Mensch ebenso großen Anspruch auf das Poetische hat als das Moralische auf den Menschen. Es sei darum gesagt, wie es nunmehr bewiesen werden soll, daß solche Bücher nicht bloß unmoralisch sind, sondern auch *unpoetisch*, weil sie irreligiös

---

* Dieses wird insbesondere doziert in einer Idylle über den *Müßiggang*, allwo die höchste Vollkommenheit in die reine und echte Passivität gesetzt wird. „Je schöner das Klima ist, je passiver ist man. Nur Italiener wissen zu gehen, und nur die im Orient verstehen zu liegen; wo hat sich aber der Geist zarter und süßer gebildet als in Indien? Und unter allen Himmelsstrichen ist es das Recht des Müßiggangs, was Vornehme und Gemeine unterscheidet, und das eigentliche Princip des Adels" (S. 42) ... „Und also wäre ja das höchste, vollendetste Leben nichts als ein reines Vegetieren"; überhaupt ist das Leben der Pflanze das angestrebte Ideal, daher schreibt Julius an Lucinde: „Wir beide werden noch einst in Einem Geiste anschauen, daß wir Blüthen Einer Pflanze oder Blätter Einer Blume sind, und mit Lächeln werden wir dann wissen, daß was wir jetzt nur Hoffnung nennen, eigentlich Erinnerung war" (S. 11). Sogar die Sehn-
XIII 366 sucht nimmt daher die Gestalt eines vegetativen Stillebens an. „Julius, fragte *Lucinde*, warum fühle ich in so heiterer Ruhe die tiefe Sehnsucht? Nur in der Sehnsucht finden wir die Ruhe, antwortete *Julius*. Ja die Ruhe ist nur das, wenn unser Geist durch nichts gestört wird, sich zu sehnen und zu suchen, wo er nichts höheres finden kann als die eigene Sehnsucht" (S. 148). *Julius*: „Die heilige Ruhe fand ich nur in jenem Sehnen, Freundin. *Lucinde*: Und ich in dieser schönen Ruhe jene heilige Sehnsucht" (S. 150).

sind; es sei zuerst und zuletzt gesagt, daß ein jeder Mensch *poetisch leben kann, wo er es in Wahrheit will.* Fragen wir nämlich, was Poesie ist, so dürfen wir mit einer ganz allgemeinen Bezeichnung sagen: sie ist ein Sieg über die Welt; durch die Verneinung einer unvollkommenen Wirklichkeit hindurch tut die Poesie eine höhere Wirklichkeit auf, weitet und verklärt das Unvollkommene zum Vollkommenen und lindert dadurch den tiefen Schmerz, der alles verdüstern will. Insofern ist *die Poesie eine Art von Versöhnung,* sie ist jedoch *nicht die wahre Versöhnung;* denn sie versöhnt mich nicht mit der Wirklichkeit, in der ich lebe, es geschieht durch die poetische Versöhnung keinerlei Wandlung (Transsubstantiation) der gegebenen Wirklichkeit, sondern sie versöhnt mich mit der gegebenen Wirklichkeit, indem sie mir eine andre Wirklichkeit gibt, eine höhere und vollkommenere. Je größer nun der Gegensatz ist, um so unvollkommener ist eigentlich die Versöhnung, so daß sie im Grunde oft keine Versöhnung wird, sondern eher eine Feindschaft. Darum ist eigentlich erst *das Religiöse* imstande, *die wahre Versöhnung* zu vollbringen; denn es läßt die Wirklichkeit für mich unendlich werden. Das Poetische ist daher freilich eine Art von Sieg über die Wirklichkeit, das Unendlichwerden jedoch liegt dabei mehr in einer Auswanderung aus der Wirklichkeit als in einem in ihr Bleiben. Poetisch leben heißt XIII 367
mithin unendlich leben. Unendlichkeit aber kann entweder eine äußere Unendlichkeit sein oder eine innere Unendlichkeit. Wer in poetischer Unendlichkeit genießen will, hat ebenfalls eine Unendlichkeit für sich, aber es ist eine *äußere Unendlichkeit.* Indem ich nämlich genieße, bin ich ständig außerhalb meiner in dem andern. Solch eine Unendlichkeit aber muß sich selbst aufheben. Erst dann, wenn ich in dem, was ich genieße, nicht außerhalb meiner bin, sondern in mir selber, erst dann ist mein Genuß unendlich; denn er ist *innerlich unendlich.* Und genösse der poetisch Genießende auch die ganze Welt, er entbehrt doch *eines* Genusses, denn er genießt nicht sich selbst. Aber sich selbst genießen (natürlich nicht in stoischem oder egoistischem Sinne; denn darin ist wiederum keine wahre Unendlichkeit, sondern in religiösem Sinne) ist erst die wahre Unendlichkeit.

Wir blicken nunmehr von diesen Betrachtungen her zurück auf

die Forderung *poetisch zu leben* als *gleichsinnig mit Genießen* (und eben weil unsre Zeit so tief durchreflektiert ist, hat dieser Gegensatz zwischen der poetischen Wirklichkeit und der gegebenen Wirklichkeit sich in einer weit tieferen Gestalt als jemals zuvor in der Welt zeigen müssen; denn ehemals ist die poetische Wirklichkeit mit der gegebenen Wirklichkeit Hand in Hand gegangen, jetzt aber heißt es in Wahrheit sein oder nicht sein, da man nicht damit zufrieden ist, zwischendurch einmal poetisch zu leben, sondern verlangt, daß das ganze Leben poetisch sei); und da erweist es sich denn leicht, daß diese Forderung gerade *des höchsten Genusses*, der wahren Seligkeit *verlustig geht*, darinnen das Subjekt nicht träumt, sondern in unendlicher Klarheit sich selbst zu eigen hat, sich selber schlechthin durchsichtig ist; denn dies ist erst möglich für das religiöse Individuum, welches seine Unendlichkeit nicht außerhalb seiner, sondern in sich selber hat. So ist es z. B. ein poetischer Genuß, sich zu rächen, und die Heiden glaubten, die Götter hätten sich die Rache, weil sie süß sei, vorbehalten; indes, ob mir gleich meine Rache schlechthin befriedigt würde, ob ich gleich in heidnischem Sinne ein Gott wäre, vor dem alles bebt, dessen Zornesfeuer alles zu verzehren vermag, so genösse ich dennoch in der Rache mich selbst nur egoistisch, mein Genuß wäre bloß eine äußere Unendlichkeit, und der einfältigste Mensch, der da seine Rache nicht wüten ließe, sondern seinen Zorn bändigte, wäre weit näher daran, die Welt überwunden zu haben, und er erst genösse sich selbst in Wahrheit, er erst hätte innerliche Unendlichkeit, er erst lebte poetisch. Wenn wir nun von diesem Standpunkt aus das Leben betrachten, welches in der Lucinde als ein poetisches Leben dargestellt wird, so wollen wir ihm allen möglichen Genuß zugestehen;
XIII 368 aber man wird uns doch wohl nicht das Recht abstreiten, eines darüber auszusagen, nämlich, daß es ein *unendlich feiges* Leben ist. Sofern man nun nicht behaupten will, feige sein sei das Gleiche wie poetisch leben, so dürfte es doch möglich sein, daß dies poetische Leben sich ziemlich oder (richtiger gesagt) ganz und gar als *unpoetisch* erweist; denn poetisch leben will nicht besagen, daß man sich selber dunkel wird, daß man sich selber ausschwitzt in einer widerlichen Schwüle, sondern es will besagen, daß man sich selbst klar und durchsichtig wird, nicht in endlicher

und egoistischer Zufriedenheit, sondern in seiner schlechthinnigen und ewigen Giltigkeit. Und ist Letzteres nicht möglich für einen jeden Menschen, so ist das Leben ein Narrenspiel, und alsdann wäre es eine Anmaßung ohnegleichen von dem Einzelnen, und wäre er auch der am höchsten Begabte, der je auf der Welt gelebt, sich einzubilden, daß ihm vorbehalten sei, was allen andern verwehrt worden; denn entweder ist Mensch sein das Absolute, oder das ganze Leben ist Unsinn, und Verzweiflung ist das Einzige, das auf einen jeden wartet, der nicht so wahnsinnig, so lieblos und stolz, so verzweifelt ist, zu wähnen, er sei der Auserwählte. Man darf sich daher nicht darauf beschränken, einige Moralreden zu deklamieren wider die ganzen Bestrebungen, die seit der Lucinde, oft mit viel Talent, oft betörend genug, es sich zum Ziel gesetzt haben, die Leute nicht zu leiten sondern zu verleiten; doch man soll ihnen *nicht erlauben, sich selber und andern einzubilden*, sie seien *poetisch* oder dies sei der Weg, auf dem man das erreicht, worauf ein jeder Mensch einen unabweislichen Anspruch hat — nämlich poetisch zu leben.

Indes wir kehren abermals zu *Julius* und *Lisette* zurück. Lisette beendigt ihr Leben so, wie sie es begonnen, indem sie dasjenige wirklich vollbringt, zu dem sich zu entschließen Julius nie die Zeit gefunden: sie versucht durch einen Selbstmord das Ziel alles ihres Dichtens und Trachtens zu erreichen — nämlich *daß sie sich selber los wird*. Sie wahrt indes in ästhetischer Hinsicht bis zum Äußersten den Takt, und ihr letzter Ausspruch, den sie, nach ihres Dieners Aussage, mit lauter Stimme hersagte: „Lisette soll zu Grunde gehen, zu Grunde jetzt gleich: so will es das Schicksal, das eiserne“, muß als eine Art von dramatischer Verrücktheit betrachtet werden, die ganz natürlich ist für eine, welche früher Schauspielerin gewesen auf dem Theater und später es geworden im Leben. Lisettes Tod mußte natürlich auf Julius Eindruck machen. Ich will indes Schlegel selber das Wort geben, damit man nicht meine, daß ich fälsche. „Die erste Folge von Lisettens Ruin war, daß er *ihr Andenken* mit schwärmerischer Achtung vergötterte“ (S. 77). Indes reichte dies Ereignis doch nicht hin, um Julius zu entwickeln: „Diese Ausnahme von dem, was Julius für gewöhnlich hielt beim weiblichen Geschlecht“ XIII 369
(das Gewöhnliche wäre, daß es nicht im Besitz der „hohen Ener-

gie" Lisettes ist) „war zu einzig und die Umgebung, in der er sie fand, zu unrein, als daß er dadurch zu einer wahren Ansicht hätte gelangen können" (S. 78).

Darauf läßt Schlegel Julius, nachdem er sich für eine Zeit in die Einsamkeit zurückgezogen hatte, abermals mit dem geselligen Leben in Berührung treten, und in einem mehr geistigen Verhältnis zu einigen weiblichen Personen in diesem Leben wiederum mehrere Liebesepisoden durchlaufen, bis daß er endlich in Lucinde die Einheit aller dieser gesonderten Momente findet, ebenso viel Sinnlichkeit wie Reichtum des Geistes findet. Da jedoch diese Liebesverbindung nicht tiefer begründet ist als in einer geistigen Sinnlichkeit, da sie kein Moment der Resignation in sich trägt, mit andern Worten, da sie keine Ehe ist, da die Anschauung, daß Passivität und Vegetieren das Vollkommene seien, festgehalten wird, so ist die Sittlichkeit hier abermals verneint. Diese Liebesverbindung kann darum keinen Inhalt bekommen, in tieferem Sinne keine Geschichte haben, beider Zeitvertreib kann darum zu zweien (en deux) lediglich der gleiche werden, als der, zu welchem Julius seine Einsamkeit am besten verwenden zu können meinte, nämlich zu überlegen, was die eine oder andre geistreiche Dame, bei der einen oder andern pikanten Gelegenheit wohl sagen oder erwidern würde. Es ist daher eine Liebe ohne wirklichen Inhalt, und die Ewigkeit, von der oft genug gesprochen wird, ist nichts anderes als das, was man des Genusses ewigen Augenblick nennen könnte, eine Unendlichkeit, die keine Unendlichkeit ist, und die insofern unpoetisch ist. Man kann sich darum nicht gut des Lächelns erwehren, wenn eine so zarte und schwachgebaute Liebesverbindung sich einbilden möchte, daß sie den Stürmen des Lebens zu trotzen vermöge, wenn sie sich einbilden möchte, so viel Kraft zu haben, daß sie „die herbeste Laune des Zufalls für schönen Witz und ausgelassene Willkühr" (S. 9) nehmen könnte; denn diese Liebe ist doch gar nicht in der wirklichen Welt zu Hause, sondern in einer eingebildeten, in welcher die Liebenden selbst über Stürme und Orkane Gebieter sind. Da in solch einer Verbindung alles auf Genuß berechnet ist, so versteht sie natürlich ihr Verhältnis zu der Generation, die ihr das Dasein verdankt, gleichermaßen egoistisch: „So schlingt die Religion der Liebe unsre Liebe immer

inniger und stärker zusammen, wie das Kind die Lust der zärtlichen Eltern dem Echo gleich verdoppelt" (S. 11). Man trifft oft genug auf Eltern, die mit törichter Ernsthaftigkeit wünschen, ihre
Kinder so bald als möglich wohl versorgt zu sehn, vielleicht sogar, XIII 370
sie sicher im Grabe zu sehn; im Gegensatz dazu scheinen Julius und Lucinde die Kinder am liebsten im Alter der kleinen Wilhelmine festhalten zu wollen, um an ihnen *Unterhaltung* zu haben.

Das Sonderbare an der Lucinde und den ganzen an sie anknüpfenden Bestrebungen ist nun aber, daß man, während man *von der Freiheit* und grundlegenden Vollmacht *des Ich* ausgeht, nicht etwa zu einer noch höheren Geistigkeit, sondern stattdessen *bloß zu Sinnlichkeit* und somit zu seinem Gegenteil gelangt. In der Sittlichkeit ist das Verhältnis des Geistes zu Geist angedeutet, aber indem das Ich eine höhere Freiheit begehrt, den sittlichen Geist verneinen will, verfällt es eben damit dem Gesetz des Fleisches und der Triebe. Weil aber diese Sinnlichkeit nicht naiv ist, so ist die Folge, daß die gleiche Willkür, welche die Sinnlichkeit in ihre vermeintlichen Rechte setzte, im nächsten Augenblick dahin umschlagen kann, eine überspannte und abstrakte Geistigkeit geltend zu machen. Diese Vibrationen können nun verstanden werden teils als das Spiel der Weltironie mit dem Individuum, teils als Versuch des Individuums, die Weltironie nachzumachen.

Tieck

Von *Tieck* sollen insbesondere einige seiner satirischen Dramen und seine Lyrik Gegenstand der Besprechung sein. Seine ersten Novellen liegen vor der Zeit, da er durch die beiden Schlegel zur Erkenntnis der Wahrheit gebracht ward; seine späteren Novellen aber nähern sich immer mehr der Wirklichkeit und suchen nicht selten durch eine gewisse Breite mit dieser in völlige Übereinstimmung zu kommen. Bei Tieck atme ich schon leichter, und wenn ich nun noch einmal auf die Lucinde zurückblicke, so ist mir, als ob ich aus einem beängstigenden, beunruhigenden Traume erwachte, in welchem ich in einem einzigen Augenblick die verführerischen Töne der Sinnlichkeit und das darin mitklingende

wilde tierische Geheul vernommen; es ist mir, als hätte man mir das widerliche Gebräu angeboten, das in einer Hexenküche bereitet wird, welches einen alles Geschmacks am Leben, alles Appetits zum Leben beraubt. Friedrich Schlegel doziert, er richtet sich unmittelbar wider die Wirklichkeit. Mit Tieck steht es anders, er gibt sich einer *poetischen Ausgelassenheit* hin, diese aber hält er in ihrer *Gleichgiltigkeit wider die Wirklichkeit* fest. Nur wo er nicht so tut, nähert er sich einem Angriff auf die Wirklichkeit, aber auch dann greift er sie bloß mehr mittelbar an. Daß solch eine poetische Ausgelassenheit, die in einem überschwenglichen ironischen Hopsasa ganz und gar aus dem Häuschen ist, ihre Berechtigung hat, wird gewiß niemand leugnen. Insofern hat *Hegel*[383] öfters Tieck Unrecht getan, und ich muß durchaus die Bemerkung billigen, die ein ansonst eifriger
XIII 371 Hegelianer gelegentlich gemacht hat*: „In Spaß und Heiterkeit fand er (Hegel) sich gleichfalls behaglich, doch die letzte Tiefe des Humors blieb ihm theilweise verschlossen, und die neueste Form der Ironie widerstrebte dermaßen seiner eigenen Richtung, daß es ihm fast an dem Organ gebrach, auch das Ächte in ihr anzuerkennen oder gar zu genießen." Je näher indes eine solche Dichtung der Wirklichkeit auf den Leib rückt, je mehr sie allein durch einen Bruch mit der Wirklichkeit hindurch verständlich wird, je mehr Polemik sie in sich birgt, je mehr sie eine polemische Entwicklung zur Bedingung der Sympathie des Lesers macht, um so mehr *fällt sie aus der poetischen Indifferenz heraus*, verliert sie ihre Unschuld und legt sich eine Absicht zu. Es ist dann nicht mehr länger die dichterische Freiheit, welche gleich Münchhausen sich hinten am Schopfe packt und auf diese Art, ohne Boden unter den Füßen, frei in der Luft schwebt und den einen Purzelbaum immer noch possierlicher als den andern schlägt, es ist nicht mehr länger die pantheistische Unendlichkeit der Poesie; sondern es ist das endliche Subjekt, welches den ironischen Hebebaum ansetzt, um das ganze Dasein aus seinem festen Zusammenhalt herauszuwippen. Das gesamte Dasein wird nun *zu einem bloßen Spiel* für die dichtende Willkür, die da nichts verschmäht, auch das Unbedeutendste nicht, für die aber auch nichts

* Vorstudien für Leben und Kunst, herausgegeben von Dr. H. G. Hotho. Stuttgart und Tübingen 1835 (S. 394).

besteht, auch das Bedeutendste nicht. Man braucht in dieser Hinsicht bloß das Personenverzeichnis zu überlesen, wie es eines der Dramen von Tieck oder von einem beliebigen romantischen Dichter sonst bietet, um eine Vorstellung davon zu empfangen, was da in ihrer Dichterwelt für unerhörte und äußerst unwahrscheinliche Dinge geschehen. Die Tiere sprechen wie Menschen, die Menschen wie das Vieh, Stühle und Tische werden sich ihrer Bedeutung im Dasein bewußt, die Menschen empfinden das Dasein als eine Sache ohne Bedeutung, nichts wird zu allem und alles zu nichts, alles ist möglich, sogar das Unmögliche, alles reimt sich, sogar das Ungereimte.

Man muß sich nun daran erinnern, daß Tieck und die ganze romantische Schule zu einer Zeit ins Verhältnis traten oder doch zu treten meinten, in welcher die Menschen gleichsam ganz und gar zu Stein erstarrt waren in den endlichen sozialen Verhältnissen. Alles war vollbracht und vollendet in einem göttlichen chinesischen Optimismus, welcher kein vernünftiges Sehnen unbefriedigt ließ, keinen vernünftigen Wunsch unerfüllt. Der Sitte und Gewohnheit herrliche Grundsätze und Maximen waren Gegenstand einer frommen Gottesverehrung; alles war unbedingt das Unbedingte selber; man enthielt sich der Polygamie, man ging mit spitzköpfigen Hüten. Alles hatte XIII 372
seine Wichtigkeit. Jedermann fühlte nach Maßgabe seiner Stellung mit abgetönter Würde, wie viel er ausrichtete, welch große Bedeutung sein unermüdliches Streben hatte für ihn selbst wie für die Gesamtheit. Man lebte nicht, wie Schwärmer[384] tun, leichtsinnig ohne Achtung für Stunde und Glockenschlag, solche Gottlosigkeit suchte vergeblich sich einzuschleichen. Alles ging seinen geruhsamen, seinen abgezirkelten Gang, selbst der, welcher auf Freiersfüßen ging; denn er wußte ja: er ging in gesetzlicher Sache und tat einen höchst ernsthaften Schritt. Alles geschah auf den Glockenschlag. Man durchschwärmte die Natur am Johannistag, man war zerknirscht am großen Buß- und Bettag, man verliebte sich, wenn man das zwanzigste Jahr erreicht hatte, man ging Schlag zehn Uhr zu Bett. Man verheiratete sich, man lebte für sein Hauswesen und seine Stellung im Staat; man bekam Kinder, bekam Familiensorgen, man stand in voller Manneskraft, wurde höheren Orts bemerkt in seiner segensreichen Tätigkeit, stand in freundschaft-

lichem Umgang mit dem Pfarrer, unter dessen Augen man episch die vielen schönen Züge zu einem rühmlichen Nachruf vollbrachte, den dieser, des war man gewiß, dereinst gerührten Herzens vergebens versuchen würde herauszustammeln; man war Freund in des Wortes wahrer und aufrichtiger Bedeutung, ein wirklicher Freund, so wie man Wirklicher Kabinettsrat war. Man verstand sich auf die Welt, man erzog seine Kinder zu dem Gleichen, man war einen Abend in der Woche begeistert von des Dichters Lobgesang über des Daseins Schönheit, man war wiederum alles für die Seinen, jahraus, jahrein mit einer Sicherheit und Pünktlichkeit, die stets die Minute einhielt. Die Welt fing an, kindisch zu werden, sie bedurfte der Verjüngung. Insofern war die Romantik wohltuend. Es weht da durch die Romantik ein kühlender Hauch, ein erfrischender Morgenwind von des Mittelalters Urwäldern her oder von dem reinen Äther Griechenlands; den Spießbürgern läuft es kalt den Rücken hinunter, jedoch es ist nötig, damit die tierische Ausdünstung weiche, in der man anher geatmet. Die hundert Jahre sind um, das verzauberte Schloß hebt sich aus der Erde, seine Bewohner werden wieder wach, vom Walde kommt ein leichter Hauch, die Vögel singen, die schöne Prinzeß lockt wiederum die Freier an; der Wald hallt wider von des Jagdhorns Ruf und der Hunde Gebell, es duften die Auen, Lieder und Gesänge reißen sich los aus dem Schoße der Natur und flattern ringsum, und niemand weiß, von wannen sie kommen und wohin sie fahren. Die Welt wird jung, indes, wie Heine[385] recht witzig bemerkt hat, sie ist durch die Romantik dermaßen verjüngt worden, daß sie wieder zum Wickelkinde ward. Das ist mit der Romantik das Unglück, sie greift nicht die Wirklichkeit. Die Poesie erwacht, die großen Sehnsüchte, die heimlichen Ahnungen,
XIII 373 die begeisternden Empfindungen erwachen, die Natur erwacht, die verzauberte Prinzeß erwacht — der Romantiker fällt in Schlummer. In Träumen erlebt er das alles, und während zuvor um ihn alles geschlafen, ist nun alles wach, er aber schläft. Doch Träume machen nicht satt. Müde und matt wacht er auf, ungestärkt, um wieder sich schlafen zu legen, und bald muß er die schlafwandlerischen Zustände künstlich erzeugen. Indes, je mehr Kunst dazu nötig wird, um so überspannter wird auch das Ideal, welches der Romantiker heraufbeschwört.

Das sind die beiden Pole, zwischen denen die romantische Dichtung sich bewegt. Auf der einen Seite steht *die gegebene Wirklichkeit* mit aller ihrer elenden Spießbürgerei, auf der andern Seite *die ideale Wirklichkeit* mit ihren verschwimmenden Gestalten. Diese beiden Momente stehen zueinander in einem notwendigen Verhältnis. Je mehr die Wirklichkeit karikiert wird, um so höher steigt der Springquell des Ideals, nur daß der Born, der hier entspringt, nicht in ein ewiges Leben quillt[386]. Eben dies aber, daß diese Poesie zwischen Gegensätzen sich bewegt, beweist, daß sie in tieferem Sinne *wahre Poesie nicht ist*. Das wahre Ideal ist nicht auf die eine oder andre Weise jenseitig; es liegt im Rücken, sofern es die spornende Kraft ist; es liegt voraus, sofern es das begeisternde Ziel ist, bei alledem aber ist es in uns, und das ist seine Wahrheit.

Aber deshalb kann diese Art der Dichtung auch nicht in ein in Wahrheit poetisches *Verhältnis zum Leser* treten, eben weil der Dichter selbst nicht in ein echtes poetisches Verhältnis zu seiner Dichtung tritt. *Der poetische Standpunkt*, auf welchen der Dichter sich gestellt hat, ist die poetische *Willkür*; *der Gesamteindruck*, den diese Dichtung hinterläßt, ist *eine Leere*, in welcher nichts zurückgeblieben ist. Diese Willkür bekundet sich nun in der ganzen Anlage. Bald stürmt das Stück voran, bald steht es still, stagniert in einer Episode; bald geht es rückwärts; bald sind wir in einem Winkelgäßchen, bald im Himmel; jetzt geschieht da etwas höchst Unwahrscheinliches, und der Dichter weiß sehr wohl, daß es unwahrscheinlich ist; jetzt kommt von ferne ein Klingen, es ist der heiligen drei Könige frommer Aufzug; jetzt folgt ein Solo für Waldhorn*; bald wird

---

* Hiermit kann verglichen werden die vortreffliche Darstellung Hothos am angeführten Ort S. 412: „Da behält die *abenteuernde Ungebundenheit* der Phantasie einen schrankenlosen Raum zu jederlei Art der Gebilde offen; wo sie nur immer mögen, ranken sich kecke Episoden umher, arabeskenartige Seltsamkeiten schlingen sich zu neckendem Gelächter bunt durch das lose Gewebe, die Allegorie weitet die sonst so be- XIII 374
gränzten Gestalten nebelhaft aus, dazwischen spukt der parodische Scherz in verkehrendem Übermuth, und diesem genialen Belieben verschwistert sich jene matte Behaglichkeit, die keinen müßigen Einfall zurückweisen kann, weil er auf ihrem Boden erwachsen ist."

XIII 374 etwas im Ernste geltend gemacht, und im gleichen Augenblick wird es ins Verkehrte gewendet, und die Einheit des Gelächters will die Gegensätze versöhnen, aber dies Gelächter wird begleitet von fernen Flötentönen tiefer Wehmut usw. usw.

Eben deshalb aber, weil die ganze Anlage sich nicht zu einer dichterischen Ganzheit zusammenordnet, weil das Poetische für den Dichter die Freiheit ist, mit der er über allem waltet, weil das Poetische für den Leser in der Freiheit liegt, mit der er die Launen des Dichters nachbildet, weil also, sag ich, die ganze Anlage sich nicht zu einer dichterischen Ganzheit zusammenordnet, stehen die getrennten Elemente isoliert da, oder richtiger, weil die getrennten Elemente in einem isolierten Bestreben bestehen, kann keinerlei *dichterische Einheit* entstehen. Das polemische Bestreben findet niemals Ruhe; denn das Poetische besteht eben darin, sich fortwährend frei zu machen in neuer Polemik, und ebenso schwer wie es für den Dichter ist, das Ideal zu finden, ebenso schwer ist es ihm, die Karikatur zu finden. Jeder polemische Strich enthält stets noch ein Mehr, eine Möglichkeit, über sich selbst hinauszugehen zu einer noch sinnreicheren Schilderung. Das ideale Bestreben hat wiederum kein Ideal, denn jedwedes Ideal ist im gleichen Augenblick doch bloß eine Allegorie, welche ein höheres Ideal in sich versteckt, und so fort ins Unendliche. Darum gönnt der Dichter weder sich selber noch dem Leser jemals Ruhe, denn Ruhe ist eben der Gegensatz zu solch einem Dichten. Die einzige Ruhe, die es hat, ist die poetische Ewigkeit, in der es das Ideal erblickt, diese Ewigkeit aber ist ein Unding, da sie ohne Zeit ist, und deshalb wird das Ideal im nächsten Augenblick Allegorie.

Wie nun Tieck hinsichtlich der Erfassung des Spießbürgerlichen eine Erfindungskraft ohnegleichen besitzt, eine wunderbare Virtuosität in der umgekehrten Perspektive, ebenso hat *sein ideales Bestreben* eine solche artesische[387] Tiefe, daß das Bild, welches am Himmel erscheinen soll, unendlich ins Unendliche entschwindet. Tieck hat eine absonderliche Gabe, einem so wunderlich zumute werden zu lassen, und die idealen Menschengestalten, die zuweilen sichtbar werden, können einem eben vermöge ihrer Absonderlichkeit wirklich ganz bange machen, denn sie gleichen
XIII 375 zuweilen seltsamen Naturerzeugnissen, und ihre klugen treuen

Augen flößen nicht so sehr Vertrauen als vielmehr eine gewisse „unheimliche Angst[388]“ ein*.

Das ganze Bestreben dieser Poesie richtet sich somit wesentlich darauf, in stetiger Annäherung sich der Stimmung zu nähern, welche doch niemals ihren vollkommen angemessenen Ausdruck findet, weshalb denn diese Poesie Poesie über Poesie bis ins Unendliche wird, und anderseits darauf, den Leser in eine Stimmung zu versetzen, für welche sogar die eigenen Darbietungen dieser Poesie ein Maß nicht besitzen, und daher hat es seine Stärke natürlich im Lyrischen. Diese Lyrik aber darf nicht lastend und schwer werden durch einen tieferen Gehalt, sie muß vielmehr fort und fort leichter und leichter werden, schwächer und schwächer verklingen in dem fernen Widerhall eines hinsterbenden Echo. Das Musikalische ist in der Lyrik das subjektive Moment. Dies wird ganz einseitig entwickelt. In dieser Hinsicht wird es der Klang im Verse, die Resonanz, mit welcher der eine Vers dem andern ruft und erwidert, dic graziöse Verschlingung, in welcher der Vers sich bewegt mit leichten geschmeidigen Tanzschritten und dazu sozusagen selber singt, worauf alles ankommt. Der Reim wird ein fahrender Ritter, der auf Abenteuer auszieht; und womit Tieck und die ganze Romantik sich oft genug zu schaffen machen, daß man plötzlich in ein fremdes Antlitz blickt, das einen doch so bekannt dünkt, so daß einem zumute ist, als ob man dies Antlitz vor langer, langer Zeit in einer Vergangenheit, die jenseits des geschichtlichen Bewußtseins liegt, schon gesehen, eben das Gleiche widerfährt dem Reim, der da plötzlich mit einem alten Bekannten aus besseren Zeiten sich begegnet, und dem nun dabei ganz wunderlich zumute wird. Seiner gewohnten Umgangsfreunde überdrüssig und müde trachtet der Reim nach neuen und interessanten Bekanntschaften. Zuletzt isoliert das musikalische Element sich ganz und gar, und mitunter ist es der Romantik wirklich gelungen, eine Art von Poesie aufzubauen, die jedermann aus seiner Kindheit kennt in dem schönen Vers: ‚Ene mene ming mang, ping pang[389].‘ Solche Gedichte müssen nun auch

---

* Wünscht jemand mittels einer Zeichnung eine Vorstellung von solch einer Gestalt zu empfangen, so möchte ich ihn auf das Bild verweisen, welches sich in „Des Knaben Wunderhorn, alte deutsche Lieder“, Bd. 3 (1808) findet.

für die vollendetsten angesehen werden; denn hier hat die Stimmung, und darauf kommt doch alles an, schlechthin freies Spiel, und ist gänzlich ungebunden, da jeglicher Gehalt verneint ist.

Wenn nun Tieck auch nicht mit so vielem Ernst wie Schlegel die Wirklichkeit verneint hat, so zeigt doch sein überspanntes und ohnmächtiges Ideal, welches dahinfährt wie die Wolke am Him-
XIII 376 mel, oder wie ihr flüchtig über die Erde hinhuschender Schatten, gleichwohl, daß er auf Abwegen ist. Schlegel kam zur Ruhe im Katholizismus, Tieck fand unterweilen Frieden in einer Art von Vergötterung des gesamten Daseins, dadurch alles gleichermaßen poetisch wurde. –

Solger

Solger ist derjenige gewesen, welcher sich philosophisch bewußt werden wollte, was es mit der Ironie auf sich hatte. Er hat seine Anschauung niedergelegt in den ästhetischen Vorlesungen, die nach seinem Tode herausgegeben worden sind*, sowie in der und jener Abhandlung, die sich in seinen Nachgelassenen Schriften findet**. Hegel hat auf Solgers Darstellung viel Rücksicht genommen und behandelt ihn mit einer gewissen Vorliebe. In der öfters erwähnten Anzeige (der Nachgelassenen Schriften) S. 486 (= Werke, Jub. Ausgb. XX 182 f) spricht Hegel sich folgendermaßen aus: „Wie sie (die Ironie) gewöhnlich vorkommt, ist sie mehr nur als ein berühmter, vornehm seyn sollender Spuk anzusehen; in Beziehung auf Solger aber kann sie als ein Princip behandelt werden.“ In der Einleitung zu seiner Ästhetik kommt Hegel ebenfalls auf Solger zu sprechen (S. 89 = Werke, Jub. Ausgb. XII 105: „Solger war nicht wie die Übrigen mit oberflächlicher Bildung zufrieden, sondern sein ächt spekulatives innerstes Bedürfniß drängte ihn in die Tiefe der philosophischen Idee hinabzusteigen“) und beklagt es, daß Solger zu früh gestorben ist, um zur konkreten Ausführung seiner Absicht zu gelangen.

* K. W. F. Solgers Vorlesungen über Ästhetik, herausgegeben von K. W. L. Heyse. Leipzig 1829.

** Solgers Nachgelassene Schriften und Briefwechsel. Herausgegeben von Ludwig Tieck und Friedrich v. Raumer. 2 Bände. Leipzig 1826.

Von Solgers Anschauung eine Darstellung zu geben ist gewiß überaus schwierig; denn er hat, wie *Hotho* (a. a. O. S. 399) richtig bemerkt, seine Betrachtungsweise „in schwerbegreifbarer philosophischer Klarheit“ entwickelt. Die Sache ist nämlich folgende: Solger hat sich ganz und gar *im Negativen verlaufen*; und nicht ohne eine gewisse Bedenklichkeit wage ich mich daher hinaus auf dies stürmische Meer, nicht so sehr, weil ich fürchte, dabei das Leben einzubüßen, sondern aus der Besorgnis, es werde mir recht schwer fallen, dem Leser eine einigermaßen zuverlässige Nachricht davon zu geben, wo ich abgeblieben bin, oder wo ich mich in jedem einzelnen Augenblick befinde. Da das Negative nämlich stets allein am Positiven sichtbar wird, hier aber das
Negative das Alleinherrschende ist und hier in seiner ganzen Un- XIII 377
fruchtbarkeit sich zeigt, so verwirrt sich einem hier alles, und in dem Augenblick, in dem man auf die Möglichkeit hofft, eine Bestimmung zu bekommen, an der man sich orientieren kann, schwindet alles wieder dahin, weil das von ferne sich zeigende Positive bei näherer Prüfung sich als eine neue Negation erweist. Solger kann deshalb freilich in der Entwicklung seine Bedeutung haben, man kann ihn jedoch sicherlich am besten als ein *Opfer* betrachten, das Hegels System heischte. Daraus läßt sich auch Hegels Vorliebe für ihn erklären; Solger ist des Negativen metaphysischer Ritter. Er kommt darum auch nicht in dem gleichen Sinne wie die übrigen Ironiker mit der Wirklichkeit in Widerstreit; denn seine Ironie gestaltete sich auf keine Weise im Gegensatz zur Wirklichkeit*. Seine Ironie ist *kontemplative Ironie*, er sieht die Nichtigkeit von allem. Die Ironie ist ein Organ, ein Sinn für das Negative.

Solgers Bestrebungen liegen ganz und gar innerhalb des Gebiets der Wissenschaft. Da er jedoch nirgends eine im Zusammenhang vorwärtsschreitende, streng wissenschaftliche Darstellung ge-

* Daher ist es eine durchaus richtige Bemerkung Solgers in den Nachgelassenen Schriften, 2. Teil, S. 514: „Aber ist denn nun diese Ironie ein schnödes Hinwegsetzen über Alles, was den Menschen wesentlich und ernstlich interessirt, über den ganzen Zwiespalt in seiner Natur? Keineswegs; dieses wäre eine gemeine Spötterei, die nicht über Ernst und Scherz stände, sondern auf demselben Boden und mit ihren eignen Kräften sie bestritte.“

geben hat, vielmehr bloß *aphoristische Ergießungen*, die uns bald in rein metaphysische Betrachtungen, bald in historisch-philosophische, bald in ästhetische, ethische usw. Untersuchungen hineinführen, Ergießungen, welche den gesamten Bereich der Wissenschaft berühren, so liegt allbereits hierin eine große Schwierigkeit. Hinzu kommt, daß *sein Sprachgebrauch* oft eher poetisch als philosophisch ist (so z. B. wenn er davon spricht, daß Gott, indem er sich offenbart, sich selbst opfert; denn ich weiß freilich, daß dieser Ausdruck sehr wohl in Analogie mit der metaphysischen Bedeutung gebraucht werden könnte, in der man in der neueren Wissenschaftlichkeit davon spricht, daß Gott sich mit der Welt versöhnt; da indes auch letzterer Sprachgebrauch eine Begriffsverflüchtigung in Beziehung auf die christliche Terminologie ist, so dürfte in diesem Mißbrauch keine annehmbare Verteidigung gegeben sein für Solgers Verfahren mit einem noch konkreteren Begriff), daß er dem Leser nicht immer eine klare Vorstellung davon gibt, in welcher Richtung die Bewegung vor sich geht. Solche Ausdrücke wie ‚negieren, vernichten, aufheben' wer-
XIII 378 den oft gebraucht; damit der Leser aber in Wahrheit orientiert sei, muß er das Gesetz der Bewegung kennen. *Das Negative* hat nämlich *eine zwiefache Funktion*, teils verunendlicht es das Endliche, teils verendlicht es das Unendliche. Wenn man nun nicht weiß, in welcher Stromrichtung man ist, oder richtiger, wenn man bald in der einen, bald in der andern Stromrichtung ist, so verwirrt sich alles. Ferner muß man einig sein über Sinn und Bedeutung dessen, von dem man sagt, daß es negiert werden soll; denn ansonst kann die Negation (gleich der Caesur in jenem viel berufenen Verse[390]) auf die falsche Stelle fallen. Wenn es so z. B. heißt, die Wirklichkeit solle vernichtet werden, negiert werden, so muß man wissen, was mit Wirklichkeit gemeint ist; denn in dem einen Sinne ist die Wirklichkeit selber ja durch eine Negation zum Vorschein gekommen. Aber das erfährt man nicht, und infolgedessen kann man in eine Verwirrung geraten wie die, daß der Mensch das ‚Nichtige'* ist (bereits hier muß man

* Ich habe dies deutsche Wort beibehalten, weil ich eigentlich kein dänisches Wort kenne, welches genau das Gleiche besagt. Mag der Leser darum auch durch dies Wort gestört werden, so hat er zugleich doch auch den Vorteil, daß er ständig ein memento an Solger hat.

vorsichtig sein, man muß darüber einig sein, in welchem Sinne der Mensch das ,Nichtige' ist, und wieweit nicht etwa doch etwas Positives und Giltiges in diesem ,Nichtigen' ist), und das ,Nichtige' soll vernichtet werden (hier muß man vorerst wieder eine kleine Besprechung abhalten, inwiefern der Mensch selber das ,Nichtige' in ihm vernichten kann, wodurch er denn in einem andern Sinne nicht das ,Nichtige' bleibt), und gleichwohl ist das ,Nichtige' in uns doch selbst das Göttliche (vgl. Nachgelassene Schriften, erster Teil S. 511).

Solger will die absolute *Identität* zwischen dem Endlichen und dem Unendlichen *zustandebringen*, will die Zwischenwand vernichten, welche so vielfältig beide trennen will. Er arbeitet darum hin auf den absoluten voraussetzungslosen Anfang, sein Streben ist somit spekulativ. In seinen Nachgelassenen Schriften, erster Band S. 507 heißt es: „Das ist doch wohl gewiß, daß sich seine (des Philosophen) Wissenschaft von allen übrigen dadurch wesentlich unterscheidet, daß sie allumfassend ist. Jede andere hat etwas Vorausgesetztes, Gegebenes, entweder eine bestimmte Form der Erkenntniß, wie die Mathematik, oder einen bestimmten Stoff, wie Geschichte, Naturkunde und dergl. Sie allein muß sich selbst schaffen." Seine kontemplative Ironie sieht XIII 379
nun das Endliche als das ,Nichtige', als das, was aufgehoben werden soll*. Anderseits aber muß das Unendliche ebenfalls negiert werden, es darf nicht bestehen bleiben in einem jenseitigen Ansich. Hierdurch wird die wahre Wirklichkeit zustandegebracht. Vgl. Nachgelassene Schriften, erster Teil, S. 600: „Aber das Endliche, die gemeine Thatsache, ist eben so wenig die wahre Wirklichkeit, wie das Unendliche, die Beziehung auf Begriffe und wechselnde Gegensätze, das Ewige ist. Die wahre Wirklichkeit ist ein Moment der Anschauung, in welchem Endliches und Unendliches, die unser gemeiner Verstand nur in Beziehung auf einander erkennt, völlig aufgehoben werden; indem sich darin Gott oder das

---

* Man wird hier sofort den wesentlichen Unterschied zwischen der Ironie Solgers und der früher beschriebenen erkennen. Solgers Ironie ist *eine Art kontemplativer Andacht*, und es liegt ihm nichts daran, das für-sich-seiende Subjekt in seiner Sprödigkeit zu bewahren. Die gesamte Endlichkeit muß verneint werden, das betrachtende Subjekt ebenfalls, ja, es ist eigentlich in dieser Kontemplation bereits verneint.

Ewige offenbart." Hier haben wir die Idee somit auf der Spitze *des absoluten Anfangs*, wir haben sie daher als die unendliche absolute Negativität. Nunmehr muß, falls es zu etwas kommen soll, das Negative sich abermals geltend machen, indem es die Idee verendlicht, d. h. indem es sie konkret macht. Das Negative ist des Gedankens Unruhe, aber diese Unruhe muß sich bekunden, muß sichtbar werden, die Lust des Negativen muß sich erweisen als die Lust, welche das Werk betreibt, der Schmerz des Negativen als der Schmerz, den die Lust gebiert. Geschieht das nicht, so haben wir lediglich die unwirkliche Wirklichkeit der Kontemplation, der Andacht, des Pantheismus. Möge man nämlich die Andacht festhalten als ein (eigenes) Moment, oder möge man das ganze Leben zu Andacht werden lassen: *die wahre Wirklichkeit* kommt so doch *nicht* zum Vorschein. Ist die Andacht ein bloßes Moment, so bleibt nichts andres zu tun, als augenblicklich sie von neuem hervorzurufen; soll sie das ganze Leben erfüllen, so entsteht die Wirklichkeit in Wahrheit nicht. Es nützt darum nichts, wenn Solger erklärt, man dürfe sich die Idee nicht mit Plato an einem himmlischen oder überhimmlischen Ort denken; es nützt nichts, daß er versichert, er lasse nicht etwa wie Spinoza die Endlichkeit als einen bloßen modus entschwinden; es nützt nichts, daß er anders als Fichte die Idee nicht in einem ewigen Werden entstehen lassen will; es nützt ebenso wenig, daß er Schellings Versuch zu zeigen, daß das vollkommene Sein im Dasein sei, mißbilligt. Alle derartigen Aussagen sind lediglich Vorstudien. Solger ist am Anfang; aber *dieser Anfang* ist ganz und gar *abstrakt*; es kommt nun darauf an, daß der Dualismus, welcher in der Existenz liegt, sich in seiner Wahrheit
XIII 380 zeige. Dies geschieht indes nicht. Es wird im Gegenteil klar, daß Solger dem Endlichen wirklich keinerlei Giltigkeit zuzugestehen vermag. Er vermag es nicht, das Unendliche konkret werden zu lassen. Er sieht das Endliche als das ‚Nichtige', als das Verschwindende, als das ‚nichtige All'. Die *moralischen Bestimmungen* haben deshalb *keine Giltigkeit*; die ganze Endlichkeit mitsamt ihrem moralischen und unmoralischen Streben schwindet hin in der metaphysischen Kontemplation, welche sie als Nichts ansieht. Vgl. seine Nachgelassenen Schriften, erster Band, S. 512: „Daß wir aber böse seyn können, rührt daher, daß wir eine Er-

scheinung, eine gemeine Existenz haben, die an sich weder gut noch böse, weder Etwas noch Nichts ist, sondern eben blos der Schatten, den das Wesen in seinem getrennten Daseyn auf sich selbst wirft, und auf welchen wir, wie auf einen Rauch, das Bild des Guten und des Bösen hinwerfen können. Alle unsre blos moralischen Tugenden sind ein solches reflectirtes Bild des Guten, und wehe dem, der sich auf sie verläßt! Alle unsre blos moralischen Laster sind ein solcher Widerschein des Bösen, und wehe dem, der darüber verzweifelt und sie für etwas hält, das wirklich und wahrhaft ist, und nicht an den glaubt, vor dem sie nichts sind und der sie allein in uns heben kann!" Hier zeigt sich nun die Schwäche, die Solger anhaftet, deutlich. Denn allerdings ist es wahr, daß die moralischen Tugenden nicht an und für sich einen Wert haben, sondern allein in der Demut, welche sie von Gott in uns hervorgebracht werden läßt; und allerdings ist es wahr, daß des Menschen Laster allein von Gott behoben werden, nicht etwa aus unsrer eigenen Kraft; jedoch daraus folgt nimmermehr, daß man sich selbst metaphysisch verlieren solle und also in dem einen Falle den Synergismus[391] übersehe, welcher der Gottheit zu Hilfe kommt, in dem andern Falle die Reue, die da Gott nicht losläßt. Das Endliche ist dergestalt freilich das ‚Nichtige', es ist aber doch etwas in ihm, darin ein Halt liegt.

Das wissenschaftliche Bestreben, das in alledem sich bekundet, wird mithin nicht durchgeführt, und darum hat man hier eher eine pantheistische Verlorenheit als ein spekulatives Redestehn vor dem abstrakten An-sich der absoluten Identität des Unendlichen und Endlichen. Der Pantheismus kann auf zweierlei Art zur Erscheinung kommen, entweder indem ich den Ton auf den Menschen lege oder indem ich den Ton auf Gott lege, entweder durch eine anthropozentrische oder durch eine theozentrische Betrachtung. Wenn ich das Menschengeschlecht zu dem Gott-Erzeugenden mache, so gibt es keinen Streit zwischen Gott und dem Menschen, wenn ich den Menschen in Gott untergehen lasse, so gibt es ebenfalls keinen Streit. Letzteres tut offenbar Solger. Er will freilich nicht, daß Gott auf spinozistische Art als Substanz gedacht werde; das kommt jedoch daher, daß er die in der Andacht gegebene Einswerdung des Göttlichen und des Menschlichen nicht aufheben will.

XIII 381 Diese metaphysischen Untersuchungen werden nun von Solger nicht weiter durchgeführt. Wir wollen uns daher einem andern Kreis von Betrachtungen zuwenden, die mehr in ein spekulativ-dogmatisches Gebiet gehören. Solger verwendet ohne weiteres so konkrete Vorstellungen wie Gott, sich aufopfern, sich aus Liebe hingeben usw. Man findet fortwährend Anspielungen auf solche Vorstellungen wie Gottes Schaffen aus Nichts, seine Versöhnung usw. Dies Stück hat Hegel sorgfältig behandelt, ich kann daher an ihn anknüpfen. Zuerst denn also einige Zitate aus Solger[392]. Die meisten von diesen spekulativen Blinkfeuern finden sich in zwei im ersten Band der Nachgelassenen Schriften gedruckten Briefen, von denen der eine an Tieck, der andre an Abeken sich richtet. Nachgelassene Schriften, erster Band S. 603: „Indem Gott in unserer Endlichkeit existirt oder sich offenbart, opfert er sich selbst auf und vernichtet sich in uns: denn wir sind Nichts." Ebenda S. 511 f wird bemerkt: „Nicht unsre relative Schwäche macht unsere Unvollkommenheit, nicht unser eigenes wesentliches Seyn unsere Wahrheit aus. Wir sind deshalb nichtige Erscheinungen, weil Gott in uns selbst Existenz angenommen und sich dadurch von sich selbst geschieden hat. Und ist dieses nicht die höchste Liebe, daß er sich selbst in das Nichts begeben, damit wir seyn möchten, und daß er sich sogar selbst geopfert und sein Nichts vernichtet, seinen Tod getötet hat, damit wir nicht ein bloßes Nichts bleiben, sondern zu ihm zurückkehren und in ihm seyn möchten? Das Nichtige in uns ist selbst das Göttliche, insofern wir es nämlich als das Nichtige und uns selbst als dieses erkennen. In diesem Sinne ist es auch das Gute, und wir können vor Gott nur wahrhaft gut seyn durch Selbstopferung." Hegels Erörterung hierüber findet sich a. a. O. S. 469 oben ff* (= Werke, Jub. Ausgb. XX 165 ff). Es wird sich nun hier sofort zeigen, daß Solger seiner spekulativen Energie zum Trotz uns nicht so sehr orientiert wie vielmehr desorientiert, sowie daß es überaus schwer wird, angesichts des Fehlens aller Zwischenbestimmungen zu entscheiden, ob die Negationen ins Ziel treffen. Wenn es heißt: „indem

* Im übrigen kann Hegels Behandlung von Solgers Betrachtungen einen recht interessanten Beitrag hergeben zu der Frage: in welchem Verhältnis steht Hegel zur christlichen Anschauung?

Gott in unserer Endlichkeit existirt oder sich offenbart", so müßten wir hier zuerst einmal etwas darüber zu wissen bekommen, in welchem Sinne Gott in der Endlichkeit existiert, uns fehlt hier der Begriff der Schöpfung. Wenn es nämlich im Folgenden heißt, daß Gott mit solchem in der Endlichkeit Existieren sich opfert, so könnte es scheinen, als ob hierin die Schöpfung ausgedrückt wäre. XIII 382
Ist dies aber die Meinung, so ist der Ausdruck nicht scharf; denn alsdann müßte es heißen: indem Gott sich opfert, schafft er. Dies könnte sich dadurch zu bestätigen scheinen, daß das entsprechende Prädikat ist: ‚Gott vernichtet sich selbst.' Wenn wir nämlich sagen, daß Gott sich selbst vernichtet, so haben wir doch hier eine Negation, indes wohl zu merken eine Negation, dadurch das Unendliche endlich und konkret gemacht wird. Auf der andern Seite aber kann der Ausdruck, Gott opfere sich, ebenso auch der andere, Gott vernichte sich, den Gedanken eher auf die Versöhnung lenken. Dies bestätigt sich durch die unmittelbar folgenden Worte: ‚wir sind nichts'; denn hierdurch ist ja das Endliche gesetzt, aber gesetzt in seiner Endlichkeit, seiner Nichtigkeit, und diese Nichtigkeit ist es, die negiert werden soll, womit denn die Negation das Endliche verunendlicht. Hier fehlen uns indes Zwischenbestimmungen, die aufklären können, in welchem Sinne der Mensch Nichts ist, Zwischenbestimmungen von einem solchen Umfang, daß die Bedeutung der Sünde in ihnen mit erfaßt wäre. Somit haben wir eine spekulative Unklarheit, welche weder der Schöpfung, noch der Versöhnung, noch der Endlichkeit, noch der Sünde ihr Recht widerfahren läßt. Vergleichen wir hiermit nun die Äußerungen, welche aus Solgers Brief an Tieck genommen sind[393], so zeigt sich allda ein ähnliches spekulatives Zwielicht. Hier erfahren wir, daß wir „deshalb nichtige Erscheinungen sind, weil Gott in uns selbst Existenz angenommen, und sich dadurch von sich selbst geschieden hat". Hier ist nun offensichtlich der Begriff der Schöpfung geahnt. Jedoch um nicht erst davon zu reden, daß hier Zwischenbestimmungen fehlen, mit denen man den Akt der Schöpfung richtig festhalten könnte, so ist noch nicht einmal der pantheistische Gedanke scharf zur Darstellung gebracht; denn eigentlich kann man doch nicht sagen, daß wir „nichtige Erscheinungen" sind, weil Gott in uns Existenz genommen hat; man müßte der Anschauung und Terminologie Solgers zufolge weit eher sagen:

‚indem Gott sich selbst vernichtet, entsteht die gesamte Nichtigkeit der Endlichkeit'; aber indem Gott darin Existenz nimmt, ist Gott nicht von sich selber geschieden (denn dies ist er im Moment der Schöpfung), sondern bei und in sich selbst und die Nichtigkeit somit behoben. Wenn es im Folgenden heißt: „Und ist dieses nicht die höchste Liebe, daß er sich selbst in das Nichts begeben, damit wir seyn möchten", so sind hier abermals *Schöpfung* und *Versöhnung* miteinander vertauscht und *ineinander gewirrt*. Gott hat sich nämlich nicht in das Nichts begeben, auf daß wir sein möchten; denn wir sind ja Nichts; sondern Gott hat sich in das Nichts begeben, auf daß wir aufhören möchten, Nichts zu sein. Insofern Solger darin Gottes Liebe erblicken will, so fehlen hier wiederum Zwischenbestimmungen; denn der Schöpfungsbegriff muß stets gegeben sein, damit Gottes Liebe nicht Selbstliebe wird. Im Folgenden braucht Solger noch konkretere Ausdrücke, indem er sagt, daß Gott sich geopfert hat und sein
XIII 383 Nichts vernichtet hat und seinen Tod getötet hat. Hierbei muß man nun an die Versöhnung denken, an die Negation der Endlichkeit und ihre Rückkehr zu Gott und in Gott. Da es aber im Vorhergehenden hieß, daß Gott, indem er in unsrer Endlichkeit existiert, sich selbst vernichtet, so haben wir nunmehr für *Schöpfung* und *Versöhnung* ganz *den gleichen Ausdruck* erhalten. Nächstdem scheint es nicht leicht verständlich zu sein, was es denn besagen wolle, daß Gott sich opfert, wenn dies erklärt werden soll mit den folgenden Worten: ‚er vernichtet seine Nichtigkeit'. Indes, die Verwirrung wird noch größer, wenn wir erfahren, daß das ‚Nichtige' in uns das Göttliche ist; denn wir sind ja das ‚Nichtige', und wie kann alsdann das ‚Nichtige' in uns (womit sich doch anzudeuten scheint, daß da in uns etwas anderes ist, das nicht das ‚Nichtige' ist) das Göttliche sein? Endlich wird da gelehrt, daß wir selber das ‚Nichtige' in uns zu erkennen vermögen. Ist damit nun gemeint, daß wir selber vermöge dieser Erkenntnis das ‚Nichtige' negieren können, so haben wir hier offensichtlich einen *pelagianischen Begriff von der Versöhnung*.

Was in dieser ganzen Untersuchung Solger vorzuschweben scheint, ist jene Negation der Negation, welche die wahre Affirmation in sich enthält. Weil aber die ganze Gedankenbewegung nicht dahin gelangt ist, sich zu entfalten, so läuft die eine Negation verkehrt in die andere hinein, und die *wahre Affirmation* kommt *nicht* zustande. Dies hat *Hegel* sehr klar verstanden, und bemerkt darum a. a. O. S. 470 (= Werke, Jub. Ausgb. XX 166) ausdrücklich: „Das eine Mal sind wir darin als das *Nichts* (was das Böse ist) *vorausgesetzt*, dann ist auch wieder von Gott der harte, abstrakte Ausdruck gebraucht, daß *er* sich *vernichte*, also er es sey, der sich als das Nichts setze, und zwar damit wir *seyen*, und darauf heißt das *Nichtige* in uns selbst das Göttliche, insofern wir es nämlich als das Nichtige erkennen."

Wofern ich nun dem Leser eine Vorstellung von *Solgers Anschauung* geben möchte, welche durch die Verknüpfung mit Solgers Lieblingsbegriff der Ironie ihr vielleicht auch am nächsten kommen kann, so darf ich wohl sagen: eigentlich macht Solger *Gottes Existenz zu Ironie*; Gott setzt sich fort und fort um in Nichts, nimmt sich selbst zurück, setzt sich abermals um usf., ein göttlicher Zeitvertreib, welcher wie alle Ironie die grauenhaftesten Gegensätze setzt. An der ungeheuerlichen Schwingung dieser zwiefachen Bewegung (sowohl der zentrifugalen wie der zentripetalen) hat die Endlichkeit teil, und im Moment der Trennung befindet sich der Mensch in diesem Schlagschatten des Göttlichen, zeichnet seine moralischen Tugenden und Laster in diese Schattenexistenz ein, welche lediglich derjenige, dessen Auge für die Ironie aufgetan ward, als ein Nichts erblickt. Sintemal nun alle Endlichkeit Nichts ist, so kommt *derjenige, welcher sie als solche vermöge der Ironie erblickt, der Gottheit zuhilfe.* Weiter kann ich die Sache nicht durchführen, da ich bei Solger keinerlei Aufklärung finde, welche Reali- XIII 384
tät die Endlichkeit durch die Ironie gewinnt. Solger spricht nämlich allerdings an einzelnen Stellen von einer Mystik, welche, wenn sie auf die Wirklichkeit hinschaut, die Mutter der Ironie ist, dagegen wenn sie auf die ewige Welt hinschaut, das Kind der Begeisterung und göttlichen Eingebung ist, und ebenso spricht er auch von einer unmittelbaren Gegenwart des Göttlichen, die eben in dem Entschwinden unsrer Wirklichkeit sich bekundet; auch hier jedoch *fehlen die Zwischenbestimmungen*, die zu

fordern sind, bevor sich eine tiefere positive Gesamtanschauung daraus konstruieren läßt.

Wir wollen nunmehr sehen, wie Solger seinen Standpunkt auf dem Gebiet der Ästhetik durchgeführt hat. Hier kam er der Romantik zuhilfe, und er wurde der Romantik und der romantischen Ironie philosophischer Anwalt. Hier begegnen wir nämlich der gleichen Grundanschauung, daß die Endlichkeit ein Nichts ist, untergehen muß als die unwahre Wirklichkeit, auf daß die wahre zum Vorschein kommen möge. Das Wahre, das darin liegt, ist an gegebenem Ort[394] hervorgehoben worden; zugleich aber habe ich auch das Unausgereifte daran darzutun gesucht. Man sieht so z. B. nicht, welche Wirklichkeit denn zunichte gemacht werden soll, ob es die unwahre Wirklichkeit ist (darauf würde Solger nun freilich mit Ja antworten; aber man möchte dann des Näheren erfahren, was er unter der unwahren Wirklichkeit verstehe, denn ansonst würde seine bejahende Antwort zur Tautologie werden), will heißen, ob es die Selbstsucht der getrennten Momente ist, die verneint werden soll, damit die wahre Wirklichkeit zum Vorschein komme, die Wirklichkeit des Geistes, nicht als ein Jenseitiges, sondern als ein Gegenwärtiges; oder ob jener göttliche Zeitvertreib keinerlei Wirklichkeit bestehen lassen kann. Solger scheint nun in Kunst[395] und Poesie die höhere Wirklichkeit finden zu wollen, welche durch die Verneinung der endlichen Wirklichkeit zum Vorschein kommt. Indes damit erhebt sich eine neue Schwierigkeit; denn dieweil jene Poesie, die Solger in seinem Briefwechsel mit Tieck so oft als die höchste anerkennt, die romantische, gerade nicht imstande ist, in jener höheren Wirklichkeit die Negation zur Ruhe zu bringen, dieweil also die romantische Poesie es in ihrem wesentlichen Streben gerade selbst zum Bewußtsein zu bringen sucht, daß die gegebene Wirklichkeit die unvollkommene ist, dagegen die höhere Wirklichkeit sich lediglich in der unendlichen Annäherung der Ahnung erblicken läßt, so scheint es notwendig zu werden, daß man sich gegen jedes einzelne poetische Erzeugnis wiederum ironisch verhält, sintemal jedes einzelne bestimmte Erzeugnis bloße Annäherung ist. Insofern ist es klar, daß jene höhere Wirklichkeit, welche in der Poesie zum Vorschein kommen soll, eben doch in der Poesie nicht da ist, sondern ständig erst wird. Man darf mich hier nicht mißverstehen, so als ob ich leugnete, daß das Werden als notwendiges Moment mit zur Wirklichkeit des Geistes gehört; aber die wahre Wirklichkeit wird, was sie ist, die Wirklichkeit der Romantik *ist rein und bloß Werden*. So ist z. B. der Glaube ein Sieg über die Welt[396]; und gleichwohl ist er ein Kampf, und wenn er gekämpft hat, so hat er über die Welt gesiegt; und dennoch hatte er über die Welt schon gesiegt, bevor er gekämpft. So wird der Glaube also, was er ist, der Glaube ist kein ewig währender Kampf, sondern er ist ein Sieg, der da kämpft. Im Glauben ist somit jene höhere Wirklichkeit des Geistes nicht rein und bloß eine werdende, sondern sie ist eine schon gegenwärtige, obwohl sie zugleich wird. XIII 385

In Solgers ästhetischen Vorlesungen, insbesondere in dem Abschnitt, der von dem Organismus des künstlerischen Geistes[397] handelt, findet sich die Ironie öfters erwähnt. *Ironie* und *Begeisterung* werden allda dargestellt als die beiden notwendigen Faktoren der künstlerischen Hervorbringung, die beiden notwendigen Bedingungen *für den Künstler*. Was hierunter verstanden werden muß, wird am gegebenen Orte näher erläutert werden, hier möchte ich lediglich bemerken, daß diese ganze Betrachtungsweise eigentlich einem ganz *andern Standpunkt* angehört, es sei denn, daß man die Ironie in der Vernichtung des eignen Kunstwerks sich bekunden lassen will; die Begeisterung bezeichnet die Stimmung, die das Höhere ahnt.

Dahingegen sollen einige Äußerungen, die sich in Solgers Anzeige von A. W. *Schlegels* Vorlesungen, Nachgelassene Schriften, zweiter Band finden, hier Gegenstand einer etwas näheren Betrachtung werden. Hier herrscht nun eine beträchtliche Unklarheit. An einzelnen Stellen spricht Solger nämlich von der Ironie auf die Art, daß diese sich als die grenzziehende Macht erweist, welche den Menschen gerade lehrt, in der Wirklichkeit zu verbleiben, ihn lehrt, in der Begrenzung seine Wahrheit zu suchen. Nachdem er so z. B. S. 514 dagegen Einspruch erhoben hat, daß die Ironie den Menschen lehre, sich über alles hinwegzusetzen, fügt er hinzu: „Die wahre Ironie geht von dem Gesichtspuncte aus, daß der Mensch, so lange er in dieser gegenwärtigen Welt lebt, seine Bestimmung, auch im höchsten Sinne des Worts, nur in dieser Welt erfüllen kann. Jenes Streben nach dem Unendlichen

führt ihn auch gar nicht wirklich, wie der Verfasser meint, über dieses Leben hinaus, sondern nur in das Unbestimmte und Leere, indem es ja, wie er selbst gesteht, blos durch das Gefühl der irdischen Schranken erregt wird, auf die wir doch ein- für allemal
XIII 386 angewiesen sind. Alles, womit wir rein über endliche Zwecke hinauszugehen glauben, ist eitle und leere Einbildung." Darin liegt nun eine tiefe Wahrheit, auf die ich später zurückkommen werde, indes wird mir gewiß jeder darin Recht geben, daß man eher meinen sollte, hier rede Goethe und nicht Solger. Bereits die sich anschließenden Worte lauten denn auch ein wenig bedenkenerregend, wenn Solger da lehrt, daß das Höchste *ganz ebenso wie* das Geringste in dem endlichen Dasein *untergehe* und die Übereinstimmung mit dem Vorhergehenden, allwo gelehrt ward, daß der Mensch eben mittels des Sichbegrenzens seine Bestimmung erfüllen könne, ist nicht leicht zu bewerkstelligen, es sei denn, man nehme an, daß es des Menschen Bestimmung ist, unterzugehn; indes diese Bestimmung scheint ebensogut derjenige erreichen zu können, der in unendlicher Leerheit verdunstet, ja dieser scheint der Gottheit noch eher zuhilfe zu kommen, wohingegen der andre Gott anscheinend Hindernisse in den Weg legt.

Solgers Anschauung von der Wirklichkeit als derjenigen, die vernichtet werden soll, finden wir hier ebenfalls öfters ausgesprochen, so z. B. S. 502: „Das Irdische muß als solches verzehrt werden, wenn wir erkennen sollen, wie das Ewige und Wesentliche darin gegenwärtig ist." Wir wollen nun zusehn, wieweit es Solger denn gelingt, die höhere Wirklichkeit sich in Kunst und Poesie in Wahrheit offenbaren zu lassen, *wieweit da* nach Solgers Auffassung *in der Welt der Poesie die wahre Ruhe* zustande kommt. Wir wollen eine Stelle anführen, an der er von unserm Verhältnis zur Poesie spricht S. 512: „Prüfen wir uns endlich recht genau über das, was wir bei wahren tragischen oder komischen Meisterwerken empfinden, so leuchtet uns wohl ein, daß in beiden noch außer der dramatischen Form ein inneres Gemeinsameres ist. Der ganze Widerstreit zwischen dem Unvollkommenen im Menschen und seiner höheren Bestimmung fängt an, uns als etwas Nichtiges zu erscheinen, worin etwas ganz anderes zu walten scheint als dieser Zwiespalt allein. Wir sehen die

Helden irre werden an dem Edelsten und Schönsten in ihren Gesinnungen und Gefühlen, nicht blos in Rücksicht des Erfolgs, sondern auch ihrer Quelle und ihres Werthes, ja, wir erheben uns an dem Untergange des Besten selbst, und nicht blos, indem wir uns daraus in eine unendliche Hoffnung flüchten. Und wiederum erfreut uns in der Komödie dieselbe Nichtigkeit der menschlichen Dinge, indem sie uns vorkommt wie das, worauf wir ein- für allemal angewiesen sind ... Jene Stimmung aber, worin die Widersprüche sich vernichten und doch eben dadurch das Wesentliche für uns enthalten, nennen wir die *Ironie*, oder im Komischen auch wohl *Laune* und *Humor*." Hier zeigt es sich nun, inwiefern die Negation, welche die Wirklichkeit vernichtet, in einer
höheren Wirklichkeit zur Ruhe kommt. Wir werden durch den XIII 387
Untergang des Besten erhoben, aber diese Erhebung ist von recht negativer Art; es ist *die Erhebung der Ironie*, welche sich hier in Gemäßheit zu dem göttlichen Neide bildet, aber doch nicht allein auf das Große und Hervorragende neidisch ist, sondern ebenso auf das Geringe und Unbedeutende, überhaupt neidisch ist auf die Endlichkeit. Wenn das Große in der Welt untergeht, so ist dies das Tragische, aber die Poesie versöhnt uns mit diesem Tragischen, indem sie uns zeigt, daß da das Wahre siegt. Darin liegt das Erhebende und das Erbauende. Nicht dadurch werden wir also erhoben, daß das Große untergeht, sondern wir werden mit dessen Untergang dadurch versöhnt, daß das Wahre siegt, und durch dessen Sieg werden wir erhoben. Wenn ich dagegen nun in der Tragödie nichts als den Untergang des Helden gewahre und dadurch erhoben werde, wenn ich mir in der Tragödie lediglich der Nichtigkeit der menschlichen Dinge bewußt werde, wenn die Tragödie mich auf die gleiche Art erfreut wie die Komödie, nämlich gerade dadurch, daß sie mir die Nichtigkeit des Großen zeigt gleichwie die Komödie die Nichtigkeit des Geringen, so ist *doch die höhere Wirklichkeit* nicht zum Vorschein gekommen. Ja, Solger scheint hier noch nicht einmal jene Stimmung übrig lassen zu wollen, welche die höhere Wirklichkeit erahnt, denn er sagt ja, daß „wir erhoben werden durch des Besten Untergang, und nicht blos, indem wir uns daraus in eine unendliche Hoffnung flüchten". Denn das Mehr, welches durch diese Verwässerung in einer unendlichen Hoffnung zustandekommen

kann, ist weder mehr noch weniger denn jene Seligkeit, die darin liegt, daß alles untergegangen ist, ist die Öde und die Leere, und darin ist nun sicherlich der Ruhe allzuviel.

Fassen wir nun das hier betreffs Solgers Dargelegte zusammen, so wird es klar sein, daß *sein Standpunkt*, wie er ihn selber bezeichnet hat, *Ironie* gewesen ist, nur daß seine Ironie *spekulativer Art* war. Bei ihm ist die unendliche absolute Negativität ein spekulatives Moment, er hat die Negation der Negation, gleichwohl aber hängt vor seinen Augen ein Schleier, so daß er die Affirmation nicht erblickt. Bekanntlich ist er früh gestorben. Ob es ihm gelungen wäre, den von ihm mit so vieler Energie ergriffenen spekulativen Gedanken durchzuführen, oder ob nicht eher seine Energie verzehrt worden ist im Geltendmachen der Negation, das will ich hier nicht entscheiden, am meisten jedoch sagt es mir zu, mir Solger als ein Opfer zu denken an *Hegels positives* System[398].

XIII 388

Ironie als beherrschtes Moment. Die Wahrheit der Ironie

Schon im Vorhergehenden ist daran erinnert worden, daß Solger in seinen ästhetischen Vorlesungen Ironie zur Bedingung jeder künstlerischen Hervorbringung macht. Wenn wir nun im Zusammenhang damit sagen, *der Dichter* solle *sich zu seiner Dichtung ironisch verhalten*, so ist damit etwas andres gemeint als das, davon im Vorhergehenden die Rede gewesen ist. Man hat oft genug *Shakespeare* als den Großmeister der Ironie gepriesen, und es kann ja auch kein Zweifel sein, daß man damit Recht gehabt hat. Shakespeare läßt indes keineswegs den substantiellen Gehalt verdampfen in einen immer flüchtiger werdenden Nebel; und insoweit seine Lyrik ab und an zu Wahnwitz sich übersteigert, ist doch wiederum in diesem Wahnwitz ein außerordentlich hohes Maß von Objektivität. Wenn also Shakespeare sich zu seiner Dichtung ironisch verhält, geschieht dies eben, um dem Objektiven Raum zu geben. *Die Ironie* ist nun zugleich *allenthalben gegenwärtig*, sie rechnet jeden einzelnen Zug nach, auf daß es nicht zu viel oder zu wenig werde, auf daß allem sein Recht widerfahre, auf daß das wahre Gleichgewicht hergestellt werde in der Dichtung mikrokosmischem Bereich, wodurch die Dichtung ihren Schwerpunkt in sich selber gewinnt. Je größere Gegensätze in Bewegung sind, um so mehr Ironie ist nötig, um die Geister zu lenken und zu beherrschen, die eigenmächtig losstürmen wollen. Je mehr da Ironie ist, um so freier und dichterischer schwebt der Dichter über seinem Dichtwerk. Die Ironie ist darum nicht an einem einzelnen Punkt im Gedicht zugegen, sondern ist darin allgegenwärtig, so daß die im Gedicht sichtbare Ironie *abermals ironisch beherrscht ist*. Die Ironie macht deshalb zu gleicher Zeit das Gedicht und den Dichter frei. Damit dies aber geschehen könne, muß der Dichter Herr sein über die Ironie. Mittlerweile steht es keineswegs immer so, daß ein Dichter deshalb, weil es ihm gelungen ist, im Augenblick des dichterischen Schaffens Herr über die Ironie zu sein, folgerichtig nun auch in der Wirklichkeit, der er selber zugehört, Herr über die Ironie wäre. Man pflegt im allgemeinen zu sagen, des Dichters persönliches Leben gehe einen nichts an. Dies ist auch durchaus richtig; indes in der gegenwärtigen Untersuchung dürfte es am Platze sein, an *das Mißverhältnis* zu erinnern, das in dieser Hinsicht oft statthaben mag.

Hierzu kommt, daß dies Mißverhältnis um so größere Bedeutung gewinnt, je *weniger der Dichter* auf dem *unmittelbaren* Standpunkt des Genialen verblieben ist. Je mehr der Dichter diesen Standpunkt verlassen hat, desto nötiger wird es für ihn auch, eine Gesamtanschauung der Welt zu besitzen und also
denn in seiner individuellen Existenz Herr zu sein über die Ironie, XIII 389
und um so *nötiger* wird es für ihn, in gewissem Maße *Philosoph* zu sein. Ist dies nun der Fall, so wird auch die einzelne dichterische Hervorbringung zum Dichter nicht in einem bloß äußerlichen Verhältnis stehen, er wird in der einzelnen Dichtung ein Moment seiner eignen Entwicklung erblicken. Goethes Dichterexistenz ist eben deshalb so groß gewesen, weil er sein Dasein als Dichter in Übereinstimmung zu bringen wußte mit der Wirklichkeit seines Lebens. Dazu aber *gehört wiederum Ironie*, jedoch wohlzumerken *beherrschte Ironie*. Für den Romantiker ist die einzelne dichterische Hervorbringung entweder

ein Hätschelkind, in das er selber ganz und gar vergafft ist, und von dem er nicht begreifen kann, wie es ihm möglich gewesen ist, ihm das Leben zu schenken, oder aber sie ist ihm ein Gegenstand des Verdrusses. Beides ist natürlich unwahr, die Wahrheit ist, daß die einzelne Hervorbringung Moment ist. Bei Goethe nun ist die Ironie in strengstem Sinne ein beherrschtes Moment gewesen, sie war ein dem Dichter dienstbarer Geist. Auf der einen Seite rundet sich die einzelne Dichtung vermöge der Ironie in sich selber ab; auf der andern Seite erweist das einzelne Dichtwerk sich als Moment, und dadurch rundet sich die gesamte Dichterexistenz in sich selber ab kraft der Ironie. Professor Heiberg steht als Dichter auf dem gleichen Standpunkt, und während nahezu jede Erwiderung, die er einer Person in den Mund gelegt hat, ein Beispiel für die innere Oekonomie der Ironie im Stück abzugeben vermag, zeigt sich zugleich durch alle seine Stücke hindurch ein seiner selbst bewußtes Streben, welches jedem einzelnen Stück seinen Platz im Gesamtwerk anweist. Hier ist die Ironie mithin beherrscht, zu einem Moment herabgespannt; das Wesen ist nichts anderes als die Erscheinung, die Erscheinung nichts anderes als das Wesen; die Möglichkeit ist nicht so spröde, daß sie sich etwa weigerte, sich in eine Wirklichkeit einzufügen, vielmehr die Wirklichkeit ist die Möglichkeit. Zu dieser Anschauung hat Goethe sich jederzeit bekannt, sowohl im Kämpfen wie im Siegen; diese Anschauung hat er allezeit vorgetragen mit ungeheurer Energie.

Aber was da von der Existenz des Dichters gilt, das gilt in einem gewissen Maße vom Leben eines jeden einzelnen Menschen. Nicht dadurch nämlich, daß er ein Dichtwerk schafft, lebt der Dichter poetisch — denn wenn sein Dichten nicht in einem bewußten und innerlichen Verhältnis zu ihm selber steht, so ist in seinem Leben nicht jene innere Unendlichkeit, welche schlechthin Bedingung dafür ist, daß man poetisch lebe (man sieht daher auch, daß die Poesie sich oft durch unglückliche Individualitäten hindurch freie Äußerung schafft, ja daß die schmerzensreiche Vernichtung des Dichters zur Bedingung der poetischen Hervorbringung wird) — sondern er lebt erst poetisch, wenn er selbst in der Zeit, in der er lebt, sich zurechtfindet und also in sie eingeordnet ist, positiv frei ist in der Wirklichkeit, der er ange-

hört. Aber daß er auf diese Art *poetisch lebt*, das *kann* auch jeder andre einzelne Mensch erreichen. Die seltene Gabe hingegen, das göttliche Glück, das poetisch Erlebte sich poetisch ge- XIII 390
stalten lassen zu können, bleibt natürlich das beneidenswerte Los allein der Auserwählten.

Wofern nun die Ironie dergestalt *beherrscht* worden ist, zum Halten gebracht worden ist in der unwegsamen Unendlichkeit, in der sie verzehrend voranstürmt, so folgt doch daraus *nimmermehr*, daß sie nun ihrer Bedeutung verlustig gehen oder *ganz und gar abgetan werden* müßte. Umgekehrt, wenn das Individuum die rechte Stellung hat, und diese hat es dadurch, daß die Ironie begrenzt ist, so gewinnt die Ironie erst ihre rechte Bedeutung, ihre wahre Giltigkeit. Man hat in unsrer Zeit oft genug von der Bedeutung des Zweifels für die Wissenschaft gesprochen; aber was der Zweifel für die Wissenschaft ist, das ist die Ironie für das persönliche Leben. Ebenso daher wie die Männer der Wissenschaft behaupten, daß ohne den Zweifel wahre Wissenschaft nicht möglich sei, ebenso und mit gleichem Recht kann man behaupten, daß ein echt humanes Leben nicht möglich ist ohne Ironie. Wenn nämlich die Ironie erst einmal beherrscht ist, so vollzieht sie eine Bewegung, welche die Umkehrung derjenigen ist, in welcher sie unbeherrscht ihr Leben bekundet. *Die Ironie setzt Schranken, verendlicht, begrenzt*, und gewährt damit *Wahrheit, Wirklichkeit, Inhalt*; sie *züchtigt* und *straft* und gibt damit *Haltung* und *inneren Zusammenhalt*. Die Ironie ist ein Zuchtmeister, welcher nur von dem gefürchtet wird, der ihn nicht kennt, welcher aber geliebt wird von dem, der ihn kennt. Wer Ironie schlechterdings nicht versteht, wer für ihr Raunen kein Gehör besitzt, er ermangelt eben damit (eo ipso) desjenigen, das man *den absoluten Anfang des persönlichen Lebens* nennen könnte, er ermangelt desjenigen, das da in einzelnen Augenblikken dem persönlichen Leben unentbehrlich ist, er ermangelt des Bades der Erneuerung und Verjüngung, der Reinigungstaufe der Ironie, welche die Seele aus dem Gebundensein ihres Lebens im Endlichen, möge sie gleich kraftvoll und stark darinnen leben, befreit; er kennt nicht die Erfrischung und Stärkung, die darin liegt, daß man, wenn die Luft zu drückend wird, sich entkleidet und sich ins Meer der Ironie stürzt, natürlich nicht, um darinnen zu bleiben, sondern um gesund und froh und leicht die Kleidung wieder anzulegen.

Wenn man darum ab und an den oder jenen mit großer Vornehmheit davon sprechen hört, wie die Ironie in dem unendlichen Streben doch scheue und durchgehe, so kann man ihm gerne Recht geben; wofern er aber die Unendlichkeit, welche in der Ironie sich regt, nicht kennt, steht er *nicht über* sondern *unter* der Ironie. Ebenso geht es allenthalben, wo man des Lebens Dialektik nicht beachtet. Es gehört Mut dazu, dem gescheiten oder mitleidigen Ratschlag der Verzweiflung nicht nachzugeben, der einem erlaubt, sich selbst aus der Zahl der Lebendigen zu tilgen; indes daraus folgt nimmermehr, daß jedweder Speckhöker, der da in Selbstzufriedenheit dick und fett wird, deswegen mehr Mut hätte als derjenige, welcher der Verzweiflung nachgegeben. Es gehört Mut dazu, wenn das Leid einen betören möchte, wenn es einen lehren möchte alle Freude zu Wehmut umzufälschen, alles Sehnen
XIII 391 zu Entbehren, alles Hoffen zu Erinnerung, ja, es gehört Mut dazu, dann fröhlich sein zu wollen; indes daraus folgt nimmermehr, daß ein jedes erwachsene alte Kind mit seinem eklen Lächeln, mit seinen freudetrunknen Augen mehr Mut hätte als der, welcher im Leide sich gebeugt und des Lächelns vergessen. Ebenso auch mit der Ironie. Muß man darum auch vor der Ironie warnen als vor einer Verführerin, so muß man *sie* doch auch *anempfehlen als eine Wegleiterin*. Gerade in unsrer Zeit muß man sie so empfehlen. So ist z. B. die Wissenschaft in unsrer Zeit in den Besitz eines so *ungeheuren Ergebnisses* gelangt, daß es dabei schwerlich mit rechten Dingen zugehen kann[400+]; die Einsicht in die Geheimnisse nicht bloß des Menschengeschlechts, sondern auch der Gottheit wird so wohlfeil zu Markte gebracht, daß es recht bedenklich sich ausnimmt. Man hat in unsrer Zeit vor Freude am Ergebnis vergessen, daß ein Ergebnis doch keinerlei Wert hat, wenn es *nicht selbst erworben worden ist*. Doch wehe dem, welcher es nicht ertragen kann, daß die Ironie eine Rechenschaft auflegen will. Die Ironie ist als das Negative der Weg, – nicht die Wahrheit sondern der Weg[401]. Jeder, der da ein Ergebnis als solches besitzt, besitzt es gerade nicht; denn er hat den Weg nicht. Wenn nun die Ironie hinzukommt,

so bringt sie den Weg, jedoch nicht jenen Weg, auf dem derjenige, der sich einbildet, das Ergebnis zu besitzen, dahin gelangt, es zu besitzen, vielmehr jenen andern Weg, auf welchem das Ergebnis ihn verläßt. Es kommt hinzu, daß es wohl zuallernächst für die Aufgabe unsrer Zeit angesehen werden muß, die Ergebnisse der Wissenschaft in das persönliche Leben zu überführen, diese sich *persönlich anzueignen*. Wenn so z. B. die Wissenschaft lehrt, die Wirklichkeit habe unbedingte Giltigkeit, so gilt es doch in Wahrheit, daß die Wirklichkeit Giltigkeit erlange, und man kann doch nicht leugnen: es würde überaus lächerlich sein, falls jemand, der in seiner Jugend gelernt hätte und es vielleicht andere lehrte, die Wirklichkeit habe unbedingte Bedeutung, alt würde und stürbe, ohne daß die Wirklichkeit für ihn andre Giltigkeit gehabt hätte als die, daß er, zur rechten wie zur unrechten Zeit, die Weisheit verkündigt hätte, die Wirklichkeit habe Giltigkeit. Wenn die Wissenschaft alle Gegensätze vermittelt[402], so gilt es, daß diese erfüllte Wirklichkeit in Wahrheit zum Vorschein komme. Nach einer andern Richtung zeigt sich in unsrer Zeit eine *ungeheure Begeisterung* und sonderbar genug: das, was die Zeit begeistert, scheint eine ungeheure Wenigkeit zu sein. Wie wohltuend kann hier doch die Ironie sein. Es gibt eine *Ungeduld*, die da ernten will, *bevor* sie gesät, laß nur die Ironie ihre Zucht an ihr üben. Es gibt in jedem persönlichen Leben so viel, das abgewiesen werden muß, so manche wilde Schosse, die fortgeschnitten werden müssen: hier ist die Ironie wiederum ein vortrefflicher Chirurg; denn wie gesagt, wenn die Ironie beherrscht ist, so ist *ihre Funktion von äußer-* XIII 392
ster Wichtigkeit, auf daß das persönliche Leben Gesundheit und Wahrheit gewinne.

Ironie als ein beherrschtes Moment zeigt sich in ihrer Wahrheit gerade dadurch, daß sie lehrt, die Wirklichkeit zu verwirklichen, gerade dadurch, daß sie den gebührenden *Nachdruck auf die Wirklichkeit* legt. Hierbei kann die Meinung jedoch keineswegs sein, die Wirklichkeit auf gut St.-Simonistische Art[403] zu vergöttlichen, oder es zu leugnen, daß da in jedem Menschen ist, oder doch sein sollte, ein Sehnen nach einem Höheren und Vollkommneren. Dies Sehnen aber darf nicht etwa die Wirklichkeit aushöhlen, vielmehr soll des Lebens Inhalt ein wahres und bedeutungsvolles Moment in der höheren Wirklichkeit werden, deren Fülle von der Seele begehrt wird. Hierdurch erhält die Wirklichkeit ihre Giltigkeit, nicht etwa als ein Fegefeuer — denn die Seele soll nicht auf die Art geläutert werden, daß sie sozusagen gänzlich nackt, blank und bloß aus dem Leben hinausginge —, sondern als Geschichte, in welcher das Bewußtsein Stück um Stück sich hinlebt, jedoch auf die Art, daß die Seligkeit nicht darin besteht, dies alles zu vergessen, sondern darinnen gegenwärtig wird[404]. Die Wirklichkeit will darum nicht bemäkelt werden, und das Sehnen soll eine gesunde Liebe sein, nicht ein verzärteltes weichliches sich aus der Welt Davonschleichen. Es kann darum wahr sein, wenn die Romantik sich nach einem Höheren sehnt; indes, gleich wie der Mensch nicht scheiden soll, was Gott zusammengefügt hat[405], so soll er auch nicht zusammenfügen, was Gott geschieden hat; solch eine krankhafte Sehnsucht aber ist ein Versuch, das Vollkommene schon vor der Zeit haben zu wollen. Die Wirklichkeit empfängt daher ihre Giltigkeit durch Handeln. Aber Handlung darf nicht ausarten zu einer gewissen törichten Unermüdlichkeit, sie soll eine gewisse Apriorität in sich tragen, so daß sie sich nicht an eine inhaltslose Unendlichkeit verliert.

So viel in praktischer Hinsicht. In theoretischer Hinsicht muß das Wesen sich zeigen als die Erscheinung. Sofern die Ironie beherrscht ist, meint sie nicht mehr, wie gewisse kluge Leute im Alltagsleben, daß immerfort noch etwas dahinterstecken müsse; sie verhindert aber auch jeglichen Götzendienst mit der Erscheinung, und gleich wie sie es lehrt, die Kontemplation zu achten, ebenso bewahrt sie auch vor der Umständlichkeit, die da meint, daß man, um z. B. eine Darstellung der Weltgeschichte zu geben, ebenso viel Zeit brauche, wie die Welt gebraucht habe, um sie zu durchleben.

Sofern da endlich die Frage nach der „ewigen Giltigkeit" der Ironie sich erheben möchte, kann diese Frage ihre Antwort erst finden, indem man sich auf das humoristische Gebiet begibt.
XIII 393 Humor enthält eine weit tiefere Skepsis als Ironie; denn hier dreht sich alles nicht um die Endlichkeit, sondern um die Sündigkeit; die Skepsis des Humors verhält sich zu der der Ironie wie Unwissenheit zu dem alten Satz: credo quia absurdum[406]; aber der Humor enthält auch eine weit tiefere Positivität; denn er bewegt

sich nicht in humanen, sondern in gottmenschlichen (theanthropischen) Bestimmungen, er findet nicht Ruhe darin, daß er den Menschen zum Menschen macht, sondern darin, daß er den Menschen zum Gottmenschen macht. Indes dies alles liegt jenseits der Grenze dieser Untersuchung, und sofern man Stoff zum Nachdenken begehren sollte, möchte ich hinweisen auf Professor Martensens Anzeige von Heibergs neuen Gedichten[407+].

ANMERKUNGEN DES ÜBERSETZERS

[1] Der wiedergegebene dänische Titel ist der der Buchausgabe. In der Dissertationsausgabe fehlt das griechische Motto. Dafür ist die Verfasserangabe dort ausführlicher: „Herausgegeben zur Erlangung des Magistergrades von S. A. Kierkegaard, cand. theol." Auf der Rückseite des Titels findet sich (mit einem Druckfehler in der Jahreszahl) die lateinische Druckgenehmigung durch den Dekan der philosophischen Fakultät F. C. Sibbern vom 16. Juli 1841. Das griechische Motto lautet in Schleiermachers Übersetzung: „Aber so steht es: Es mag einer in die kleinste Pfütze fallen oder mitten in das größte Meer, so muß er doch um nichts weniger schwimmen. — Ganz gewiß. — Also müssen auch wir schwimmen und versuchen, uns aus dieser Geschichte zu retten, sei es in der Hoffnung, daß irgend ein Delphin uns auffangen wird oder auf irgend eine andre wunderbare Rettung." — Daß Kierkegaard die Seitenzahlen der Stephanus-Ausgabe, nach der man Plato zitiert, mit dem Zeichen „§" versieht, ist eine Inkorrektheit, die ihm hier belassen worden ist. Zur Erleichterung der Lektüre sind die von Kierkegaard in der Dissertation auf Griechisch gegebenen Sätze und Worte in dieser deutschen Übersetzung stets sowohl deutsch wie griechisch wiedergegeben. Ebenso ist gelegentlichen lateinischen Zitaten und schwerverständlichen Fremdwörtern die deutsche Übersetzung vorangestellt. Nur bei den lateinischen Thesen Kierkegaards ist anders verfahren. Sie erscheinen im Text deutsch; Anmerkung 2 teilt für Gelehrte ihren lateinischen Text mit.

[2] Der lateinische Text der Thesen (unter stillschweigender Verbesserung der Druckfehler) lautet: Theses. — I. Similitudo Christum inter et Socratem in dissimilitudine praecipue est posita. — II. Xenophonticus Socrates in utilitate inculcanda subsistit, nunquam empiriam egreditur nunquam ad ideam pervenit. — III. Si quis comparationem inter Xenophontem et Platonem instituerit, inveniet, alterum nimium de Socrate detraxisse, alterum nimium eum evexisse, neutrum verum invenisse. — IV. Forma interrogationis, quam adhibuit Plato, refert negativum illud, quod est apud Hegelium. — V. Apologia Socratis, quam exhibuit Plato aut spuria est, aut tota ironice explicanda. — VI. Socrates non solum ironia usus est, sed adeo fuit ironiae deditus, ut ipse illi succumberet. — VII. Aristophanes in Socrate depingendo proxime ad verum accessit. — VIII. Ironia, ut infinita et absoluta negativitas, est levissima et maxime exigua subjectivitatis significatio. — IX. Socrates omnes aequales ex substantialitate tanquam ex

naufragio nudos expulit, realitatem subvertit, idealitatem eminus prospexit, attigit non occupavit. – X. Socrates primus ironiam introduxit. – XI. Recentior ironia inprimis ad ethicen revocanda est. – XII. Hegelius in ironia describenda modo ad recentiorem non ita ad veterem attendit. – XIII. Ironia non tam ipsa est sensus expers, tenerioribus animi motibus destituta, quam aegritudo habenda ex eo, quod alter quoque potiatur eo, quod ipsa concupierit. – XIV. Solgerus non animi pietate commotus, sed mentis invidia seductus, quum negativum cogitare et cogitando subigere nequiret, acosmismum effecit. – XV. Ut a dubitatione philosophia sic ab ironia vita digna, quae humana vocetur, incipit.

[3] Diese Aussagen über das Verhältnis von Philosophie und Geschichte stehen formell wie inhaltlich unter dem Einfluß von Karl Daub; vgl. dazu E. Hirsch, Kierkegaardstudien II (1933) 539ff.

[4] Matth. 12,36.

[5] Hegel, Wissenschaft der Logik, Werke Jub. Ausgb. V 45.

[6] Vgl. dazu die ersten Sätze von Viktor Eremitas Vorrede zu Entweder/Oder I und (hinsichtlich der Beziehung gegen Hegel) diese deutsche Kierkegaardausgabe 1. Abteilung Anmerkung 2.

[7] Gemeint ist das Verständnis der Zeitgenossen.

[8] Der Widerspruch besteht, in der Terminologie Hegels gesagt, darin, daß die Ironie ein Negatives, das Substantielle des Daseins hingegen ein Affirmatives ist.

[9] Kierkegaard meint den Aufsatz in der Tübinger Zeitschrift für Theologie, Jahrgang 1837, nach deren Seitenzahlen er Baur auch zitiert. Der Aufsatz ist neu gedruckt worden in: F. Ch. Baur, Drei Abhandlungen zur Geschichte der alten Philosophie und ihres Verhältnisses zum Christentum, neu herausgegeben v. Dr. Eduard Zeller, Leipzig 1876, S. 228–376. Zur Bequemlichkeit des Lesers sind hier den Zitierzahlen Kierkegaards in Klammern die Seitenzahlen des Abdrucks von 1876 beigefügt worden. Kierkegaard zitiert Baur auf deutsch, ebenso auch die übrigen deutschen Schriftsteller.

[10] Joh. 14,6.

[11] Luk. 10,24.

[12] Die nach einem Komödienvers aussehenden scherzhaften lateinischen Worte sind von Kierkegaard häufig zitiert. Ihr Ursprung ist nicht nachgewiesen.

[13] Joh. 6,63.

[14] Joh. 5,3f.

[15] Apostelgesch. 17,21.

[16] Nach Plutarch, Aristides 7.

[17] Die dänischen Herausgeber weisen darauf hin, daß eine Zeitung mit diesem Titel 1835–1848 erschienen ist.

[18] Kontrastbeziehung auf 1. Kor. 3,9.

[19] Sokrates hatte die dreißig Tyrannen mit schlechten Rinderhirten verglichen, welche die Rinder töten und so ihre Zahl vermindern. Die Antwort des Charikles (eines der Dreißig), warnt gleichsam, Sokrates solle sich

hüten, nicht sich selbst durch Aufreizung dem Tode durch die Rinderhirten auszusetzen.

[20] Vgl. Hegel, Wissenschaft der Logik, Werke, Jub. Ausgb. III 131 und 175. Die „wahre Unendlichkeit" ist nach Hegel die Reflexion in sich, wohingegen der unendliche Progressus bei ihm die „schlechte Unendlichkeit" heißt.

[21] Gemeint ist die „Vermittlung" der Gegensätze zur Einheit im Sinne Hegels.

[22] Ergänze dem Sinne nach: bei Xenophon.

[23] Die Überführung des Platozitats aus der Angabe nach der Ausgabe von F. Ast, Leipzig 1819ff in die übliche Zitierzahl ist Zutat dieser Übersetzung. Für die Behandlung der Platozitate Kierkegaards im Folgenden vgl. Anm. 29.

[24] Das vom Übersetzer in Häkchen Gesetzte auch bei Kierkegaard deutsch.

[25] Von den beiden von Kierkegaard angegebenen Stellen ist Mem. II 4 die grundsätzliche Darlegung über den Wert der Freundschaft und enthält auch die Höherstellung des Freundes dem Pferde und Esel gegenüber. Die zweite Stelle ist der Abschluß der Darstellung von Sokrates' verständiger, das Nutz- und Sinnwidrige dartuenden Abwertung der Knabenliebe. Die dänischen Herausgeber nehmen hinsichtlich der zweiten Stelle einen Zitierfehler an und weisen darauf hin, daß Mem. III 11,5 eine Schar Freunde höher gestellt werde als eine Schaf-, Ziegen- oder Kuhherde; sie übersehen, daß es sich dabei um eine ironische Bemerkung gegen eine von ihren „Freunden" sich nährende Kokotte handelt. Dagegen geht aus Begriff Angst S. V. IV 339 hervor, daß Kierkegaard die Darstellung Xenophons von Sokrates in Mem. I 3 gegen Ende „philisterhaft" gefunden hat.

[26] Plato, Phaidros 249a.

[27] Plato, Symposion 177d.

[28] Kierkegaard hat hier merkwürdigerweise eine Stelle, an welcher Xenophon Sokrates wirklich ironisch werden läßt, mißverstanden. Sokrates vergleicht mit ironischem Scherz seine geistige Anziehungskraft jungen Männern gegenüber mit den Liebesmitteln der Kokotte. Der Sinn der ironischen Bemerkung ist es, ein zweideutiges Angebot der Dame abzuweisen. Die Stelle gehört, so verstanden, gerade zu denen, bei denen man eine echte Erinnerung des Xenophon für wahrscheinlich halten muß.

[29] Kierkegaard zeigt auch in dieser Promotionsschrift seine schlechthinnige Willkür in allen Fragen wissenschaftlicher Technik. Plato zitiert er bald mit Angabe der Schrift und dazugesetzter üblicher (nur durch das Zeichen § entstellter) Zitierzahl, bald nach der griechischen Ausgabe von F. Ast, und dann ohne genaue Zitierzahl, bald nach der 1830–1838 erschienenen dänischen Übersetzung ausgewählter Dialoge von Heise, und dann nur mit Titel des Dialogs, ohne die übliche Zitierzahl. In dieser Übersetzung sind die Zitate nach Ast umgesetzt in Angabe des Titels der platonischen Schrift und der üblichen Zitierzahl (Diese Umsetzungen sind daran kenntlich, daß das Zeichen § vor der Zitierzahl fehlt). Wo aber Kierkegaard nach der

dänischen Übersetzung von Heise zitiert, ist hier zum Titel der platonischen Schrift außer der Zitierzahl noch der Name Schleiermachers beigefügt (an diesem Namen, zusammen mit dem Fehlen des Zeichens §, sind auch die Heisestellen für den Leser kenntlich gemacht.)

[30] Plato, Symposion 223cd.

[31] Mark. 14,60f.

[32] Krähwinkel: dän. Christiansfeldt.

[33] Plato, Symposion 179d.

[34] Hegel, Ästhetik, Werke Jub. Ausgb. XII 105f und 221f. Die erste der beiden Stellen hebt hervor, daß die „unendliche absolute Negativität" ein integrierendes Moment in der Dialektik der sich selbst verneinenden und aus der Verneinung wiederherstellenden Idee ist. Die zweite Stelle ist eine der berühmten Kampfstellen, an denen Hegel über die romantische Ironie Gericht hält, weil sie ein berechtigtes Moment in der Dialektik der Idee in eine allseitige, auch alles Vortreffliche zerstörende „Vernichtigungskunst" verkehrt und damit zur inneren Haltlosigkeit wird.

[35] Plato, Gorgias 490e. Die Angabe „Polos" ist ein Irrtum Kierkegaards; der bei Plato den Einwand Machende ist Kallikles.

[36] Jak. 1,17.

[37] Sallust, Catilina 10 (über die Person des Catilina gesagt).

[38] das Ursprüngliche: auch bei Kierkegaard deutsch.

[39] Die beiden der hebräischen Grammatik entnommenen lateinischen Ausdrücke sind vom Übersetzer in der ihnen vorangestellten Verdeutschung so wiedergegeben, daß der der hebräischen Grammatik nicht Kundige das sachlich von Kierkegaard Gemeinte verstehen kann.

[40] Joh. 20,22.

[41] Joh. 5,8.

[42] ein datierendes: d. h. ein Verhältnis, welches einen neuen Zeitabschnitt in der Geschichte des empfangenden Individuums einleitet. Man mag sich hierbei daran erinnern, daß Kierkegaard den Lehrer, welchem er geistig am meisten verdankte, P. M. Møller, „seines Erwachens mächtige Posaune" genannt hat. — Im Folgenden Anklang an Joh. 4,14.

[43] In Plato, Theätet 149a erwähnt Sokrates in einem Vergleich seiner eignen Kunst mit der der Hebamme, daß seine Mutter Hebamme war.

[44] Diesen sokratischen Satz hat Kierkegaard einige Jahre später in den „Philosophischen Brocken" 1844 zu Grunde gelegt, um von daher im antithetischen Vergleich das von Christus dem Menschen Gegebene als Neuschöpfung darzustellen, für welche der sokratische Satz nicht gilt.

[45] Diogenes Laërtius III 50. Diese Notiz aus Diogenes Laërtius, sowie die gleich folgende Mitteilung, daß Symposion und Phädon zu den erzählenden Dialogen gerechnet werden, hat Kierkegaard von F. Ch. Baur (vgl. hier Anm. 9), übernommen; vgl. die von Baur daran geknüpfte und von Kierkegaard im Folgenden (auf deutsch) zitierte Bemerkung.

[46] Baur, a.a.O. (auch bei Kierkegaard deutsch, ebenso wie das gleich folgende Zitat).

[47] Der Einfluß Baurs auf die „einleitenden Betrachtungen" Kierkegaards

zu Plato ist noch größer, als die von Kierkegaard selbst gegebenen Verweise erkennen lassen. Die ganzen systematischen Kategorien, welche die Bedeutung der Persönlichkeit als positiven Ausgangspunkt darlegen und innerhalb dieses Bereichs die „Entsprechung" zwischen der absoluten Bedeutung Christi und der relativen des Sokrates zum Schema wählen, sind deutlich von Baur her gewonnen. Wir haben hier das Grundschema, von dem her das christologische Denken Kierkegaards sich dann seinen eignen Weg gesucht hat.

[48] Nach Hegels Philosophie ist die Idee als Einheit des abstrakten Gedankens und der von Einzelheit zu Einzelheit fortgehenden Empirie das dritte Moment in der dialektischen Bewegung.

[49] Plato, Protagoras 338a beschreibt Hippias mit den von Kierkegaard in Anführungsstriche gesetzten Worten, nur daß es statt „Wahrheit" „Reden" heißt, das Bedürfnis des Sophisten Protagoras, sich in breiten Darlegungen zu ergießen.

[50] Plato, Gorgias 471 d.

[51] Horaz, De arte poetica 322.

[52] Vielleicht denkt Kierkegaard an Lessing, Emilia Galotti 4. Akt, 2. Szene. Die Orsina hat auf einen Brief an den Prinzen eine schriftliche Antwort nicht erhalten, aber die Abreise des Prinzen fälschlich als „Antworts genug" verstanden. Dann würde die von Kierkegaard gemeinte Unterscheidung Lessings die stumme Antwort mit der Tat gegen die unmittelbare Beantwortung mit Wort oder Brief stellen. Diese Deutung der Unterscheidung paßt in Kierkegaards Gedankengang, und jedenfalls ist eine andre Erklärung bisher nicht gegeben.

[53] Horaz, Oden I 4,7 (alterno pede) und 1. Kön. 18,21 (hinken auf beiden Seiten).

[54] Der Satz bezeugt, daß Kierkegaard 1841 die dialektische Methode Hegels noch für richtig gehalten hat; vgl. auch hier Anm. 55.

[55] Das höhere Einheitsmoment ist nach Hegel die christliche Idee des Gottmenschen, das niedere wäre das noch nicht durch Reflexion gebrochene naive Heidentum.

[56] Diogenes Laërtius II 40.

[57] Vielleicht wäre es besser, „Politiker" zu übersetzen statt Staatsmann. – Der Übersetzer hält es für sinnlos, dem allgemeinen Bericht Kierkegaards über Platos Apologie Einzelbelege hinzuzufügen.

[58] Richter 16,29.

[59] s. o. S. V. XIII 128.

[60] Die Aufmerksamkeit Kierkegaards auf das Heraklitzitat Symposion 187a zeigt, ebenso wie seine ganze Anmerkung, daß er noch im Banne der Dialektik Hegels steht. Hegel hat für seine Lehre von der Einheit der Gegensätze sich immer auf Heraklit berufen und diesem in seiner Geschichte der Philosophie eine besonders ausführliche Darstellung gewidmet, dabei auch des Heraklitzitats im Symposion gedacht (Geschichte der Philosophie, Werke, Jub. Ausgb. 17, 352) und die Kritik, welche Plato durch Eryximachos an dem Heraklitwort üben läßt, als mangelhaft darzutun gesucht.

[61] Plato, Symposion 191 d.

[62] Plato, Symposion 198 de.

[63] Das mit „Kauderwelsch" übersetzte Wort (wörtlich: Krähensprache) kommt in der damaligen Literatur auch vor als spöttische Bezeichnung altnordischer Redeweise. Es könnte somit sein, daß Kierkegaard sich hier seinen ersten Hieb wider Grundtvigs Neigung, dem gegenwärtigen Dänisch altnordisches Sprachgut wieder zuzuführen, leistet. Die Stelle würde dadurch erst prägnanten Sinn gewinnen.

[64] 1. Joh. 4,16.

[65] Hegel spricht in seiner Ästhetik, vor allem überall da, wo er auf die romantische Kunstform kommt, vom „Prinzip der unendlichen Subjektivität", und im Zusammenhang damit auch von der Liebe, in welcher ihm die Bewegung des Geistes vom Substantiellen durch das Subjektive wieder zurück zu sich selbst konkret sich darstellt. Ob Kierkegaard hier mehr an diese Darlegungen der Ästhetik oder an die Darstellung der christlichen Religion als der Religion der in der Versöhnung Gott und Mensch vereinigenden Liebe denkt, wird schwer zu entscheiden sein. Daß der Dissertation Kierkegaards eine innere Auseinandersetzung mit der Beurteilung der Romantik in Hegels Ästhetik zugrunde liegt, wird allenthalben sichtbar. Ein terminologisch genaues Zitat liegt an dieser Stelle nicht vor.

[66] Abstrakt im ontologischen Sinne ist für den jungen Kierkegaard ebenso wie für Hegel in der Logik der Begriff des Seins. Abstrakt im Sinne des Inhaltsleeren nennt Kierkegaard die durch die unendliche Negation der Ironie sich dem Wirklichen entfremdende Subjektivität. Auch dies ist der Sache nach ein Urteil Hegels.

[67] Für einen in spekulativer Dialektik Erzogenen wie den jungen Kierkegaard führt die dialektische Bewegung von gegebener Unmittelbarkeit durch auflösende Reflexion hindurch zur wahren Fülle der Idee, oder (mit andern Worten) von der zufälligen unechten Konkretheit der Empirie durch die verneinende Abstraktion des Verstandes zur echten Konkretheit der Idee. Späterhin hat Kierkegaard seine Scherze über das „Umschlagen" dieser Dialektik vom zweiten zum dritten Gliede gemacht. Im Gegensatz dazu sieht er es hier als einen Knick, einen Bruch der platonischen Dialoge an, daß nach der (sokratisch-ironischen) Auflösung des zufällig Gegebenen in die Abstraktion hinein ein neuer mit der Dialektik der Ironie nicht in Zusammenhang stehender, also undialektischer Einsatz nötig ist, um zur Idee zu gelangen. Er empfindet diesen Knick so stark, daß er die beiden Seiten der Gesamtdarlegung auf zwei verschiedene Persönlichkeiten, Sokrates und Plato, verteilt. So aber gewinnt er einen genialischen Schlüssel zur Lösung der historischen Frage nach dem Verhältnis von Sokrates und Plato. Sokrates wird ihm der im Bann der negativen Ironie bleibende Zerstörer. Die eigenartige Spannung der Dissertation aber ist die, daß er trotz dieser Sokrates mit der extremsten Romantik gleichsetzenden Sokrateskritik das ewig giltige Recht des Sokratischen allem Bestehenden gegenüber leidenschaftlich empfindet und eine Beherrschung der negativen Ironie

in tieferer Lebenseinheit allein bei persönlichem christlichen Glauben für möglich hält.

[68] Plato, Symposion 222b.

[69] Plato, Symposion 215de.

[70] Die dänischen Herausgeber nennen als Beleg: La Rochefoucauld, Maximes 271 (Oeuvres complètes, Paris 1883—84 II S. 130).

[71] Plato, Symposion 216d bis 217a (mit einer Auslassung).

[72] Daß Kierkegaard die Verklärung Christi als Gleichnis braucht, geht hervor aus dem gleich darauf vorkommenden griechischen Ausdruck für „in Heimlichkeit". Dieser griechische Ausdruck ist nämlich terminus technicus für eine bestimmte Stilart der lutherischen Christologie, nach welcher Christus im Stande der irdischen Erniedrigung die göttlichen Eigenschaften zwar ständig gebraucht hat, aber nur „in Heimlichkeit". Im übrigen vgl. Anm. 77.

[73] Plato, Symposion 221d.

[74] Das Folgende ist von Kierkegaard frei zurechtgeformt aus Plato, Symposion 219bcd. Kierkegaard ist dabei mit den Anführungsstrichen leichtsinnig umgegangen. Der Übersetzer hat nur das, was wirklich als Umformung von Plato gelten darf, in Anführungsstriche gesetzt.

[75] Plato, Symposion 222cd.

[76] Nach dem dialektisch-systematischen Gehalt des Begriffs der Natur ist Kierkegaard abhängig von dem, was Hegel in der Wissenschaft der Logik unter Beziehung auf das andere (τὸ ἕτερον) bei Plato über die Natur als das Andere des Geistes und die Negativität dieser Bestimmung sagt; vgl. Werke, Jub. Ausgb. IV 134ff.

[77] F. Chr. Baur (vgl. hier Anm. 9) Urdruck S. 107f, Neudruck 1876 S. 331. Ebenda auch in einer Anmerkung ein langes Zitat aus David Friedrich Strauß, Leben Jesu Bd. II 276. Baur nennt übrigens den von Strauß durchgeführten Vergleich des Schlusses des Symposions mit der Verklärung Christi auf dem Berge „sinnreich". Kierkegaard ist seiner Gewohnheit gemäß ungenau, insofern nicht Baur sondern Strauß auf die Einheit des Komischen und des Tragischen in Sokrates hindeutet.

[78] Kierkegaard bezieht sich auf die allgemeine Einleitung, welche Schleiermacher seiner Platoübersetzung vorangestellt hat, und in der dieser nach einer Ausscheidung der unechten Dialoge die echten Dialoge in drei (nicht zwei) Gruppen einteilt. Die dritte Gruppe wird von Schleiermacher als die der darstellenden oder auch der konstruktiven Dialoge bezeichnet und umfaßt, wie Kierkegaard richtig angibt, Staat, Timäus und Kritias. Die erste Gruppe Schleiermachers umfaßt die bei ihm elementarisch genannten Dialoge, die er für die frühesten hält (vor allem Phaidros, Protagoras und Parmenides). Zwischen beiden Gruppen steht die Hauptmasse der übrigen Dialoge, an denen Schleiermacher u. a. die Künstlichkeit des Aufbaus und das Vorherrschen der Antithetik hervorhebt. Dies mag Kierkegaard im Sinne haben, wenn er das Dialogische und die Ironie als Kennzeichen nennt. Im Ganzen wird aus Kierkegaards Referat nicht deutlich, daß Schleiermacher wesentlich inhaltliche Kriterien für seine Gliederung geltend

macht, und daß er Plato einen systematischen Plan für seine gesamte Schriftstellerei andichtet.

[79] Plato, Politeia 396e — 398b.

[80] Plato, Protagoras 361a.

[81] Die Anekdote stammt aus Hebels Schatzkästlein.

[82] F. Schleiermacher, Der christliche Glaube, 2. Aufl. § 56 Ziffer 2.

[83] Nach Hegels dialektischem Dreitakt geht die ungeschiedene und insofern unbestimmte Einheit in das in sich Unterschiedensein mit seinen Sonderungen auseinander, um von da aus dann wieder zur höheren Einheit zusammenzugehen. Kierkegaard, noch ganz in Hegels Schematen denkend, wirft dem Protagoras vor, daß er von dem zweiten Gliede dieses Dreitakts nicht loskommt.

[84] unmittelbare Harmonie: nämlich des Gemüts. In diesem Sinne wäre der „schönen Seele" Tugend als unmittelbare Harmonie eigen.

[85] Dieser von Kierkegaard hier noch vorbehaltlos vertretene Satz entspricht der platonischen Lehre von der Erinnerung, die durch Lehren und Lernen nur aufgeweckt wird, und stimmt — in der christlichen Sphäre — zu der im Spätluthertum und in der Aufklärung üblichen pelagianisierenden Abschwächung der Gnadenlehre. In den Philosophischen Brocken 1844 hat Kierkegaard dann, gemäß seiner durch den Bruch von 1843 vertieften religiösen Erfahrung, in der christlichen Sphäre den platonischen Satz der Form nach aufgegeben und die Wiedergeburt als schlechthin souveräne Setzung der erlösenden göttlichen Liebe verstanden. Allerdings ist das durch die Wiedergeburt gesetzte neue Leben auch in den „Brocken" dem Menschen nicht in jedem Sinne fremd, da es Erfüllung seiner ursprünglichen Anlage und Bestimmung ist.

[86] Figur aus Tiecks Märchendrama „Der gestiefelte Kater".

[87] Heise ist der hier Anm. 29 erwähnte dänische Platoübersetzer, den Kierkegaard weitgehend statt des griechischen Textes verwendet. Die Beziehungen Kierkegaards auf Schleiermacher meinen die von diesem seiner Übersetzung beigegebenen Einleitungen. — Der gleich zitierte Ast ist der hier Anm. 29 gleichfalls erwähnte Herausgeber des von Kierkegaard benutzten griechischen Platotextes.

[88] Die dänischen Herausgeber notieren zu diesem Namen: Platonis dialogos selectos rec. G. Stallbaum, vol. I sect. II, Gothae et Erfordiae 1827.

[89] Der Gedanke, daß der Tod eine Verwandlung (gleich Metamorphose) sei, ist von Kierkegaard als Ausdruck seines Glaubens an das ewige Leben dauernd festgehalten worden; vgl. S. V. V 250 (An einem Grabe 1845).

[90] Man merkt diesem Satze den Einfluß an, welchen die idealistische Vorstellung von einem uns in ewiges Handeln und Schaffen und Werden hineinstellenden ewigen Leben — allen Anzeichen nach durch Vermittlung von Joh. Gottl. Fichtes Bestimmung des Menschen — auf den jungen Kierkegaard geübt hat.

[91] Verstehe: das Bewußtsein des Griechen.

[92] Kierkegaard hat diese Beschreibung des Wegs der sehnsuchtsvollen Seele vom Leben durch den Tod in die Arme Gottes so gut wie wörtlich aufge-

nommen in das Gebet, mit welchem er die erste der beiden erbaulichen Reden 1843 schließt; vgl. S. V. III 34. Da diese beiden erbaulichen Reden von 1843 in allerstrengstem Sinne eigenverantworteten persönlichen Glauben ausdrücken und mit ihm zu Regine zu reden suchen, so ist bewiesen, daß diese Stelle des Begriffs der Ironie über die Unsterblichkeit der Seele seine eigene Überzeugung ausdrückt. Es gibt keine Spur in Kierkegaards ganzer Schriftstellerei, daß er hierin je anders hätte denken lernen. Nur der hier noch lose umgehängte Vorbehalt, daß dieser Gedankengang der Form der „Vorstellung" angehöre (vgl. die Unterscheidung von Vorstellung und Begriff in Hegels Religionsphilosophie) ist später geschwunden.

93 Dieser Satz ist die erste Spur des Kierkegaard eigentümlichen geistigen Zuges, daß für ihn unmittelbare Augenzeugenschaft einerseits und vermittelte Kunde von vergangenem Leben anderseits einen Unterschied für das Erleben und Verstehen des Geschichtlichen überhaupt nicht begründen.

94 Plato, Phädon 60c (Schleiermacher). Ebenda auch das gleich folgende Zitat.

95 Plato, Phädon 117b (Schleiermacher).

96 Dies ist der Wurzelsatz, aus welchem aller Protest des christlichen Individualitätsphilosophen Kierkegaard gegen die philosophische Spekulation sich entwickelt hat: philosophisches Erkennen entpersönlicht, macht den Erkennenden zur leeren Abstraktion.

97 Dies ist der erste der Beweise für die Unsterblichkeit: Phädon 69e bis 72e. Wenn das Entgegengesetzte im ständigen Hin- und Rückstreben des Werdestroms auseinander entsteht, so müssen die Lebenden aus den Toten und die Toten aus den Lebenden entstehen, womit der Tod als Übergang zu einem andern Leben verstanden ist. Kierkegaards Referat über diesen ersten Beweis ist übrigens fast wörtlich aus Baur abgeschrieben; vgl. Baur Neudruck 1876 S. 336.

98 Dies ist der zweite Beweis für die Unsterblichkeit: Phädon 72e bis 77b. Die Tatsache, daß die Seele die Ideen als inneren Besitz von Geburt an in sich trägt und Erkenntnis der Ideen allein als Erinnerung an diesen Besitz verstanden werden kann, beweist sowohl die Präexistenz der Seele als auch einen durch Geburt und Tod hindurchgehenden Lebenszusammenhang.

99 Kierkegaard erweist sich mit diesem Urteil als spitzer Logikus. Faßt man nämlich im ersten Beweis (vgl. hier Anm. 97) den Begriff der „Entstehung" aus dem Gegenteil scharf, so läßt sich nicht leugnen, daß das aus dem Gegenteil Entstehende vorher nicht dagewesen ist. Das „Entstehen", das bei der Bejahung der Präexistenz der Seele allein noch möglich wäre, wäre dann das Entstehen eines neuen die Seele bekleidenden Leibes aus dem im Tode vergangenen Leibe. Das Unhistorische in dieser bei scharfer Fassung der Begriffe unwiderleglichen Kombination ist natürlich, daß Plato nicht den scharf qualifizierten Begriff der Entstehung meint, sondern Entstehen und Vergehen, Übergang und Rückkehr als Momente an einem und dem gleichen Seienden faßt.

100 Im damaligen Rechenunterricht der gelehrten Schulen sagte man ‚in

mente', wo bei uns ‚im Sinn' gesagt wird, nämlich zur Bezeichnung der beim Addieren in die nächsthöhere Reihe zu übertragenden Ziffer. Bei Kierkegaard kommt gelegentlich der ‚Mente' (als artikuliertes Substantiv) vor zur Bezeichnung eines Gedankens, welcher eine dialektische Bewegung als stille und stetige Voraussetzung begleitet.

101 Zur Erläuterung von Kierkegaards Gedankengang darf an die Schwierigkeit erinnert werden, welche die werdende romantische Individualitätsphilosophie gegenüber der synthetischen Einheit der Aperzeption Kants und dem reinen Ich Fichtes empfunden hat. Diese höchsten Begriffe Kants und Fichtes erschienen den jungen Romantikern als eine bloße allgemeine geistige Form. Wenn das konkrete individuelle Ich, das jeder einzelne Mensch ist, als eine in der Geburt entstehende Verdichtung dieser allgemeinen geistigen Form zu einem besonderen Einzelleben verstanden werden muß, dann liegt in der Vorstellung von der Ewigkeit des Geistes in mir der beinahe furchtbare Gedanke, daß ich mich in tausendfachen Geburten zum konkreten individuellen Ich verdichte und in tausendfachen Toden die Auflösung dieses individuellen Ich in die allgemeine geistige Form erfahre, d. h., daß ich nur als eine willkürliche unzusammenhängende Kette von endlosen Individualisierungen ewig bin. Diesen Gedanken hat der junge Heinrich v. Kleist seiner Braut gegenüber als die furchtbare Verzweiflung bezeichnet, in die ihn Kants Philosophie gestürzt habe, und den gleichen Gedanken malt Clemens Brentano in den Nachtwachen des Bonaventura als Gipfelpunkt des Nichtigkeitsgefühls grell aus. Kierkegaard, welcher durch die Einflüsse von Schleiermacher, Steffens und Jacobi der romantischen Individualitätsphilosophie zugehört, macht hier gegen die intellektuelle erkenntnistheoretische Begründung der Unsterblichkeit in Platos Phädon genau den gleichen Gedanken wie Kleist und Brentano geltend. Eine rein auf die Ewigkeit des Allgemeinen und Ideellen gegründete Präexistenz der Seele ist der im konkreten individuellen Leben stehenden Seele gegenüber ein Nichts, eine Nacht. Hier stehen wir wieder an dem Wurzelpunkt der Kritik, welche Kierkegaard später gegen die Spekulation Hegels als eine Vernichtung der individuellen Existenz geübt hat. Das Eigentümliche der Kierkegaard von hier aus erwachsenen sicherlich unhistorischen Interpretation des Phädon aber ist, daß er den Nihilismus, welchen er so an der platonischen Begründung der Unsterblichkeitsidee zu entdecken meint, nicht als eine von außen kommende Kritik an dem Sokrates des Plato geltend macht, sondern als Enthüllung der geheimsten Absichten und Gedanken des dem Tode entgegengehenden großen Ironikers Sokrates versteht. Sokrates wollte den Menschen aus jedem Ruhepunkt in einem noch so verfeinerten Endlichen vertreiben und so jene unendliche Bewegung in ihm entbinden, welche die negative Voraussetzung der Geistwerdung ist.

102 Das Folgende von Kierkegaard in Anführungsstriche Gesetzte ist nicht wörtliches Zitat, sondern zusammenziehendes Referat, im wesentlichen aus Phädon 79a. Dagegen entbehrt unmittelbar vorher die streng wörtliche Anführung aus Phädon 78a bei Kierkegaard der kennzeichnenden Anführungsstriche.

[103] langweilig: auch bei Kierkegaard deutsch.
[104] gerade ins Blaue hinein: auch bei Kierkegaard deutsch.
[105] 1. Joh. 3,2.
[106] Der junge Kierkegaard gebraucht gemäß dem damaligen Sprachgebrauch das Wort „spekulativ" auch für die das Gegebene überschreitenden Aussagen christlicher Theologie, und dies auch dann, wenn solche Aussagen dem neuen Testament entnommen sind.
[107] Schattenspiel an der Wand: auch bei Kierkegaard deutsch.
[108] Nachhall: auch bei Kierkegaard deutsch.
[109] Die dänischen Herausgeber verweisen auf die Anzeige von Schleiermachers Glaubenslehre durch Karl Rosenkranz in den Jahrbüchern für wissenschaftliche Kritik 1831 Sp. 949. Wäre diese Stelle gemeint, so hätte Kierkegaard — was freilich bei ihm nicht unmöglich ist — sehr frei und kühn referiert.
[110] Gemeint ist die bekannte Klage des toten Achill in der Nekyia der Odyssee XI 487ff.
[111] Begeisterung ist hier für Kierkegaard das Gegenwort zu Ironie, und Plato steht also mit seiner ernstgemeinten idealistischen Metaphysik dem Ironiker Sokrates als ein Begeisterter gegenüber. Wenn der Phädon also platonisch und nicht sokratisch gedeutet werden soll, muß man darin eine Begeisterung für die entwickelte Unsterblichkeitsidee wiederfinden, und dies ist nach Kierkegaards Urteil doch recht schwierig. So weckt ihm der Mangel an Begeisterung, den er empfindet, den Verdacht, daß die platonische Deutung des Phädon verkehrt ist.
[112] Die platonische Apologie des Sokrates ist freilich vor dem Phädon geschrieben und noch frei von dessen grandioser dichterischer Willkür. Ein historisches Aktenstück aber ist sie in gar keiner Weise.
[113] Kierkegaard braucht das Wort „moralisch" so wie Hegel. Hegel unterscheidet das Sittliche, die konkrete Gestalt eines auf rechte Art der Gemeinschaft hingegebenen Lebens, und das Moralische, das in sich reflektierte, in Gewissen und Gesinnung wurzelnde innere Leben des Einzelnen. Das Moralische in diesem Sinne beschließt somit auch das religiöse Phänomen der Wiedergeburt in sich.
[114] Zu den hier und im Folgenden anklingenden neutestamentlichen Begriffen vgl. vor allem Koloss. 2,19; 2. Petr. 3,18; 2. Tim. 3,17. Die nächsten Sätze sind einer der Paradebelege dafür, daß Kierkegaards Christentumsverständnis nach pietistischer Art im Erlebnis der Wiedergeburt wurzelt, in welchem auch das von ihm gemeinte Paradox seine eigentliche Heimat hat.
[115] Die Richtigkeit dieses Urteils macht sich der Leser am besten am stoischen Ideal des Weisen klar. Im übrigen versteht sich der autobiographische Hintergrund der Aussage fast von selbst. Der Ausbruchsversuch des jungen Kierkegaard aus dem Christentum war Flucht vor der das unmittelbare Leben bedrohenden Strenge und Härte des Christentums seines Vaters. Mit der Bekehrung 1838 hat sich das Urteil umgekehrt. Im zweiten Teil von Entweder/Oder sucht Kierkegaard demgemäß darzutun, daß der ethisch-

religiöse Ernst des Christlichen die einzige Hut der ästhetischen Unmittelbarkeit und somit ganzer echter Menschlichkeit ist, und wird von dieser Synthese des Christlichen und Humanen her scharf polemisch wider Stoizismus und Mystizismus.

116 Plato, Phädon 64a.

117 Vgl. dazu Kierkegaards ersten literarischen Plan, die in einem Selbstmord gipfelnden Faustbriefe von 1837 (diese deutsche Kierkegaardausgabe, 30. Abtl.).

118 Die dänischen Herausgeber verweisen auf Wessel, Sämtliche Schriften (Samtlige Skrivter), Kopenhagen 1817, II 149. Die Grabinschrift geht auf ihn selbst.

119 1. Mose 1,6f.

120 Plato, Phädon 60bc (oben S. V. XIII 160 angeführt). Kierkegaard nennt an unserer Stelle hier statt des Phädon irrtümlich das Symposion. Der Übersetzer hat den Fehler berichtigt.

121 Plato, Apologie 28e.

122 Die Anmerkung soll die Ideologie der liberalen Bewegung von Kierkegaards Zeitalter ironisieren. Diese ewig diskutierenden fortschrittlichen Journalisten müßten doch für solch ein Ewigkeitsideal begeistert sein!

123 Gemeint ist S. V. XIII 171 mit dem Zitat aus Phädon 91b.

124 F. Ast, Platos Leben und Schriften (1816); vgl. oben S. V. XIII 171. Die dänischen Herausgeber weisen darauf hin, daß Kierkegaard in Rechtschreibung und Zeichensetzung kleine nichtsbedeutende Abweichungen sich gestattet.

125 Vgl. Matth. 20,1ff. Die Verwendung biblischer Bilder und Worte beim Witze machen ist ein Rest aus Kierkegaards Irr- und Empörungszeit, der in der Schriftstellerei von Entweder/Oder an nicht mehr vorhanden ist.

126 Ast gibt in dem von Kierkegaard Ausgeschriebenen die Worte aus Apologie 23bc nur auf Griechisch. Der Übersetzer hat wie sonst dem Griechischen die Übersetzung Schleiermachers vorangestellt.

127 Die dänischen Herausgeber geben als Beleg an: Baggesen, Kallundborgs Krønike (Danske Vaerker, Kbhvn. 1845 I 184).

128 Plato, Gorgias 473e. 474a.

129 Plato, Apologie 36ab.

130 Plato, Apologie 20e. Die deutsche Übersetzung nach Schleiermacher ist hier in Asts Text eingefügt worden. Das Gleiche gilt von allen im Folgenden den griechischen Worten vorangestellten Verdeutschungen. Ferner ist hier Plato auch in Asts Text mit den heute üblichen Zitierzahlen zitiert worden, nicht mit den auf Asts Ausgabe verweisenden Zahlen.

131 Wörtliche Übersetzung: „Asmus, der alles bei sich trägt.“ Das ist eine Variante des Titels, den Matthias Claudius der Gesamtausgabe seiner Schriften gegeben hat: „Asmus omnia sua Secum portans oder Sämmtliche Werke des Wandsbecker Boten.“ Das Wort sua („was sein ist“) hinter omnia („alles“) hat Kierkegaard fortgelassen, weil es auf den Sokrates, für den dies „alles“ ein „Nichts“ sein soll, nicht übertragbar ist.

132 Die dänischen Herausgeber machen darauf aufmerksam, daß Kierke-

gaard hier folgende Belegstellen, auf die Ast verweist, fortgelassen hat: Apologie 21a. 30c; 20e vgl. 17c 27b 30c; 31e.

[133] Das von Schleiermacher, dessen Übersetzung hier wie überall wiedergegeben ist, wahrscheinlich richtig mit „Sporn" übersetzte Wort wird von Kierkegaard, wie vielfach üblich ist, als „Bremsfliege" gedeutet.

[134] Plato, Gorgias 461 b.

[135] Plato, Phädon 111ff; Gorgias 523ff; Politeia, 614ff.

[136] Plato, Politeia 427b.

[137] Daß das Mythische die „äußerliche Erscheinung" eines Ewigen, eines Geistigen ist, sagt, unter Beziehung auf Plato, Hegel in seiner Philosophie der Religion, Werke, Jub. Ausgb. XV 157f.

[138] Plato, Phädrus 248e 249a.

[139] Der Satz enthält, leicht poetisiert, die Hegelische Lehre von Idee, Zeit und Raum.

[140] Hegel, Philosophie der Geschichte, Werke Jub. Ausgb. XI 193f bietet nicht nur den Ausdruck „Pantheismus der Einbildungskraft", sondern auch die Entgegensetzung des Traums und des Verstandes und die Beziehung dieses Pantheismus auf den träumenden Geist. Vgl. auch Anm. 149.

[141] Der Konjunktiv ist für Kierkegaard der Modus der Subjektivität oder des Insichseins, der Indikativ der Modus der Objektivität oder des Äußerlichseins; vgl. z. B. Stadien auf des Lebens Weg S. V. VI 194.

[142] Für Kierkegaards Beschäftigung und Auseinandersetzung mit Joh. Ed. Erdmann 1837/38 vgl. E. Hirsch, Kierkegaardstudien II (1933) 532ff. Wichtig für Kierkegaards Dissertation ist u. a., daß Erdmann ihm einen zunächst mit Zustimmung aufgenommenen Begriff der Ironie zugeführt hat (Papirer II A 193, Nov. 1837).

[143] Plato, Phädon 114d.

[144] Anklang an Matth. 5,28.

[145] Kierkegaard denkt hier formal in hegelischen Kategorien; vgl. die Darlegungen von Hegels Philosophie der Religion, Werke, Jub. Ausgb. XV 81 ff über das Verhältnis der Vorstellung zu der unter ihr liegenden Anschauung und dem über sie sich erhebenden Gedanken. Auch dies, daß Kierkegaard dem Plato die „spekulative Gedankenbewegung" abspricht, kann nur verstanden werden, wenn man bei diesem Wort an die in strenger dialektischer Form sich vollziehende Spekulation Hegels oder auch Daubs und J. H. Fichtes denkt. Es ist der Reiz dieser Schrift Kierkegaards, daß sie eine die Philosophie Hegels ablehnende, gegen Hegel bewußt zum romantischen und christlichen Individualismus sich bekennende philosophische Grundanschauung noch unter ständiger Benutzung von hegelischen Kategorien, d. h. also in formaler Abhängigkeit von dem bekämpften Recken auszusprechen genötigt ist.

[146] Joh. 3,8.

[147] Prototyp (vom Übersetzer wie bei Kierkegaard als männlichen Geschlechts behandelt) ist Wiedergabe des in der deutschen romantischen Philosophie häufigen Worts „Urbild".

[148] Man sieht, daß für den jungen Kierkegaard der Glaube streng als ein

Erkenntnisakt bestimmt ist, wobei der Gegenstand dieses Aktes als eine nichtmythische Realität bestimmt wird.

149 Hegel, Philosophie der Geschichte, Werke, Jub. Ausgb. XI 222: „Es werden in den indischen Schriften Zeitalter angegeben und große Zahlen, die oft von astronomischer Bedeutung und noch öfter ganz willkürlich gemacht sind. So heißt es von Königen, sie hätten siebzigtausend Jahre oder mehr regiert. Brahma, die erste Figur in der Kosmogonie, die sich selber erzeugt hat, hat zwanzigtausend Millionen Jahre gelebt usw." Die nahezu wörtliche Verwendung dieser Stelle aus Hegels Philosophie der Geschichte und ebenso die hier Anm. 140 nachgewiesene Verwendung einer andern Stelle dieses Werks (oben S. V. XIII 189) geben ein Entstehungsdatum für Kierkegaards Niederschrift her. Die Bearbeitung von Hegels Philosophie der Geschichte, die er verwendet, ist erst 1840 veröffentlicht worden. Wir sind somit in dem Abschnitt über das Mythische bei Plato zweifellos bei dem erst 1840/41 niedergeschriebenen Teil der Dissertation angelangt. Allein bis S. V. XIII 184 dürfen Niederschriften von 1838/39 als Grundlage vermutet werden.

150 Ding an sich: auch bei Kierkegaard deutsch. Die folgende Bemerkung zeigt, daß Kierkegaard die von Jacobi und Fichte aufgedeckte Widersprüchlichkeit des Gebrauchs, den Kant vom Ding an sich macht, kennt.

151 F. Ast, Platos Leben und Schriften 1816 S. 312.

152 F. Chr. Baur, a.a.O. S. 96 Anm. (Neudruck 1876 S. 320, Anmerkung).

153 Plato, Gorgias 527a.

154 Thrasymachus ist im ersten Buch des Staats, Kallikles im Gorgias Gesprächspartner des Sokrates.

155 Vgl. hier und im Folgenden Plato, Politeia 338c.

156 Schattenspiel an der Wand: auch bei Kierkegaard deutsch.

157 Plato, Politeia 331e.

158 Plato, Politeia 338c.

159 Plato, Politeia 341b.

160 Plato, Politeia 343a.

161 Plato, Politeia 354a.

162 Schleiermacher, Über den Werth des Sokrates als Philosophen, Abhdlg. der Kgl. preuß. Akademie der Wissenschaften 1814–15, S. 63ff.

163 Vgl. oben S. V. XIII 124f.

164 Der höhere Standpunkt ist der der vollendeten Spekulation, welche auf einen bloß subjektiven Idealismus herabblickt. Das subjektive Denken ist also nach den Maßstäben der dialektischen Bewegung weiter als die Ironie, weil es dialektisch einen Schritt auf diesen höheren Standpunkt zu schon getan hat. Es gibt aber mit diesem Schritte die innere Geschlossenheit der Ironie auf, ohne doch eine höhere Geschlossenheit zu erreichen, und das läßt sie als der Ironie unterlegen erscheinen.

165 Anklang an Luk. 11,24 und ähnliche Stellen.

166 Sonderling: auch bei Kierkegaard deutsch.

167 Die Aussage ist aus Hegel übernommen; vgl. Hegel, Ästhetik, Werke Jub. Ausgb. XIV 547f: „Dessenohngeachtet ist er (der Chor im griechi-

schen Theater) doch nicht etwa eine bloß äußerlich und müßig wie der Zuschauer reflektierende moralische Person, die, für sich uninteressant und langweilig, nur um dieser Reflexion wegen hinzugefügt wäre, sondern er ist die wirkliche Substanz des sittlichen heroischen Lebens und Handelns selbst."

[168] Aristophanes, Wolken 509ff. Der Chorführer spricht im Namen des Dichters selber von Art und Absicht und Schicksal seiner Werke zu dem athenischen Volk. Dabei fällt manch scharfes Wort über das sittliche Unwesen bei andern Komödiendichtern. — Der Text oben behält überall da, wo Kierkegaard die Verszeilen angibt, die von ihm gesetzten Ziffern bei. Beim Nachschlagen muß der Leser mit kleinen Abweichungen der Zählung rechnen. Wo die Ziffern erst hier in den Anmerkungen des Übersetzers genannt werden, ist die Ausgabe von Friedrich August Wolf, Berlin 1811, zu Grunde gelegt, weil die hier in Kierkegaards Text den griechischen Zitaten vorangestellten deutschen Übersetzungen aus der von Wolf beigefügten philologisch exakten Verdeutschung genommen sind.

[169] Das erste Wort des Strepsiades setzt die von ihm unternommene Brandstiftung mit der Auflösung der Wirklichkeit durch Begriffsspalterei gleich. In der zweiten Erwiderung vergleicht Strepsiades seine Brandstiftung mit dem Tun und Treiben des karikierten Sokrates des Stücks.

[170] Aristophanes, Wolken 379. Fr. A. Wolf bemerkt erklärend zur Stelle, daß Aristophanes hier dem Sokrates die „ätherische Schwungkraft" des Anaxagoras imputiere.

[171] Vgl. oben S. V. XIII 224 Anm.

[172] Vgl. oben S. V. XIII 119.

[173] Gewandtheit: auch bei Kierkegaard deutsch.

[174] Gemeint ist der Artikel vor dem Wort „Oberkleid" (d. h. wie Kierkegaard sich ausdrückt: „Mantel"). — Die Schwierigkeiten, welche die Stelle bietet, werden häufig durch eine Konjektur, welche den Sokrates statt des Oberkleids ein Stück Opferfleisch oder dgl. stehlen läßt, beseitigt. Der Übersetzer teilt seine eigene Deutung der viel mißhandelten Stelle mit. Er nimmt an, daß Obeliskos hier nicht den Bratspieß, sondern die altertümliche Bezeichnung der kleinsten Kupfer- oder Eisenmünze ist, wie Plutarch es noch gewußt hat, und daß Diabetes nicht den Zirkel, sondern den Doppelheber bedeutet, was eine seltenere, aber mögliche Bedeutung darstellt. Dann ändert er die dritte Zeile wie folgt: ἑκατὸν δράχμας ἐς θοιμάτιον ὑφείλετο. So ergibt sich folgende Übersetzung:

Mit feiner Asche überstreute er den Tisch,
Bog einen schäb'gen Heller krumm, nahm einen Heber,
Und — hundert Drachmen hob er heimlich in den Mantel.

Damit ergibt sich eine in sich zusammenhängende, sinnvolle Manipulation des Sokrates zur zauberhaften Geldbeschaffung. Die anstößige Palaistra fällt hin, und der mit bestimmtem Artikel versehene Mantel ist des Sokrates eigener Mantel, der es allein sein kann. Vor allem aber wird die stürmische Begeisterung des Strepsiades erklärlich. Denn einen Mann, der so etwas kann, den hat er gesucht, und er kann sich vor Ungeduld nicht halten, zu Sokrates zu kommen, ist beinahe bereit, die Tür einzuschlagen.

[175] Kierkegaard denkt hier an die von Hegel, Wissenschaft der Logik, Werke, Jub. Ausgb. IV, 93ff gegebene kritische Analyse von Kants bekannter Widerlegung des ontologischen Gottesbeweises.

[176] „Die Nutzanwendung": auch bei Kierkegaard deutsch.

[177] Die ganzen letzten Sätze zeigen besonders deutlich, daß der junge Kierkegaard stark unter dem Einfluß dessen steht, was Hegel in der Geschichte der Philosophie über die Darstellung des Sokrates in den Wolken des Aristophanes gesagt hat; vgl. vor allem Werke, Jub. Ausgb. XVIII 85–89. Hegels entscheidende Sätze lauten (a.a.O. 89): „Die Übertreibung, die man dem Aristophanes zuschieben könnte, ist, daß er diese Dialektik zur ganzen Bitterkeit der Konsequenz fortgetrieben hat; es kann jedoch nicht gesagt werden, daß dem Sokrates Unrecht geschehen mit dieser Darstellung. Aristophanes hat durchaus nicht Unrecht, ja man muß sogar seine Tiefe bewundern, die Seite des Dialektischen des Sokrates als eines Negativen erkannt und (nach seiner Weise freilich) mit so festem Pinsel dargestellt zu haben."

[178] Plato, Apologie 33a.

[179] Plato, Phädon 97ff.

[180] Das gleiche Bild — nur daß statt des Insektenschwarms passender ein Schwarm von Delphinen gewählt wird — findet sich zur Kennzeichnung der unruhigen Betriebsamkeit der Modernen in der Schrift gegen Andersen 1838 S. V. XIII 64 Anm.

[181] Der Leser erinnere sich hier und im Folgenden daran, daß das Wort „Bestimmung" bei Kierkegaard soviel wie Kategorie oder Begriffsbestimmung heißt.

[182] Man bedenke, daß die Wolken die Redenden sind; die Wendung malt also (vgl. das deutsche Wort „Guck in die Luft") den mit zurückgeworfenem Kopf ins Leere blickenden Träumer. — Da Kierkegaard diesmal den Hauptinhalt des von ihm in seiner Anmerkung gegebenen griechischen Zitats referiert hat, so sei dessen vollständige Übersetzung nur hier in unsrer Anmerkung gegeben: „Denn den übrigen nicht willfahren wir gern von den heut'gen Naturphilosophen, / Als Prodikos noch, um des Scharfsinns ihm und der Weisheitsforschungen willen; / Dir aber, dieweil du die Augen so stier und die Brust in den Straßen emporwirfst, / Stets barfuß auch viel Noth ausstehst und die Nas' uns so kecklich daherträgst."

[183] Wolf schreibt statt „Wort" vielmehr „Vers". Um der von Kierkegaard angeschlossenen andersdeutenden Bemerkung willen wurde hier seine Übersetzung geändert.

[184] Irische Elfenmärchen, übersetzt von den Brüdern Grimm, Leipzig 1826 S. XXXVII.

[185] Kierkegaard hat natürlich gewußt, daß dieser von ihm gern zitierte Ausspruch dem mehrere Menschenalter nach Sokrates lebenden Archimedes gehört. Es handelt sich um ein geistreiches Spiel mit dem Worte Standpunkt. Der Ironiker unterscheidet sich von andern dadurch, daß er

das Illusorische und Erfolglose der diesen genügenden festen irdischen Standpunkte begriffen hat.

[186] Vgl. hier Anm. 177.

[187] Kierkegaard nimmt dies Wort in prägnantem Sinne. Das Betrachten schließt die geistigen Akte des sachlichen Auffassens und Beurteilens nach verständigen Maßstäben in sich.

[188] Von Kierkegaard zitiert oben S. V. XIII 224 Anm. und nach seinem Sinne erörtert oben S. V. XIII 228f Anm.

[189] Kierkegaard hat diese Nachricht aus Rötscher entnommen, und die dänischen Herausgeber machen darauf aufmerksam, daß sie sich nicht auf die Wolken im besonderen, sondern auf die Komödien des Aristophanes im allgemeinen beziehe.

[190] Man sieht hier ein wenig in das allmähliche Entstehen der Schrift hinein. Der Satz, welcher nach der ganzen ungefähr die halbe Arbeit darstellenden Untersuchung des historischen Materials geschrieben ist, bedeutet die Entstehung der Überschrift zum ersten Kapitel, d. h. den Entschluß, alles Bisherige als ein erstes Kapitel für sich zusammenzufassen.

[191] Selbstdritter ist man nach dem alten deutschen Ausdruck, wenn man mit zwei Begleitern des Weges zieht. Kierkegaard meint, er sei als Kritiker jedes der drei alten Darsteller des Sokrates immer so verfahren, daß er die beiden andern Darsteller mit als Kampfgenossen gegen den gerade Analysierten benutzte.

[192] Über die Dialektik des Ganzen und der Teile vgl. Hegel, Wissenschaft der Logik, Werke Jub. Ausgb. IV 641–648, z. B. a.a.O. 643: „Ohne Ganzes gibt es keine Teile".

[193] Laut Nachweis der dänischen Herausgeber Zitat aus Oehlenschlägers Dichtung „Der Schatzgräber" (Skattegraveren).

[194] Der deutsche Ausdruck gibt den dänischen nur annähernd wieder. Um die Sache herum studieren oder lernen heißt im Dänischen, unter Vernachlässigung des Nötigen sich mit sehr viel unnötigem Außen- oder Beiwerk abgeben.

[195] Th. Heinsius, Sokrates nach dem Grade seiner Schuld, zum Schutz gegen neuere Verunglimpfungen, Leipzig 1839 S. 19 Anm. (Nachweis der dän. Herausgeber).

[196] Kierkegaard denkt an den Gottesnamen im hebräischen alten Testament, der stets nur mit den Konsonanten, nie jedoch mit den richtigen Vokalen geschrieben wird, weil er nicht gesprochen werden darf. Statt der richtigen Vokale setzt man in den punktierten Texten die Vokale des Ersatzwortes „der Herr".

[197] Vgl. hier und im Folgenden Plato, Apologie 31c.

[198] Plato, Apologie 27.

[199] Damit bekennt sich Kierkegaard zu dem Grundgedanken des spekulativen Theismus von J. H. Fichte.

[200] Matth. 23,24.

[201] Hegel, Grundlinien der Philosophie des Rechts, Werke, Jub. Ausgb. VII 385.

[202] Alles noch nicht durch vollständiges Begreifen dem Geist innerlichst eigen Gewordene ist nach Hegel der Vorstellung angehörig. Erst die vollendete Philosophie des Geistes löst darum das vorstellungsmäßige religiöse Bewußtsein in das reine Denken auf.

[203] 2. Kor. 10,5 in abgeänderter und die religiösen und christlichen Beziehungen fortlassender Gestalt. Der Vers lautet vollständig in Luthers Übersetzung: „Wir verstören damit die Anschläge und alle Höhe, die sich erhebet wider die Erkenntnis Gottes, und nehmen gefangen alle Vernunft unter den Gehorsam Christi." – Es ist unklar, ob Kierkegaard die griechischen Worte als Beschreibung dessen, was der Zweifel versucht, oder als Beschreibung der Macht, wider die er streitet, gemeint hat. Im ersten Falle wäre der Zweifel als Dämonie gekennzeichnet, die ihrerseits das zu tun versucht, was das Evangelium mit allem widergöttlichen Wesen tut, d. h. er wäre als Empörung gekennzeichnet, die sich göttliche Rechte anmaßt. Im zweiten Falle wäre die Wirklichkeit, mit welcher der Zweifel ringt, als dasjenige gekennzeichnet, das den menschlichen Hochmut niederbricht und dem Menschen den Gehorsam gegen die göttliche Wahrheit aufzwingt. So oder so ergibt sich, daß Kierkegaard den Zweifel wesentlich als lebenverzehrende Entzweiung mit Gott und Christus versteht.

[204] Hegel, Geschichte der Philosophie, Werke, Jub. Ausgb. XVIII 53: „Seine (des Sokrates) Philosophie, als die das Wesen in das Bewußtseyn als ein Allgemeines setzte, ist als seinem individuellen Leben angehörig anzusehen; sie ist nicht eigentliche spekulative Philosophie, sondern ein individuelles Thun geblieben."

[205] Tacitus, Annalen I 1 als Programm seiner Geschichtsschreibung. Kierkegaard schreibt ‚atque', wo Tacitus ‚et' hat.

[206] Hegel, Geschichte der Philosophie, Werke, Jub. Ausgb. XVIII 120: „Das athenische Volk war so nicht nur berechtigt, sondern verpflichtet, dagegen zu reagieren nach den Gesetzen; es sah dies Prinzip also als Verbrechen an. Das ist die Stellung der Heroen in der Weltgeschichte überhaupt; durch sie geht neue Welt auf. Dieses neue Prinzip ist in Widerspruch mit dem bisherigen, erscheint als auflösend; die Heroen erscheinen also als gewaltsam, die Gesetze verletzend. Sie finden individuell ihren Untergang."

[207] Vgl. Diogenes Laërtius II 40. Im Metroon zu Athen befand sich das Staatsarchiv.

[208] Plato, Politeia 531 ff.

[209] Plato, Symposion 203 f.

[210] Plato, Apologie 20 bc.

[211] Statt Weisheit steht im Dänischen „als solche" (som saadan). Der Übersetzer hat geglaubt interpretierend übersetzen zu sollen, und zwar deshalb, weil er selber des längeren über den sachlichen Sinn der Redewendung hat nachdenken müssen.

[212] Plato, Apologie 23 a.

[213] Antithetische Parallele zu Joh. 3,17.

[214] Plato, Apologie 29cd.

[215] Anklang an Matth. 5,26.

[216] Plato, Timäus 29e. Der Satz Platos ist Gemeingut der christlichen Dogmatik geworden. –

[217] Die beiden letzten Sätze hat Kierkegaard aus der geschichtsphilosophischen Deutung der sokratischen Zeit durch Hegel entnommen.

[218] Augustin, De diligendo deo, cap. 6: O felix culpa mea. Glückbringend nennt Augustin meine Schuld, weil sie mir die erlösende Liebe Gottes auftut.

[219] Kierkegaard überträgt hier im Texte mit dem Wort „Neid" den heidnischen Ausdruck und dann in der gleich folgenden Anmerkung mit dem Wort „Eifern" den alttestamentlich jüdischen Ausdruck für die wider menschliche Überhebung sich kehrende göttliche Zucht auf die ironische Subjektivität des Sokrates, mit welcher die antithetische Aufhebung bloß gegenständlicher Religion in geistige Religion hinein anhebt.

[220] Mit dem Ausdruck „weit konkretere Entwicklung" will Kierkegaard den Unterschied des Zeitalters Schleiermachers zu dem Zeitalter des Sokrates kennzeichnen. Daß der Antike gegenüber die Moderne die weitaus konkretere Entwicklungsstufe darstellt, ist ein der Geschichtsphilosophie Hegels entnommenes Urteil.

[221] Ein „endliches Verhältnis" zur Gottheit hat nach Hegel jeder, der in einer gegenständlichen, Gott nicht als absoluten Geist kennenden Beziehung zu Gott gebunden ist.

[222] Vgl. hier S. V. XIII 115 Anm.

[223] Plato, Alkibiades II 138bc. und im Folgenden 143a. Diesen Gedanken hat Kierkegaard aus dem platonischen Dialog in seine eigene Frömmigkeit überführt.

[224] Wahrscheinlich denkt Kierkegaard bei dem „realen" Verhältnis des Christen zu seinem Gott daran, daß der Christ sich als ein aus der ihm persönlich zuteil gewordenen göttlichen Gnade Wiedergeborener versteht.

[225] Inschrift des Apollotempels in Delphi, häufig auf Thales, aber auch auf andere zurückgeführt.

[226] Mit der „neueren Wissenschaftlichkeit" ist beim jungen Kierkegaard stets Hegel gemeint. Hegel hat in der Einleitung zur „Philosophie des Geistes" seiner (1830 in 3. Auflage erschienenen) Enzyklopädie mit der für jene Jahrzehnte dann herrschend gewordenen Deutung des „Erkenne dich selbst" eingesetzt. Es seien hier die wichtigsten Sätze gegeben (Werke, Jub. Ausgb. X 9f § 377): „Die Erkenntniß des Geistes ist die concreteste, darum höchste und schwerste. Erkenne dich selbst, dieß absolute Gebot hat weder an sich, noch da wo es geschichtlich als ausgesprochen vorkommt, die Bedeutung, nur einer Selbsterkenntnis nach den partikulären Fähigkeiten, Charakter, Neigungen und Schwächen des Individuums, sondern die Bedeutung der Erkenntniß des Wahrhaften des Menschen, wie des Wahrhaften an und für sich, — des Wesens selbst als Geistes . . . Die vom delphischen Apollo an die Griechen ergangene Aufforderung zur Selbsterkenntniß hat daher nicht den Sinn eines von einer

fremden Macht äußerlich an den menschlichen Geist gerichteten Gebots; der zur Selbsterkenntniß treibende Gott ist vielmehr nichts Andres, als das eigene absolute Gesetz des Geistes. Alles Thun des Geistes ist deßhalb nur ein Erfassen seiner selbst, und der Zweck aller wahrhaften Wissenschaft ist nur der, daß der Geist in Allem, was im Himmel und auf Erden ist, sich selbst erkenne". Über das „Erkenne dich selbst" mit Beziehung auf Sokrates hat Hegel gehandelt Geschichte der Philosophie, Werke, Jub. Ausgb. XVIII 107.

227 Xenophon, Memorabilien I 6 (Schluß des Kapitels), von Kierkegaard frei zitiert. –

228 Plato, Apologie 23b.

229 Vgl. hier Anm. 195.

230 P. W. Forchhammer, Die Athener und Sokrates, die Gesetzlichen und der Revolutionär, Berlin 1837 (Mitteilung der dän. Herausgeber).

231 Plato, Apologie 28de.

232 Kierkegaard meint: ein konkretes spekulatives Denken im Sinne Hegels oder Daubs ist gegen jede der Wirklichkeit entfliegende Schwärmerei gesichert. Sokrates aber hatte ja allein die abstrakte Seite des Denkens in der Gewalt.

233 Cicero, Tuscul. V 10.

234 Gemeint ist die oben S. V. XIII 109 Anm. zugestandene Möglichkeit, daß Sokrates „schwache Augenblicke" gehabt habe.

235 Plato, Phädrus 230d.

236 Kierkegaard denkt an das Dogma der liberalen Bewegung seiner Zeit, nach welchem die Frage der richtigen Staatsverfassung viel dringlicher ist als die Frage nach einzelnen zweckdienlichen und förderlichen Staatseinrichtungen.

237 Vgl. hier S. V. XIII 253 Anm.

238 Hegel, Geschichte der Philosophie, Werke, Jub. Ausgb. XVIII 107ff. Sehr vieles von dem, was Kierkegaard im Folgenden sagt, ist allerdings verkürzendes Referat aus Hegel, einschließlich aller Belegstellen. –

239 Plato, Gorgias 511e.

240 Vgl. hier S. V. XIII 143.

241 Matth. 5,28.

242 1. Kor. 15,52 von der Verwandlung derjenigen, welche Weltende und jüngstes Gericht bei Leibesleben erfahren: diejenige Stelle, welche zeigt, daß Paulus ebenso wie Jesus ein blitzartiges Hereinbrechen von Weltende und Gericht ohne alle Vorzeichen erwartet hat. – Schon oben – vgl. S. V. XIII 256 und hier Anm. 213 – hat Kierkegaard die Ironie des Sokrates mit dem inneren Erfahren des Gerichts verknüpft. Die Heranziehung der Paulusstelle hier verstärkt diese Verknüpfung. Bei der scheinbaren Willkür dieser Heranziehung liegt es nahe, hier eine Andeutung über die persönliche Bekehrungsgeschichte zu finden. Alsdann ergäbe sich, daß die negative Voraussetzung der Bekehrung, der Zusammenbruch des Protestes wider das Christentum und das verzweifelte Sichfinden in Tod und Gericht, wie ein Blitz über Kierkegaard gekommen ist.

[243] Der Ursprung dieser dichterischen Schnurre ist nicht nachgewiesen.

[244] Plato, Symposion 181 bc.

[245] Hegel, Philosophie der Geschichte, Werke, Jub.Ausgb. XI 314: „Dies macht eben den griechischen Charakter zur schönen Individualität, welche durch den Geist hervorgebracht ist, indem er das Natürliche zu seinem Ausdruck umbildet. Die Thätigkeit des Geistes hat hier noch nicht an ihm selbst das Material und das Organ der Äußerung, sondern sie bedarf der natürlichen Anregung und des natürlichen Stoffes; sie ist nicht freie sich selbst bestimmende Geistigkeit, sondern zur Geistigkeit gebildete Natürlichkeit, — geistige Individualität."

[246] Kierkegaard übernimmt diesen Ausdruck ebenso wie manches Folgende aus der von ihm selbst gleich darauf erwähnten Darstellung in Hegels Geschichte der Philosophie, Werke, Jub.Ausgb. XVIII 113ff.

[247] Anspielung auf Hegels berühmte Lehre vom Qualitätssprung; vgl. z. B. Phänomenologie, Werke, Jub.Ausgb. II 18.

[248] Horaz, Oden III 24,6.

[249] Plato, Apologie 38a.

[250] Wo die Übersetzung „Epoche" schreibt, hat Kierkegaard „Formation". Gemeint aber ist die Formation im Sinne des damaligen geologischen Sprachgebrauchs (= Erdepoche).

[251] Das astronomische Gleichnis von der Polhöhe ist von Kierkegaard auch in seinem Entwurf zu den Faustbriefen verwandt; vgl. diese deutsche Kierkegaardausgb. 30. Abtl. S. 122 mit Anm. 146.

[252] Dieser Satz ist Vorblick auf den zweiten Teil der Arbeit, welcher die scheinbare Polhöhe der Ironie in der Romantik darstellt.

[253] Dies Gleichnis hat Kierkegaard im Jahre 1849 auf sich selber angewandt, als der große Reflexionskampf um die Veröffentlichung der Hauptschriften von 1848 (Krankheit zum Tode, Einübung im Christentum, Gesichtspunkt) eingesetzt hatte; vgl. die Einleitung zur 33. Abteilung dieser deutschen Kierkegaardausgabe und die Tagebuchaufzeichnung vom 4. 6. 1849 Papirer X 1 A 422: „Also. Wie der Fluß Guadalquibir an einer Stelle sich unter die Erde stürzt und dann wieder ans Tageslicht kommt: ebenso muß ich mich jetzt in Pseudonymität stürzen, aber ich habe nun zugleich verstanden, wann ich wieder mit eignem Namen ans Licht kommen werde . . ."

[254] Hiermit nimmt der junge Kierkegaard bis in die Terminologie hinein Hegels Begriff der Weltgeschichte auf; vgl. z. B. Hegel, Grundlinien der Philosophie des Rechts, Werke, Jub. Ausgb. VII 446ff.

[255] Die via negationis und die via eminentiae sind an sich die beiden philosophisch-theologischen Verfahrensweisen bei der Bildung von Aussagen über Gottes Eigenschaften. Die Formeln werden Kierkegaard von der Vorbereitung auf die 1840 abgelegte theologische Prüfung her geläufig geworden sein.

[256] Hegel, Geschichte der Philosophie, Werke, Jub.Ausgb. XVIII 42.

[257] „Das Ursprüngliche": auch bei Kierkegaard deutsch. Der Begriff ist in der deutschen romantischen Individualitätsphilosophie gang und gäbe.

[258] „Wendepunkt“: auch bei Kierkegaard deutsch; vgl. Hegel, Geschichte der Philosophie, Werke Jub.Ausgb. XVIII 42: „Er (Sokrates) ist nicht nur höchst wichtige Figur in der Geschichte der Philosophie, — die interessanteste in der Philosophie des Alterthums, — sondern er ist welthistorische Person. Er ist Hauptwendepunkt des Geistes in sich selbst; diese Wendung hat auf Weise des Gedankens in ihm sich dargestellt.“

[259] Als Beispiel dafür hat Kierkegaard in seiner Posse von 1838/39, dem Streit zwischen dem alten und dem neuen Seifenkeller, die Gestalt des Herrn von Springgaasen hingezeichnet, welcher die im Hegelianismus trivial gewordene Übersicht über die Geschichte der neueren Philosophie seit Cartesius wiederkäut und dabei die Bewunderung eines jüngeren Gelehrten, der eine Maske Martensens ist, genießt; vgl. diese deutsche Kierkegaardausgb. 30. Abtl. S. 161ff.

[260] Die Geschichte Athens, in politischer wie in geistiger Hinsicht, nimmt in Hegels „Philosophie der Geschichte “(Werke, Jub.Ausgb. XI) einen sehr erheblichen Raum ein. Ebenso ist in der „Geschichte der Philosophie“ über Athen zur Zeit des Perikles verhältnismäßig viel zu finden (Werke Jub.Ausgb. XVII).

[261] Über das Verkehrte der als das Absolute sich verhärtenden Subjektivität spricht Hegel ausführlich in den Grundlinien der Philosophie des Rechts § 140, Werke, Jub.Ausgb. VII 204ff.

[262] Mark. 5,9.

[263] Hegel, Philosophie der Geschichte, Werke, Jub.Ausgb. XI 330 und vor allem 349f.

[264] Hegel, Philosophie der Geschichte, Werke, Jub.Ausgb. XI 30: „Eine Geschichte der Art, welche lange Perioden, oder die ganze Weltgeschichte überschauen will, muß die individuelle Darstellung des Wirklichen in der That aufgeben, und sich mit Abstractionen abkürzen, nicht bloß in dem Sinne, daß Begebenheiten und Handlungen wegzulassen sind, sondern in dem andern, daß der Gedanke der mächtigste Epitomator bleibt.“ Hegel drückt hier seine bekannte Lehre aus, daß die Überführung einer Sache in die Allgemeinheit des Gedankens diejenige Art der Abkürzung ist, welche das Konkrete nicht verliert, sondern nur durchsichtiger und klarer macht.

[265] Der junge Kierkegaard unterscheidet mit Hegel Sittlichkeit und Moralität; vgl. vor allem Hegel, „Grundlinien der Philosophie des Rechts“, Werke, Jub.Ausgb. VII 85f.

[266] „Ein fliegendes Blatt“: auch bei Kierkegaard deutsch. Kierkegaard hat diesen Ausdruck aus Hamann übernommen; vgl. dessen letzte Schrift „Fliegender Brief an Niemand den Kundbaren“, wo es Roth, Hamann's Schriften, Siebenter Teil S. 121 heißt: „jedes fliegende Blatt meiner Muse“ und dann vom „Taumeln und Schwindeln“ dieses fliegenden Blattes gesprochen wird.

[267] Plato, Protagoras 318de.

[268] Hier ist der Unterschied der dialektischen Denkform Kierkegaards 1840/41 von der späteren dialektischen Denkform Kierkegaards mit Hän-

den zu greifen. Später hat Kierkegaard über das Hundekunststück des Begriffs, in sein Gegenteil umzuschlagen, gern und häufig Witze gemacht.

269 „Geist“: auch bei Kierkegaard deutsch.

270 Anklang an 2. Mose 1,14. Die Vermischung des biblischen Bildes mit den dreißig nach der Niederlage gegen Sparta Athen bedrückenden Tyrannen ist für Kierkegaard bezeichnend.

271 Hegel vertritt in seiner Philosophie der Geschichte, Werke, Jub.Ausgb. XI 64f als eigene Überzeugung den Satz, daß die einzelnen Menschen sich nie bloß als Mittel zum Vernunftzweck verhalten, sondern selber den Vernunftzweck als ihren eigenen Zweck in sich tragen. In der Geschichte der Philosophie, Werke, Jub.Ausgb. XVIII 70 legt er den sophistischen Satz, daß der Mensch das Maß aller Dinge sei, dahin aus, daß nach Meinung der Sophisten der Mensch sich selbst zum Zweck machen solle. Er findet darin im Unterschied von Sokrates das Unvollkommene, daß der Mensch hier noch als sich selbst bestimmendes einzelnes Subjekt und nicht als wesentlich und notwendig Denken (Vernunft) genommen sei. Immerhin versteht er den sophistischen Satz hier als Aufdämmern einer Wahrheit. Stellen, welche der Aussage Kierkegaards über Hegel genauer entsprächen, sind nicht nachgewiesen.

272 Kasuistik ist Bezeichnung derjenigen Gestalt der Morallehre, die sich in der Erörterung schwieriger Einzelfälle sittlicher Entscheidung ergeht.

273 Vgl. hier S. V. XIII 147ff.

274 Hegel, Geschichte der Philosophie, Werke, Jub.Ausgb. XVIII 37–42.

275 Luk. 14,7-11.

276 Man mache sich den Unterschied klar gegen die spätere Aussage von Kierkegaards Unwissenschaftlicher Nachschrift, daß die Subjektivität die Wahrheit sei.

277 Heros ist der terminus technicus der hegelischen Geschichtsphilosophie für die geschichtlich wirksame, epochesetzende Persönlichkeit, zumal, wenn ihr Werk durch den scheinbaren Untergang hindurch sich vollbringt. Dieser Begriff Hegels hat später durch Carlyle weitere Verbreitung gewonnen.

278 Anklang an Matth. 11,15 und Mark. 8,18.

279 Ausdruck einer bestimmten Richtung der lutherischen Christologie für die Gegenwart des Göttlichen in Christus. Der theologisch Erzogene hört aus der Aussage Kierkegaards überdies einen stillen Vergleich mit Johannes dem Täufer heraus. Vgl. Joh. 1,20ff und 3,28f.

280 Flamberg ist Übersetzung des dänischen Wortes Glavind, eines von den dänischen romantischen Dichtern des neunzehnten Jahrhunderts wieder in Brauch gebrachten alten Worts.

281 Die Stelle ist von Kierkegaard zitiert oben S. V. XIII 183f Anm.

282 Vgl. oben S. V. XIII 120.

283 Nachricht bei Cicero, Tuscul. IV 80.

284 Vgl. die Darstellung des Phädon oben S. V. XIII 156ff.

285 Hegel, Phänomenologie, Werke, Jub.Ausgb. II 164: „Das skeptische

Selbstbewußtsein . . . ist sich diese Ataraxie des sich selbst Denkens, die unwandelbare und wahrhafte Gewißheit seiner selbst".

[286] Die „weit spätere Zeit" ist die christliche, die in ihr gegebene „Idealität" ist der christliche Glaube, die „Verfeinerung dieser Idealität" ist die von der Aufklärung her eine geistreich ideale Gestalt des Christlichen suchende Romantik.

[287] Vgl. Luk. 16,26.

[288] Vgl. oben S. V. XIII 253 Anm.

[289] Lactantius, Institut. III 19,17.

[290] In volkhaften Märchen und Abenteuergeschichten, vor allem orientalischer Herkunft, z. B. in TausendundeinerNacht kommt es häufiger vor, daß der von Station zu Station vorwärts gehende Märchenheld auf jeder neuen Station jedem neuen Wächter gegenüber seinen bisherigen Weg von Station zu Station noch einmal herleiert.

[291] Brucker, Tychsen und Krug sind philosophiegeschichtliche Darstellungen aus der Zeit von 1742—1815, die damals schon als überholt galten.

[292] Vgl. oben S. V. XIII 257. Außerdem siehe etwa Hegel, Geschichte der Philosophie, Werke, Jub.Ausgb. XVIII 42: „Sokrates ist aber nicht wie ein Pilz aus der Erde gewachsen, sondern er steht in der bestimmten Kontinuität mit seiner Zeit. Er ist nicht nur höchst wichtige Figur in der Geschichte der Philosophie, — die interessanteste in der Philosophie des Alterthums, — sondern er ist welthistorische Person."

[293] Schleiermachers Akademieabhandlung über den Wert des Sokrates als Philosophen ist im Vorhergehenden von Kierkegaard erwähnt worden S. V. XIII 208. 253. 264. 293.

[294] Kol. 2,9.

[295] Vgl. oben S. V. XIII 294 Anm.

[296] ein Ding an sich: auch bei Kierkegaard deutsch. Der Vergleichspunkt mit Sokrates ist der, daß das Ding an sich der Kantianer sich der Erkenntnis entzieht.

[297] Wahrscheinlich denkt hier der Märchenliebhaber Kierkegaard an eines der Märchen der Brüder Grimm: „Doktor Allwissend". Der scherzhaft so genannte Bauer blättert, während der Aushorcher im Ofen versteckt sitzt, in seinem Abcbuch, aus dem er weissagt, und sucht den Göckelhahn. Als er ihn nicht findet, spricht er ärgerlich: „Du bist doch darin und mußt auch heraus". Der Versteckte fühlt sich getroffen und kriecht angstvoll ans Tageslicht.

[298] Der römische Admiral, von dem diese Anekdote erzählt wird und der die Seeschlacht, vor der ihn die Auguren warnten, dann verlor, hieß Publius Claudius Pulcher. Die Anekdote stammt aus Livius.

[299] Diese Darstellung findet sich Hegel, Werke, Jub.Ausgb. XVIII 42—122. Die im Folgenden mit a.a.O. angegebenen Seitenzahlen beziehen sich auf diese Darstellung. Die Seitenzahlen des von Kierkegaard benutzten Drucks (Geschichte der Philosophie Bd. II = Werke, alte Ausgb. Bd. XIV) stimmen mit denen der Jubiläumsausgabe Bd. XVIII überein.

[300] Wenn Kierkegaard hier vom „ersten Teil" seiner Untersuchung

spricht, obwohl er doch noch in der Beilage zum ersten Teil ist und der zweite Teil erst hinter der Beilage steht, so deutet dies auf eine bei der endgiltigen Redaktion der Arbeit geschehene Umgruppierung hin.

301 In der noch 1841 in Berlin vollendeten zweiten Abhandlung von Entweder/Oder II ist der Augenblick der Wahl der entscheidende ethisch-religiöse Grundbegriff der christlichen Individualitätsphilosophie Kierkegaards. Die von Kierkegaard hier in Hegel eingefügte kontrastierende Parenthese bedeutet also, daß Kierkegaard als ein durch den Augenblick der Wahl in seiner Bekehrung Mai 1838 ethisch-religiös absolut Gebundener sich gegen die letzte Negativität in Sokrates deutlich abgrenzt, daß er in seiner Dissertation, so wie sie als fertige Arbeit vor uns liegt, sich einer letzten Scheide zwischen sich und Sokrates scharf bewußt ist.

302 Kierkegaard hat mit diesem Urteil über Hegels Geschichte der Philosophie zweifellos Recht, hat sich aber nicht klargemacht, daß es sich in ihr um eine posthume Zusammenarbeitung von Vorlesungsnachschriften verschiedener Semester handelt.

303 Gemeint sind die hier S. V. XIII 302 von Kierkegaard angeführten „losen" Seitenbemerkungen Hegels in der Platodarstellung.

304 Der Übersetzer hat bei dem Bericht Kierkegaards über Hegels Darstellung der Moralität in der Rechtsphilosophie durch bestimmtere Angabe der Ziffern der Teile, Abschnitte und Paragraphen die von Kierkegaard beabsichtigte Aussage deutlicher gefaßt, ohne jedoch inhaltlich etwas hinzuzusetzen. Der berühmte Paragraph 140 mit Anmerkung und Zusatz, Hegels bedeutendste und schärfste Abrechnung mit der von ihm als negativ beurteilten Seite der Romantik, — diejenige Äußerung Hegels, welche auf die Dauer über das negative Verhältnis Kierkegaards zu Hegel entschieden hat und hier für die im zweiten Teile von Kierkegaards Dissertation folgende Behandlung der romantischen Ironie die Voraussetzung ist —, findet sich Werke, Jub.Ausgb. VII 204—223.

305 Hier ergibt sich eine bequeme Möglichkeit des Vergleichs zwischen dem Kierkegaard von 1841 und dem von 1848. In der 1848 geschriebenen, 1849 veröffentlichten Krankheit zum Tode hat Kierkegaard den sokratischen Satz, daß Sünde Unwissenheit ist, ausführlich behandelt; vgl. S. V. XI 199ff.

306 Das Folgende bis zum Ende des Absatzes ist eng an Hegel sich anschließendes Referat aus Hegel, Werke, Jub.Ausgb. XVIII 79. Ebenso finden sich im Folgenden in der Nachbarschaft der von Kierkegaard auf deutsch gegebenen Zitate zahlreiche Sätze, welche Kierkegaard ohne Kennzeichnung auf Dänisch gibt, obwohl sie im Grunde nur Übersetzungen der bei Hegel vor oder nach den Zitaten stehenden Sätze sind.

307 Vgl. z. B. Hegel, Grundlinien der Philosophie des Rechts, Werke, Jub.Ausgb. VII 219f: Die Ironie „besteht also darin, das sittlich Objektive wohl zu wissen, aber nicht sich selbst vergessend und auf sich Verzicht thuend in den Ernst desselben sich zu vertiefen und aus ihm zu handeln, sondern in der Beziehung darauf dasselbe zugleich von sich zu halten,

und sich als das zu wissen, welches so will und beschließt, und auch ebenso gut anders wollen und beschließen kann".

308 Vgl. oben S. V. XIII 208 Anm.

309 Hegel, Geschichte der Philosophie, Werke, Jub.Ausgb. XVIII 58–70.

310 Kierkegaard gebraucht das Wort Kontemplation im Sinne Carl Daubs für die dem wesentlichen Gehalt nachgehende geschichtliche Schau (geschichtliche Betrachtung). Kontemplation hat insofern ihren Gegenbegriff in Dialektik oder Spekulation.

311 Es ist die schwierige Aufgabe der Interpretation von Kierkegaards eigentlichem schriftstellerischen Werk, das verwickelte Verhältnis darzulegen, in welchem es zu diesem Satze der Dissertation steht. Auf der einen Seite ist klar, daß Kierkegaard schon in Entweder/Oder und dann mit jeder weiteren Schrift noch tiefer sich von Hegels Nein zum romantischen Individualismus abgeschieden hat und schon in Entweder/Oder nicht mehr hätte zugeben können, daß die romantische Ironie in Hegel ihren Meister gefunden habe. Er hat daher sehr bald innerlich ablehnend zu seiner Dissertation gestanden. Auf der andern Seite ist klar, daß Kierkegaards eigenes schriftstellerisches Werk auch eine Überwindung der negativen Seite der romantischen Ironie aus den letzten Tiefen persönlichen christlichen Erlebens sein will, daß es also das von Hegel nach Kierkegaards späteren Maßstäben nur schlecht und falsch Vollbrachte doch seinerseits auch irgendwie, nur tiefer und ernster, vollbringen will. Die These, welche ihm dann in Entweder/Oder zum Ausgangspunkte dieses kühnen und großen Unternehmens wird, ist die, daß die ethisch-religiös-christliche Lebensanschauung zugleich die tiefe, alles überbietende Erfüllung des im romantisch-ästhetischen Individualismus Geahnten und Begehrten und dennoch der schlichte, harte, die Wirklichkeit im Gehorsam gegen Gott ergreifende ethisch entschiedene Lebensernst ist. Dies aber vermag die christliche Lebensanschauung dadurch zu sein, daß der einzelne Mensch in dem Augenblick der Wahl sich selber konkret als ewig giltige Persönlichkeit vor Gott ergreift, diese seine konkrete Persönlichkeit aber ganz und gar ohne Rechnerei über Verantwortung und Schicksal als vor Gott schuldig in den Tod gibt und das Wunder erlebt, eben in diesem Todesaugenblick in Gnaden wiedergeboren zu sein zu einer das wirkliche konkrete Leben mit Ewigkeitssinn empfangenden und durchdringenden Gotteskindschaft. Indem man sich vor allem an der zweiten Hälfte von Entweder/Oder II (dem zweiten Brief des Gerichtsrats und dem Ultimatum) diesen Standpunkt klarmacht, gewinnt man den Maßstab für die Beurteilung des zweiten Teils der Dissertation. Man sieht dann leicht ein, weshalb Kierkegaard sie schon bald nach dem Abschluß als völlig unzureichend empfunden hat, wird aber den in ihr schon stark vorhandenen Ansätzen zu einer tieferen Betrachtung gerechter werden als Kierkegaard selbst.

312 A. W. Schlegels berühmte Vorlesungen über dramatische Kunst und Literatur sind 1809–11 erschienen. Die Beurteilung Solgers füllt in dem Abdruck „Nachgelassene Schriften" Bd. II S. 493–628.

[313] Die Äußerung Hegels über Tieck, a.a.O. Jub.Ausgb. XX 188f. lautet: „Bei Tieck, dessen Anhänglichkeit an die Ironie schon oben bemerkt worden, sehen wir das Ähnliche geschehen. Er giebt ein paar Mal (z. B. in der Novelle: ‚Das Dichterleben') eine mit wahrer Begeisterung geschriebene Schilderung von der Vortrefflichkeit des Drama's Shakespeare's: Romeo und Julie; hier, wo philosophische Erörterungen ohnehin nicht zu erwarten waren, konnte man hoffen, an einem Beispiel den Punkt bezeichnet zu finden, der die Ironie in dieser Liebe und ihrem herben Schicksal ausmache; aber man findet daselbst die Ironie nicht erwähnt, so wenig als sie sonst Jemandem dabei leicht einfallen wird."

[314] Es seien hier die wichtigsten Abschnitte, innerhalb deren Hegel über die Ironie sich äußert, zusammengestellt: Phänomenologie, Werke, Jub. Ausgb. II 566f — Grundlinien der Philosophie des Rechts § 140 mit Anm. und Zusatz, vor allem Werke, Jub. Ausgb.VII 219f (die Hauptstelle; ein Satz daraus zitiert hier Anm. 307). — Enzyklopädie § 571 Werke, Jub. Ausgb. X 457. — Ästhetik, Werke, Jub.Ausgb. XII 100 bis 106, ebenso 221f — Philosophie der Religion, Werke, Jub.Ausgb. XVI 388 bis 390. — Geschichte der Philosophie, Werke, Jub.Ausgb. XVIII 60ff (Sokrates); auch 175. — Geschichte der Philosophie, Werke, Jub.Ausgb. XIX 642ff (Fichte und seine Nachfolger). — Anzeige von Solgers nachgelassenen Schriften, Werke, Jub.Ausgb. XX 132 bis 202 passim.

[315] Ein von Kierkegaard gern zitiertes Scherzwort, vielleicht aus einer lateinischen Komödie, Herkunft nicht nachgewiesen. —

[316] Anklang an Joh. 16,33.

[317] Anklang an Eph. 2,19.

[318] Plato, Sophistes 263e.

[319] Horaz, Ep. I 18,71 (Die hier beigefügte deutsche Versübersetzung des Hexameters ist aus Büchmann entlehnt).

[320] Beleg nicht nachgewiesen. —

[321] Bei Hegel ist „Eitelkeit" eine beinahe stehende Titulatur der Ironie.

[322] Statt „Der dumme August" hat das Dänische: Arv. Arv ist in Holbergs Komödien der ständige Name des tölpelhaften Hausknechts.

[323] Vor Einführung der staatlichen Standesämter hatte das Aufgebot von der Kanzel her auch den rechtlichen Sinn, zum Geltendmachen etwaiger rechtmäßiger Einsprüche aufzufordern.

[324] Figur aus Holbergs Lustspiel „Der Übergeschäftige" (deutsch auch unter dem Titel: Viel Geschrei und wenig Wolle).

[325] Kierkegaard gebraucht unbefangen einen sehr groben Ausdruck des dänischen Volksmunds für die kuppelwütige Vettel.

[326] Anklang an 1. Thessal. 5,2.

[327] Im Mittelpunkt des Eselsfestes steht der Palmesel, ein in Prozession mitgeführtes hölzernes Abbild des Esels (mit oder ohne den darauf sitzenden Christus). Das Narrenfest, eine Neujahrslustbarkeit, gab die Freiheit zu Parodierungen der Geistlichkeit. Das Ostergelächter (risus paschalis), ein spätmittelalterlicher Mißbrauch, ist das Gelächter über einen vom Geistlichen zur Feier des Ostersonntags auf der Kanzel erzählten

schlüpfrigen Witz und ist von Martin Luther aufs heftigste glossiert worden.

328 Vgl. Stadien auf des Lebens Weg S. V. VI 317 und dazu diese deutsche Kierkegaardausgabe 15. Abtl. Anm. 331.

329 Der Ursprung dieses oft Papst Paul IV. zugeschriebenen Wortes ist nicht völlig aufgeklärt. Die älteste bisher nachgewiesene Vorform findet sich in S. Brants Narrenschiff.

330 Der Ausdruck ‚sub specie ironiae' (unter der Gestalt der Ironie) ist von Kierkegaard mit der Absicht künstlich gebildet, daß der Leser ihn als Gegenbegriff gegen das spinozistische ‚sub specie aeternitatis' (unter der Gestalt der Ewigkeit) höre.

331 Hegel gebraucht diesen Ausdruck Ästhetik, Werke, Jub.Ausgb. XII 105 zur Bezeichnung der negativen Tiefe der philosophischen Anschauung Solgers, ohne indes in unmittelbarer Verknüpfung damit das Wort Ironie zu verwenden. Ästhetik, Werke, Jub.Ausgb. XII 221 sagt er, daß in der Ironie die absolute Negativität liege.

332 Es ist schon 1837, in der Zeit der starren Verzweiflung unmittelbar vor der Bekehrung, eine Kierkegaard unter dem Einfluß Hamanns geläufige Gedankenverbindung geworden, das Christentum gerade auch in Beziehung auf seine Lehre vom sündigen Verderben der Welt als humoristisch aufzufassen; vgl. dazu E. Hirsch, Kierkegaardstudien 1931/33 II 537ff. Eine Stelle der Tagebücher von 1837 kann als Erläuterung der hier im Text von Kierkegaard vollzogenen Verknüpfung der Ironie in der Natur mit Humor und Sündenbewußtsein dienen; vgl. Papirer II A 102 ... „Die ganze Haltung in der griechischen Natur (Harmonie – das Schöne) bewirkte, daß, wenn auch das Individuum sich losriß und der Kampf begann, dieser doch noch das Gepräge des Ursprungs aus einer harmonischen Lebensanschauung trug und darum bald, ohne einen großen Kreis beschrieben zu haben, aufhörte (Sokrates). Aber nun trat eine Lebensanschauung auf und lehrte, die ganze Natur liege im Verderben (die tiefste Polemik, der größte Flügelschlag); aber die Natur nahm Rache – und nun bekomme ich den Humor im Individuum und die Ironie in der Natur, und sie begegnen sich darin, daß der Humor ein Narr in der Welt sein will und die Ironie in der Welt ihn wirklich dafür genommen hat. – Man wird sagen, Humor und Ironie seien im Grunde das Gleiche [Papirer II A 136 (4. VIII. 1837) sagte es Kierkegaard selbst], nur mit Gradunterschied, ich will antworten mit Paulus, wo er über das Verhältnis des Christentums zum Judentum redet: Alles ist neu in Christo ..." – Es wäre auch sonst möglich, Kierkegaards Exkurs über die Ironie in der Natur vielfach historisch-biographisch und systematisch zu kommentieren. Manches darin Gesagte kehrt in Kierkegaards frühen Äußerungen und Entwürfen wieder; so wird man z. B. daran erinnern dürfen, daß Kierkegaard im Entwurf der Faustbriefe selber das Echo als parodierenden Ironiker vorgeführt hat; vgl. diese deutsche Kierkegaardausgabe 30. Abtl. S. 123f. Wichtig zum sachlichen Verständnis ist doch wohl nur noch das eine, daß die Entgegensetzung der romantischen und der klassischen Auffassung der Natur ein

Weiterdenken an einer in Hegels Ästhetik enthaltenen Fragestellung ist; in Hegels Ästhetik ist der Gegensatz zwischen der romantischen und der klassischen Kunstform eines der Leitmotive.

333 Die sonderbar scheinende vergleichende Zusammenstellung von Ironie und Jesuitismus beruht auf Hegel, Grundlinien der Philosophie des Rechts § 140, allwo die Grundsätze der Jesuitenmoral (der Zweck heiligt die Mittel; Probabilismus) und die Ironie als zwei Stufen des gleichen verkehrten Umschlagens der Moralität ins Böse behandelt werden. Vgl. Werke, Jub.Ausgb. VII 204—223. Auch die Heuchelei, auf die Kierkegaard im nächsten Absatz kommt, ist von Hegel im Problemzusammenhang dieses § 140 behandelt.

334 Das Wort „Schalk" hat im Dänischen wie im Deutschen im allgemeinen die Bedeutung „Diener" verloren. Von den beiden andern Bedeutungen des Worts (hinterlistiger Mensch und — im freundlichen Sinne — Schelm) ist die negative im Dänischen noch etwas stärker als im Deutschen erhalten geblieben. In „Augenschalk" (Øienskalk) schwingt zugleich die Bedeutung Diener wie hinterlistiger Mensch. Um des Wortspiels willen mußte im Deutschen das Wort „Augenschalk" statt des bei uns üblichen „Augendiener" eingesetzt werden.

335 Ergänze dem Sinne nach: „als im Zweifel".

336 Hegel, Wissenschaft der Logik, Werke, Jub. Ausgb. IV 547: „Ebenso ist die innere, die eigentliche Selbstbewegung, der Trieb überhaupt, (Appetit oder Nisus der Monade, die Entelechie des absolut einfachen Wesens) nichts Anderes, als daß Etwas in sich selbst, und der Mangel, das Negative seiner selbst, in einer und derselben Rücksicht ist. Die abstrakte Identität mit sich ist noch keine Lebendigkeit, sondern daß das Positive an sich selbst die Negativität ist, dadurch geht es außer sich und setzt sich in Veränderung. Etwas ist also lebendig, nur insofern es den Widerspruch in sich enthält, und zwar diese Kraft ist, den Widerspruch in sich zu fassen und auszuhalten ... Das spekulative Denken besteht nur darin, daß das Denken den Widerspruch und in ihm sich selbst festhält, nicht aber daß es sich, wie es dem Vorstellen geht, von ihm beherrschen und durch ihn sich seine Bestimmungen nur in andere oder in Nichts auflösen läßt."

337 Der Satz ist eine freie Umformung eines Wortes von Seneca (ep. 107): Ducunt volentem fata, nolentem trahunt. Es braucht nicht eigens gesagt zu werden, daß die ganzen hier und im Folgenden aufgestellten geschichtsphilosophischen Kategorien aus Hegel übernommen sind.

338 Ap. Gesch. 5,9 (verkürzt), genommen als Wort des Ironikers wider seine eigene Zeit.

339 Anklang an Joh. 2,17.

340 Kierkegaard gibt die bei beiden Mitteilungen der zehn Sinaigebote hinzugefügte Verheißung an die, welche diese Gebote halten (2. Mose 20,6 und 5. Mose 5,10) wieder in einer an Joh. 13,17 sich anlehnenden Form. Er folgt damit dem im lutherischen Katechismusunterricht üblichen Brauch, die im Alten Testament an die Sinaigebote angeknüpfte irdische

Verheißung mit der neutestamentlichen Hoffnung des ewigen Lebens zu vermischen. Auch die gleich folgende These von der Unmöglichkeit der Erfüllung der Gebote ist lutherischer Katechismustradition entnommen.

341 Luk. 17,33.

342 gestaltet: auch bei Kierkegaard deutsch.

343 Das Wort ‚Substantialität' bezeichnet für Kierkegaard im Anschluß an den Sprachgebrauch vor allem der Rechtsphilosophie Hegels die konkrete in den überlieferten Ordnungen, Anschauungen und Sitten selbstverständlich lebendige sittliche Welt (Sittlichkeit als Überlieferung und Zustand).

344 Der von Kierkegaard in Anführungsstriche gesetzte Ausdruck findet sich, wie es scheint, allein in der Ästhetik, Werke, Jub. Ausgb. XII 106. Für den Ton, in welchem Hegel, vor allem, wenn es um Friedrich Schlegel geht, von der romantischen Ironie spricht, gibt folgendes Satzstück aus den Grundlinien der Philosophie des Rechts eine Vorstellung (Werke, Jub. Ausgb. VII 219): „In wiefern diese absolute Selbstgefälligkeit nicht ein einsamer Gottesdienst seiner selbst bleibt, sondern etwa auch eine Gemeinde bilden kann, deren Band und Substanz etwa auch die gegenseitige Versicherung von Gewissenhaftigkeit, guten Absichten, das Erfreuen über diese wechselseitige Reinheit, vornehmlich aber das Laben an der Herrlichkeit dieses sich-Wissens und Aussprechens, und an der Herrlichkeit dieses Hegens und Pflegens ist . . ." usw .

345 Vgl. hier S. V. XIII 312.

346 Hegel würde darauf erwidern, daß Kierkegaard hier den falschen Vorstellungen des Verstandes über ‚abstrakt' und ‚konkret' zum Opfer falle. In Wahrheit seien doch die schiefen und unwahren Begriffe der Sophisten hohle Abstraktionen, und indem Sokrates sie richtigstelle und ihnen Sachgemäßheit und echten Gehalt verleihe, erhebe er sich zu der echten Konkretheit, der des wahrhaften Begriffs.

347 Der Ausdruck findet sich Hegel a.a.O. S.64. Hegel stellt im unmittelbaren Zusammenhang des von Kierkegaard Zitierten die Ironie des Sokrates gegen die romantische Ironie und sagt von ihr: (sie ist): „nicht Hohngelächter, noch die Heuchelei, es sey nur Spaß mit der Idee. Aber seine tragische Ironie ist sein Gegensatz seines subjektiven Reflektirens gegen die bestehende Sittlichkeit, — nicht ein Selbstbewußtseyn, daß er drüber steht, sondern der unbefangene Zweck, zum wahren Guten, zur allgemeinen Idee zu führen". Wenn Kierkegaard dem widerspricht und die Tragik des Sokrates allein in seiner Vernichtung, seinem Untergange findet, so wird hier allerdings der tiefe Gegensatz im Sokratesverständnis der beiden Männer sichtbar. Für Kierkegaard erlebt Sokrates in seinem totalen ironischen Nein innerlich nichts Tragisches, sondern allein das unendliche Recht der erwachenden Subjektivität, dem noch im Unmittelbaren gefangen liegenden, noch unpersönlichen alten Griechentum das Nein zu sprechen. Für Hegel erlebt Sokrates dies sein Nein mit der tiefen inneren Erschütterung des Menschen, welcher das Unheimliche, Verhängnisschwere des Werdens der Idee durch den Widerspruch hindurch bis ins Letzte empfindet. Das tragische Moment der Weltgeschichte ist nach Kierkegaard dem

Sokrates letztlich doch äußerlich, nach Hegel ist es ihm innerlich. Ein Streiten darüber, wer von beiden Männern historisch richtiger sehe, ist bei dem Nebelhaften der geschichtlichen Wirklichkeit des Sokrates müßig. Wichtig ist allein, den Grund ihres unterschiedlichen Urteils zu sehen. Für Hegel ist das Christliche nichts als die Tiefe des Humanen, und er kann darum in Sokrates unbefangen die Tiefe des christlichen Kontrasterlebnisses von Entfremdung und Versöhnung hineinspiegeln. Kierkegaard dagegen muß — damals wenigstens — eine innerlich scharfe Grenze zwischen dem, was in Sokrates als einem vom Christentum nichts Wissenden möglich ist, und der eigentlich christlichen Erlebnistiefe wahren.

348 Luk. 15,12.

349 Gespenst: auch bei Kierkegaard das deutsche Wort.

350 Papirer I A 302 (1836): „Die ganze idealistische Entwicklung z. B. in Fichte hat freilich ein Ich, eine Unsterblichkeit gefunden, jedoch ohne Fülle, ähnlich wie Auroras Mann, der zwar unsterblich, aber ohne ewige Jugend war und damit endete, eine Heuschrecke zu werden." — Vgl. auch Papirer II B 10.

351 Die vom Übersetzer in Anführungsstriche gesetzten Worte auch bei Kierkegaard deutsch.

352 Paschasius Radbertus hat die reine Innerlichkeit der Verwandlung von Brot und Wein in Christi Leib und Blut, so daß das Auge keine Veränderung gewahrt, zum Teil daraus erklärt, daß der Glaube auf die Probe gestellt werden und so eine Gelegenheit haben sollte, sich ein Verdienst zu erwerben. Wie die Kenntnis dieser Aussage sich an Kierkegaard vermittelt hat, ist nicht festgestellt.

353 In Hegels Wissenschaft der Logik, welche von Kierkegaard damals vielfach benutzt worden ist, findet sich eine ausführliche Analyse aller Schwierigkeiten, die mit Annahme und Vorstellung eines Dings an sich verbunden sind.

354 Wie aus Kierkegaards Schlußbemerkung zu dieser Charakteristik Fichtes, siehe unten S. V. XIII 347, hervorgeht, meint Kierkegaard mit dem über Fichte Gesagten allein den Fichte vor dem Atheismusstreit, d. h. den Fichte der Jenenser Wissenschaftslehre, des Jenenser Naturrechts und der Jenenser Sittenlehre. Alles, was Fichte von der „Bestimmung des Menschen" an geschrieben hat, wird als eine halb erbauliche Ermäßigung des früheren Standpunktes aus der Betrachtung ausgeschlossen. Dies ist die von Schelling und Hegel inaugurierte gängige Beurteilung der Fichteschen Philosophie in der Zeit Kierkegaards. Was nun den Jenenser Fichte betrifft, so ist Kierkegaards Darstellung sichtlich ohne jede Kenntnis der Jenenser Schriften Fichtes geschrieben. (Aus den Tagebüchern jener Zeit läßt sich allein die Lektüre der ersten „populären" Schrift Fichtes, der „Bestimmung des Menschen" nachweisen, vgl. Papirer I A 68.) Es handelt sich um eine vereinfachte und gleichzeitig durch schriftstellerische Glanzlichter verschönte Wiedergabe der Auffassung Hegels vom Jenenser Fichte. Hegels Fichteinterpretation ist am bequemsten zu entnehmen einmal aus den Äußerungen in der „Wissenschaft der Logik"

über die Fichtische Philosophie, Werke, Jub. Ausgb. IV 104f. 156. 282f. 489, sodann aber aus der umfassenden Darstellung in der „Geschichte der Philosophie“ Werke, Jub. Ausgb. XIX 611ff (sehr ausführlich, aber sich auf die Jenenser Zeit begrenzend und von den späteren „populären“ Schriften Fichtes mit Verachtung sprechend). Dazu kommen die Werke Jub. Ausgb. Bd. I zusammengestellten Aufsätze aus der Zeit vor der Phänomenologie, in denen Hegel durch kritische Vernichtung der Fichtischen Philosophie sich den Weg zu seinem eignen Standpunkt bahnt, und selbstverständlich eine größere Anzahl von Bemerkungen zu Fichte durch alle Hauptschriften Hegels hindurch, besonders ausführlich z. B. in den Grundlinien zur Philosophie des Rechts, Werke, Jub. Ausgb. VII. Als kurzer Inbegriff der für Kierkegaard maßgeblich gewordenen Auffassung Fichtes durch Hegel sei hier die Ableitung der romantischen Ironie aus Fichtes Philosophie in der Ästhetik, Werke, Jub. Ausgb. XII 100f mitgeteilt: „Aus dieser Richtung, und besonders den Gesinnungen und Doktrinen Friedrich's von Schlegel entwickelte sich ferner in mannigfacher Gestalt die sogenannte Ironie. Ihren tieferen Grund fand dieselbe, nach einer ihrer Seiten hin, in der fichteschen Philosophie, insofern die Prinzipien dieser Philosophie auf die Kunst angewendet wurden . . . Was nun den näheren Zusammenhang fichtescher Sätze mit der einen Richtung der Ironie angeht, so brauchen wir in dieser Beziehung nur den folgenden Punkt herauszuheben, daß Fichte zum absoluten Prinzip alles Wissens, aller Vernunft und Erkenntniß das Ich feststellt, und zwar das durchaus abstrakt und formell bleibende Ich. Dies Ich ist nun dadurch zweitens schlechthin in sich einfach, und einer Seits jede Besonderheit, Bestimmtheit, jeden Inhalt in demselben negirt — denn alle Sache geht in diese abstrakte Freiheit und Einheit unter — anderer Seits ist jeder Inhalt, der dem Ich gelten soll, nur als durch das Ich gesetzt und anerkannt. Was ist, ist nur durch das Ich, und was durch mich ist, kann Ich ebenso sehr auch wieder vernichten. — Wenn nun bei diesen ganz leeren Formen, welche aus der Absolutheit des abstrakten Ich ihren Ursprung nehmen, stehen geblieben wird, so ist nichts an und für sich und in sich selbst werthvoll betrachtet, sondern nur als durch die Subjektivität des Ich hervorgebracht. Dann aber kann auch das Ich Herr und Meister über Alles bleiben, und in keiner Sphäre der Sittlichkeit, Rechtlichkeit, des Menschlichen und Göttlichen, Profanen und Heiligen giebt es etwas, das nicht durch Ich erst zu setzen wäre, und deshalb von Ich ebenso sehr könnte zunichte gemacht werden. Dadurch ist alles An- und Fürsichseyende nur ein Schein, nicht seiner selbst wegen und durch sich selbst wahrhaft und wirklich, sondern ein bloßes Scheinen durch das Ich, in dessen Gewalt und Willkür es zu freiem Schalten bleibt. Das Geltenlassen und Aufheben steht rein im Belieben des in sich selbst als Ich schon absoluten Ich.“

355 Das Zitat stammt laut Nachweis der dänischen Herausgeber aus der „Nachfolgung des armen Lebens Christi“, welche zuerst 1621 als eine Schrift Johann Taulers durch den Druck bekannt geworden und im 19. Jahrhundert mehrfach neu gedruckt worden ist. Heute wissen wir durch

den Nachweis von Heinrich Denifle (Das Buch von geistlicher Armuth, München 1877), daß diese früher als Taulers bestes Werk geltende Schrift mit Tauler nichts zu tun hat.

356 Die von J. H. Fichte ab 1834 in drei Bänden herausgegebenen nachgelassenen Werke Fichtes werden in der alten Gesamtausgabe der Werke Fichtes als Bd. 9—11 gezählt. Aus diesen nachgelassenen Werken ersah Kierkegaard, daß Fichte in seiner Berliner Zeit auch noch ernste philosophische Arbeit getrieben hatte, was ihm aus Hegels Fichtedarstellung nicht klar werden konnte. Im zweiten Bande der nachgelassenen Werke Fichtes steht z. B. Fichtes Wissenschaftslehre von 1804, die schwerste und ernsteste philosophische Schrift Fichtes überhaupt. Über diese Wissenschaftslehre von 1804 hatte Kierkegaard in den weiter unten von ihm besprochenen nachgelassenen Schriften Solgers ein fast überschwengliches Urteil gelesen; vgl. Solgers nachgelassene Schriften (1826) I 131f und Hegels Anzeige dieser Schriften, Werke, Jub.Ausgb. XX 135. Der Hinweis auf Fichtes nachgelassene Werke hier ist somit sichtlich als eine Art Vorbehalt dem nach Hegels Darstellung entworfenen Fichtebilde gegenüber gemeint.

357 Matth. 16,19.

358 „Weltfeiertag": wörtlich „siebenten Tag" (vgl. 1. Mose 2,2). Zum Verständnis sowohl der Freiheit des Übersetzers wie des Spottes Kierkegaards vgl. man diese deutsche Kierkegaardausgb. 30. Abtl. S. 164.

359 Dichtung und Wahrheit: auch bei Kierkegaard deutsch.

360 Dieser erste im Druck sichtbar werdende Hieb Kierkegaards wider den „über Hegel hinausgekommenen" Martensen wird dann im Laufe von Kierkegaards Schriftstellerei mit immer neuen Variationen wiederholt.

361 Hebr. 7,7.

362 Anklang an Phil. 1,6.

363 Dieser Satz enthält schon den Keim zum Grundgedanken von Entweder/Oder II, daß die ethisch-religiös-christliche Lebensanschauung die wahre Vollendung und Überbietung des Ideals der ästhetischen Lebensanschauung ist.

364 Die hegelischen Ausdrücke ‚für sich' und ‚an sich' auch bei Kierkegaard deutsch.

365 Das Wort ‚Taugenichts' auch bei Kierkegaard deutsch, mit der Absicht, auf Eichendorffs bekannte Novelle hinzudeuten.

366 1. Kor. 3,18.

367 Lukian von Samosata war ein witziger Schriftsteller des zweiten Jahrhunderts nach Christus, berühmt zugleich durch sein elegantes Griechisch wie durch seine vor nichts zurückscheuende Frechheit, in dem von Kierkegaard gegriffenen Beispiel also der Frechheit, mit der er die pythagoräische Seelenwanderungslehre verhöhnt.

368 Psalm 115,3.

369 So nennt Plato den Orpheus im Symposion.

370 1. Mose 2,19f.

371 In Fichtes Ethik ergibt sich das unendliche sittliche Streben daraus, daß

das reine oder ewige Ich die Einengung durch das Nicht-Ich als Widerspruch zu seinem Wesen empfindet und diesen Widerspruch als Ruf von Gott zu Tat und Arbeit deutet. Die romantische Ethik ist in der Tat bei Friedrich Schlegel dadurch entstanden, daß die Aussagen Fichtes über das reine oder ewige Ich auf die zufällige einzelne Individualität übertragen wurden, wobei das Gebot, das dem Wesen der Ichheit Widersprechende ins Ichhafte zu erheben, sich verwandelte in die Willkür, mit dem der zufälligen Individualität Widersprechenden nach Gutdünken zu spielen.

372 Solger, Nachgelassene Schriften II 514: „Aber ist denn nun diese Ironie ein schnödes Hinwegsetzen über alles, was den Menschen wesentlich und ernstlich interessirt, über den ganzen Zwiespalt in seiner Natur? Keineswegs; dieses wäre eine gemeine Spötterei, die nicht über Ernst und Scherz stände, sondern auf demselben Boden und mit ihren eigenen Kräften sie bestritte. Die wahre Ironie geht von dem Gesichtspuncte aus, daß der Mensch, so lange er in dieser gegenwärtigen Welt lebt, seine Bestimmung, auch im höchsten Sinne des Worts, nur in dieser Welt erfüllen kann."

373 Sich unter die Stimmung demütigen heißt im Sinne Kierkegaards: im Augenblick des tiefen und inneren Ergriffenseins vom christlichen Leben eine Scham darüber empfinden, daß es nicht immer so ist. Stimmungen ohne diese innere Widerspannung machen eitel und aufgeblasen.

374 Hegel hat in seiner Anzeige von Solgers Nachgelassenen Schriften auf Grund des in diesen Schriften mitenthaltenen Briefwechsels zwischen Solger und Tieck auch ein ausführliches geistiges Porträt Tiecks entworfen, vgl. Werke, Jub. Ausgb. XX 152ff.

375 Rehabilitation des Fleisches: auch bei Kierkegaard deutsch. Die Beziehungen des „jungen Deutschland" zu Schlegels Lucinde beruhen darauf, daß Karl Gutzkow anläßlich von Schleiermachers Tod (1834) die Niedertracht hatte, Schleiermachers „Vertraute Briefe über Schlegels Lucinde" mit einer für die „Emanzipation des Fleisches" eintretenden Vorrede (Jan. 1835) neu herauszugeben, und dadurch erheblich Staub aufwirbelte. Das Ereignis fällt in Kierkegaards Studentenzeit und ist bei der engen Verflechtung des damaligen dänischen literarischen Lebens mit dem deutschen natürlich auch in Kopenhagen bekannt gewesen. Auf Gutzkow, der 1835 wegen Unsittlichkeit seiner Schriftstellerei eine Gefängnisstrafe erhielt, bezieht sich auch Kierkegaards Bemerkung S. V. XIII 356 über die väterliche Fürsorge, mit welcher die Regierungen gelegentlich einen von der Aufzucht des jungen Deutschland durch Verhaftung vor Langerweile bewahren.

376 Hegel sagt in seiner Ästhetik, Werke, Jub. Ausgb. XIII 108, daß in der Lucinde „die Liederlichkeit zur Heiligkeit und höchsten Vortrefflichkeit gemacht werde". In den Grundlinien der Philosophie des Rechts, Werke, Jub. Ausgb. VII 245 registriert er ablehnend das Urteil der Lucinde, daß die Eheschließungszeremonie überflüssig und der Liebe abträglich sei. Auch die übrigen Erwähnungen der Lucinde durch Hegel sind kurze Abweisungen.

[377] Die von Kierkegaard gegebenen Seitenzahlen sind die des von ihm genannten Drucks von 1835, in welchem die Lucinde gut neuneinhalb Bogen füllt.

[378] Nach der alten lutherischen Trauliturgie wird die Stelle über die Verfluchung Adams und Evas 1. Mose 3,16ff vor dem Trauakt vom Pastor verlesen. – Man mache sich klar, daß dieser Abschnitt über Schlegels Lucinde mit seinem Bekenntnis zur christlichen Ehe von Kierkegaard etwa im Frühjahr 1841 in der schon im Gange befindlichen Krise seiner Verlobung geschrieben worden ist.

[379] Hoheslied 1,8 u. ö.

[380] Mark. 12,25.

[381] Luk. 14,20; vgl. Matth. 22,3.

[382] Kierkegaard hat aus dieser Schilderung Lisettes für seine Darstellung der ästhetischen Lebensanschauung in Entweder/Oder I Erhebliches gelernt; vgl. z. B. S. V. I 4 („Ich mag schlechterdings nichts") und I 16 (die Schöne auf dem Diwan als Karikatur der Ewigkeit).

[383] Außer den ausführlichen Bemerkungen zu Tieck in der Anzeige von Solgers Nachgelassenen Schriften (vgl. hier Anm. 374) hat Hegel noch in der Ästhetik gelegentlich kurze kritische Bemerkungen über Tieck fallen lassen; vgl. Werke, Jub. Ausgb. XII 106 und 563, ferner XIV 502 und 509. Herausgeber der Ästhetik ist übrigens jener Dr. Hotho, von dem Kierkegaard die Äußerung über Hegels Mangel an Humor mitteilt.

[384] Der Übersetzer hat statt der „Quäker" Kierkegaards die „Schwärmer" eingesetzt und glaubt damit die Meinung Kierkegaards, der von den Quäkern wahrscheinlich keine Vorstellung hatte, getroffen zu haben.

[385] Heine, Die romantische Schule, erstes Buch, Sämtliche Werke, Hamburg 1874 VI 47 (Mitteilung der dänischen Herausgeber).

[386] Joh. 4,14.

[387] Zur Erklärung des Gleichnisses mache sich der Leser klar, daß die aus einem artesischen Brunnen hochspringende Wassersäule um so höher steigt, je tiefer der Brunnen gebohrt ist. Die die Wirklichkeit durchbohrende Ironie Tiecks geht nun nach Kierkegaard so tief, daß das aus ihr entspringende Ideal dem der artesischen Wassersäule himmelwärts nachblickenden Auge ins Unerreichbare entschwindet. Die absolute Negativität zerstört dem romantischen Ironiker die Möglichkeit jener idealen Positivität, in der allein sie gerechtfertigt sein könnte.

[388] Die in Anführungsstriche gesetzten Worte auch bei Kierkegaard in der Grundlage deutsch.

[389] Es ist an die Stelle des von Kierkegaard gebrauchten Lallverses (Ulen Dulen Dorf) ein bekannterer deutscher eingesetzt worden.

[390] Es handelt sich um einen bescheidenen Scherz des um die Wende vom achtzehnten zum neunzehnten Jahrhundert im Norden bekannten komischen Dichters Wessel. In einem Alexandriner wird, wenn man die Zäsur richtig durch eine Pause betont, ein dummes Mißverständnis erzeugt, welches die Huldigung an das Weib in eine Beleidigung verwandelt. Freie

deutsche Nachbildung, nicht eben geistreich, aber dem Original ebenbürtig:

Ich huldige dem schaf- — fensfrohen Weib. O weh,
Wie da den Verseinschnitt ich tückisch grinsen seh'.

391 Die erneuerte pietistische Orthodoxie des 19. Jahrhunderts innerhalb des Luthertums steht in einer zwiefachen Front. Einmal betont sie gegen den „Pelagianismus der Aufklärung" das unbedingte Wunder der aus Gottes Gnade geschehenden Wiedergeburt, sodann aber glaubt sie gegen den „Pantheismus der falschen Spekulation" Freiheit und Persönlichkeit sowohl Gottes wie des Menschen nur retten zu können, indem sie die Freiheit des Menschen, sich der Gnade zu öffnen und mit ihr mitzuarbeiten, aufs Stärkste betont. Sie lenkt damit tatsächlich vom Monergismus der Gnade zum Synergismus des Erasmus und Melanchthon hinüber, obwohl nicht alle Vertreter dieser Anschauung so redlich wie Kierkegaard sind und das Wort Synergismus unbefangen gebrauchen. Kierkegaard selber hat stets betont, daß die Umkehr des Sünders in der Reue eine Aufgabe an den von dem Ernst des Gerichts erschütterten freien Willen darstellt, ohne deren Lösung der Mensch nicht vor das Tor der Gnade gelangt, und ebenso, daß der Mensch, wenn er jenseits des Tores der Gnade sich als ein mit Gott wunderbar Versöhnter findet, in Furcht und Zittern mit unendlicher Anspannung und Zucht des freien Willens die empfangene Gnade zur Umbildung seiner Persönlichkeit brauchen soll. Zwischen den beiden Bewegungen aber steht absolut geheimnisvoll die reine Gottesgnade, die uns unbegreiflich über die Schwelle des Tores trägt. Von der gewöhnlichen Anschauung des lutherischen Pietismus seiner Zeit unterscheidet sich das von ihm Gemeinte allein dadurch, daß im konkreten ethisch-religiösen Erleben des Menschen die unmittelbare Gewalt der Gegenwart Gottes die theologisch an sich behauptete Freiheit nicht zum Bewußtsein des Frommen kommen läßt. Nur in der Art der Bußpredigt, die er an die Christenheit richtet, wird gelegentlich der Synergismus als Gesetzlichkeit sichtbar.

392 Die von Kierkegaard gegebenen Zitate zeigen durch sich selbst, daß Solger, ebenso wie Schelling, seine Spekulation mit Ideen aus Jakob Böhmes theosophischer Umbildung der Versöhnungslehre befruchtet hat.

393 Die von Kierkegaard aus Nachgelassene Schriften Band I S. 511f zitierten Äußerungen entstammen dem Brief an Tieck, die aus ebenda S. 603 zitierten dem Brief an Abeken.

394 Vgl. oben S. V. XIII 333ff.

395 Kierkegaard gebraucht das Wort „Kunst" häufig in dem engen Sinne von „bildender Kunst".

396 1. Joh. 5,4.

397 Solger, Ästhetik 1829 S. 183—256.

398 Hinsichtlich der Abhängigkeit, in welcher Kierkegaards philosophisch-religiöse Kritik an Solger von der von ihm selbst zitierten Erörterung Hegels, Werke, Jub. Ausgb. XX 165ff steht, kann in Kürze kaum ein Bild gegeben werden. Kierkegaards Aussage, daß er an Hegel anknüpfe, deutet

den Tatbestand der Abhängigkeit selber an, und es versteht sich dabei von selbst, daß Hegel als der ausgereifte überlegene Denker klarer, einsichtiger und vielseitiger spricht als der gärende junge Kierkegaard. Zwei Sätze Hegels, welche von Kierkegaard als Motive der eignen Solgerkritik verwandt worden sind, seien angeführt, Werke, Jub. Ausgb. XX 168: „Es könnte scheinen, daß auch der Proceß der Schöpfung in dem (von Solger) Gesagten enthalten sey, jedoch ist derselbe wenigstens mehr mit dem Processe der Versöhnung, in welchem die endliche Existenz vorausgesetzt erscheint, nur vermischt." Ferner Werke, Jub. Ausgb. XX 170: „Ebenso nachtheilig wie für das Philosophiren selbst ist für den Vortrag und das Verständniß die in den angeführten Ideen vorhandene Vermischung solcher konkreten Vorstellungen, wie Gott, sich opfern, wir Menschen, Erkennen, das Böse u.s.f. mit den Abstraktionen von Seyn, Nichts, Schein und dergl.; man wird unbequem von einem dieser heterogenen Boden auf den andern herüber und hinüber geworfen; das Gefühl der Unangemessenheit der abstrakten Denkformen zu der Fülle, welche in den Vorstellungen liegt, ist für sich störend, wenn man auch die nähere Einsicht in das Unzusammenhängende, das jene Vermischung in den Gedankengang bringt, nicht besitzt."

[399] Es ist an das „Durchgehen" des scheuenden Pferdes gedacht.

+[400] Kierkegaard denkt bei der „Wissenschaft" an die alle Fragen lösende Philosophie Hegels. Der Satz muß also als die dürre Erklärung gelesen werden, daß er keineswegs als Hegelianer genommen werden wolle. Es gibt aus dem Jahre 1840 einige flüchtige Notizen zu einer Erwiderung an Andersen, welcher in einer Posse einem schwatzhaften Hegelianer Satzungeheuer aus Kierkegaards gegen Andersen gerichteter Erstlingsschrift (Diese deutsche Kierkegaardausgabe 30. Abtl.) in den Mund gelegt hatte; vgl. Papirer III B 1. In diesen Notizen wehrt Kierkegaard das Prädikat eines Hegelianers von sich ab.

[401] Die Beziehung auf Joh. 14,6 dient Kierkegaard dazu, den Unterschied der Ironie und des Sokrates gegen den Christus zu kennzeichnen, der zugleich Weg und Wahrheit ist.

[402] Dies Wenn-Sätzchen ist ein besonders schlagender Beweis dafür, daß „Wissenschaft" und „Hegelische Philosophie" von Kierkegaard im Begriff der Ironie als Synonyma behandelt werden.

[403] Die Anhänger St. Simon's († 1825) entwickelten sich zu einer eine sozialistische Diesseitsreligion verkündenden Sekte. Mit der Abgrenzung gegen sie drückt Kierkegaard auch aus, daß er nicht etwa mit den radikalen Anhängern von Hegels Philosophie Ewigkeit und irdisches Leben ganz ineinander verschmelze.

[404] Man erinnere sich, daß diese Sätze in einem Stadium der Verlobung geschrieben sind, in welchem Kierkegaard den negativen Ausgang schon innerlich wußte. Ebenso wie die in der 30. Abteilung dieser deutschen Kierkegaardausgabe mitgeteilte Seminarpredigt von Januar 1841 stemmt sich auch diese Stelle hier wider eine das Ja zum Diesseits vergessende Jenseitsfrömmigkeit. Keine negative Erfahrung darf das christliche Ja zu

diesem Leben als der von Gott gegebenen konkreten Fülle des Personseins verdunkeln.

[405] Mark. 10,9.

[406] Die Stelle ist von Kierkegaard im gekreuzten Parallelismus gebaut. Man muß selbstverständlich die Skepsis der Ironie und die Unwissenheit als die eine Seite zusammennehmen gegen die Skepsis des Humors und den Satz: „ich glaube, weil es widersinnisch ist" als die andere Seite. – Die Anzeige Martensens von Heibergs neuen Gedichten ist laut Mitteilung der dänischen Herausgeber erschienen in der Zeitung Faedrelandet 1841 Nr. 398.

+[407] Papirer III B 2–30 findet sich alles abgedruckt, was an Notizen zum Begriff der Ironie sich erhalten hat. Ein Teil davon (Papirer III B 25–30) sind Bemerkungen zur fertig gedruckten Dissertation von Oktober 1841. Aus dem Reste, der meist aus kurzen Stücken besteht, hebt sich der nicht verwendete Entwurf eines Vorworts hervor. Für die Entstehungsgeschichte und für das Verständnis der Dissertation selbst ergibt sich nichts Wesentliches. Das biographisch etwa daraus Wichtige gehört in die Ausgabe der Tagebücher (diese deutsche Kierkegaardausgabe, 37. Abtl.). Mitgeteilt seien hier nur einige Äußerungen über den Humor, welche die Andeutungen am Schluß der Schrift ein wenig beleuchten. Papirer III B 11: „Der Humor in seiner Begriffsbestimmung wird ein polemisches Moment in der christlichen Lebensanschauung." – Papirer III B 19: „Die Ironie ist Geburtswehe des objektiven Geistes (sie beruht darauf, daß das Ich das Mißverhältnis zwischen der Existenz und der Idee der Existenz entdeckt hat). Humor ist Geburtswehe des absoluten Geistes (er beruht darauf, daß das Ich das Mißverhältnis zwischen dem Ich und der Idee des Ichs entdeckt hat)." Die zweite dieser beiden Äußerungen versteht der Übersetzer so, daß mit dem objektiven Geist der in der Geschichte des Menschengeschlechts wirksame Geist gemeint ist, mit dem absoluten Geist aber die in der Christwerdung des einzelnen Menschen aus Gott sich gebärende Tiefe der Persönlichkeit.

046

Friedrich Hauschildt
Die Ethik
Sören Kierkegaards

Studien zur evangelischen Ethik, Band 15. Herausgegeben von Trutz Rendtorff, Heinz Eduard Tödt und Heinz-D. Wendland. 248 Seiten. Kt.

Diese Untersuchung der ethischen Theorie Kierkegaards stellt die über die Bestimmungen der Stadienlehre weit hinausreichende fundamentale Bedeutung des Ethischen bei Kierkegaard auch für seine Christentumsauslegung dar. Zugleich wird die Nähe seines ethischen Ansatzes zu Kant und Fichte aufgewiesen.

Obgleich der bedeutende dänische Theologe und Philosoph Sören Kierkegaard sein ethisches Denken nie in einem systematischen Entwurf zusammengefaßt hat, gehört der Begriff des Ethischen zweifellos zu den systematisch bedeutsamen Grundbegriffen seiner Analyse des menschlichen Seins.

Es wird gezeigt, wie Kierkegaards Auslegung des Religiösen und des Christlichen entscheidend von den Kategorien geleitet wird, die in der ethischen Theorie ausgearbeitet sind.

Dabei geht diese Untersuchung der in der Forschung gelegentlich hervorgehobenen Verwandtschaft der Struktur des ethischen Denkens bei Kant und Fichte einerseits und Kierkegaard andererseits im einzelnen nach. Die Berücksichtigung dieser Verwandtschaft erlaubt es, das historische und systematische Profil des Kierkegaardschen Denkens in charakteristischer Weise zu erhellen.

Diese Untersuchung will ein Beitrag zu jener Kierkegaard-Interpretation sein, die in Kierkegaard nicht den Kronzeugen einer Entgegensetzung von Menschlichem und Christlichem sieht, sondern in seinem Denken den Versuch erblickt, den christlichen Glauben als Erneuerung des Menschen zu wahrhafter, geisterfüllter Humanität zur Geltung zu bringen.

Gütersloher Verlagshaus Gerd Mohn